陳家太極拳體用圖解

第一路 八十三式

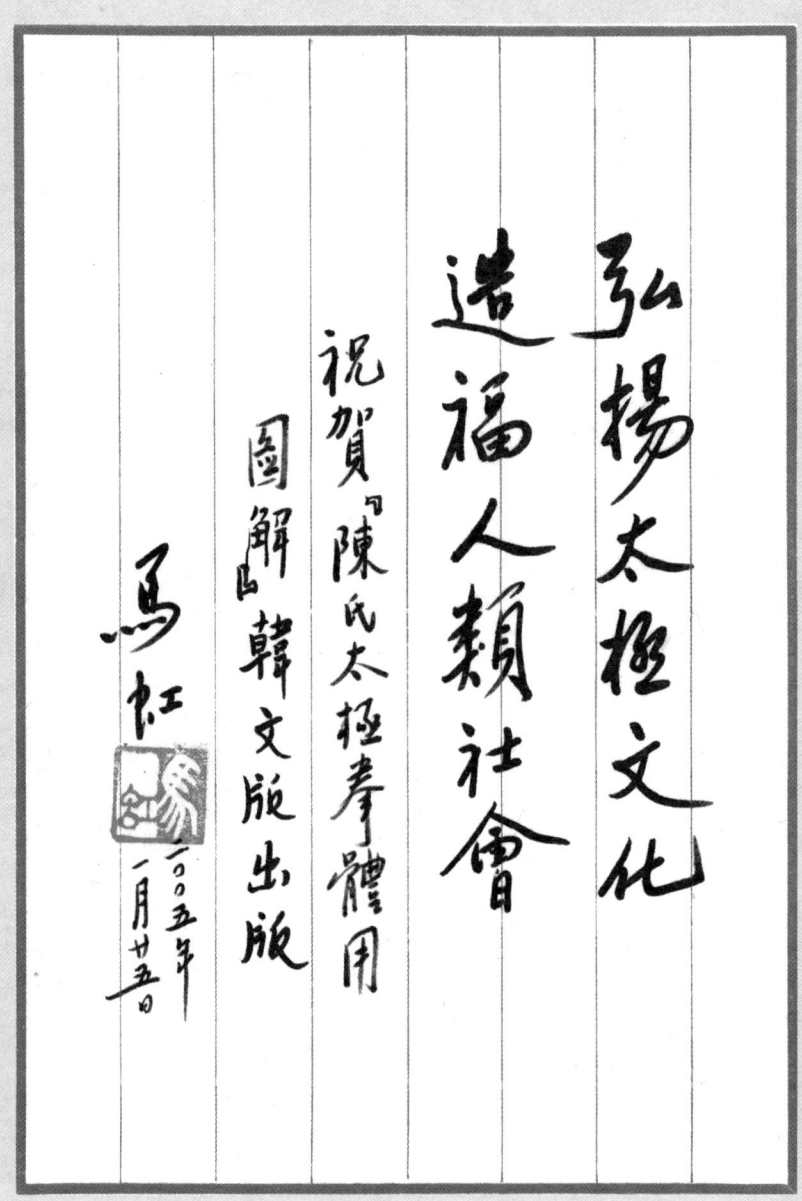

마홍노사 친필 축전

陳發科 公
陳式太極拳 第九代宗師

陳照奎先生
陳式太極拳 第十代宗社

陳照奎宗師・馬虹合京影

(1979年 干石家莊)

馬虹老師・推手動作

목 차

마홍노사 소개	8
편역자 3인 프로필	10
마홍 서	12
신상돈 서	16
박종구 서	20
김종덕 서	22
일러두기	26

이론 부분. 29

태극권의 修鍊工程 試論	30
진가태극권의 健身性 · 技擊性 및 藝術性	66

동작 부분.   107

제일로 권보 목차   108

부록.   455

진장흥(陳長興) 정종(正宗) 권가(拳架) 진전(眞傳)   456

진유(陳瑜) 서문   474

마홍 대사(馬虹大師) 소개

1927년 중국 하북성(河北省) 심주(深洲)출생이신 마홍 선생님은 진식태극권 제 11대전인 (十一代傳人: 진가구 제 19대)이며, 중국 당대 13명 태극권대사(太極拳大師)중 한명으로, 진씨(陳氏) 제 18대(十八代)손이며 태극권 제 10대(十代) 전인(傳人)이신 진조규(陳照奎)공의 친전 제자이다.

선생님은 북경(北京)과, 하남(河南), 정주(鄭洲) 등 스승이 가는 곳을 따라다니며 권을 배웠고, 진조규 공께서 하북성 석가장(河北省 石家庄)에서 함께 머물었는데 거기서 진씨태극권의 권리(拳理)와 권법(拳法)의 오묘함을 깨달았다고 한다.

선생님은 전국 무술 학술회의와 해외무술간행물, 잡지상에 글을 게재하기도 하셨다. 또 약 40년 동안 중국내 하북, 강서, 천진, 광동, 광서, 산동, 호남, 절강, 운남, 길림, 사천, 북경, 홍콩 등 해외로는 미국, 캐나다, 말레이시아, 네덜란드, 이탈리아 등 지역에 태극권 전수.하였다.

저서로는《진식태극권체용도해(陳式太極拳體用圖解)》《진식태극권기격법(陳式太極拳技擊法)》《진식태극권권리천미(陳式太極拳拳理闡微)》《진식태극권권조도보 (陳式太極拳拳照圖譜)》등이 있다.

논문으로는《진식비전태극권내공(陳式秘傳拳極拳內功)》《진식태극권건신성 기격성과 예술성

(陳式拳極拳健身性・技擊性和藝術性)》《주천개합론(周天開合論)》《음양상제론(陰陽相濟論)》《추수기교와 공력훈련(推手技巧功力訓練)》《송활탄두론(鬆活彈抖論)》《중국전통문화와태극권(中國傳統文化與太極拳)》등 30여편이 있다.

또 최근에는『진식태극권기격법(陳式拳極拳技擊法)』10集 VCD를 발매하여 진식태극권 발전과 보급에 큰 공헌을 하였다.

마홍 선생님은 현재 석가장진식태극권학교(石家莊陳式太極拳學校) 명예교장, 하남온현국제태극권연회(河南溫縣國際太極拳年會) 조직준비위원회 부비서장(副秘書長), 석가장시진식태극권연구회(石家庄陳式太極拳研究會) 이사장, 석가장시무술협회(石家庄市武術協會) 부주석(副主席)으로 활동하고 계시다.

편역자 3인 프로필

신 상 돈 (辛 相 敦)

* 1964년 대구출생
* 대구 계명대학교 대학원 졸업
* 중국 하북성 석가장시 진식태극권 학교 졸업
* 중국 진식태극권 20代 傳人
  (19代 馬虹 태극권大師 親傳 弟子)
* 중국 하북성 석가장 진씨태극권 학교 한국분교장
* 중국 하북성 석가장시 무술 교련원
* 무성태극권 전문관장
* 중국 진가구 국제태극권 연회 拳師
* 대한태극권연맹 태극권 지도자 자격
* 중국 기공과학연구회 3급기공사

박종구 (朴鍾球)

* 충북 청원 출생.
* 현 심신수련센터 밝은빛 원장
* 사단법인 대한우슈연맹 회장
* 국민생활체육서울특별시 우슈연합회 부회장
* 2005년 2월 용인대학교 체육학 석사
  (논문명: 태극권의 원리 연구)

* 주요 師承 계통
  - 陳家太極拳 19대 傳人
  - 吳家太極拳 6대 傳人
  - 楊家太極拳 6대 傳人
  - 大成拳   5대 傳人
  - 八卦掌   5대 傳人

* 각 기업 지도현황
  - 한원건설(주), SK건설, 조흥캐피탈, 부산도시가스,
    자산공사, SK에버택 등 다수 기업 태극권 지도.

* 주요 著書
  - 밝은빛태극권 (정신세계사 2001년)
  - 밝은빛태극권강의록 (정신세계사)
  - 생활태극권 (도서출판 밝은빛 · 이동호 박종구 공저)

김종덕 (金鍾德)

* 전북 익산 출생
* 현재 대덕연구단지 한국과학재단 과학기술 국제협력분야 전문가로 활약 중
* 영국 만체스터대학에서 과학기술정책분야로 박사학위 취득
* 1990년 태극권 입문
* 태극권전수계통
  - 陳家太極拳 20代, 楊家太極拳 7代, 吳家太極拳 6代 傳人
* 대전시태극권생활체육협의회 부회장
* 대덕연구단지태극권연합회 총교련
* 세계진가태극권총회 한국운영위원
* 충남대학교 관절염태극권 지도교수로 활동
* 관절염태극권연구소장으로서 태극권대체의학 프로그램 연구 중
* 주요 수상 경력
  - 국내최초 중국국제무술태극권대회 1위 (1997)
  - EURO Sports 세계태극권대회 1위 (2000)
  - 영국국제태극권대회 사상 최초 4관왕 (2000)
    (태극권, 태극검, 고정추수, 자유추수)
  - 전국태극권대회 1위 (1996, 1997, 1998, 2001, 2002)
  - 세계우슈선수권대회 국가대표선발전 입상 등 다수의 수상 경험 있음

序

當今，中國的太極拳越來越受到世人的愛戴，它在全世界傳播越來越廣．太極拳，為什麼有這麼大的魅力？這不是偶然的．因為它是中國幾千年來傳統文化的結晶；同時，它又經過現代科學的檢驗，充分肯定了它的時代價值．同時，廣大群眾的實踐，證明中國的太極拳是當代人們健身．護身．修身的最佳運動方式．

特別是陳氏太極拳第九代宗師陳發科．第十代宗師陳照奎父子所傳授的比較古老的．正宗傳統陳氏太極拳，越來越被更多的人所認識．喜愛和接受．因為其拳譜的正宗性更加可靠；其拳理拳法更富有中國傳統的哲理性；其拳架的內涵更加豐富細膩；其武術本質的技擊性，更加鮮明．特別是一旦經過老師"拆拳講勁"之後，不論你的拳架鍛鍊．功力提高．勁道清楚．健身效果．應變能力．乃至道德修養，都會有突飛猛進的提高．

由於陳發科．陳照奎兩代宗師離開陳家溝三十多年一直在北京傳拳．其家鄉有些人很久未見到這套拳的傳統練法，為了區別村中原來所練拳架，有人將陳發科．陳照奎在北京傳的拳架，叫做"新架"．陳照奎先師在世時對這種說法非常反感．他1980年在焦作時說："當代陳氏大架太極拳，都是我父親傳的，怎麼能把我父親傳的拳叫新架？"(見程進才《陳照奎大師生平》)當1965年陳照奎一次回鄉煉拳時，有些年輕人感到與個人原來練的有所不同，議論紛紛，說長說短．當時村中老拳師陳茂森批評這些年輕人，"你們懂什麼？你們十叔(陳照奎)練的這才是我們老陳家傳下來的最寶貴的東西."(摘自張茂珍《陳氏太極拳精義》)由此可見,我的師父·陳氏一代宗師陳照奎先師所傳的拳譜·拳理·拳法,可謂當代中國傳統陳氏太極拳中最珍貴的文化遺産.

韓國我的學生辛相敦·朴鍾球·金鍾德,都是有識之士,他門經過長期的觀察·硏究·比較·鑑別,認准了陳照奎宗師所傳的這套拳拳架的正宗性,拳理的哲理性,拳法的鮮明性最可靠.於是下決心·下功夫,專一持恒而且認眞地修煉這套拳,多次到中國進修,忠誠繼承·潛心硏究,并且熱沈傳播,受到好評.現在,他門不惜辛苦,把此拳拳譜翻譯爲韓文正式出版,這對進一步推廣此拳,是一件大好事.我想先師在天有靈也會感到欣慰.爲此,我特向他門表示致謝和祝賀.同時,我向韓國廣大愛好此拳的同道們,致以親切的問候!希望我們大家能携起手來,團結合作,爲弘揚太極文化,造福人類社會而共同努力.

馬 虹

2005年 1月 1日

서문(序文)

 중국의 태극권은 갈수록 세상에서 사랑을 받고 있으며 전 세계에 더욱 넓게 전파되고 있다. 태극권은 왜 이렇게 큰 매력을 갖고 있는가? 이것은 우연한 일이 아니다. 태극권은 중국의 수 천 년 전통문화의 결정이며 동시에 또 현대과학의 검증을 통하여 시대적 가치를 충분히 인정받았기 때문이다. 동시에 폭넓은 대중의 실천으로 중국의 태극권이 현대인의 건강·호신·수신(修身)에 가장 훌륭한 운동 방식임이 증명되었다.

 특별히 진가태극권의 제9대 종사(宗師)이신 진발과(陳發科)·제10대 종사(宗師)이신 진조규(陳照奎) 부자가 전수해준 오래된 정종(正宗) 전통 태극권은 갈수록 더욱 많은 사람들이 알게 되고 사랑하며 받아들여지고 있다. 그 권보(拳譜)는 정통성에서 훨씬 신뢰를 받고 있으며, 그 권리(拳理) 권법(拳法)은 중국 전통의 철리(哲理)가 더욱 풍부하다. 또 권가(拳架)가 내포하고 있는 내용은 더욱 풍부하고 세밀하고, 무술의 본질인 기격성(技擊性)이 더욱 선명하다. 특히 스승의 "권(拳)을 분해하고 경(勁)을 강의하는 것"을 거치고 나면 당신이 권가(拳架)를 단련하는 측면, 공력(功力)이 향상되는 측면, 경도(勁道)를 더욱 명확하게 아는 측면, 건강효과의 측면, 변화에 대응하는 능력에서 도덕적 수양에 이르기까지 모두 비약적으로 제고(提高)될 것이다.

 진발과(陳發科) 진조규(陳照奎) 두 분 종사(宗師)께서 진가구를 떠나 30여년을 줄곧 북경(北京)에서 권(拳)을 전수하였기 때문에 그 고향에서는 일부 사람들은 아주 오랜 기간 동안 이 권술의 전통적인 수련법을 보지 못하였다. 촌중(村中)에서 원래 수련하던 권가(拳架)와 구별하기 위하여 어떤 사람들은 진발과(陳發科) 진조규(陳照奎) 두 분이 북경(北京)에서 전수한 권가(拳架)를 "신가(新架)"라고 불렀다. 진조규(陳照

奎) 선생님께서는 생존해 계실 적에 이런 구분을 매우 싫어하셨다. 일찍이 1980년에 초작시(焦作市)에 계실 적에 "당대의 진가 대가(大架) 태극권은 모두 다 내 부친께서 전해주신 것인데 어떻게 내 부친께서 전해주신 권(拳)을 신가(新架)라고 부를 수 있단 말인가?"(정진재程進才의 《陳照奎大師生平》에 보임.)라고 말씀하셨다. 1965년에 진조규(陳照奎) 선생께서 고향으로 돌아가서 권(拳)을 수련하고 계실 적에 일부 젊은 이들은 자신들이 수련하는 것과 다른 부분이 있자 의론이 분분하였다. 당시 촌중(村中)의 노권사(老拳師) 진무삼(陳茂森)이 젊은이들에게 이렇게 말하였다. "너희들이 무엇을 안다고 그러느냐? 너희 십숙(十叔 : 진조규를 말함.)이 수련하는 것이야말로 우리 진가(陳家)에 오래 전부터 전해 내려오던 가장 소중한 것이다."(장무진張茂珍의 《陳氏太極拳精儀》에서 인용.) 여기에서 나의 사부님 진씨(陳氏)의 일대종사(一代宗師) 진조규(陳照奎) 선사(先師)께서 전해주신 권보(拳譜)·권리(拳理)·권법(拳法)은 당대 중국 전통의 진가태극권 중에서 가장 진귀한 문화유산임을 알 수 있다.

한국의 내 제자인 신상돈(辛相敦)·박종구(朴鍾球)·김종덕(金鍾德)은 모두 식견이 훌륭한 사람들이다. 그들은 장기간에 걸친 관찰·연구·비교·감별을 통해 진조규(陳照奎) 종사(宗師)께서 전해주신 이 권가(拳架)의 정종성(正宗性) 권리(拳理)의 철리성(哲理性) 권법의 선명성(鮮明性)이 가장 신뢰할 수 있다고 인식하였다. 그래서 결심을 하고 공부를 하여 일심으로 전념하여 오랜 기간 진지하게 이 권가(拳架)를 수련하였고 여러 차례에 걸쳐 중국에 들어와 열성과 정성으로 계승하고 깊이 있게 연구하였으며 적극적으로 전파활동을 하여 호평을 받고 있다. 현재 이들은 힘든 일을 마다않고 이 권보(拳譜)를 번역하여 한국어판으로 정식 출판을 하여 이 권법(拳法)을 널리 보급하려 하고 있다. 참으로 좋은 일이다. 나는 하늘에 계신 선사(先師)의 영령께서도 매우 기뻐하시리라 믿는다. 이들에게 나는 특별한 감사와 축하를 보낸다. 동시에 나는 이 권가(拳架)를 사랑하는 한국의 많은 동도(同道)들께도 충심으로 감사를 드린다. 우리 모두가 손을 맞잡고 단결하여 태극문화(太極文化)를 널리 펼치고 인류사회에 복(福)을 전할 수 있도록 함께 노력하기를 희망한다.

마홍(馬虹)
2005년 1월 1일

머 리 말

예전에 어떤 한 양생 심포지움에서 어느 분이 " 태극권은 옛날엔 사람 때려잡는 최고의 중국무술이었지만, 지금은 병을 때려잡는 최고의 건강운동으로 거듭나 세계인들의 사랑을 받고 있다."는 말을 했었는데 참으로 인상적이었습니다.

우리나라에서 1990년 북경 아시안 게임을 계기로, 태극권이 사람들의 관심을 서서히 끌기 시작하더니 요즘 웰빙의 붐을 타면서 대중들에게 한걸음 더 성큼 다가온 느낌입니다.

웰빙을 지나가는 붐으로 보는 사람도 있지만, 외형적인 성공보다 내면적인 삶의 질적인 면을 향상 시키는 것에 가치를 두는 사람도 나날이 늘어가고 있는 것은 일시적인 유행이 아니라 21세기를 살아가는 현대인들의 삶의 지향점이 아닌가 하는 생각이 듭니다. 또한 건강하게 오래 살고자 하는 것은 모든 인간이 가지고 있는 기본적인 욕구입니다.

현대의학의 발달과 경제적 풍요, 건강에 대한 관심 등으로 평균수명이 늘어나고 있는 것은 분명 좋은 현상입니다. 그러나 평균수명은 분명 과거에 비해 많이 늘어났지만 남의 도움 없이, 병이 없이 건강하게 활동할 수 있는 '건강수명' 은 그다지 길지 않은 것이 문제며 오히려 해결해야할 사회적, 국가적인 중요한 화두로써 벌써 자리 잡고 있습니다. 태극권은 이런 사회적 요구에 부응하는 최적의 심신건강 운동이라고 봅니다.

마홍(馬虹) 노사는 80세의 고령에도 불구하시고 지금도 석가장(石家莊)시의 공원에서 새벽이면 어김없이 나오셔서 태극권을 지도하시고 한편으로는 논문 및 저작활동 기고 및 강연회 등 여전히 왕성한 활동을 하고 계십니다. 노사의 그런 왕성한 활동자체가 태극권의 건신성(健身性)을 몸으로써 증명해 주신다고 보여 집니다.

이번에 마홍(馬虹) 노사의 '진가태극권 체용도해'를 소개할 수 있게 됨을 영광으로 생각합니다. 이것은 전통태극권을 보존하고 보급 하기위해 40년을 한결같이 한 길을 걸어오신 마홍(馬虹) 노사의 영혼이 담긴 결정판을 한국의 태극권 애호가들에게 소개하는 작은 노력 입니다.

마홍(馬虹) 노사는 권법을 지도함에 있어 엄격하기로 유명하십니다. 그런 엄격성은 그의 저서에도 그대로 반영되어 83식 동작에 대한 해설에서 아주 세밀하고 구체적입니다. 오히려 지나치다 싶을 정도의 섬세함이 초학자들에게 당혹감을 줄 수도 있겠다는 걱정을 사실 좀 했지만, 스승의 가르침을 훼손함이 우려되어 그대로 완역하기로 했습니다.

모든 공부가 꾸준히 하는 것이 중요하지만, 특히 태극권의 공부는 성실과 인내, 여유와 땀을 종합적으로 필요로 하는 '과정(過程)'의 부산물입니다. 공부(功夫)에 왕도가 없다고 하듯이 권법을 익히는데도 절대적인 단계는 없다고 봅니다. 한발한발 내딛는 발걸음에 온몸을 맡기고, 여유로운 손끝에 마음을 던진 채 스스로 즐거움을 찾는다면 그는 이미 심신이 건강한 '온전한 건강맨' 인 것입니다. 외형적인 신체 트레이닝에 중점을 둔 서양식 운동과, 단전호흡, 각종 기공수련 등 내면적인 수련에 중점을 둔 우리나라 수련문화의 큰 갈래 사이에서 몸과 마음을 동시에 단련하는 심신

건강운동으로 올바른 자리매김을 하는 하나의 씨앗이 되어 지길 바랄 뿐입니다.

이미 태극권의 명인이신 밝은빛태극권 박종구 원장님과 또 한국과학재단의 김종덕 박사님과 인연을 맺고 이렇게 마홍(馬虹) 노사님의 책을 공동으로 출간하게 됨을 참으로 기쁘게 생각합니다.

요즘 '따뜻한 카리스마'라는 책이 세간에 화제를 모으고 있는데, 박종구 원장님은 태극권계의 '따뜻하고, 부드러운 카리스마'를 가진 지혜로운 지도자라 말하고 싶습니다. 학계, 의료계서부터 생활체육까지 각계, 각 방면에 태극권 보급을 위해 온 정성을 기울이시는 박종구 원장님의 노력에 경의를 표합니다.

김종덕 박사님은 직장에 충실한 생활인임에도 불구하고 다년간 태극권의 연구와 보급을 위해 활동한 분으로 각종 국내 및 국제 태극권 대회를 석권할 만큼 태극권계에서는 이미 정평이 나있는 실력파이십니다. 그러면서도 개인적인 수련과 태극권에 대한 연구를 게을리 하지 않는 김박사님의 열정에 찬사를 보냅니다.

끝으로 이 책이 나오기까지 도움을 주신 여러분들께 진심으로 감사를 드립니다.

우선 마홍(馬虹) 노사를 소개해주신 국제태극권 연회 박건한 명사님께 이 자리를 빌어 감사드립니다. 또 도서출판 밝은빛 진영섭 대표님께 감사를 드립니다. 출판의 전 과정에서 진 대표님의 도움이 없었다면 아마 출판은 어려웠을 것입니다. 또 교정을 꼼꼼히 챙겨주신 신기옥 이사님 등 함께 하신 밝은빛 식구들에게 감사를 드립니다.

또한 교정을 자청하여 맡아주시고 자신의 일처럼 걱정해주신 저희 도관의 최병진 원장님과 사모님께 감사의 마음을 표하며, 그리고 도관의 식구들 외 항상 마음으로 걱정해 주시고 위로해주시는 주위의 지인들 모두에게 머리 숙여 감사를 드립니다.

2005년 6월

莘 相 敦

서 문

본인은 태극권을 사랑하는 사람 가운데 한 사람으로서 이번에 마홍(馬虹) 선생님의 "진식태극권체용도해(陳式太極拳體用圖解)" 한국어판 출간에 일익을 담당할 수 있게 되어 그 기쁨과 영광스러움이 너무나도 크다.

마홍(馬虹) 선생님은 본인의 스승이신 장위일(張偉一) 노사의 절친한 친구이시다. 장위일(張偉一) 노사께 마홍(馬虹) 선생님에 관한 말씀을 종종 듣다가 장(張) 노사의 소개로 마홍(馬虹) 선생님의 문하에 입문하여 가르침을 직접 받을 수 있게 되었다. 선생님의 가르침은 과연 매우 세밀하고 풍부하여 감탄을 금할 수 없었으며 이러한 내용을 담은 마홍(馬虹) 선생님의 저작들을 한국의 태극권 동호인들에게 소개를 하고자 하는 욕심을 내게 됨은 너무나 당연한 일이었다. 하여 마홍(馬虹) 선생님께 허락을 구하였고 한국인 사형제인 신상돈(辛相敦) 관장님과 김종덕 박사님과 함께 고심을 거듭하여 부족하지만 태극권 애호가들에게 조금이라도 도움이 되었으면 하는 바람을 담아 노력을 하였다. 마홍(馬虹) 선생님의 가르침과 이런 좋은 내용의 책을 저술하시어 세상 사람들에게 복(福)을 주심에 지면을 빌어 진심으로 깊은 감사를 드린다.

신상돈 관장님은 밝고 곧은 성품의 소유자로서 주변의 혼탁함에 물들지 않게 사시는 모습이 고고한 학과 같으신 분으로서 그를 아는 사람이라면 존경하지 않을 수 없는 분이시다. 권(拳)을 훈련하고 수련하시는 과정은 스승의 가르침을 따라 사사로이 더하거나 빼지를 않고 법(法)을 지키고자 노력을 하시며 또 쌓은 공(功)으로 말하자면 겸손하시어 드러내지 않으시지만 전통의 법을 따라 익히신 공(功)이 정순(精醇)하고 신묘(神妙)하여 보는 이로 하여금 절로 탄복하게 하시니 그야말로 예로부터 내려오는 법을 계승한 올곧은 법자(法子)라 할 만한 분이시다. 진실로 좌측과 우측이, 앞과 뒤가 분명하지 않은 세상에서 홀로 우뚝 선 잣대가 되어 주실 만한 분이라 믿어 의심치 않는다.

국민생활체육대전광역시우슈연합회 부회장인 김종덕(金鍾德) 박사님은 평소 본인이 형(兄)이라 칭하며 지내온 사이로서 태극권에 대한 열정과 노력에 항시 놀라게 된다. 명사(名師)가 있는 곳이라면 전 세계 어느 곳이던 가리지 않고 찾아가 배움을 청하고 또한 한시도 절차탁마(切磋琢磨)를 게을리 하지 않는 분으로서 이미 나름의 견해가 뚜렷한 분이시다. 세상의 우열(優劣)을 다투는 시합에서도 항상 최상위를 차지하여 그 이름이 한국은 말할 것도 없고 유럽 각국을 비롯한 여러 나라에 떨쳤으나 이에 그치지를 않고 권(拳) 속에 숨은 대도(大道)를 탐구하여 지극함을 항시 곁에 두고자 하는 분으로서 항시 본받고 싶은 분이시다.

이렇게 훌륭하신 두 분과 함께 할 수 있음에 본인은 항상 감사하고 또 영광으로 생각하며 두 분이 한국의 태극권 발전에 지대한 공헌을 하시기를 기대한다.

2005년 6월 1일
박종구

들어가는 말

김 종 덕

평범해도 좋다
나는 언제나 나의 길을 가고 싶다.
길이 있어서 걷는 것이 아니다.
걷기 때문에 길이 생기는 것이다.
태양과 같은 정열로
태극의 대도(大道)를 꿋꿋이 가련다.
나와 세상의 밝음을 향하여…

    필자가 태극권을 처음 접한 것은 약 16년 전 일이다. 북경아시안게임 때 백발이 성성한 노사가 허연 수염을 휘날리며 마치 춤을 추듯 태극권을 펼치던 모습은 신선한 충격이었다. 어려서부터 권술(拳術)에 대한 애착이 있었던 터라 지긋한 나이에도 청년 못지 않은 기세와 품격으로 주위를 압도하는 노사의 모습이 지금껏 태극권이라는 한 우물만을 파는 계기가 되었다.

    그간의 세월을 되돌아보면 태극권은 단순한 취미나 호기심의 대상 그 이상이었다. 나에게 있어서 태극권은 구도자로서의 길을 가는 수도승의 화두(話頭)와도 같은 존재였다. 어느 자리에서든 태극권에 대한 얘기가 나오면 귀가 솔깃하였고 태극권의 심오한 철리(哲理)에 대한 해답이 해결되지 못하면 자다가도 벌떡 일어날 만큼 수없이 밤잠을 설치기 일쑤였다. 또한 틈이 날 때마다 국내외 명사들을 수없이 찾아다니며 사사(師事)를 받고 몸으로 직접 체험해가면서 차츰 태극권의 원리를 체득하게 되었다. 지금 생각하면 그러한 호기심의 발로가 지금의 나를 이끌었던 원동력이 아니었나 싶다.

태극권은 오랜 세월에 걸쳐서 인체의 에너지 흐름을 가장 원활하게 하기 위해 자세들을 정형화시킨 수련법이다. 태극권에 대한 연구는 부단한 인체에 대한 탐구이다. 외적인 몸동작에 내적인 생명력을 불어넣음으로써 진정한 태극권의 완성을 이루게 한다.

나의 태극권을 탐구하는 여정은 다양한 경험과 즐거움 그 자체였다. 태극권을 업으로 삼고 있지는 않지만 대덕연구단지에 적을 두고 대표선수 생활을 비롯해 국내외 각종 태극권대회에 참가해 많은 수상경력을 쌓아왔다. 그러나 뭐니뭐니해도 국내외의 명사들과 태극권을 통해 맺은 소중한 인연은 나에게 가장 큰 행운이었으며 태극권은 나의 사고방식과 삶의 방식에도 많은 긍정적인 변화를 주었다.

금번 동문이신 박종구 원장님과 신상돈 관장님과 뜻을 같이하여 마홍(馬虹)노사님의 저서인 "진식태극권 체용도해(陳式太極拳 體用圖解)를 국내에 소개하게 됨을 매우 기쁘고 영광스럽게 생각한다.

국내에 처음 소개되는 이 책은 정통 태극권의 혈맥이라 할 만큼 큰 의미가 있는 역작이다. 이 책의 권가(拳架)는 태극권을 집대성한 진장흥(陳長興)노사로부터 근대 태극권의 일대종사(一代宗師)이신 진발과(陳發科)노사 그리고 그의 아드님이시자 10대 종사이신 진조규(陳照奎)노사로 전해지는 진씨 가문 정통의 노가대가식(老家大架式) 태극권의 정종(正宗) 권보(拳譜)로 맥을 잇는다는 점에서 매우 큰 가치가 있다. 이 책은 마홍(馬虹)노사께서 진조규(陳照奎) 선사(先師)로부터 구전(口傳)과 몸으로 전수받은 정묘한 이치에 40여년간의 경험을 더해 진가태극권의 정수(精髓)를 온전히 담고 있다. 이 책에서 소개되는 진가태극권 83식은 권가(拳架)의 동작이 매우 정교하고 세밀하며 수법(手法), 기격(技擊), 발경(發勁)의 방법이 명확하여 여타 권가(拳架)를 분석하고 이해하는데 큰 도움을 준다. 83개의 동작을 619개의 세부동작으로 구분한 동작 해설을 읽노라면 마홍(馬虹) 노사님의 꼼꼼하고 세심한 성격이 그대로 느껴질 만큼 세세하게 기술되어 있다. 태극권 초학자들뿐만 아니라 지도자들께서도 이 책을 활용하신다면 많은 부분의 궁금증 해결에 유용하리라 확신한다.

마홍(馬虹) 노사님은 80세의 고령에도 불구하고 거의 매일 아침 6시면 어김없이 석가장(石家莊) 장안공원에 나오셔서 태극권을 수련하신다. 노사께서 권가를 펼치시면 그 뒤에 수련이 오래된 순서부터 차례로 제자들이 모여 같이 투로를 진지하게 수련하는 모습은 아주 인상적이다. 자그마한 키에 멋들어지게 투로를 끝내고 이마에 흐른 땀을 손으로 훔치시며 환하게 웃으실 때는 마치 해맑은 어린애의 웃음을 보는 것 같은 착각이 들게 한다. 마홍(馬虹)노사님의 수련은 매우 엄격하시기로 유명하다. 동작 수정이라도 받을라치면 다리가 후들거려 서있기조차 힘들 만큼 세심하고 꼼꼼하게 지도해주신다. 전심전력으로 지도해주신 노사님의 배려에 다시 한 번 감사드린다.

박종구 원장님은 국내뿐만 아니라 국제적으로도 손꼽힐 정도의 경지에 오른 태극권의 달인이다. 그와 손을 섞어 패하지 않은 사람이 없을 만큼 높은 수준에 도달한 분이지만 항상 겸손함으로 사람들을 대하는 온후한 인격에 더더욱 내면의 빛이 느껴지는 분이다. 필자는 그와 일찍부터 인연을 맺어 응물자연(應物自然)의 도리에 대한 많은 영감을 얻을 수 있었음에 감사할 따름이다.

신상돈관장님은 태극권에 대한 열정하나로 모든 것을 뒤로한 채 오직 외길에만 힘써 오신 진정한 태극수련인이다. 태극권에 대한 깊이 있는 연구와 지조 있는 바른 성품으로 최근 후진양성에 힘쓰시고 계시다. 그와 함께 금번 진가태극권의 정화를 국내에 소개할 수 있어 매우 뜻 깊게 생각한다.

이 자리를 빌어 그 동안 도움을 받은 여러분들께 감사의 마음을 전합니다. 먼저 본인의 태극권 계몽기 때 많은 도움을 주시고 마홍(馬虹) 노사님을 처음으로 소개해주신 김장수 관장님께 감사를 드립니다. 또한 마홍(馬虹) 노사님께 배사 입문할 수 있도록 도움을 주신 장위일(張偉一) 노사님께 머리 숙여 감사드리고, 내공의 진수를 보여주시고 태극권의 오묘한 경지를 맛볼 수 있도록 가르침을 주신 박종학 교수님께 늘 감사드린다. 다년간 태극권과 추수에 대한 연구를 같이하며 항상 풍부한 인간미와 해박한 지식으로 명쾌하게 태극권의 맥을 짚어주시는 숨어있는 고수 한국전력의 주종우 권사님 비롯한 여러 사형사제분들께 감사의 마음을 전하며 믿음직스런 권수일 부원장님과 엄기영 부원장님 등 밝은빛 식구들과 대덕연구단지태극권연합회장이신 신항식 KAIST 교수님과 수련회원 분들, 그리고 이 책이 발간되는데 큰 기여를 해주신 도서출판 밝은빛 진영섭 대표님께 감사의 마음을 전한다.

끝으로 본인이 태극권에 온 힘을 쏟으며 매진해갈 때 늘 옆에서 격려와 지원을 아끼지 않고 이해해준 아내에게 특히 고맙다는 말을 전하며 나의 기쁨이자 희망인 아들 태환이와 이제 두살된 태윤이에게도 사랑의 마음을 전한다.

모쪼록 태극권 애호가들께서 동 서적을 통해 태극권에 대한 이해의 폭을 넓히는데 조금이나마 보탬이 되길 바란다.

2005년 6월
대덕연구단지 가정골에서 김종덕

일 러 두 기

❖. 마홍(馬虹) 노사의 《진식태극권체용도해(陳式太極拳體用圖解)》에는 제일로(第一路)와 제이로(第二路) 포추(炮捶) 그리고 기격법(技擊法)이 함께 수록되어 있는 바, 한 번에 출간하기에는 내용이 너무 방대하여 먼저 제일로(第一路) 83식을 출판하였다.

❖. 향후 제이로(第二路) 포추(炮捶)와 기격법(技擊法)을 이어서 출간할 예정이다.

❖. 이 책에 수록된 제일로(第一路) 태극권은 세간에서 신가(新架)라고 부르는 것으로 진발과(陳發科) 노사가 만년에 확정하고 작은 아들인 진조규(陳照奎) 노사에게 전해지고 다시 마홍(馬虹) 노사에게 전해진 것으로,

❖. 사승계보가 다른 진가태극권에 비해 동작이 매우 세밀한 특징을 가지고 있으며, 책안에 수록된 내용은 진조규(陳照奎) 노사가 강의한 내용을 마홍(馬虹) 노사가 꼼꼼하게 필기하고 또 정리한 것으로 진가구(陳家溝) 태극권의 비전(秘傳)을 고스란히 담고 있다.

❖. 마홍(馬虹) 노사의 책이 가지는 특징 가운데 하나는, 이론 부분이 모두 평상시에 논문으로 발표를 하였거나 혹은 강연한 내용을 정리한 것으로 마치 주제별 논문과 같은 형식으로 되어 있으며,

❖. 이론의 논조는 마홍(馬虹) 노사 특유의 육성을 그대로 옮기었다.

❖. 또한 동작에 대한 설명이 일반 태극권 서적에 비하여 특히 상세하다. 진조규(陳照奎) — 마홍(馬虹)으로 이어지는 태극권의 특징을 살리기 위하여 첨삭(添削)없이 그대로 번역하여 실어 태극권을 깊이 연구하려는 독자에게 제공하고자 하였다.

❖. 동작을 나타내는 그림에 나타난 점선과 실선은 바로 다음에 이어지는 동작의 노선을 보여주고 있다.

❖. 한자는 괄호 속에 처리하는 것을 원칙으로 하였으나, 괄호 안에서 다시 한자를 쓰는 경우에는 괄호 없이 한글에 바로 한자를 이어서 사용하였다.

❖. 제일로(第一路) 83식 총 619장의 사진을 동작의 연결성을 극대화하고 시각적으로 보기 편하게 배열하기 위하여 조금은 특수한 판형을 채택하였다.

陳家太極拳基本理論選

- 태극권의 修練工程 試論
- 진가태극권의 健身性·技擊性 및 藝術性

66　30

太極拳의 修鍊工程 試論

馬虹선생의 北京 全國 第10期 陳式太極拳 사범 훈련반 수료식 강연(1999年 5月 15日)

이끄는 말

부대경(傅大慶) 동지(同志)께서 여러 차례 저에게 북경(北京)에서 권법을 가르치도록 요청했지만 저는 사양을 하였습니다. 왜냐하면 북경은 수많은 선배들과 사형, 사제들이 이곳에서 권법을 가르치고 계신데 제가 어찌 재능도 없으면서 끼어들어 머릿수나 채우겠습니까? 나중에 부대경 동지가 다시 "우리 해방군(解放軍) 신문사 내부에서만 전수하지 대외적으로는 절대 하지 않는다."고 거듭 간청하여 성의를 저버리기도 힘들고 모든 이의 신임에 고마워하며 제가 또 온 것입니다. 이 권법은 제가 문혁동란(文革動亂) 때 북경에서 배운 것인데 오늘 또 북경에서 와서 전수하니 마치 '벽옥(碧玉)이 온전하게 조(趙)나라에 돌아온 것'[1]과 같습니다. 그러나 이렇게 많은 분들이 올 줄은 생각하지 못했습니다. 수많은 외지의 학생들까지 소문을 듣고 오셨습니다.

---

1) 완벽귀조(完璧歸趙). 사자성어(四字成語)임. 조(趙)나라의 벽옥(碧玉) 구슬을 손상 혹은 망실 없이 조(趙)나라로 무사하게 돌아오게 하였다는 고사(故事)에서 나온 고사성어.

15일 동안의 바쁜 교학 활동을 통하여 주로 여러분에게 진조규(陳照奎) 선사(先師)께서 전하신 진씨(陳氏) 가전(家傳)의 대가(大架)이자 노가(老架)인 저가태극권(低架太極拳) 제일로(第一路) 83식의 동작의 분해, 기격함의(技擊含義) 및 기본원리를 강의하였습니다. 마지막으로 여러분들은 저에게 프로젝트 하나를 주었는데 제가 오랜 세월동안 어떻게 이 권법을 깊이 수련하였는지? 어떻게 이것을 연마할 수 있는지를 강연하라는 것입니다. 이것은 오늘 제가 다시 개인적으로 30년 동안 이 권법을 연습하고 전수한 체험을 여러분에게 종합보고하는 것이니 같은 길을 가는 사람으로 함께 가르침을 주길 바랍니다.

진가태극권의 역사는 유구하고, 내면에 포함된 내용이 풍부하여 확실히 이치와 법도가 정밀하고 박대정심(博大精深)합니다. 더욱이 진조규(陳照奎) 선사(先師)가 전수한 이 두 개의 권법, 일로(一路) 83式과 이로(二路) 71式(또는 포추炮捶)은 모두가 공인한 현존하는 태극권 중 정통의 정품(精品)입니다. 우리가 연마한 이 권법은 무술입니다. 그러나 그것은 또 무술일 뿐만 아니라 건강법입니다. 그러나 건강법 뿐만은 아닙니다. 저는 그것을 완벽한 인격 수련법이라고 말합니다. 그것은 사람의 신체를 단련할 뿐만이 아니라 사람의 인격, 품질 및 사람의 사유(思維) 방식 등의 방면을 모두 수련할 수 있는 것입니다. 그래서 그것은 일종의 문화이며 과학이며 혹자는 그것을 인체과학의 한 부분이라고 말합니다. 소련의 생리학자 이반 파블로프(Ivan Petrovich Pavlov 1849-1936)는 "과학은 한 사람이 필생의 정력으로 이루어낸 것을 필요로 한다."라고 말했습니다. 우리 진가태극권을 사랑하는 이들은 이 권법을 잘 익혀 공부(功夫)하여야 하며 동시에 주위사람들의 건강을 위해 크게 말해야 합니다. 또한 인류의 건강을 위하여 공헌을 해야 합니다.

태극권을 수련하는 것을 어떤 사람은 "오층공부(五層功夫)", 몇 층 공부 등등으로 나눕니다. 참고는 할 수 있지만 그러나 그것은 문화과목을 학습하는 것처럼 한 학기에 교재 하나가 바뀌는 것과 다릅니다. 예를 들면 대수(代數)를 배웠으면 소대수(小代數)를 다시 배울 필요가 없는 것과 같습니다. 태극권의 수련 단계, 층차(層次)는 나눌 수도 있고 나누지 못할 수도 있습니다. 제 개인이 30년 동안 권을 배우고(학권學拳), 권을 수련하고(연권練拳), 권을 깊이 파고들어(찬권鑽拳), 권을 깨치고(오권悟拳) 권을 전수(전권傳拳)하는 과정을 거친 결과 반드시 여섯 가지 방면으로 공부를 해야 합니다. 그러나 이 여섯 가지 방법은 나누어지는 것이 아니며 반드시 상호교환하고 반복수련 해야 하는 여섯 가지 내용입니다. 즉 첫 번째는 '규구(規矩)'입니다. 반드시 拳架의 각종 규구(規矩)[2]들을 이해해야 합니다. 두 번째는 이법(理法)에 밝아야 하는 명리(明理), 세 번째는 법을 아는 지법(知法), 네 번째는 동경(懂勁), 다섯 번째는 공력(功力), 여섯 번째는 신운(神韻)입니다.

 태극권을 잘 수련하려면 이 여섯 가지를 모두 갖추어서 반복하여 수련해야 합니다. 이 여섯 가지를 기계적으로 층차(層次)를 나누거나 단락을 나눈다는 것은 과학적이지 않습니다. 예를 들어 '규구(規矩)'는 내가 태극권을 배운지 오랜 세월이 지났지만 현재도 반복하여 노사의 권보를 반복하여 보고 있으며 태극권을 배울 때 필기한 것을 보면서 매 번 가르칠 때마다 권보를 보고 있습니다. 엄격하게 각 권식(拳式)과 각 동작의 규구(規矩)를 파악하였습니다. 규구(規矩)와 기타 몇 가지 방면은 서로 흡수되며 서로 보완하는 관계입니다.

 당연히 어떤 훈련 때에는 특정한 방면을 중시합니다. 이 여섯 가지 방면의 수련목표에 도달해야지 비로소 완전하게 태극권을 장악했다고 할 수 있습니다. 그래서 저는 이것을 "육합일(六合一)"

---

2) 규구(規矩)는 자와 컴퍼스. 즉 준칙(準則)을 말함. "규구(規矩)가 아니고서는 네모와 원을 이룰 수 없다."(≪孟子·離婁上≫).

수련 공정이라고 합니다. 이러한 개념이 명확한 것은 아니지만 여러분들에게 연마와 수련의 목표와 사고의 방향을 제공한다고 생각합니다.

一. 규구(規矩) - 자와 컴퍼스 - 준칙

  규구의 중요한 점은 외형을 모방하는 것으로 자기로 하여금 규율적이고 철저한 외형을 있게 하는 것 입니다. 예를 들어 권가(拳架)는 외형적으로 규율적이며 철저하게 연마해야 순리적으로 끊임없이 그것의 내함(內涵)을 충실하게 하며, 자기 스스로 나날이 지속적인 수련으로 의지할 수 있는 기초가 될 수 있습니다. 만약 방바닥이 제대로 되어 있지 않고 건축 구조가 제대로 되어 있지 않다면 내부 장식과 가구 배치도 말할 수 없을 것입니다. "豆腐渣(두부 찌꺼기)로 한 공정(工程)"은 어느 날 갑자기 무너질지 모릅니다. 그래서 내함(內涵)을 충실히 해야 한다는 것입니다.

  권가(拳架)는 이 권법의 독특한 풍격과 풍모를 대표하는 외재적 표현입니다. 그것의 권식(拳式) 동작은 모두 선배들이 수백년 동안 내려오면서 철학 병법 및 실천 중에 심혈을 기울여 만들어진 것입니다. 그래서 권가(拳架)를 소홀히 할 수 없는 것입니다. 어떤 사람은 연권(煉拳)을 그리 열심히 하지 않으며 수년을 연구했으면서도 흐릿하게 권식(拳式)을 마음대로 바꾸고 규구(規矩)를 말하지 않는 상황이 많아졌습니다. 제 학생들 중에도 역시 이렇게 열심히 연마하고 남보다 이르게 공부했지만 몇 년 후에 다시 만나면 권법은 엉터리가 되어 있기도 합니다. 기초 없이 시작했기 때문입니다.

  진가태극권은 특히 권가(拳架)의 규구(規矩)를 추구합니다. 진조규(陳照奎) 노사께서 항상 말씀하시길 "내함(內涵)은 풍부하고 동작의 나눔 역시 세밀하다. 그것의 수형(手形), 수법(手法), 보형(步形), 보법(步法) 및 신법(身法), 안법(眼法), 전사법(纏絲法)에 모두 세밀한 요구가 있다."라고 말씀하셨습니다. 당연히 또 매 동작마다 손이 나가고 발을 내는 방위(方位)와 각도까지 모두 정확하게 제 자리에 놓을 것을 요구합니다. 그는 항상 세 가지가 제 위치에 도달할 수 있어야 한다고 말씀하셨는데 동작(動作) 경력(勁力) 시선이 제 위치를 찾아야 합니다. 혹자는 의·기·력(意·氣·力) 세 가지가 제 위치에 도달해야 한다고 말합니다. 또한 태극권을 연마하는 기본 요령 역시 매 권식과 매 동작 중에서 체득하여야 합니다. 예를 들면 허령정경(虛領頂勁)[3]·상신중정(上身中正)[4]·개합상우(開合相寓)[5]·허실호환(虛實互換)[6]·침견추주(沈肩墜肘)[7]·함흉탑요(含胸塌腰)[8]·송과굴슬(鬆胯屈膝)[9]·경침겸비(輕沈兼備)[10]·단전대동(丹田帶動)[11]·강유상제(剛柔相濟)[12] 그리고 둔부(臀部)가 좌우로 번침(翻沈)하고 중심(重心)이 전환되는 당주하호(膛走下弧)[13] 등등의 기본 요령은 모두 매 초식(招式)과 매 동작 중에서 체현(體現)해야 합니

---

3) 태극권의 중요 요결 가운데 하나. 정경(頂勁)을 허허롭게 들어 올리다. 정경(頂勁)은 몸을 바르게 세워 정수리로 올라가는 경(勁).
4) 보통 입신중정(立身中正)이라고 말하는 중요 요결. 상체가 전후좌우 어느 쪽으로도 기울지 않게 바르게 서는 것.
5) 개(開)에는 합(合)이 깃들고 합(合)에는 개(開)가 깃들도록 하는 것.
6) 허(虛)와 실(實)이 서로 자유롭게 상황에 맞게 변환하는 것.
7) 어깨를 떨어뜨리고 팔꿈치도 내려 떨어뜨리는 것.
8) 가슴을 허허롭게 함축하고 허리를 떨어뜨리는 것. 탑요(塌腰)는 보통 말하는 송요(鬆腰)보다 요구가 엄격한 의미가 있다.
9) 과(胯)를 방송(放鬆)하고 무릎을 굽히는 것.
10) 경령(輕靈)함과 침중(沈重)함을 동시에 겸비하는 것.
11) 단전(丹田)이 움직임을 이끌도록 하는 것.
12) 강(剛)과 유(柔)가 상호구제를 하는 것으로 강함과 부드러움이 상호조화를 이루는 것.

다. 태극권을 배우는 과정 중에 충실하게 전통 권보에 의거하여 연습하여야 하며 절대로 전통 투로(套路)의 크고 작은 동작을 마음대로 바꾸어서는 안됩니다. 스스로 총명하다고 착각해서도 안되고 어떤 투로(套路) 가운데에 불합리한 동작을 끼워 넣지 않음으로써 전통권의 고유한 풍격을 지키고 '원래의 맛'을 유지해야 합니다. 그래서 저는 여러분에게 충실하게 전통권의 각종 규구(規矩)를 계승하도록 권합니다. 외형은 어지럽게 변화시킬 수 없고 동작을 어지럽게 바꿀 수 없습니다. 태극권의 내함(內涵)은 우리가 끊임없이 충실하게 하고 끊임없이 제고(提高)할 것을 요구합니다. 어떤 사람이 물론 호의(好意)였겠지만 이렇게 건의하였습니다. 전통 투로(套路)를 보급하기 위해 저에게 쉽게 받아들일 수 있는 투로(套路)를 만들라고 말입니다. '전 죽어도 그렇게는 못한다. 저는 착실하게 선생님께서 전수해주신 그대로 수련을 할 것'이라고 말했습니다. 투로(套路)는 변하지 않는 것입니다. 단지 그것의 내함(內涵)에 대한 이해·발굴·인식이 차츰 깊어지고 차츰 향상되는 것입니다. 이것이 전통권을 수련하는 정확한 방향입니다. 전통 투로(套路)를 수련하려면 전통 투로의 외형을 쉽게 바꾸려 들면 안됩니다. 전통이 전통인 것은 그것이 우수하기 때문에 전해지는 것입니다. 어떤 사람이 다음과 같이 말했습니다. "전통이라는 것은 어머니이다. 탯줄이 끊겨도 혈연(血緣)은 반드시 이어진다. 사람과 글이 한 이치이다." 그래서 우리는 좋은 전통은 반드시 존중하고, 사랑하고 보호하며, 계승하고, 널리 알려야 합니다. 진조규(陳照奎) 선사(先師)께서 전해 주신 이 권술(拳術)은 제가 몇십년에 걸쳐 실천하고 연구하여 체득한 것으로 이 전통 투로는 합리적이고 과학적이라고 이미 느꼈습니다. 그래서 우리는 권보(拳譜), 권가(拳架)에

---

13) 낮은 자세의 저가태극권(低架太極拳)을 할 때의 요결. 중심을 이동할 때 당(膛)이 하호(下弧)를 그리며 움직여야 하는 것.

대하여 반드시 그것의 '원래 맛'을 유지해야 하며 쉽게 고쳐서는 안됩니다. 어떤 이는 시합 때 높은 점수를 얻기 위해 마음대로 전통투식을 고치는데 이것은 잘못된 길로 가는 것입니다.

당연히, 어떠한 공부(功夫)도 널리 여러 파의 그 장점을 두루 취해야 하며 문호지견(門戶之見)을 고수하지 말아야 합니다. "많은 것을 배우지만 깊이 있게 연구하면 한 가닥의 선"이라고 항상 말합니다. 독특한 풍격을 유지하면서 여러 파의 장점을 흡수해야 합니다. 태극권을 배우기 시작할 때 한마음 한뜻으로 정신을 가다듬고 집중하여 이 권술의 투로(套路)를 잘 배우고 장악하려면, 먼저 규구(規矩)를 배우고, 먼저 기초를 쌓고, 먼저 외형을 모방한 연후에 다시 충실하게 진보하는 과정 중에 다른 사람의 장점을 흡수하여 우리의 내함(內涵)을 충실하게 하는 것입니다. 다른 문파의 경험을 흡수할 때, 꼭 자신이 먼저 자기 문파의 규구(規矩)를 잘 수련하여야 합니다. 본문(本門)의 것에 정통하여야 비로소 유사한 것을 접하여 통할 수 있게 되고 기초 지식을 갖게 되고 비로소 비교하고 감별할 수 있는 능력이 생깁니다. 규구(規矩)는 한 번에 이룰 수 있는 것이 아닙니다. 처음 권법을 배우는 자들은 항상 하나를 신경쓰다보면 다른 하나를 잃어버리는데 이 권술은 "일동무유부동(一動無有不動)"을 요구합니다. 온 몸 곳곳이 서로 배합하고 서로 조화를 이루어야 합니다. 한 번에 모두 기억해서 할 수가 없습니다. 오직 반복하여 실천하고, 반복하여 깨치고 거듭거듭 수정을 해 가는 것입니다. 오늘은 손동작을 외우고 내일은 발동작을 외우고 모레는 흉요(胸腰)의 동작을 기억하고, 단전(丹田)이 움직임을 이끄는 것 등등 한 걸음 한 걸음 깊이를 더하고 한 걸음 한 걸음 규구(規矩)에 다다르는 것입니다. 연권(煉拳)을 시작할 때 실천 중에서 먼저 반복적으로 규구(規矩)를 더욱 완벽하게 알도록 해야 하고 부단(不斷)히 자아(自我)를 초월해야 합니다.

기초를 잘 다진 후 다시 다른 권법을 참고합니다. 각 유파의 각종 태극권을 나는 모두 보았으며,

심지어 이소룡(李小龍)의 권법, 태국의 무에타이 역시 나는 보았고 연구했습니다. 한편으론 우리 권술의 과학성과 우월성을 검증했으며 한편으론 우리의 권법을 충실하게 하였으니, 우리의 권리(拳理), 권가(拳架)와 모순되지 않는 좋은 것들은 그것을 받아들일 수 있습니다. 예를 들어 양가(楊家) 혹은 오가(吳家)의 태극권은 방송(放鬆)을 중점 연구하여서 연구가 잘되어 있고 투철합니다. 우리는 이것을 받아들일 수 있습니다. 무가태극권(武家太極拳)은 공력훈련(功力訓練)을 강구하는데 어떤 권법은 공력훈련(功力訓練)을 말하지 않습니다. 마땅히 그것을 감별하여 어떤 것을 취합하고 무엇을 버리고 무엇을 발양(發揚)해야 할 지 취합에도 감별이 필요합니다. 만약 자신의 규구(規矩)가 잘 연마되지 않고 기초가 잘 되어 있지 않으면 어떤 것이 좋고 어떤 것이 나쁜 지 알 수 없습니다. 먼저 "자신을 아는 지기(知己)"를 잘 하여서 먼저 우리 권법의 규구(規矩), 외형(外形), 권리(拳理), 요령(要領) 등을 명확히 알아야 비로소 비교 감별을 할 수 있는 자본을 갖게 되어 "남을 아는 지피(知彼)"를 할 수 있습니다. 만약 "지기(知己)"를 하지 않는다면 자기의 기초를 잘 다질 수 없어 어떤 것이 옳은 것이고 어떤 것이 틀린 것인지를 알 수 없어 보는 대로 취합을 하고 새로운 것들만 추구하다가 결과적으로 아무거나 다 있어서 모든 것을 다 그르쳐서 자신의 규구(規矩)를 잃어버리고 자신의 풍격(風格)을 잃어버리게 됩니다. 만문덕(萬文德) 사형이 말한 대로 "금 그릇으로 동냥하는" 불쌍한 인간이 되는 것입니다.

그래서, 첫 걸음이며 제일 중요한 부분을 꼽아봅시다. 기초를 잘 다지려면 먼저 전통 투로(套路)를 정확하게 알고 규구(規矩)를 잘 알아야 합니다. 그런 후 다시 이런 기초 위에서 그것을 충실하게 하고 각 문파의 장점을 널리 취하는 것입니다. 우리는 아주 좋은 조건을 가지고 있는 바, 선사(先師) 진조규(陳照奎) 선생님께서 우리에게 가전(家傳)의 권보(拳譜) 진식태극권체용도해(陳

式太極拳體用圖解)를 남기셨습니다. 이 자료는 매우 진귀(珍貴)한 것으로 여러분 모두 반복하여 그것을 학습하셔야 합니다. 진 노사께서는 "이 권법을 수련하는 과정은 끊임없이 동작을 교정하는 과정이다."라고 말씀하셨습니다. 그래서 충실하게 하고 제고(提高)하는 과정은 곧 끊임없이 동작을 교정하고 규구(規矩)를 추구하는 과정인 것입니다. 이를 위해 우리는 먼저 규구(規矩)로부터 공부(功夫)를 쌓아가야 하며 권보(拳譜)를 명확하게 알도록 하여야 하며 동작을 규범에 맞도록 하여야 합니다. 먼저 상승(上乘)의 조형(造型) 즉 모델이 있어야 하는 것입니다.

二. 명리(明理) - 이법(理法)을 밝게 알다.

태극권은 일종의 문화(文化)입니다. 문화는 사유(思維)를 중시하며 사유(思維)는 이성적인 인식입니다. 태극권은 태극권의 권리(拳理) - 권법의 이치가 있으며 독특한 사유방식이 있습니다. 즉, 오랜 기간 실천을 통해 귀납(歸納)하여 나오는 규칙성이 있는 일련의 이론입니다. 태극권의 권리(拳理)는 여러 방면에 의거합니다. 태극권은 중국 전통문화의 일부분으로, 중국전통문화와 한 맥락으로 이어 내려오고 있으며 동시에, 현대의 과학실험을 통해서도 검증되고 있습니다. 그래서 태극권을 파고들어 연구하는데 뜻을 세우고 그 이론을 깊이있게 파악하려면, 반드시 중국의 고전 철학 -역학(易學), 태극음양학설(太極陰陽學說), 전통의학, 전통 양생학, 전통 병법, 전통 미학(美學) 등을 공부해야 합니다. 동시에 현대생리학, 심리학, 운동역학 등 인체과학에 관한 지식들도 공부해야 합니다. 그 중 가장 중요한 것, 첫 번째로 중요한 것은 먼저 중국의 전통철학 즉 역학(易學) 중의 태극음양학설(太極陰陽學說)을 알아야 합니다. 이 권법의 이름은 "태극권"인데,

권법을 수련하는 사람이라면 먼저 태극원리를 이해해야 합니다. 태극은 음양(陰陽)이 합하여 끌어안은 것으로 "움직이면 음양(陰陽)이 나누어지며", 음양(陰陽)의 두 측면, 두 가지 요소, 두 가지 역량(力量)을 포함합니다. 그것들은 서로 의존하고 촉진하고 차고 기우는 것으로 대립되면서 또 통일된 것이기도 합니다. 음양(陰陽)이 합하여지면 태극(太極)이 되며 태극(太極)이 나누어지면 음양(陰陽)이 됩니다. 한마디로, 합치면 태극(太極)이 되고, 나뉘면 음양(陰陽)이 되고, 움직이면 나선운동이 되는 것입니다. 음양(陰陽) 간의 관계를 분명히 알게 되면 태극권에 대한 이해를 더 깊이 할 수 있습니다.

음양변화의 규칙은 매우 다양하고 복잡합니다. 음양(陰陽)의 사유방식이 내포하는 것도 매우 풍부합니다. 이를테면, 음양대칭(陰陽對稱)[14]·음양상응(陰陽相應)[15]·음양호근(陰陽互根)[16]·음양(陰陽)은 서로 싸안고 있으며 서로를 잉태하고 있으며[17]·음양(陰陽)에는 질서(순서)가 있

---

14) 왼쪽이 있으면 반드시 오른쪽이 있고, 앞이 있으면 반드시 뒤가 있으며, 위가 있으면 반드시 아래가 있다. 왼쪽에서 발(發)하면 오른쪽이 내려앉고, 오른쪽에서 발(發)하면 왼쪽이 내려앉는다. 앞으로 나아가는 중에 반드시 뒤에서 떠받치고 있는 것이 있는 것 등등
   <** 이 주(註)는 마홍(馬虹) 노사 의 본문 중의 원주(原注)임.>

15) 즉 음양이 조화되는 것이며, 말초의 관절마디와 뿌리의 관절마디, 중간 마디와 상하의 마디들이 마디마디 꿰어져 관통하여야 하며, 좌우 전후 손발 진퇴(進退)가 서로 맞게 응하고 호응하도록 하여 주신일가(周身一家)를 체현(體現)해 내도록 한다.
   <** 이 주(註)는 마홍(馬虹) 노사의 본문 중의 원주(原注)임.>

16) 음양은 서로 그 뿌리가 된다. 허(虛)는 실(實)의 뿌리이고, 실(實)은 허(虛)의 뿌리이다. 강(剛)은 유(柔)의 뿌리이며, 유(柔)는 강(剛)의 뿌리가 된다는 것 등등
   <** 이 주(註)는 마홍(馬虹) 노사의 본문 중의 원주(原注)임.>

17) 음(陰) 가운데 양(陽)이 있고, 양(陽) 가운데 음(陰)이 있다. 개(開) 가운데 합(合)이 있고, 합(合) 가운데 개(開)가 있다. 강(剛) 가운데 유(柔)가 있고, 유(柔) 가운데 강(剛)이 있다는 것 등.
   <** 이 주(註)는 마홍(馬虹) 노사의 본문 중의 원주(原注)임.>

으며[18]·음양(陰陽)이 전화(轉化)하고 변화(變化)하는 점변성(漸變性 : 점진적으로 변하는 성질)과 막측성(莫測性 : 변화를 예측할 수 없는 성질) 그리고 음양 변화의 나선형식[19] 등이 있다. 태극권은 음양의 철리(哲理)를 벼리(강綱)로 삼아 권법중의 개합(開合)·강유(剛柔)·경침(輕沈)·허실(虛實)·쾌만(快慢)·방원(方圓)·화타(化打)·축발(蓄發) 등등의 각종 관계를 연구합니다. 이러한 전통 철리(哲理)를 충분히 권법에 운용하고 건강과 호신에 운용하고 참된 인간으로서 일을 처리하는 것에 운용하여서 우리가 수련하고 있는 권법이 곳곳에서 태극음양(太極陰陽)의 철리(哲理)와 부합하게끔 합니다. 어떤 외국 친구들이 "중국의 태극권은 철리권(哲理拳)"이고 "그 안에서 동방의 인생철학을 배울 수 있으며" "태극권을 배움으로써 중국 전통철학의 오묘한 신비를 깨닫는다"고 말하는 것이 일리가 있습니다. 그러므로 태극권을 수련하는 우리들은 반드시 태극(太極)의 철리(哲理)를 조금이라도 이해해야합니다.

태극권은 무술입니다. 비록 오늘날에는 건신(健身)의 가치가 부단히 격상되고 있으나 전통적인 태극권의 참뜻은 변함없이 호신(護身)의 가치 즉 기격(技擊)적인 곳에 있습니다. 태극권의 기격(技擊) 원리는 중국의 전통 군사학과 맥을 같이하고 있습니다. 많은 권론(拳論)들이 모두 《손자병법(孫子兵法)》등 고대의 군사 전적(典籍)들에 기원을 두고 있습니다. 태극권 권식(拳式)의 형

---

18) 절첩(折疊)에 질서가 있다. 가서 돌아오지 않는 것이 없고, 왕복(往復)함에는 절첩(折疊)이 있다. 앞을 취하고자 하면 먼저 뒤로 가며, 왼쪽을 취하고자 하면 먼저 오른쪽으로 가고 나아가고자 하면 먼저 물러나고 개(開)하고자 하면 먼저 합(合)을 하며 위를 취하고자 하면 먼저 아래로 가며 아래를 취하고자 하면 먼저 위로 가는 것 등. <** 이 주(註)는 마홍(馬虹) 노사의 본문 중의 원주(原注)임.> 절첩(折疊)은 꺾이고 전환하는 기틀을 말함.
19) 파랑식(波浪式)으로 원형(圓形)이 아니면 궁형(弓形)이다. 혹은 "S" 형, "∞" 형으로 움직이며, 직선으로 왕래하는 것은 없다.
<** 이 주(註)는 마홍(馬虹) 노사의 본문 중의 원주(原注)임.>

성은 대부분 척계광(戚繼光)의 《기효신서(紀效新書)》중의 《권경(拳經)》에 기원하고 있습니다. 우리 권법 가운데 29개 초식(招式)이 戚繼光의 《拳經》[20]으로부터 나왔습니다. 우리 권법의 기격법(技擊法)과 《손자병법(孫子兵法)》의 기격법(技擊法)은 사상논점이 매우 많이 일치하고 있습니다. 《손자병법(孫子兵法)》에서는 "남보다 뒤에 발동하여 남보다 먼저 이른다"[21]고 말하고 있고 태극권은 "상대가 움직이지 않으면 나도 움직이지 않고 상대가 미세하게 움직이면 내가 먼저 움직인다"[22]고 말하고 있습니다. 《손자(孫子)》에서는 "모가 나면 멈추고 둥글면 행(行)한다. 그러므로 전투를 잘 하는 세(勢)란 마치 천 길 높이의 산에서 둥근 돌이 구르는 것과 같은 것이 곧 세(勢)"[23]라 말하고 있으며 태극권은 도처에서 원(員)을 말하고 있으며 나선형의 동작으로써 우세(優勢)를 점거합니다. 그래서 우리는 병학(兵學)을 이해할 필요가 있습니다.

중국의 전통의학 즉 중의(中醫)의 이론(理論)에는 비교적 눈에 띄는 세 가지 특징이 있습니다. 첫 째는 변증법적으로 치료를 하는 중의 정체관(整體觀)이고 둘째는 음양평형론(陰陽平衡論)이며, 세 번째가 경락학설(經絡學說)입니다. 이 세 가지 특징과 태극권의 이치와 권법은 지극히 일치합니다. 진가태극권(陳家太極拳)은 여러 곳에서 정체경(整體勁)·음양의 조화·순역전사(順逆纏絲)를 말합니다. 진흠(陳鑫)은 "태극권은 전법(纏法)[24]"이라고 말하였다. 태극권의 전사경

---

20) 《권경첩요(拳經捷要)》에 수록된 초식은 총 32식이다. <** 이 주(註)는 마홍(馬虹) 노사의 본문 중의 원주(原注)임.>
21) 후인발, 선인지(後人發, 先人至).
22) 피부동, 기부동, 피미동, 기선동(彼不動, 己不動, 彼微動, 己先動).
23) 방즉지, 원즉행. 고선전지세, 여전원석어천인지산자, 세야.(方則止, 圓則行. 故善戰之勢, 如轉圓石於千仞之山者, 勢也.)
24) 전법(纏法), 전사(纏絲)의 법. 감돌아 움직이는 법.

(纏絲勁)은 다른 운동항목과 구별되는 독특한 권리(拳理) 권법(拳法)입니다. 그것은 권식(拳式) 동작의 대소(大小)·쾌만(快慢)·개합(開合)을 불문하고 모두 나선식의 운동을 할 것을 요구하고 이로부터 경락(經絡)을 소통하는 건강의 작용까지 하게 됩니다. 기격(技擊)에서도 일종의 특수한 나선식의 진공(進攻)과 인화(引化)의 전술입니다. 그러므로 우리는 중의(中醫) 이론을 이해하여야 합니다.

아무튼, 여러분이 권술을 연마하고 신체를 단련하는 것에만 그치지 않고 그것을 하나의 학문으로 연구하려는 흥미가 있고 그 최고의 경지를 추구한다면, 저는 여러분들에게 고전 철학(哲學)·의학(醫學)·군사학(軍事學)·미학(美學)·인체역학(人體力學) 등을 배워서 이 권법에 대한 인식을 여러 방면에 걸쳐 이론적으로 깊이 있게 하고 나아가 자신의 이론적 수준을 향상시킬 것을 건의합니다. "이치(理致)에 따름으로써 도(道)를 구하고, 번성한 것(꽃)이 떨어져서 열매를 거둔다"는 소철(蘇轍)의 말이야말로 학문을 하는 바른 길입니다.

三. 지법(知法) - 법도(法度)를 알다.

지법(知法), 법도를 안다는 것은 태극권의 매 초식(招式) 매 동작의 용법(用法)을 아는 것이니 곧 기격(技擊)의 함의(含義)를 아는 것을 말합니다. 권법(拳法)은 곧 병법(兵法)입니다. 태극권의 본질은 무술이고 중국의 무술은 네 글자를 중히 여깁니다. : 첫째가 담력(膽力)이고, 둘째가 힘(力)이며, 셋째가 지혜(智慧)이며, 넷째가 법(法) 즉 용법(用法), 박격(搏擊)의 기교입니다.

태극권 고유의 무술적 본질과 무술적 풍격(風格)을 파악하기 위해서는 반드시 모든 권식(拳式)과 모든 동작의 기격(技擊) 함의를 정확히 알아야 합니다. "권술(拳術)을 단련함에 있어 사람이 없어도 마치 사람이 있는 듯이 하라"고 권론(拳論)에서 말합니다. 즉 적이 위치한 방위(方位)·공격의 각도 및 공격의 수단을 가정해야 하고 나는 적에 대응하여 사용할 수법(手法)·퇴법(腿法)·신법(身法) 등 화경(化勁)과 타격이 결합된 기법(技法)을 명확히 알아야 합니다. 동시에 각종 병서(兵書)·무예의 기술 그리고 수련실천 중의 경험을 거울삼아 한 초식(招式)을 여러 가지로 쓰는 "일식다용(一式多用)"의 이치를 밝히 알아야 합니다. 아울러 각고(刻苦)의 노력으로 추수(推手)·교수(交手)·낱개 초식 훈련·공력훈련(功力訓練) 등을 거쳐 권법에 정통할 수 있도록 하여 한 초식 한 초식마다 그 용법에 밝도록 해야 합니다. 태극권은 "용의(用意)"를 중시합니다. 그 용의(用意)의 중요한 한 측면은 바로 시시각각 "의(意)로써 형체(形體)를 이끌고 의(意)로써 기술을 이끈다"는 점에 주의를 기울여야 합니다.

四. 동경(懂勁)

동경(懂勁)은 태극권 연마의 가장 관건이 되는 과목이며 가장 중요한 관문으로 실제적인 내용(內容)입니다. 그리고 태극경(太極勁)을 이해하는 것은 태극권의 영혼이라고 할 수 있습니다. 그래서 항상 "권법(拳法)의 오묘함은 운경(運勁)에 있다"고 말합니다. 왕종악(王宗岳)의 《권론(拳論)》에서도 "첫째는 익숙해지는 것이고 둘째는 동경(懂勁)을 하는 것이다. 동경(懂勁)을 한 후에 비로소 신명(神明)으로 접근해 간다."[25]고 하였습니다. 태극권 운경(運勁)의 여러 가지 특징들을 명확하게 알고자 한다면 아래에 열거한 몇 가지를 반드시 이해해야 한다고 생각합니다.

(一) 인체의 역원(力源)을 이해해야 합니다.

《권론(拳論)》에서 "경(勁)은 다리에서 일어난다."[26]고 말합니다. 그래서 풍부한 경험을 가진 고명한 권사(拳師)들은 항상 먼저 뿌리를 배양하고 근절(根節)[27]을 단련할 것을 강조합니다. 제가 처음으로 북경(北京)에 가서 진조규(陳照奎) 선생님께 권(拳)을 배우는데 선생님께 보여드리려고 권(拳)을 연무하여 보여 드릴 때 선생님께서는 단지 저의 발만 보시고 계셨습니다. "발아래 동작이 엉망이고 근절(根節)이 불명확하니, 위쪽은 맞을래야 맞을 수 없다."고 말씀하시더군요. 나중에, 선생님께서 전수해주신 권법을 익히고 나서 인체역학(人體力學)을 공부하고서 차츰 뿌리를 배양하는 것의 중요성을 이해하게 되었습니다. 인체의 힘은 모두 짝을 이루고 있기 때문에 발로 땅을 박차고(작용력) 대지의 반탄력(반작용력)을 빌리는 것만이 비로소 인체의 역원(力源), 즉 힘의 근원인 것입니다. 그러므로 권법을 연마하는 데는 반드시 뿌리를 굳건하게 하여 발을 떨구면 뿌리를 내리도록 해야 합니다. 행공(行功)을 할 때 발은 반드시 오지조지(五趾抓地)[28]를 하여 용천혈(湧泉穴)을 허허롭게 비워야 하며 발을 어지러이 움직여서는 아니 됩니다. "나사못을 돌리고

---

25) 일왈착숙, 이왈동경, 동경이후, 방가계급신명.(一日着熟, 二日懂勁, 懂勁而後, 方可階及神明.)
26) 경기어각.(勁起於脚.)
27) 관절의 뿌리 마디. 예를 들어 고관절(股關節) 견관절(肩關節) 등을 근절(根節)이라 한다.
28) 다섯 발가락으로 땅을 움켜쥐듯이 하다.

뿌리를 뽑으면 전수(傳授)가 참되지 못하다"고 말해집니다. 진(陳) 노사(老師)께서는 발은 배의 방향타와 같다고 비유하시며 행동의 방향과 관련이 있기에 어지러이 움직이는 것을 절대 용납하지 않으셨습니다. 그중 관건이 되는 문제는 각기 다른 권식(拳式)과 각기 다른 동작에서 다리를 떨구는 방위(方位)와 각도에 있습니다. 발을 개합(開合)하는데 발뒤꿈치를 축으로 할지 혹은 발바닥을 축으로 할 지 등등을 반드시 엄격하게 파악하여 조금도 모호하지 않도록 합니다. 발을 내고 떨구는 것이 모두 전체적인 운동과 완전하게 일치되어야 합니다.

(二) 경력(勁力) 변화의 중추는 허리에 있다.

"허리 신장(腎臟)의 중추에서 시작하여 사초(四梢)와 근육 피부에 이른다." 또 "권(拳)을 하는데 허리를 단련하지 않으면 기예(技藝)가 높은 경지에 이를 수 없다"라고 보통 말해집니다. 허리 부위를 운동하는 것은 건강과의 관계가 매우 큽니다. 생리적으로 말하면 허리 부위의 장부(臟腑)는 인체를 위해 영양물질을 흡수하고 인체 에너지로 변환시키는 중요한 부위입니다. 동시에 허리는 또한 경력(勁力)을 변화시키는 중추입니다. 권법을 수련할 때 길러야 할 습관은 큰 동작 작은 동작을 막론하고 모두 허리 부위로 움직임을 이끌어야 합니다(또한 단전대동丹田帶動이라고도 합니다). 여기에 관해서는 저의 졸작인《단전내전론(丹田內轉論)》을 참고하십시오.

(三) 태극권 운경(運勁)의 궤적을 이해해야 합니다.

경력(勁力) 운행의 기점(起點)・노선(路線)・시력점(施力點)・지탱점(支撐點)・착력점(着力

點, 즉 낙점落點)²⁹⁾ 변화의 규칙과 요령을 정확히 해야 합니다.《권론(拳論)》에서 "힘은 족부(足部)에서 발(發)하고 다리(腿)에서 운행되고, 허리에서 주재(主宰)하며 손과 손가락에서 형상화된다."³⁰⁾고 말합니다. 즉 경력(勁力)의 근원은 다리(各脚)에 있고 운경(運勁)의 중추는 허리³¹⁾에 있다는 것을 설명하는 것입니다. 물론 경점(勁點)은 손에서 형성될 수도 있고 또한 어깨·팔꿈치·과(胯)·무릎·발 등의 부위에서 발(發)할 수도 있습니다.

결론적으로 발로 땅을 차서 땅의 반작용력(반탄력)을 허리까지 운행하고 송과(鬆胯)·절첩(折疊)·선전(旋轉)을 하여 흉배(胸背)의 배합을 통과하여 상지(上肢) 즉 팔의 발력점(發力點)에까지 운송하는 것이고, 관관절(髖關節)³²⁾과 고골(股骨) 즉 대퇴골을 통과하여 하지(下肢)의 발력점(發力點)에까지 운송합니다.

(四) 태극경(太極勁)의 특징

무엇을 "태극경(太極勁)"이라 할까요? 이것은 태극권의 전략 전술로부터 결정해야 합니다. 태극권가(太極拳家)는 주동적으로 남을 공격하지 않고 "나는 나의 영역을 지키어 비굴하지도 오만

---

29) 기점(起點)은 시작되는 곳. 노선(路線)은 운행 전달되는 경로. 시력점(施力點)은 힘을 베푸는 포인트. 지탱점(支撐點)은 지탱하는 포인트. 착력점(着力點, 즉 낙점落點)은 최종적으로 힘이 도달하여 폭발하는 포인트.
30) 력발지어족, 행지어퇴, 주재어요, 형어수지.(力發之於足, 行之於腿, 主宰於腰, 形於手指.)
31) 허리란, 앞쪽은 단전(丹田), 뒤는 명문(命門), 가운데는 요추(腰椎)이고, 주위의 복부 근육과 허리 근육을 말한다.
32) 간단히 고관절(股關節)이라고도 함. 관부(髖部)는 고관절(股關節) 부위를 총괄하여 부르는 명칭이다.

하지도 않아서" 다른 사람이 나를 침범하지 않으면 나도 남을 침범하지 않지만 다른 사람이 나를 침범해오면 내가 지키는 영역 내에서 공격해오는 힘을 소화해내며 자기의 방원(方圓, 즉 영역 혹은 범위)을 벗어나지 않고 세(勢)에 순응하여 오는 힘을 화경(化勁)하거나 그 힘을 빌어 발경(發勁)하여 그 사람의 힘으로 그의 몸을 다스려 공격함으로써 상대방으로 하여금 중심을 잃게 하는데 주된 목적이 있습니다. 그래서 태극권의 기세(起勢)는 붕화(掤化)를 기점(起點)으로 하지 타격하는 것으로 출발하지 않습니다. 물론 죽기살기로 싸워야 할 적을 만났다면 응당 적의 실(實)한 곳을 피하고 허(虛)한 곳을 공격하여 그 요해(要害 : 급소)를 공격해야지요. 집어던지고 꺾고 섬전등나(閃戰騰挪)[33]를 하고 쾌속으로 화경(化勁)하고 타격(打擊)을 하는 것들이 모두 적의 변화에 따라서 그 신기(神奇)한 공력(功力)을 나타내 보여야 합니다.

위에서 말한 원리원칙에 근거하면 태극권의 경력(勁力)은 아래의 열 가지 특징을 가지고 있습니다.

1. 방송(放鬆)을 전제로 하여 온몸 곳곳이 방송(放鬆)되어 부드러워야 전신의 역량(力量)을 한 점으로 모으는데 유리합니다. 이를 위하여 태극권에서는 "철저하게 방송(放鬆)하여 원운동의 붕(掤)을 하는 유인경(柔靭勁)[34]을 운용할 것을 강조합니다.

2. 방송(放鬆)을 한 기초 위에서 전신의 역량(力量)을 한 역점(力點)에 집중하는 "주신일가(周身一家)"의 정체경(整體勁)입니다.

---

33) 섬전(閃電)은 눈에 뜨이는 예비동작이나 혹은 큰 동작이 전혀 없어 보이는 상태에서 지면에서 미끄러지듯이 순간적으로 몇 미터를 이동하는 신법이며, 등나(騰挪)는 순간적으로 도약하여 이동하고 공격하는 신법이다.
34) 유인경(柔靭勁)은 부드럽고 강인한 경(勁)을 말함.

3. 반대쪽에서 동작을 하는 성동격서(聲東擊西)의 절첩경(折疊勁)입니다. 통상 "절첩(折疊)을 모르면 헛수고만 한다."고 말합니다. 그래서 권론(拳論)에서 "가고 옴에는 반드시 절첩(折疊)이 있어야 한다."고 말하는 것입니다. 왼쪽을 취하려면 먼저 오른쪽으로 가고 오른쪽을 취하려면 먼저 왼쪽으로 가고 아래를 취하려면 먼저 위로 갈지며 위를 취하려면 먼저 아래로 가야 합니다. 절첩(折疊)의 변화로 세(勢)를 만들고 (남의) 힘을 빌립니다. 노자(老子)는 "뒤집는 것(반대로 하는 것:반反)은 도(道)가 동(動)하는 것이다(反者道之動)"라고 말했습니다.(《노자(老子)》제40장) 예를 들어 지당추(指膛錘) 동작의 2-3번에서는 상하(上下) 절첩(折疊)이 세번 있으며 전초후초(前招後招)에서도 좌(左) 우(右) 전(前) 세 번의 변화가 있어서 변화가 매우 많습니다.

4. 원(圓)이 아니면 호(弧)이고, 순전사(順纏絲)가 아니면 역전사(逆纏絲)이며, 놓치지도 않고 맞서지도 않으며, 첨련점수(沾連粘隨)[35]하고, 화경(化勁)과 타격이 결합되어 있으며, 화경(化勁)을 상책(上策)으로 삼는 전사경(纏絲勁)입니다. 입신중정(立身中正)을 전제로 하는 입체적인 나선경(螺旋勁)이지요. 직선으로 왕래하는 경(勁)은 없습니다. 횡(橫)으로 보면 체인과 같고 종(縱)으로 보면 마치 찬두(鑽頭 : 드릴의 비트bit)와 같습니다. 예를 들어 백원헌과(白猿獻果)의 오른 주먹 오른팔의 마지막 움직임 가운데 바로 3개의 원(圓)이 있습니다.

---

35) 상대와 접촉하여 나아가거나 물러날 때 항상 떨어지지 않는 것. 즉 딱 붙어 연결되어 상대방의 움직임에 따르는 것으로 매우 중요한 태극권의 요령임.

5. 구부려 축경(蓄勁)을 충분히 하고 내기(內氣)가 고탕(鼓蕩)하여 발방(發放)되는 송활탄두(鬆活彈抖)한 탄황경(彈簧勁)입니다.

6. 운경(運勁)은 절절관관(節節貫串)하여 끊어지지 않게 하는 용동경(蛹動勁)입니다. 권(拳)을 수련할 때 "조용히 운행하여 당황함이 없고 길을 따라 끊임없이 감돌아야" 합니다.

7. 경침겸비(輕沈兼備)[36]·대납발장(對拉拔長)[37]·팔면지탱(八面支撑)하는 대칭경(對稱勁)입니다. 위가 있으면 반드시 아래가 있고 왼쪽이 있으면 반드시 오른쪽이 있으며 앞이 있으면 틀림없이 뒤가 있습니다. 예를 들어 백학량시(白鶴亮翅)에서 사행(斜行)으로 이어질 때 왼손과 오른손은 개경(開經)으로서의 대칭경(對稱勁)입니다. 이리하면 중심(重心)을 안정시키고 움직임의 평형을 유지하는데 유리합니다.

8. 허(虛)와 실(實)이 적시에 변환하는 허령경(虛靈勁)입니다. 우리의 권법은 예비세(豫備勢)에서 수세(收勢)까지 상체(上體)가 축이 되어 입신중정(立身中正)하고 허령정경(虛領頂勁)을 하며 중심(重心)은 또 늘 한쪽 발에 치우쳐 있습니다. 허실(虛實)이 서로 바뀌고 경침겸비(輕沈兼備)하여 이로부터 상부의 허령정경(虛領頂勁)을 이루어내고 하부의 허실(虛實) 전환을 이루어 움직임 가운데 평형(平衡)을 잡아서 마치 넘어지지 않는 오뚝이와 같게 합니다. 힘써 패배하지 않는 위치를 다툽니다. 양징보(楊澄甫)는 일찍이 "정두현(頂頭懸)[38]을 잃

---

36) 경령(輕靈)함과 안정되게 가라앉는 것이 겸비되다.
37) 마주 잡아당기고 길게 뽑다.

어버리면 30년 수련이 헛되다"고 말하였습니다.

9. 상하가 서로 엇갈려 뒤섞이고 좌우가 꼬이듯 뒤섞이는 마반경(磨盤勁)[39]으로 손과 발이 상하로 배합된다. 수많은 무술 권종(拳種)들이 모두 이런 마반경(磨盤勁)을 가지고 있으며 태극권에서는 이 종류의 경(勁)을 많이 사용합니다. 예를 들어 야마분종(野馬分鬃)·선풍각(旋風脚)·쌍파련(雙擺蓮)·십자파각(十字擺脚) 등이 그렇습니다.

10. 의(意)는 이끌고 형체(形體)는 따르고 잠력(潛力)이 무궁무진한 의념경(意念勁)입니다. 의념(意念)은 인체에 잠재된 숨어 있는 강대한 힘입니다. 권(拳)을 수련할 때 매 초식 매 동작을 운용하는 과정 중에 모두 의념(意念)을 사용해야 합니다. 의념(意念) 가운데 가상의 적을 두고 가상의 반작용력(설정된 저항력)을 둡니다. 매 동작의 기격(技擊) 함의(含義)는 의념(意念)으로 도인(導引)하여 전신의 의·기·력(意·氣·力)과 정·기·신(精·氣·神)을 통일시키고 결합시키고 응집시켜서 삼원합일(三元合一)을 이루고 이로부터 전신의 정력(精力)을 한 점(경점勁點)으로 집중합니다.

---

38) 정두현(頂頭懸)은 정경(頂勁)을 이끌어 올리는 요령. 마치 상투를 위에 붙들어 매단 듯이 하여 머리를 바르게 세우라는 것. 보통 "미려중정정두현(尾閭中正頂頭懸)" 혹은 "입신중정정두현(立身中正頂頭懸)" 혹은 "허령정경정두현(虛領頂勁頂頭懸)" 등으로 붙여서 쓰는 경우가 많다. 기침단전(氣沈丹田)은 아래로 당기는 작용을 하며 정두현(頂頭懸)은 위로 당기는 작용을 하여 서로 대칭경(對稱勁)을 형성한다.

39) 일명 전도경(剪刀勁)·교경(絞勁)으로도 부른다. 집어던지는 법(솔법摔法)의 일종이다.

(五) 태극권 발경(發勁)의 기세(機勢) [40]

총괄하여 말하면 태극권에서 상대방의 기교(技巧)를 발방(發放)하는 방법은 화경(化勁)과 타격이 결합하고 합일(合一)하는 것을 주(主)로 합니다. 바로 전사경(纏絲勁) 중에 상대방이 공격해 오는 힘을 화경(化勁)하는 것입니다. 화경(化勁)을 하는 가운데 타격(발경)이 있어 화경(化勁)이 있고 발경(發勁)이 있어서 상대방으로 하여금 평형을 잃고 역경에 처하도록 하고 세(勢)를 잃도록 하는 것이 목적입니다. 태극권 발경(發勁)에서 첫 번째로 중요한 것은 득기득세(得機得勢) [41] 하는 문제입니다. 적시에 상대방의 공격하는 힘이 오는 방향을 알고자 한다면 먼저 청경(聽勁)이 가장 먼저 강조됩니다. 태극권에서 경유(輕柔)를 강조하는 한 가지 이유는 바로 적과 접촉을 하였을 때에 먼저 화경(化勁)할 것을 고려하기 때문입니다. 화경(化勁)을 하는 가운데 항상 발방(發放)을 포함하고 있는 것이 소위 "화타합일(化打合一), 화타결합(化打結合)"입니다. 어떤 상황 하에서 발경(發勁)을 하더라도 아래의 상대방을 발방(發放)하는 시기와 형세에 주의해 주시기 바랍니다.

1. 타공(打空) [42] : 소위 태극팔법(太極八法)을 운용하여 상대의 힘이 허공으로 떨어지게 하는 것입니다. 상대방의 힘을 인진낙공(引進落空) [43] 시킨 후에 신속하게 상대를 발방(發放)합니다.

---

40) 기세(機勢)는 시기와 형세를 말함.
41) 득기득세(得機得勢)는 상대방과 대치 시에 상대방을 제압할 수 있는 시기와 형세를 얻어(즉 잡아서) 내가 이길 수 있는 유리한 위치에 선 것을 말함.
42) 허방에 떨어진 상대를 치다.
43) 상대방을 이끌어 들여서 (그 힘을) 허공에 떨어뜨리는 것.

2. 타직(打直)・타강(打僵)⁴⁴⁾ : 강경(僵勁 : 뻣뻣한 힘)이 가는 방향에 순응하여 발방(發放)합니다. 나선경(螺旋勁)으로 행공하는 중에 직선으로 오는 힘은 횡적(橫的)인 것으로 파해하고 횡(橫)으로 오는 힘은 직선적인 것으로 파해하는 것을 체현(體現 : 몸으로 실현하다.)하고 세(勢)에 순응하여 힘을 빌어 상대를 발방(發放)합니다.

3. 타별(打癟) : 상대방이 상지(上肢)에서 붕경(掤勁)을 잃어 오그라진 채로 몸통을 붙여 왔을 때 나는 경(勁)을 중심선(中心線)⁴⁵⁾에 빠르게 발(發)하여 그 중심(重心)을 잃게 합니다.

4. 타공(打拱) : 상대가 어깨를 들고 있는 것을 발견했을 때, 신속하게 그 공경(拱勁)에 순응하여 상대를 발방(發放)합니다.

5. 打架(肘). 상대의 팔꿈치가 위로 뜨거나 위로 걸치듯이 되어 있을 때, 즉시 그 팔꿈치 관절을 잡아 상대를 발방(發放)합니다.

6. 타정(打怔) : 태극권에는 허세(虛勢)로 속이고 유혹하는 경(勁)이 많이 있습니다. 예컨대 위로 놀라게 하여 아래를 취하거나 아래로 놀라게 하여 위를 취하거나 상중하(上中下) 삼반(三盤)을 모두 취하는 세(勢)⁴⁶⁾가 그것인데 상대방이 놀라거나 멍청하게 있거나 당황하고 있거나 두려워할 때에 신속하게 상대를 발방(發放)합니다.

---

44) 직선적인 것을 치고 뻣뻣한 것을 치다.
45) 몸통의 중심선. 마홍(馬虹) 노사가 본문 중에 한 원주(原注)에는 "구간(軀幹)이라하며, 속된 표현으로는 '대본영(大本營)'이라고 한다."고 되어 있다.
46) 예를 들자면 금강도대(金剛搗碓)・전초후초(前招後招)・이기각(二起脚)・우찰각(右擦脚) 등등이 있다.

7. 합(合)을 한 후에 발(發)한다. : 상대가 나에 의해 상지(上肢) 하지(下肢)를 막론하고 합(合)에 묶여서(얽혀져서) 경(勁)이 배치되었을 때, 상대를 발방(發放)합니다. 요컨대 나의 팔과 손이 적의 팔 외측(外側)에 있을 때 합(合)을 하며 적을 발방(發放)하며 안쪽에 있을 때는 (상대의 힘을) 빌려서 발방(發放)합니다.

8. 아래로 떨어뜨리고 밖으로 돌려 갈다.(下榻外碾) : 의(意)로써 경(勁)을 이끌어서 나의 힘을 침하(沈下)시켜(안按을 한다.) 상대의 근절(根節)에 도달시키고 상대방에게서 반사되어 나오는 힘(반사력)이 있을 때 즉각 다시 전상방(前上方)을 향하여 비벼 자르고 밖을 향해 돌려서(갈아서) 상대를 발방(發放)합니다.

9. 먼저 유인하고 나중에 발(發)한다. : "병법(兵法)은 속이는 것을 기피하지 않습니다." 즉 "먼저 주고 나중에 받아내고 먼저 요구하고 나중에 주는 것"이며, "왼쪽을 취하려면 먼저 오른쪽으로 가고 위를 취하려면 먼저 아래로 가는 것" 등등이 그것으로 유인과 타격이 결합된 절첩발방법(折疊發放法)입니다.

10. 상하교절발방법(上下絞截發放法)[47] 등등이 있습니다.

이외에도 인체역학(人體力學)으로부터 상대방이 평형을 잃게 하는 제반 수단을 연구합니다. 구(球)의 접선원리(接線原理)를 이용하여 상대가 공격해오는 힘을 미끄러뜨리고 지렛대의 원리를 이용하여 상대로 하여금 평형을 잃게 합니다. 짝힘(우력偶力)의 원리를 이용하여 들어오는 힘에

---

47) 직역하면 상하(上下)로 얽어서 절단하듯이 발방(發放)하다. 속칭 "소귀추마(小鬼推磨)"라고도 한다. 마홍(馬虹) 노사 원주(原注)임.

순응하여 상대방을 나선운동(螺旋運動)으로 발방(發放)합니다. 그리고 마찰력(摩擦力)·탄두력(彈抖力)[48] 등의 역학(力學) 원리를 이용하여 화타발방(化打發放)을 하는 가운데 운용합니다.

어떻게 발방(發放)하는 수법인가에 관계없이 근절(根節)에 착안해야 합니다. 나의 뿌리를 배양하고 적의 뿌리를 부수며, 나의 뿌리를 단단하게 하고 적의 뿌리를 흔듭니다. 평상시에 권가(拳架)를 수련하고 발경(發勁)을 단련하면서 시시각각으로 자신의 발이 뿌리를 내리고 있는 안정성 방위·각도·중심변환 및 방향을 전환 시의 축심(軸心)에 주의를 기울여야 합니다(발꿈치를 축으로 할 지, 아니면 발바닥을 축으로 삼을지를). 전부 다 명확하게 알아서 자신이 움직이는 동작의 평형과 안정되게 유지해야 합니다. 일단 다른 사람과 손을 섞으면, 상대의 뒤꿈치에 주의를 기울여야 하며, 온갖 방법을 다 동원하여서 그의 근절(根節)을 무너뜨리고, 온갖 방법을 다 동원하여 자기의 중심(重心)이 안정되게 해야 합니다. 평상시에 권법을 수련할 때에 시시각각으로 뿌리를 배양하고(배근培根) 뿌리를 바르게 하고(정근正根) 뿌리를 단단하게(고근固根) 단련을 해야 합니다. 뿌리가 깊어지고 단단해 졌을 때 적을 응대하는 것이 자유자재하게 됩니다.

五. 공력(功力)

태극권의 규구(規矩)를 갖게 되고 권리(拳理)에 밝게 되었고 기격법(技擊法)도 확실하게 파악

---

48) 탄력성 있게 떨쳐내는 힘. 두경(抖勁) 등이 대표적인 예이다.

하였고 경력(勁力)의 변화도 알게 되었습니다. 그러면 어떻게 자신의 공력(功力) 실력을 증진시킬 수 있을까요?

　공력(功力)은 태극권의 근본입니다. 모든 무술에서 공부(功夫)의 높고 낮음은 주로 그의 공력이 깊은지 얕은지를 보게 됩니다. 물론, 태극권의 공력(功力)은 외공(外功)을 포함하고 내경(內勁)도 포함합니다. 태극권은 의·기·력(意·氣·力), 정·기·신(精·氣·神)의 세 결합을 강조합니다. 진흠(陳鑫)은 《진씨태극권도설(陳氏太極拳圖說)》에서 "태극권에서 첫째로 중요한 것은 "근본을 배양하고 굳게 하는 것"에 있다고 말하였는데 실질적으로는 인체의 총체적 소질(素質)을 배양하고 강화시키는 것에 착안하는 것입니다. 경력(勁力)을 이해하지 못하고 공력(功力)이 없는 태극권은 껍데기뿐이라고 할 수 밖에 없으며 그저 건강 작용만 할 수 있을 뿐입니다. 진조규(陳照奎) 선생님께서는 자주 "역량(力量)이 70%를 차지하고, 기교(技巧)가 30%를 차지"한다고 항상 말씀하셨습니다. 공력(功力)은 역량(力量)과 기교를 포함합니다. 이런 연유로 태극권의 공부(功夫)를 전면적으로 계승하고 널리 빛내려면 반드시 공력(功力)을 향상시키는 쪽으로 공부를 쌓아야 합니다. 어떤 사람들은 "태극권의 공부(功夫)가 실전(失傳)되었다"고 탄식합니다. 사실 "공부(功夫)"가 실전되고 말고 한 것은 아닙니다. 전통의 권리(拳理)·권법(拳法)·권보(拳譜)가 실전(失傳)되지만 않았다는 것이 관건(關鍵)이며 공부(功夫)는 사람들 자신이 수련하는 것입니다.

　태극권의 공력(功力)을 어떻게 증강시켜야 하는지 진조규(陳照奎) 선생님께서 아래의 몇 가지 요구사항을 말씀하셨습니다.

(一) 권가(拳架)의 단련을 중시해야 한다.

진 노사(老師)께서는 저가(低架)를 할 것을 특별히 강조하셨습니다. 소위 "권(拳)은 낮은 자세로 하고 당(膛)은 하호(下弧)를 그리는" 것입니다. 선생님은 권가(拳架)는 태극권의 모든 공부(功夫)의 기초이며 태극권의 근본이라고 하셨습니다. 왜냐하면 권가(拳架)는 내함(內涵)이 가장 풍부하고 인체의 모든 소질을 훈련하는 각종 요소들을 포함하기 때문입니다. 역량(力量)·지구력·영민성(靈敏性)·속도·송유(鬆柔)·단공(丹功)·의념력(意念力)·지력(智力)·담력(膽力)·정신·기교 등등의 다방면의 훈련입니다. 이렇게 내함(內涵)을 훈련하는 것은 기타의 다른 훈련항목들(예를 들어 추수나 병장기)로 대체할 수 없는 것들입니다. 권가(拳架)를 수련하는 것은 공력(功力)을 기르는 과정이며 "지기(知己)"의 공부(功夫)를 수련하는 과정이고, 추수(推手)하는 중에는 시전(施展)할 수 없지만 권가(拳架)를 수련하는 중에는 남김없이 시전(施展)할 수 있는 것입니다. 병장기를 단련하는 중에, 각종 나법(拿法)과 수법(手法)은 훈련하기 어렵습니다. 그래서 선사(先師)께서는 최대한 매일 여러 번 권법을 수련할 것을 강조하셨습니다.

(二) 단식(單式 : 낱개 초식) 훈련

실질적으로 산수(散手) 발경(發勁)의 단련입니다. 만약 수련할 때 호신(護身)과 대련하는 것을 중시한다면, 반드시 낱개 초식 훈련을 진행해야 합니다. 단식훈련(單式訓練)이란 권가(拳架)로부터 당신이 생각하기에 가장 실용적이고 사용하기 좋은 초법(招法)들을 몇 가지 떼어내어 단독으로 반복 연습하는 것을 말합니다. 이것은 매우 힘들고, 어렵지만 공력(功力)을 매우 빨리 향상시킵니다.

(三) 추수(推手) 수련

쌍방이 청경(聽勁)・위경(喂勁)・화경(化勁)・발경(發勁)의 제반 수법들을 절차탁마하는 것입니다. 각종 태극경력(太極勁力)을 상생상극(相生相剋)의 관계에서 절차탁마하여 이로부터 "지피(知彼)"의 공부(功夫)를 단련하는 것입니다. 촉각(觸覺)의 영민성(靈敏性)을 향상시켜서 내력(來力)[49]을 인화(引化)할 수 있는 자신의 용량(容量)[50]을 확대하도록 노력하고 최대한으로 내력(來力)을 "힘이 다한 화살"[51]이 되도록 유도하여 소위 "화살이 노(魯)나라의 비단도 뚫을 수 없게"[52] 하는 것입니다. 사람들은 추수(推手)를 배우려면 "손해를 보는 것부터 시작"하라고 말합니다. 내력(來力)을 소화하고 해소하는 공부를 향상시키는데 중점을 두어 능히 수용하고 능히 삼켜버려서 오는만큼 소화해버리는 것입니다. 이러한 기초 위에서 다시 발방(發放)을 윗 소절에서 말한 대로 연습하십시오. 진조규(陳照奎) 노사께서 전수해주신 "10종 추수연습법"은 아주 효과적인 연습법입니다.

(四) 병장기 훈련

주로 팔힘(비력臂力)・손목힘(완력腕力)・다리힘(퇴력腿力)・허리힘(요력腰力)을 단련하여

---

49) 나를 향해 공격해 들어오는 힘. 앞으로는 용어로 정리 분류함.
50) 즉, 내력(來力)을 화경(化勁)하여 해소할 수 있는 공간. <마홍(馬虹) 노사 원주임.>
51) 원문은 강노지말(强弩之末). 노(弩)는 쇠뇌로써 기계장치로 화살이나 돌을 멀리까지 쏘는 기계 활을 말함. 아무리 강력한 쇠뇌를 써서 쏜 화살도 날아가는 힘이 다한 끝자락에서는 종이를 뚫을 힘도 없다는 비유.
52) 원문은 "시불능천노호(矢不能穿魯縞)." 노호(魯縞)는 노(魯)나라에서 온 비단.

자신의 공력(功力)을 증진하는 것으로 권가(拳架)를 보충하는 것입니다. 병장기는 많이 할 필요는 없지만 최소한 자신이 좋아하는 한두 가지는 잘 단련해야 합니다.

(五) 각종 보조적 공력(功力) 훈련

백파장(百把樁)·태극척(太極尺)·태극대간(太極大杆)·태극구(太極球)·태극륜(太極輪)·전사강(纏絲扛) 및 샌드백·역기 등 다양한 훈련방식을 포함하는데, 자신이 선택하여 훈련할 수 있습니다. 그러나 훈련에 있어 의념력(意念力), 단전력(丹田力), 내외호흡(內外呼吸)의 결합 등의 방면에 있어서는 백파기공장(百把氣功樁)이 효과가 아주 좋습니다. 요경(腰勁)을 조동(調動)하는 데 있어서는 태극대간(太極大杆)을 떨치는 것이 독특한 효과가 있습니다. 태극척(太極尺)은 허리를 활성화하고(活腰), 손목을 활성화하며(活腕), 과(胯)를 방송(放鬆)하고 하반(下盤)의 공력(功力)을 단련하는 데에 특수한 효과가 있습니다.

(六) 내공(內功) 수련

위에서 말한 몇 가지들은 외공(外功) 수련에 치중하고 있습니다. 물론 권가(拳架)의 단련은 외공도 있고 내공도 있지만 말입니다. 내공수련에 있어 중요한 것은 의·기·력(意·氣·力)의 결합인데, 그 내용(內容)은 의념력(意念力)·호흡력(呼吸力)과 단전력(丹田力) 세 가지 수련에 치중되어 있습니다. 즉 소위 원신(元神)·원정(元精)·원기(元氣)의 "삼원합일(三元合一)"의 수련공부(功夫)입니다.

1. 먼저 의념(意念)입니다. 초식(招式) 하나하나에, 동작 하나하나에 의념(意念)을 더해 주어서 온 정신을 쏟아 붓는 것입니다. 매 동작을 운행하는 가운데 앞쪽에 각종 저항력 혹은 적정(敵情)이 있다고 생각을 합니다. 만약 의념력(意念力)을 상대의 발뒤꿈치까지 보낸 연후에 전상방(前上方)으로 발(發)하면 상대방의 뒤꿈치가 뜨게 하고 밀어낼 수 있습니다. 의념(意念)은 이와 같은데 효과도 이와 같을지는 각자 개인의 수련 공부(功夫)의 깊이가 어떠한지에 달려 있습니다.

2. 태극권을 하는 과정 중에 전면적으로 인체의 호흡 기능을 발휘해야 합니다. 폐호흡을 함과 동시에 모공호흡(毛孔呼吸)과 단전호흡(丹田呼吸)도 중시함으로써 인체에 잠재해 있는 많은 기능들을 조절하고 발휘하는데 이롭게 합니다. 내호흡(內呼吸)의 기능과 외호흡(外呼吸)의 기능 사이에서 상호간에 조화되는 조화의 관계는 대체로 이런 것입니다. 숨을 내쉴 때는, 단전(丹田)·명문(命門)이 팽창(膨脹)하여 고탕(鼓蕩)하는 느낌이 있고, 횡격막은 상승하고 흉폐(胸肺)가 수축합니다. 숨을 들이마실 때에는, 단전(丹田)·명문(命門)이 방송(放鬆)되고 회음혈(會陰穴)은 위로 들려지고 횡격막은 하침(下沈)하고 흉폐(胸肺)는 팽창합니다.

3. 단전력(丹田力)의 실제는 허리힘 – 요력(腰力)입니다. 단전(丹田)은 배꼽아래 하복부에 위치하는데, 단전(丹田)이 선전(旋轉)하며 돌아 움직입니다. 단전의 좌우(左右)·상하(上下)·전후(前後) 회전은 사지를 이끌어 움직이고 전체적인 운동을 이끌어 움직입니다. (움직임이 시작되는 점은 해저혈(海底穴)에 있습니다). 丹田 운동(골반 운동)은 인체를 조정하는데 특수한 효능이 있습니다.

의념력(意念力), 단전력(丹田力), 호흡력(呼吸力) 이 세 가지의 수련은 태극권 내공단련의 중요한 세 부분으로 중요한 관건입니다. 위에서 열거한 각종 외공(外功), 내공(內功)의 공력(功力) 단련과 꿰어져 관통되는 것으로 절대로 경시해서는 아니 됩니다. (이 세 가지는 전문적인 테마로 발표한 적이 있습니다. 저의 졸저인 《진식태극권권리천미(陳式太極拳拳理闡微)》중의 〈논용의(論用意)〉〈단전내전론(丹田內轉論)〉〈주천개합론(周天開合論)〉등 몇편의 글을 참고하십시오.)

六. 신운(神韻)

신운(神韻)이란 수련하는 자가 응당 가져야 할 신채(神采)[53]·기도(氣度)[54]·풍격(風格) 등 내면의 것이 밖으로 풍겨져 나오는 분위기를 말합니다. 서예(書藝)에서 "서예의 오묘한 도(道)는 신채(神采)가 가장 상등이고 형질(形質)이 그 다음을 잇는데 이 두 가지를 겸비한 자라야 옛 사람을 이어받을 수 있다"고 말합니다. 태극권도 이와 같습니다. 어떤 사람은 수련을 하여 매우 능숙하고 동작에도 큰 하자가 없지만 기세(氣勢)가 없어서 태극권의 맛이 없습니다. 요컨대 신운(神韻)이 없다는 것입니다. 이것은 인간의 기질(氣質)의 수련에까지 관련이 되어 있습니다. 태극권을 일종의 문화라고 하는 일컫는 바가 바로 여기에 있습니다. 그것은 당신의 몸을 단련하는데 그치지 않고 당신의 정서를 함양하고 정신 또한 단련시킵니다. 당신의 체격(신체)을 강하게 할 뿐 아니라 당신의 인격을 단련시킵니다. 매우 많은 사람들이 태극권의 단련을 통하여 성격이 변화하였는데,

---

53) 정신적인 내함(內涵)이 밖으로 풍겨져 나오는 것. 내는 풍채(風采)라고도 할 수 있으나 의미가 편협해짐.
54) 기세(氣勢), 기운(氣韻), 기개(氣概) 등.

이는 태극권이란 특수한 운동방식이 사람의 사유(思維)·의지(意志)·도덕(道德)·정서를 단련할 수 있기 때문입니다. 권(拳)으로 표현되는 것이 신운(神韻)입니다.

신운(神韻)은 실질적으로는 태극권의 수련을 통해서 기질(氣質)의 수련(修煉)·정신(精神)의 수련,·무덕(武德)의 수련·인격의 수련을 증강시킵니다. 체격(體格)의 수련은 형체가 있는 것이고, 인격(人格)의 수련은 형체가 없습니다. 권(拳)은 인격의 표현이며 인격의 재현(再現)입니다. 진(陳) 노사께서는 "사람에 따라 각기 다른 권(拳)을 한다"고 항상 말씀하셨습니다. 신운(神韻)의 수련이란 다음 몇 가지를 포함한다고 나는 생각합니다.

(一) 기세(氣勢)를 말합니다. 수련하는 태도와 기세 중 기세(氣勢)에 주의를 기울이십시오. 먼저, 권(拳)을 수련할 때 몸은 바르고 세(勢)가 둥글어야 합니다. 신법(身法)를 바르게 하여 중정(中正)하여 편안해야 합니다. 비틀리거나 구부정해서는 안됩니다. 신법(身法)을 중정(中正)하게하여야 내기(內氣)가 고탕(鼓蕩)합니다. 이로부터 다다를 수 있는 것들은, 외형은 충만해지고 철저하게 방송(放鬆)되고 붕경(掤勁)을 얻고 원(圓)을 이루며 근육이 부드러워지고 뼈가 바로 섭니다. 모든 동작은 원이 아니면 호(弧)를 이루어서 종적(縱的)으로 보면 입체의 나선운동을 하며 횡적(橫的)으로 보면 고리고리가 서로 이어지고 흉요(胸腰)로 운화(運化)하여 마치 용이나 뱀이 움직이는 것 같습니다. 기세가 충만하여 장중하면서도 편안하고 엄정하면서도 멋이 있습니다.

(二) 표정(表情)을 말합니다. 신태(神態)가 자연스럽고 침착하고 태연자약하며 정서가 편안합니다. 표정이란 사실 마음의 상태가 겉으로 드러난 것입니다. 만약 권술을 연마할 때 눈을

부릅뜨거나, 눈썹을 찡그리거나, 입을 벌리거나, 입을 꽉 다물거나, 혀를 내민다거나, 긴장을 하거나, 당황하거나, 멍청한 모습이거나, 고개를 아래로 숙이는 것들은 모두 부자연스러운 마음상태인 것입니다. 수련을 할 때는 악성(惡性)의 흥분 상태를 모두 버리고 양성(良性)의 흥분 상태로 변환하고 최대한 정서가 평온하게 하여 수련하도록 합니다. 권을 하면 또 좋은 정서로 변화하게 되지요. 이렇게 양성(良性)의 순환을 하도록 합니다.

(三) 리듬(절주節奏)을 말합니다. 리듬이란 바로 권(拳)을 하는 운율(韻律)입니다. 음악에는 운율이 있고 무용에도 운율이 있으며, 권(拳)을 연마하는 것에도 운율(韻律)이 있습니다. 빠름이 있고 느림이 있어 쾌만상간(快慢相間)을 이룹니다. 일반적으로는 축경(蓄勁)은 느리고 발경(發勁)은 빠릅니다. 축경(蓄勁)이 있고 발경(發勁)이 있어 축경(蓄勁)과 발경(發勁)이 서로 연결되어 있습니다. 개(開)가 있고 합(合)이 있어 개합(開合)이 서로 깃들어 있습니다. 감는 것(권捲)이 있고 펴는 것(방放)이 있어 권(捲)과 방(放)이 서로 접(接)합니다. 홀연히 이끌어 들이고(인引) 홀연히 나아가니(진進) 이끌어들이고 나아가는 것이 교차합니다. 상승함(승昇)이 있고 가라앉음(침沈)이 있으니 상승과 하침은 모두 나선형으로 합니다. 행공(行功)은 마치 파도가 밀려오는 듯이 함으로써 태극경(太極勁)의 선율(旋律)을 드러냅니다. 이와 같이 권(拳)을 하면서 리듬이 있으면 피로하지도 않습니다. 소위 산소 대사가 이루어지기 때문입니다. 권(拳) 수련을 마치고 나면 호흡이 정상이어서 땀을 흘리되 숨은 차지 않습니다.

(四) 눈빛(시선)을 중시합니다. 눈은 정·기·신(精·氣·神)의 창문입니다. 우리의 이 권법은 눈으로 적을 보는 것을 위주로 하고 좌우(左右)를 함께 살필 것을 요구합니다. 눈빛이 형

형하게 빛나고 신채(神采)가 살아 있어야 합니다. 고개를 숙이거나 위로 치켜들어도 안되며 목을 비틀어서도 안됩니다. 머리는 몸을 따라 움직이고 눈빛은 사방으로 뻗치거나 정면을 바라보거나 혹은 쓸어보거나 좌우를 함께 살펴야 합니다. 눈빛은 기민하면서도 화난 것처럼 노려보지도 않아서 신태(神態)가 자연스럽고 침착하여 시원스러우면서도 장중함을 드러내야 합니다.

(五) 운미(韻味)[55]를 말합니다. 운미(韻味)가 무엇인가 하면 바로 "태극미(太極味)" - 즉 태극권의 맛(분위기)입니다. 태극음양(太極陰陽)의 철리(哲理)가 몸으로 표현되어 나오는 분위기인 것입니다. 권법을 할 때 반영되며, 또한 신태(神態)에도 반영됩니다. 권(拳)의 철리를 통해 인생의 철리를 깨닫는 것이지요. "권법을 수련하고, 신체를 수련하며, 인격을 수련합니다." 권(拳)을 수련하면서 인간됨의 도리(道理)를 연상하고 인간으로서 일을 처리하는 것을 연상합니다. 인간으로서 일을 하는 것은 또한 권법의 철리를 연상하게 합니다. 권(拳)의 수련을 통하여 당신의 마음상태를 표현하고 또 권(拳)의 수련을 통하여 또한 당신의 마음상태에 영향을 줍니다. 이렇게 하나의 변증관계가 됩니다. 권(拳)을 하면서 입신중정(立身中正)을 요구하는 것은 인간으로서 정기(正氣)[56]를 세우라는 것이고, 권(拳)을 하면서 강유상제(剛柔相濟)하라고 하는 것은 사람이 일을 하는데 굽힐 줄도 알고 주장할 줄도 아는 것으로 개척정신(開拓精神)도 있고 엄정한 태도도 있는 것입니다. 권(拳)을 하

---

55) 운율(韻律)적인 맛. 경우에 따라서는 분위기로 번역될 수도 있음.
56) 정정당당한 기운, 기세. 올바른 기운.

며 거론되는 개합상우(開合相寓)하고 삼킬 줄도 알고 뱉을 줄도 아는 것은 일을 처리함에 있어서 능히 수용하고 변화할 줄 아는 것입니다. 권(拳)을 하는데는 순전사(順纏絲)도 있고 역전사(逆纏絲)도 있는 것은 사람이 일을 함에는 순탄하기도 하고 역경도 있음이니 역경에 처해서도 순탄함을 추구하여 역경에서나 순탄한 경우에나 모두 적응할 수 있음입니다. 권(拳)을 하면서 경침겸비(輕沈兼備)하고 침착하여 능히 수용하고 변화할 수 있도록 함은 일을 함에 있어서 능히 침착하게 처리할 수 있고 관용을 베풀 수 있고 참고 양보할 줄 알며 태연자약할 수 있음입니다. 권(拳)을 하면서 조화로우라고 하는 것은 사람이 일을 처리함에 있어 화기애애하여 조화와 평화를 귀하게 여기라는 것이고 인간관계나 사회관계 그리고 자연과의 관계를 잘 처리할 수 있습니다. 권(拳)을 하면서 장중하면서도 편안하게 펼치라고(서전舒展) 강조하는 것은 사람됨도 응당 침착하고 온중하여 여유가 있어야 함입니다. 그래서 권(拳)을 수련하는 것은 체질(體質)을 단련하고 기질(氣質)을 단련하는 것입니다.

총괄적으로 권(拳)을 행하고 깨달아가는 과정 중에 태극권의 철리(哲理)와 인생의 철리(哲理)가 상호 영향을 주고 빛낼 수 있도록 해야 합니다. 권(拳)을 할 때의 신태(神態)·정서는 한 개인의 인격에 내재된 마음의 상태를 반영해낼 수 있습니다. 한마디로 태극권을 생활화하면 생활 가운데 태극권의 철리(哲理)가 있습니다. 그러므로 우리의 태극권(太極拳)은 독특한 매력이 갖고 있음과 동시에 우리가 인간으로서 세상살이를 하고 권(拳)을 수련하고, 권(拳)을 전수하는 중에도 자신의 인격적인 매력과 무덕(武德)의 고상함을 드러내어야 합니다. 그래서 우리는 인생의 철리(哲理)를 포함하고 있는 태극권이 당신에게 건강한 신체를 줄 뿐만 아니라 당신이 고상한 인격을 수련할 수 있게 도와줄 수 있기를 원합니다.

권(拳)을 수련하는 것은 권리(拳理)·철리(哲理)·심리(心理)·생리(生理)를 연결하는 것이며 신체를 단련하여 정신(精神)도 단련되는 것이며 이로부터 몸과 정신을 함께 수련하고·방원(方圓)이 겸비되고 체용(體用)을 겸비하며 문무를 겸비하게 됩니다. 이로부터 자신을 "천인합일(天人合一)"의 무애자재(無碍自在)한 오묘한 경지에 들도록 합니다. 이것은 왕종악(王宗岳)이 말한 "점차 신명(神明)의 단계로 접어든다"고 하는 상승(上乘)의 단계이기도 합니다.

이상에서 말한 여섯 가지 측면의 수련은 서로 융합하고 서로 스며들어 보충하며 완성됩니다. 꾸준히 집중하여야 합니다. 어렵더라도 엄정하게 각고의 노력으로 실천하여 마음을 다하여 깊이 연구하십시오. 반복하에 몸으로 깨치도록 오랜 기간 수련하면 반드시 성취를 이룰 것입니다. 제가 말한 것들이 반드시 정확하지는 않을 수도 있겠습니다만 여러분들께 참고로 말씀드렸습니다. 여러분 감사합니다.

< 북경(北京)의 당극의(唐克義)가 녹음한 것을 녹취 정리한 것임.>

少林과 太極 2001年 7, 8, 9期에 연재한 것임.

진가태극권의 건신성(健身性)、 기격성(技擊性) 및 예술성(藝術性)

一

　진가태극권(陳家太極拳)은 중국 무술의 보고(寶庫) 중의 찬란한 보석이며 중국적 특색을 가진 전통 체육 항목 중의 하나이다. 명말청초(明末淸初)에 진왕정(陳王廷)이 태극권을 창시했을 때 그 권리(拳理)와 권법(拳法)의 형성은 세 가지의 소스를 갖는다. 첫 번째는 중국의 고전철학인 역경(易經)의 음양학설(陰陽學說)을 권리(拳理)의 근거로 삼았고, 두 번째는 도가(道家)의 양생술(養生術)과 중국 전통의학의 경락학설(經絡學說)을 권술(拳術)의 내공(內功) 근거로 삼았으며, 세 번째는 척계광(戚繼光)의 권경(拳經) 등 기격(技擊) 전적(典籍)을 투로(套路) 외공(外功)을 편집하는 거울로 삼았다. 이렇게 하여 이 권술(拳術)이 완전하며 과학적이고 내외를 겸비하여 수련할 수 있게 하여 건신성(健身性)을 가지면서 또 기격성(技擊性)과 예술성(藝術性)을 갖춘 우수한 무술 항목이 되게 하였으며, 심신수양의 학문이 되고 인체 생명과학의 한 부분이 되게 하였다. 그런 까닭에 진가태극권(陳家太極拳)의 과학 실천적 가치는 나날이 수많은 중국인과 외국인에게 중시를 받고 있다.

　진가태극권은 명말청초(明末淸初)에 하남성(河南省) 온현(溫縣) 진가구(陳家溝)의 진왕정(陳

王廷)이 창시하였다. 진가구에서 태극권은 비전(秘傳)이 되어 외부로는 전파되지 않았다. 진씨 14대 즉 태극권 제6대 종사인 진장흥(陳長興)에 이르러 진씨가 아닌 하북성(河北省) 영년현(永年縣) 사람인 양로선(楊露禪)에게 전수한 이후 양가(楊家)·무가(武家)·오가(吳家)와 손가(孫家) 등이 갈라져 나와서 태극권이 비로소 점점 전국 각지에 전파되었다. 그러나 오랜 기간 동안 비교적 널리 전파된 것은 부드럽고 느린 태극권이었다. 그러나 태극권의 경침겸비(輕沈兼備)·강유상제(剛柔相濟)·쾌만상간(快慢相間)·순역전사(順逆纏絲) 등 고유한 특징을 유지한 것은 진가태극권(陳家太極拳)-진장흥(陳長興)이 전한 대가(大架)가 그 발원지인 하남성(河南省) 진가구(陳家溝)란 벽지로부터 북경(北京) 남경(南京) 등지에 전파한 것은 유명한 태극권 대사(大師)인 진발과(陳發科)와 그의 조카 진조비(陳照丕)였다. 투로(套路)를 정리하고 진가태극권(陳家太極拳)을 널리 보급한 측면에서는 진발과(陳發科)의 공헌이 가장 크다. 1957년에 진발과(陳發科)가 서거한 후의 30년 가까운 세월 동안 진가태극권을 북경(北京)에서부터 상해(上海)·남경(南京)·정주(鄭州)·석가장(石家莊)·초작(焦作) 등지에 전파한 것은 주로 진발과(陳發科)의 아들인 진조규(陳照奎) 노사이다. 특히 진발과(陳發科)의 제자인 고류형(顧留馨)·심가정(沈家楨)은 진발과(陳發科) 공(公)과 진조규(陳照奎) 노사의 권가(拳架)와 그 사진에 근거하여 편집한 진식태극권(陳式太極拳)이 세상에 나온 이후로 진가태극권(陳家太極拳)은 비로소 국내외에서 더욱 넓은 지역에 전파되었고, "여산진면목(廬山眞面目)"을 비로소 세계 사람들이 알게 되었다.

　진발과(陳發科)는 진장흥(陳長興)의 증손으로, 진씨(陳氏) 17대손이며 진가태극권(陳家太極拳)의 9대 종사(宗師)이며, 20세기 상반기의 진가권(陳家拳) 장문인(掌門人)이다. 1928년에 허우생(許禹生)이 그를 북경(北京)으로 초빙하여 태극권을 가르쳤을 때도 많이 알려진 상태가 아니었고 전파한 층면도 넓지 않았다. 진조규(陳照奎) 노사는 진발과(陳發科)의 어린 아들로 아버지가 총애하여 항상 곁에 두어 자신이 젊었을 때 수련한 가전(家傳)의 저가식(低架式) 권가(拳架)를 가르쳐 주었다. 이 권가(拳架)의 동작은 매우 세밀하고 난이도가 비교적 높았다. 진발과(陳發科)는 아들에게 날마다 20번을 연습하도록 하였고 진조규(陳照奎) 노사는 이로 인해 가전(家傳)의 권술을 모두 터득하였으니 그가 전하는 권가(拳架)는 진장흥(陳長興)과 한 맥락으로 전승된 것이라고 말할 수 있다.

해방이후 진발과(陳發科)는 비록 60살이 넘었지만 여전히 북경(北京)에서 태극권(太極拳)과 추수(推手)를 가르쳤다. 시의 적절하게 권가(拳架)는 높게 하여 안정되면서도 자연스러워져서 더욱 서전(舒展)되고 대범하게 되었다. 그러나 자신의 아들에게는 여전히 힘이 많이 드는 가전(家傳)인 저가(低架)를 수련하도록 하였다.

진조규(陳照奎) 노사는 어렸을 때부터 가업을 이어 태극권의 오묘한 비전을 깊이 체득하였다. 1957년에 진발과(陳發科) 공이 서거한 후, 진조규(陳照奎) 노사는 아직 "이립(而立)" 즉 30세가 안되었지만 이미 권예(拳藝)가 정심(精深)하여 매우 탁월했기에 당대(當代)에 진장흥(陳長興) 대가(大架)의 진정한 전인(傳人)이라 할 수 있다.[57] 진조규 노사는 항상 공부(功夫)가 아버지에 미치지 못한다고 말했지만 그는 학력이 높고 지식이 있어 권리(拳理)를 잘 이해하였고 깊이 연구하여 유물주의(唯物主義)의 변증법과 현대의 인체역학(人體力學)·생리학(生理學) 등 과학지식

---

57) 어떤 사람들은 진발과(陳發科)가 전한 권가(拳架)를 "신가(新架)"라고도 한다. 하지만 진조규(陳照奎) 노사는 이런 견해에 이의를 제기하고 있다. <마홍(馬虹) 노사가 본문 중에 한 원주(原注)임.>

을 무술을 상세하게 설명하는데 잘 활용하였고 수십 년 동안 열심히 수련하였기에 진가태극권의 권리(拳理)와 권법(拳法) 등을 계승하고 발전시키는데 탁월한 공헌을 하였다.

60년대초 고류형(顧留馨) 선생이 진조규(陳照奎) 노사를 상해(上海)로 초빙하여 태극권을 가르치게 하였다. 1961년에서 1966년 사이에 진조규(陳照奎) 노사는 상해(上海) 체육궁(體育宮)과 남경(南京) 체육위원회(體育委員會)에서 태극권을 공개적으로 가르침으로써 진가태극권이 비로소 강남(江南)[58] 사람들 속에 뿌리를 내리게 된다. 1966년 "문화대혁명(文化大革命)"이 시작된 후, 상해(上海)에서 핍박을 받아 북경(北京)으로 돌아왔고, 북경(北京)에서 태극권을 가르치며 살았다. 1973년부터 1981년까지 그는 정주(鄭州)·석가장(石家莊)·초작(焦作) 등지에서 태극권을 가르쳤다.

나는 1972년에서 1980년 사이에 일찍이 세 번 북경(北京)으로 올라가고 두 번 하남성(河南省)으로 내려가서 진조규(陳照奎) 노사에게 태극권을 배웠고, 또 세 번 석가장(石家莊)의 내 집에 노사를 초청하여 배웠다. 20여 년 동안 노사(老師)께서 친히 전수해주신 제일로(第一路)와 제이로(第二路) 포추(炮捶)를 개인적으로 연습하고 전수하는 실천을 하는 가운데 얻은 천근한 깨달음은, 철학(哲學)·생리학(生理學)·심리학(心理學)·인체역학(人體力學)·의학(醫學) 그리고 미학(美學) 등 여러 각도로 분석을 해보아도 진조규(陳照奎) 노사가 전한 진장흥(陳長興) 대가태극권(大架太極拳)은 건신(健身)·건뇌(健腦)·기격(技擊) 그리고 예술 등 방면의 가치를 구비하고 있어서 독특한 풍격(風格)을 갖춘 건강과 호신(護身)의 법보(法寶)로 부끄러움이 없

---

58) 장강(長江), 즉 양쯔강(揚子江) 이남 지역을 강남(江南)이라 한다.

다.

 진조규(陳照奎) 노사가 전한 진장흥(陳長興) 대가태극권(大架太極拳)은 강유상제(剛柔相濟)·개합상우(開合相寓)·쾌만상간(快慢相間)·순역전사(順逆纏絲)·나선형의 동작·허실호환(虛實互換)·절절관관(節節貫串) 등 진가태극권(陳家太極拳)의 공통적 특징을 구비하고 있을 뿐 아니라 상체가 중정(中正)하고 편안한 기초 위에서 신체 각 부위의 경력(勁力)이 대칭이 되어 평형을 이루도록 하여서 위를 만나면 반드시 아래가 있고·왼쪽을 만나면 반드시 오른쪽이 있고·앞으로 발경(發勁)하려면 뒤로 내려앉아서 사면팔방으로 지탱을 할 수 있음이며 ; 저가(低架)로 하는 것을 강조하고 흉요(胸腰)의 절첩(折疊)과 단전내전(丹田內轉)의 공부를 중시하며 ; 발경(發勁)하고 송활탄두(鬆活彈抖)하고 경침겸비(輕沈兼備)하며 ; 허실(虛實)이 변환되며 당(膛)은 하호(下弧)를 그리며 움직임을 강조하며 ; 운경(運勁)을 함에 날숨을 중시하고 ; 크고 작은 동작에 모두 기격(技擊) 함의를 그 예술성에 깃들도록 한 특색 등등이 더 있다. 이러한 특색은 권가(拳架)의 연습 중에 체현(體現)되는 것으로 연습을 하는 본인에게나 권(拳)을 구경하는 관중에게나 모두 생명의 힘과 아름다움을 누리게 한다.

 진조규(陳照奎) 노사의 권가(拳架)는 그의 부친 진발과(陳發科)가 가전(家傳)으로 젊은이들을 위한 저가(低架)로 당시 북경(北京)에서는 외부인에게는 거의 전하지 않은 것이다. 진발과(陳發科) 공이 서거한 후 특히 "문화대혁명" 이후에 진조규(陳照奎) 노사가 비로소 소수의 문하생들에게 이 권가(拳架)를 차츰 전수하기 시작하였다. 진조규(陳照奎) 노사가 어렸을 때 엄격한 아버지의 지도를 받아 각고의 노력으로 수련한 상황과 그 공력은 그 누나인 진예협(陳豫俠) 노사가 가장 잘 알고 있으며[59] 진조규(陳照奎) 노사를 가장 잘 이해하는 풍지강(馮志强)·진입청(陳立淸)·

고류형(顧留馨) 노사 등은 모두 진조규(陳照奎) 노사의 권예(拳藝)를 매우 높이 평가한다.

　진조규(陳照奎) 노사에게 태극권을 배운 사람들 중에는, 진조규 노사가 전수한 권가(拳架)는 자세는 매우 낮고, 동작이 세세하고, 신법(身法)·보법(步法)·안법(眼法)·수법(手法)·용법(用法)에 대해 엄격하게 요구한다. 또 발경(發勁)할 때 '단전대동(丹田帶動)'과 '송활탄두(鬆活彈抖)'를 강조하기 때문에 난이도가 높고 강도가 세다고 느껴 배우고 수련하기가 어렵다고 말하기도 한다. 노사가 일찍이 이와 같이 말씀하셨다. "무술은 원래 힘들고 땀 흘리는 일이다."·"배울 때는 대단히 많은 정력과 시간을 들여야 하기에 일정 수준 이상으로 힘들다."·"이것은 의지를 단련하는 쪽으로 상당한 효과가 있다." 또한 "공부(功夫), 공부(功夫)한 것은 힘들게 공부를 쌓아야 한다. 힘들게 공부를 쌓지 않으면 태극권 역시 공허하다."고 말씀하셨다. 이외에도 그는 태극권을 수련하는 것은 반드시 실전(實戰)으로부터 출발하여 한 초식(招式) 한 초식마다 기격(技擊) 함의를 명확하게 알아야 한다고 강조하였다. 실천이 증명하다시피 일단 권리(拳理)·권법(拳法) 및 동작의 요령 그리고 기격(技擊) 함의(含義)를 장악(掌握)하고 엄격하게 노사(老師)의 요구에 따라 끊임없이 열심히 훈련한다면 1~2년 후에는 권가(拳架)를 한번 할 때마다 등에 땀이 흥건히 흐르고, 온몸이 편안하게 풀리고 정력이 왕성해지고 생각이 민첩해지고 하루 온종일 정신이 충만하고 힘이 넘치는 것을 느낄 수 있으며 당신으로 하여금 일반인들이 얻기 어려운 생명이 건강한 행복한 느낌을 누릴 수 있게 해준다.

---

59) 진예협(陳豫俠)의 ≪기념진조규제서거삼주년(紀念照奎弟逝世三周年)≫을 참조할 것. 1984년 ≪진식태극권연구(陳式太極拳研究)≫ 第2期에 기재되어 있음.

진조규(陳照奎) 노사의 순수하고 정확한 공가(功架, 즉 투로)와 정심한 권리(拳理) 그리고 엄숙하고 진지한 학문 정신은 나의 마음속에 깊이 새겨져 있다. 30년이 넘는 개인의 태극권 연습과 태극권교육의 실천을 거치며 몸과 두뇌를 건강하게 하고 도덕적 수양을 향상시키는 등 여러 방면에 걸쳐 개인적으로 적잖은 혜택을 보았으며 깨치는 것이 매우 많았다. 진조규(陳照奎) 노사께서 별세하신 지 벌써 20년이 되었다. 나는 노사께 배운 권법의 심득(心得)을 글로 정리하여 세상 사람들에게 진씨(陳氏)들이 대대로 전해 내려온 태극권의 담겨진 정수(精髓)와 독특한 풍격(風格)을 소개하여 선사(先師)를 그리는 정에 가늠하고자 한다.

二

14대손 진장흥(陳長興) - 17대손 진발과(陳發科) - 18대손 진조규(陳照奎)가 전해온 태극권 권가(拳架)의 정수(精髓)와 그 독특한 풍격(風格)은 주로 다음과 같이 몇 가지로 표현된다.

(一) 신법(身法)은 단정(端正)하게 하고 권(拳)은 낮은 자세로 한다.

원래 진가태극권(陳家太極拳)의 자세는 사람마다 다르게 할 수 있어서 고(高)·중(中)·저(低)의 세 가지로 나누어진다. 진조규(陳照奎) 노사가 전수한 권가는 그의 부친이 가전(家傳)으로 젊은 사람들이 수련하였던 권가(拳架)이다. 상체가 단정(端正)하고 방송(放鬆)되었다는 전제 하에 낮게 하는 권가(拳架)를 강조한다. 이것은 진장흥(陳長興)의 진전(眞傳)으로, 당시 사람들이 진장흥(陳長興)을 "패위진(牌位陳)"이라고 부른 연유이다. 진조규(陳照奎) 노사에 의하면, 그의 부친이 당시 매일 아침마다 집에서 수련하고, 또 아들에게 가르치고 수련하게 한 태극권은 모두 낮은 자세였으며, 밖에서 권(拳)을 가르칠 때는 중간 자세와 높은 자세로 많이 가르쳤다고 한다. 물론 낮은 것에서도 일정한 한도가 있어 부보(仆步)를 제외하고는 마보(馬步)나 궁등보(弓蹬步)를 막론하고 대퇴부(허벅지)가 (지면과) 평행이 되어 무릎보다 낮게 해서는 안되며 대퇴부(大腿部)와 소퇴부(小腿部)[60]가 이루는 각도는 90° 보다 작아서는 아니 된다. 그렇잖으면 "탕당(蕩膻)"이 되어버리는데 잘못된 병폐이다. 진발과(陳發科) 공이 말씀하시길 태극권을 할 때에는 "자세가 마치 (등받이가 없는) 작은 걸상에 앉은 것 같이 안정되어야 한다."고 했는데 이는 오랜 기간에 걸친 장공(樁功)[61]이 있어야 가능하다. 그래서 노사께서는 이런 저가(低架)를 "활장(活樁)"이라고 하였다. 이뿐만 아니라, 더욱 어려운 것은 허실(虛實)을 변환하고 중심(重心)을 바꿀 때 당(膻) 부위는 반드시 하호(下弧)를 그리며 움직여야 하는데 진조규(陳照奎) 노사는 이 자세를 "솥 밑바닥 모양으로 움직이는 모양"으로 비유하시면서 "중심을 떠메고 가서는 안 된다."[62]고 하셨다. 원래 권가(拳架)를 낮게 하는데다 또 이렇게 당(膻) 부위는 하호(下弧)를 그리며 움직여야 한다는 요구가 있어 운동의 강도가 세고 난이도가 높아서 확실히 아주 힘든 공부(功夫)가 필요하다. 하지만 이런 공부(功夫)는 신체와 두뇌를 건강하게 할 뿐만 아니라, 기격(技擊)에도 매우 많은 장점이 있다. 물론 노인이나 몸이 허약한 사람에게는 일률적인 요구를 하지 않아서 중간 자세나 높은 자세를 취하기도 한다.

---

60) 무릎 아래 발목 위의 부분. 정강이와 종아리를 합한 부분이다.
61) 참장(站樁)을 오랜 기간 서서 쌓은 공(功).
62) 즉 상호(上弧)를 그리며 움직이거나 혹은 수평으로 이동해서는 안 된다는 뜻. 〈마홍 노사의 본문 중의 원주(原注)임.〉

운동생리학이 우리에게 알려 주듯이 그 어떤 운동 항목이라도 반드시 일정 수준의 강도를 갖고 있으며 지속시간도 비교적 긴 강도를 갖고 있어야 인체건강을 증진시킬 수 있으며 특히 인체의 순환기 계통・호흡기 계통에 비교적 큰 영향을 끼친다. 운동의 강도와 지속시간의 합리적인 결합은 순환기 계통과 호흡기 계통의 기능을 향상시키는데 없어서는 안 된다. 또한 인체기능의 향상은 주로 순환기 계통과 호흡기 계통의 향상(즉 심폐기능의 향상)을 가리킨다. 체육 단련에서 운동에 참여하는 근육이 많을수록 순환기 계통과 호흡기 계통에 대한 요구가 더욱 더 커지고 심폐기능의 향상이 더욱 현저해진다. 사람의 하체 근육의 근육비율은 상체의 근육비율보다 현저하게 높기 때문에 많은 선진적인 체육 항목들은 모두 하체의 운동량을 증가시키는데 주목하고 있다. 진조규(陳照奎) 노사가 전수한 이 저가(低架)의 권가(拳架)는 하체의 운동량이 특별히 크고 지속시간이 길어서(투로 전체에서 낮은 자세가 대부분이다.) 수련하는데 확실히 매우 고통스럽고 처음에는 다리도 아프고 어떤 때는 심지어 일년이나 육개월 정도 지나야 고통이 해소되기도 한다. 하지만 효과는 매우 현저하여 고진감래(苦盡甘來)의 기쁨을 만끽할 수 있고 평생 그 혜택을 누릴 수 있다. 이 태극권을 1~2년 이상 수련한 학생들을 대상으로 조사한 바에 의하면 대부분이 심폐기능이 강화되었고 혈압이 정상이 되었으며 대퇴 근육이 눈에 띠게 발달하고 다리 힘이 강화되었다. 비만 환자는 살이 빠졌으며 마른 사람은 몸무게가 불었고, 고혈압 환자는 혈압이 내려갔으며 6~7년 된 저혈압 환자는 혈압이 정상으로 회복되었다. 더욱 묘한 현상은 이렇게 하체의 운동량이 큰 저가태극권(低架太極拳)은 또한 두뇌를 건강하게 하는 작용을 한다는 것이다. 많은 정신노동자・신경쇠약환자 심지어 메니에르(meniere) 증후군[63] 환자들이 저가태극권(低架太極拳)의 수련을 통해 증상들이 없어졌을 뿐만 아니라 머리가 특히 맑아졌고 기억력이 좋아졌다. 동시에 골다공증 환자들의 골밀도 형성에도 효과가 뚜렷하다. 이는 이러한 "활장(活樁)"식의 저가태극권(低架太極拳)

은 전신을 방송(放鬆)하고 상체를 중정(中正)하고 편안하게 하며 침견추주(沈肩墜肘)를 하고 함흉탑요(含胸塌腰)를 하며 송과굴슬(鬆胯屈膝)을 하고, 의념을 단전에 주입하여 기침단전(氣沈丹田)을 하고 오지조지(五趾抓地)하여 용천혈(湧泉穴)을 허허롭게 한다. 이런 일련의 요구 사항들은 필연적으로 기혈(氣血)이 아래로 내려가도록 이끌게 되며 이로부터 가슴을 편하게 하고, 복부를 실(實)하게 하고 혈압을 낮추어 두개골 내부의 각종 혈관의 압력을 감소시키어 혈압이 안정되게 하고 골밀도가 높아지게 한다. 이는 의학과 생리학의 원리에도 부합된다.

기격(技擊)의 측면으로 말하자면 이처럼 위는 가볍고 아래가 무겁게 하여 중심을 아래로 옮기는 수련법은 필연적으로 하반(下盤)을 안정시키고 족경(足脛: 정강이)이 견실해지고 심군(心君)이 태연해져서 "사람을 오뚝이처럼 강하게" 하며 이로부터 자신의 균형을 유지하고 상대방의 균형을 파괴하는 측면에서 본다면 틀림없이 상대방보다 한수는 이기고 들어간다. 사실 이렇게 기(氣)를 밑으로 흐르게 하는 "활장(活樁)"은 바로 무술의 축기공부(築基功夫)[64]의 하나이다.

(二) 대칭으로 조화를 이루고 철리(哲理)가 충만하다.

진식태극권은 철리(哲理)가 충만한 권법이다. 총체적으로 객관 세계의 조화와 통일을 온전하게

---

63) 내이(內耳)의 혈관성 변화를 주증세로 하는 질환. 원어명은 "Mnire's syndrome"으로 프랑스 이비인후과 의사 P.메니에르가 처음 기재했으며, 내이(內耳) 출혈에 의한 현기증을 보고하였다. 현기증은 여러 병에서 자주 나타나는 증세이나, 이것이 이명·난청 등과 합병하여 발작적으로 일어나는 증상을 말한다.
64) 축기(築基)는 기초를 쌓는다는 뜻으로, 축기공(築基功) 혹은 축기공부(築基功夫)는 "기초를 다지는 공부"라는 뜻임.

장악을 하는 것이 중국의 전통철학 사상의 정화(精華)이다. 태극도(太極圖)는 바로 이런 철리(哲理)의 아름다운 이미지이고, 태극권은 바로 이 철리(哲理)가 체육 운동에서 생동감 있게 체현(體現)된 것이다. 때문에 어떤 사람들은 세계에서 태극권처럼 철학사상을 운용하여 자기 스스로를 지도하는 운동 종목이 없고 태극권 같이 정신과 육체를 하나로 융합하여 단련하는 체육 종목은 없다고 말하는데 결코 지나친 표현이 아니다. 진조규(陳照奎) 노사가 전수한 권가(拳架)는 강유(剛柔)·개합(開合)·경침(輕沈) 등등이 한 시스템으로 대칭이 되고 평형을 이루고 조화된 동작을 그 내용으로 삼으며, 순역전사(順逆纏絲)와 나선형의 동작을 그 형식으로 삼는다. 태극권의 고전 철학적 근거를 살펴보면, 태극권은 역경(易經)의 음양학설(陰陽學說)에 근거하여 만들어진 것으로, "태극(太極) 양의(兩儀)는 부드러움(유柔)이 있고 강함(강剛)도 있다." 역경(易經)의 대표적 사상은 : 우주는 하나의 종합적 총체이며 이 총체 안에 음(陰)과 양(陽)이라는 두 개의 대립되면서 통일되는 방면을 포함한다. 사람의 몸은 마치 소우주(小宇宙)와 같아서 음(陰)이 있고 양(陽)이 있어서 음양(陰陽)이 서로 교합하며 영향을 미치고 어울리어 균형을 이룬다. 또한 사람과 하늘(자연·우주)은 반드시 서로 적응을 하는데 이를 일컬어 "천인상응(天人相應)"·"천인합일(天人合一)"[65]이라 한다. 이에 근거하여 《황제내경(黃帝內經)》에서는 "음(陰)이 고요하고 양(陽)이 잘 갈무리되면 정신(精神)이 다스려진다.[66]"고 한다. 진가태극권(陳家太極拳)은 바로 음양학설(陰陽學說)을 근거로 하고 중국 전통의학 중의 경락학설(經絡學說)을 더하여 만들어진 몸

---

65) 천인상응(天人相應)은 하늘과 사람이 서로 감응(感應)한다는 뜻이고, 천인합일(天人合一)은 하늘과 사람이 하나로 합치한다는 뜻으로 같은 경계를 말하고 있다.
66) 《황제내경(黃帝內經)》·소문(素問)·생기통천론편제삼(生氣通天論篇第三)·제삼장(第三章)·제이절(第二節). "음(陰)이 고요하고 양(陽)이 잘 갈무리되면 정신(精神)이 다스려진다.(陰平陽秘, 精神乃治.)"

을 건강하게 하고 호신(護身)을 하는 권법이다. 태극권은 단순하게 강(剛)과 유(柔)·개(開)와 합(合)·허(虛)와 실(實)이 있을 뿐이 아니라 강(剛) 가운데 유(柔)가 있고 유(柔) 가운데 강(剛)이 있으며 개(開) 중에 합(合)이 있고 합(合) 중에 개(開)가 깃들어 있다. 기격(技擊)에 운용을 하자면 화경(化勁)과 발경(發勁)·이끌어 들임(引)과 나아감(進進) 등만 있는 것이 아니고 화경(化勁)이 곧 발경(發勁)이고 이끌어들임이 곧 나아감으로 화경(化勁)과 발경(發勁)이 결합하고 이끌어들임과 나아감이 결합을 하는 등등, 이와 같은 것들이 이 권술(拳術)을 구성하는 특수한 풍격(風格)이다. 진조규(陳照奎) 노사가 전수한 권가(拳架)는 일련의 동작들이 모두 음양(陰陽)의 평형(平衡)을 강조하고 있다. 위가 있고 아래가 있으니 위를 만나면 반드시 아래가 있고, 앞으로 발(發)하면 뒤로 내려앉고 왼쪽으로 발(發)하면 오른쪽이 내려앉으며 오른쪽으로 발(發)하면 왼쪽이 내려앉으며, 왼쪽을 만나면 반드시 오른쪽이 있고 오른쪽을 만나면 반드시 왼쪽이 있고, 안과 밖이 있어서 안과 밖을 겸해 수련해야 한다. 신법(身法)에서는 마주 잡아당겨 길게 뽑으면서 또 서로 끌어당기고 묶여야 하니 대칭경(對稱勁)을 강조하여 경(勁)은 사면팔방으로 지탱할 수 있어서 어느 곳 어느 때에도 평형을 유지하여서 주신일가(周身一家)를 실현시켜야 한다. 예를 들면 "금강도대(金剛搗碓)"의 '동작5'는 오른손은 주먹을 쥐어 위로 들어 올리고 오른쪽 다리는 무릎을 들어 올리고 흉요(胸腰)는 반드시 아래로 송침(鬆沈)하여야 한다. "금계독립(金鷄獨立)" 역시 손은 위로 올라가고 몸은 밑으로 가라앉히어서 위로 올라가는 부분이 있으면 반드시 밑으로 내려오는 부분이 있어 중심의 안정과 허실(虛實)의 균형을 유지한다. 또 "나찰의(懶扎衣)"·"단편(單鞭)"의 정세(定勢)에서 전자는 오른쪽으로 발(發)하고 왼쪽을 내려앉히는 것이고, 후자는 왼쪽으로 발(發)하고 오른쪽을 내려앉히는 것이다. "육봉사폐(六封四閉)"의 '동작3'은 두 팔을 전상방(前上方)을 향하여 제(擠)로 발(發)하고 왼쪽 엉덩이는 반드시 좌후방(左後方)으로 하탑

(下塌)⁶⁷⁾하여야 한다. 아래로 내려앉히고 밖으로 돌려서 앞뒤의 평형을 잡는다. 또 "백학량시(白鶴亮翅)"는 위는 개(開)하고 밑은 합(合)이 되도록 하는데 합(合) 가운데 개(開)가 있어서 발은 합(合)이 되고 무릎은 개(開)가 되기도 하나니 "서전(舒展)한 가운데 닫혀 모이는 의(意)가 있도록 하며 긴주(緊湊)⁶⁸⁾하는 가운데 개전(開展)하는 공(功)이 있도록" 하여야 한다. 경력(勁力)은 역학적(力學的) 근거가 있고 또 외형적으로는 균형적 아름다움을 갖고 있다. 또 예를 들면, "엄수굉권(掩手肱拳)"의 발경(發勁)은 강한 중에 부드러움이 깃들어 있으며 송활탄두(鬆活彈抖)함을 체현(體現)해내야 하고 또 앞으로 발경(發勁)하고 뒤로 내려앉는다. (오른 주먹은 앞으로 나가고 왼팔꿈치는 뒤로 버티고 앞쪽의 다리는 구부리고 뒷다리는 차듯이(등蹬) 한다. 왼쪽 볼기는 뒤집고 오른쪽 볼기는 떨어뜨리고 앞이 있고 뒤가 있으며, 나선형의 운동 방식으로 대립되는 두 가지를 한 몸에 통일시킨다.) 투로(套路) 전체의 구성상 권세(拳勢)의 동작은 모두 강(剛)함 가운데 부드러움(유柔)이 있고, 빠름이 있고 느림이 있으며, 개(開)가 있고 합(合)이 있으며, 앞이 있으면 뒤가 있고, 왼쪽이 있으면 오른쪽이 있다. 말리는 것(권捲)이 있으면 풀어내는 것(방放)이 있고, 올라감이 있으면 내려감이 있는데다 나선형식이 더해져서 파도처럼 앞으로 전진하는 것이 마치 강물이 도도하게 흐르는 듯 하고 파도처럼 기복이 있으며 도도하게 끊이지 않는다. 이처럼 인체의 각 부위의 경력(勁力)을 대립 통일시키는 단련은 필연적으로 전면적인 인체의 바탕을 강화시켜서 인체 각 부위의 상하(上下)·좌우(左右)·내외(內外)·표리(表裏)가 모두 평형 발전될

---

67) 아래로 떨어뜨리다. 아래로 내려앉히다.
68) 서전(舒展)은 편안하게 크게 펼치다. 긴주(緊湊)는 서전(舒展)에 대응하는 말로 동작의 원권(圓圈)이 그리는 범위를 축소하는 것을 말한다. 상대적으로 외형적인 동작의 크기가 작아진다.

수 있도록 한다. 사람의 생명 과정은 바로 대립 통일되는 규율이 인체 내에서 충분하게 체현(體現)되는 과정이기 때문이다.(예를 들어 심장의 수축과 팽창, 세포의 생성과 소멸, 정신이 밖으로 뻗어나가거나 안으로 수렴되는 것 등등이 그러하다.)

 태극권의 더욱 미묘한 점은 권(拳)을 하면서 동(動)과 정(靜)의 평형을 강조하는 것이다. 권(拳)을 하는 것은 특히 난이도가 높은 권(拳)을 하는 것은 어떻게 운동을 하면서 동(動)과 정(靜)의 평형을 유지할 것인가가 확실히 미묘한 이치가 있다. 태극권을 할 때 대뇌(大腦)가 평상시에는 가지기 힘든 평정(平靜)을 누릴 수 있으며 지체(肢體)는 난이도가 비교적 높은 운동을 할 때가 바로 "사령부"가 총체적으로 휴식할 수 있는 절호의 기회이다. 이러한 동(動)·정(靜)의 평형은 예술 이론가 앵커만(1717-1768)이 "그 표면에서 아무리 파도가 사나워도 마치 바다 속 깊은 곳이 영원히 적막 속에 머물러 있는 것과 같다."고 평론한 것과 같은 상태이다. 그래서 진 노사의 권가(拳架)를 수련하는 사람들은 심신의 발육이 비교적 전면적으로 균형이 잡히고 권(拳)의 수련을 마치고나면 두뇌가 특별히 맑아진다.

 기격(技擊)의 각도로 말하자면 진 노사가 항상 "권(拳)을 수련하고 추수(推手)를 하는 것은 모두 자신의 평형을 유지하고 상대방의 평형을 무너뜨리는 것"이라고 말씀하셨다. 또한 권(拳)을 할 때 반드시 신법(身法)을 중정(中正)하게 하고 사면팔방으로 지탱할 수 있게 함으로써 인체가 저울처럼 되라고 강조하셨다. 진흠(陳鑫)이 "권(拳)이란 저울추(권權)"이라고 말한 바와 같다. 권(權)은 바로 저울추(권權)와 저울대(형衡)이다. '권(權)'은 고대의 저울을 일컫는다. 자신의 육체적 중심의 평형을 유지하여 "서는 것은 마치 수준기를 세운 듯이 하고 움직이는 것은 마치 차바퀴가 돌 듯"해야 태극권을 할 때 패하지 않는 위치에 설 수 있게 된다.

(三) 순역전사(順逆纏絲)를 하여, 원(圓)이 아니면 호(弧)를 그리며 움직인다.

진가태극권은 중국 고대의 전통 철학사상에 부합될 뿐만 아니라 현대철학의 기본 관점에도 부합한다. 엥겔스가 말한 변증법(辨證法)의 주요 원칙은 "모순으로부터 발전을 이끌어내고 발전(發展)하는 나선형식"(자연변증법(自然辨證法))이다. 태극권은 바로 대립과 통일 - 즉 음양상제(陰陽相濟)로써 운동의 바탕을 삼고 있으며, 순역전사(順逆纏絲)와 원이 아니면 호(弧)를 그리는 일련의 나선형 동작을 그 운동의 형식으로 삼고 있다. 진흠(陳鑫)은 "태극권은 전사(纏絲)의 법"이라고 하였다. 전사경(纏絲勁)은 태극권의 정화(精華)이기도 하다.

진가태극권은 크기나 빠르고 느린 동작에 관계없이 원(圓)이 아니면 호(弧)를 이루고 접촉하는 곳은 원(圓)을 이어야 하며 순역전사경(順逆纏絲勁)이 각종 강유(剛柔)·쾌만(快慢)·개합(開合)·승침(昇沈) 등 동작 가운데 관철되어 신체의 각 부위에서 체현(體現)할 것을 요구한다. 이것은 진조규(陳照奎) 노사가 권론(拳論)에서 발전시킨 중요한 것이다. 무엇을 순전사(順纏絲)라 하고 무엇을 역전사(逆纏絲)라 하는가? 사람들이 수많은 문장을 쓰고 수많은 그림을 그렸지만 여전히 충분히 표현하지 못하였다. 진 노사가 해설한 것은 매우 간단명료하다. 상대가 오른 손으로 당신의 오른 손을 잡고 그의 손바닥은 새끼손가락으로 경(勁)을 이끌어 장심(掌心) 방향으로 돌리고 엄지손가락은 경(勁)을 합(合)하여 비틀어돌리기를 진행하면 곧 순전사(順纏絲)이다. 반대로 엄지손가락으로 경(勁)을 이끌고 새끼손가락으로 합(合)을 하여 새끼손가락 방향으로 비틀어 돌리는 것이 곧 역전사(逆纏絲)이다. 당신의 입장에서는 전자가 역전사(逆纏絲)이고 후자가 순전사(順纏絲)가 되어 반대로 뒤집어서보면 같은 것이다. 악수를 하는 사이에 순역전사(順逆纏絲)를 완전하게 설명하였다. 다리의 순역전사경(順逆纏絲勁)은 위에 말한 선전(旋轉)하는 방향과 같다.

선생님께서는 또 다음과 같이 말했다. "개(開)하는 것도 나선형으로 도는 중에 개(開)하는 것이지 벌려 찢듯이 벌리는 것이 아니며, 합(合)을 하는 것도 나선형으로 도는 중에 합(合)을 하는 것이다."·"강(剛)함과 빠름(쾌快)은 나선경(螺旋勁)을 버릴 수 없다."고 하셨다. 특히 제이로(第二路) - 포추(炮捶)는 동작이 빠르고 솟구치며 도약하는 동작이 많지만 빠르더라도 나선경(螺旋勁)을 잃어서는 아니 된다. 권(拳)을 하기 시작하면 선풍(旋風)같고 소용돌이 같으며 날아다니는 바퀴와 같고 땅에서 구르는 공과 같다. 또한 온 몸의 각 부위가 마디마디 꿰어 관통하여 마치 구슬이 굴러가듯 해야 하며 출경(出勁)은 회전하며 날아가는 총알 같아야 한다. 진 노사는 "연주포(連珠炮)"를 설명하실 때는 목수가 목공이 사용하는 드릴에 비유하시면서 이런 식의 빠르고 나선형으로 진격하는 힘을 형상화하여 설명하였다. 느린 동작 역시 나선형식이다. 예를 들어 "나찰의(懶扎衣)" 및 "단편(單鞭)"의 마지막 두 동작은 모두 원만하게 나선운동으로 하침(下沈)한다. 요컨대 '추수(推手)'를 하거나 '권(拳)'을 하거나를 막론하고 "접촉하는 곳이 원(圓)을 이루어야"[69] 한다. 이 밖에 이런 나선 형식의 태극경(太極勁)은 허리를 축심(軸心) 즉 원의 중심으로 삼는다. 진 노사는 태극권을 할 때 상체를 중정(中正)하게 하여 원의 중심이 안정을 유지해야 한다고 강조했다. 사지(四肢)의 순역전사(順逆纏絲)이거나 혹은 동작의 대개대합(大開大合)[70]에 관계없이 모두 입신중정(立身中正)을 하여 원의 중심이 가볍게 이동해서는 아니 되며 특히 몸이 좌우로 흔들리거나 앞으로 숙이거나 뒤로 젖히는 것은 매우 큰 금기(禁忌)이다. 합(合)을 하면 나선운동을 그 형식으로 삼아 흉요(胸腰)의 구심력(求心力)을 발휘하고 기(氣)를 단전에 모이게 해야 하며

---

69) 접촉하는 곳이 전사(纏絲)의 시작점이고 끝점.
70) 태극권을 처음 배울 때는 "크게 개(開)하고 크게 합(合)"을 하라고 한다.

개(開)를 하면 나선운동을 형식으로 하여 단전의 원심력(遠心力)을 발휘하여 기(氣)가 사초(四梢)까지 관통되도록 한다. 진 노사는 또 사람의 허리와 단전 부위를 바퀴의 중심축으로 비유하시고 축심(軸心) - 원의 중심을 유지하는 중정(中正)만이 회전하는 바퀴가 힘을 가질 수 있게 한다. 축심(軸心) - 원의 중심이 흔들리면 신체가 좌우로 기울고 비뚤어져서 틀림없이 축심(軸心)의 구심력과 원심력의 나선운동의 역량을 약화시키게 되고 인체는 쉽게 평형을 잃게 되어 건강에나 기격(技擊)에나 모두 불리하다.

(四) 단전(丹田)은 내전(內轉)하고 흉요(胸腰)는 절첩(折疊)하여야 한다.

우리는 진가태극권을 "심신수양의 학문"으로 일컫는데 태극권이 내외를 겸수(兼修)하는 권법이기 때문이다. 내공(內功) 방면에서 중국 도가(道家)의 '토납(吐納)'과 도인(導引)과 서로 결합한 양생술(養生術)과 중국 전통의학(傳統醫學)의 경락학설(經絡學說)을 흡수하였다. 내공의 주요 특징은 기침단전(氣沈丹田) 단전내전(丹田內轉)에 있고 밖으로 형상화되면 곧 흉요절첩(胸腰折疊) 절절관관(節節貫串)하고 운동을 나선형으로 하는 것이다. 권론(拳論)에서 "신장(腎臟)에서 나가고 신장으로 들어가는 것이 진결(眞訣)"이라고 하였다. 진조규(陳照奎) 노사는 이러한 논점(論點)을 태극권의 요체로 삼아 한발 더 나아가 "신장에서 나가고 신장으로 들어가는 것은 곧 기침단전(氣沈丹田)과 단전내전(丹田內轉)을 서로 결합하여서 밖으로 형상화한 것이 곧 흉요절첩(胸腰折疊)"이라고 하였다. 태극권을 가르치면서 매 동작마다 반복하여 "긴요한 것은 모두 가슴과 허리에서 운화(運化)하는데 있다." "허리를 주재(主宰)로 하여 단전(丹田)이 움직임을 이끄는 것 - 즉 단전내전(丹田內轉)과 결합할 것을 거듭 강조하였다. 또 "허리는 움직이지 않으면 손으로 발(發)하지 않을 것"을 강조하였다. 허리와 단전을 움직이지 않으면 사지는 영활(靈活)해지지만 "따로 따로 노는 것(單擺浮擱)"이다. 그는 권세(拳勢)들을 결합하여[71] 초식 하나하나마다 명확하게 단전내전(丹田內轉)을 핵심으로 하는 흉요절첩경(胸腰折疊勁)이 있음을 설명하였다. 이런 종류의 가슴·허리·복부를 강조하는 운동 방법은 몸을 건강하게 하는데 특수한 작용을 한다. 인체의 복부에는 장부(臟腑)가 가장 많으며 온 몸의 기혈(氣血)이 다 모이는 곳이며 또한 경락이 상하(上下)와 표리(表裏)로 관통하는 중추이기도 하다. '흉요(胸腰)를 절첩(折疊)'할 때마다 복부 안의 장기(臟器)는 한 차례 스스로 부드러운 자가안마(自家按摩)를 받게 된다. 그것은 연정화기(煉精化氣)를 하게 되어 성기능을 강하게 하고 복부 비만을 없애주는 등의 작용을 하며 내장 기능에 대한 단련 효과도 좋아서 허리와 복부 근육의 역량과 유인성(柔靭性)[72]을 증강시킨다. 일부 신장병 환자들과 위장병 환자들이 태극권을 연마하여 완치된 경우도 이 공법(功法)과 깊은 관계가 있다. 이런 흉요절첩(胸腰折疊)의 공부가 만약 진기운행법(眞氣運行法)과 결합된다면 그 효과는 더욱 특출하게 된다. 단전이 위아래로 선전(旋轉)하는 것은 임독(任督) 양맥의 소통을 촉진하며 단전이 횡으로 선전(旋轉)하면 대맥(帶脈)의 창통을 촉진시키며 비스듬하게 교차하여 선전(旋轉)하면 나머지 경맥(經脈)을 통하게 한다. 그래서 단전내전(丹田內轉)은 태극권 내공의 정화(精華)라고 한다.

 기격(技擊)의 측면에서 말하면, 기(氣)가 장(莊)하면 틀림없이 힘도 세다. 태극권은 비록 힘으로

---

71) 예를 들면 "나찰의(懶扎衣)"는 뒤에 "육봉사폐(六封四閉)"·"제이삼환장(第二三換掌)"·"비신추(庇身錘)"·"우충(右衝)"·"좌충(左衝)" 등의 권세(拳勢)가 이어진다.
72) 유연하고 강인한 성질.

승리를 취하는 것은 아니지만 기력(氣力)은 여전히 모든 무술의 기초이다. 진 노사는 "사실 태극권에서 힘에 대해 말하지 않는 것은 아니다. 힘과 교묘함은 밀접하게 결합된 것으로 힘(력力)이 없다면 교묘함의 작용을 발휘하여 적을 제압하는 것은 근본적으로 불가능"하다고 말씀하셨다. 다만 태극권의 힘은 일반적인 졸력(拙力)[73]과는 다르다. 이것은 나선 형식으로 발(發)해지는 탄성(彈性)이 풍부한 힘이며 진기(眞氣)와 상호 결합된 힘이다. 그래서 일반적인 "힘(력力)"과 구분하여 그것을 "경(勁)"이라고 칭하기도 하는 것이다. 이외에 흉요절첩(胸腰折疊)·순역전사(順逆纏絲)의 공부를 단련하는 것은 내력(來力)을 인화(引化)하고 인체의 나선의 힘을 이용하여 발경(發勁)을 하고 나아가 적을 가격하는 중요한 부분을 단련하는 것이다. 허리는 전신의 경력(勁力)을 주재(主宰)하기 때문에 "힘은 발에서 발(發)하여져서 다리에 운행되고 허리에서 주재(主宰)하며 손에서 형상화"된다는 권리(拳理)에 완전히 부합된다.

(五) 강유상제(剛柔相濟)하고 송활탄두(鬆活彈抖)하라.

진가태극권은 강유상제(剛柔相濟)하고 쾌만상간(快慢相間)한 권법이다. 그러나 그 강(剛)하고 빠른 경(勁)은 전신을 방송(放鬆)한 기초 위에 건립되어 나선 형식으로 발(發)해지는 폭발력의 일종이다. 진조규(陳照奎) 노사는 송활탄두(鬆活彈抖)를 소개하면서 진가구(陳家溝)에서는 이것을 "일격령(一格靈)"이라 일반 무술에서는 "촌경(寸勁)"이라 한다고 말씀하셨다. 송활탄두경

---

73) 즉 뚝심.

(鬆活彈抖勁)을 발(發)해내는 요령은 전신을 방송(放鬆)한 상태에서 대뇌(大腦)의 지휘를 받고 요척(腰脊)을 총 중추로 삼고 단전대동(丹田帶動)과 결합함으로써 나선형으로 탄력있게 떨치는 (탄두탄투(彈抖)) 형식으로 전신의 힘을 조절하여 움직이며 절절관관(節節貫串)하여 하나의 목표점으로 집중하여 일순간에 전광석화의 속도로 지체(肢體)의 한 부분을 통하여 폭발시켜서 거대한 위력을 발생시킨다. 진 노사는 "마치 가축을 끌고 다닐 때 노새가 한바탕 뒹군 후 일어나서 홀연 온 몸을 떨며(두抖) 가벼우면서도 힘차게 온 몸의 먼지를 터는 것과 같다."고 비유해 주셨다. 또 "다 감기어진 시계의 태엽이 한 순간 억제력을 잃고 갑자기 폭발하는 탄황경(彈簧勁)[74]"과 같다고 말씀하셨다. 방송(放鬆)을 하는 요령에 대해 그는 특히 어깨부위와 가슴부위의 방송(放鬆)을 강조했다. "침견(沈肩)"·"좌완(坐腕)"·"송과(鬆胯)"와 "흉요(胸腰)의 운화(運化)"로부터 착수하여 전신의 방송(放鬆) 문제를 해결하라고 강조했다. 마치 권론(拳論)에서 "전관(轉關)은 어깨에 달렸고 운화(運化)는 흉요(胸腰)에 달렸다."고 하는 것과 같다. "긴요한 곳은 모두 흉요(胸腰)의 운화(運化)에 달렸으며" "송활(鬆活)을 잘 할 줄 모르면 탄두(彈抖)는 말할 필요도 없다."고 말했다.

진조규(陳照奎) 노사가 전수한 송활탄두경(鬆活彈抖勁)의 단련은 신체의 역량(力量)·민첩성·유인성(柔靭性)과 속도를 증진하는 데에 뚜렷한 작용을 하는 것은 실천을 통해 증명되고 있다. 이런 송활탄두경(鬆活彈抖勁)은 요척(腰脊)[75]의 나선회전 운동이 이끄는 움직임을 통하여 전신

---

74) 탄황(彈簧)은 용수철. 탄황경(彈簧勁)은 용수철처럼 탄력이 있는 경(勁).
75) 허리와 척추.

의 기혈(氣血)을 고탕(鼓蕩)시켜서 전신의 기혈(氣血)이 충만해지고 활발하여지게끔 하고 정신이 크게 진작(振作)되도록 한다. 권론(拳論)에서는 "그것을 거두어들이면 기(氣)는 단전(丹田)으로 돌아가고 그것을 발(發)하면 기(氣)는 사초(四梢)에 관주"된다고 하였다. 그래서 진 노사가 전수한 진가태극권을 연마하면 겨울 아침에도 매일 투로(套路)를 한번 마치고나면 사지에 따뜻해지고 손바닥·발바닥·손가락 끝(지문부위)·발가락에 모두 열감(熱感)이 생겨 전신이 편안해지고 정신이 가다듬어진다. 이것은 진기(眞氣)가 충만해지고 심지어는 진기(眞氣)가 밖으로 넘쳐 나오는 현상이다. 그러나 탄두경(彈抖勁)의 기본은 송유(鬆柔)이다. 송유(鬆柔)가 없으면 탄성경(彈性勁)도 없다. 강유상제(剛柔相濟)는 송활탄두(鬆活彈抖)의 이성적 개괄(概括)이라 하겠다.

발경(發勁)을 하고 진각(震脚)을 하는 것이 인체 건강에 대한 영향이 어떠한지는 다른 견해들이 있다. 나의 체험은 진 노사의 요구에 따라 합당하게 실행하기만 하면[76] 진각(震脚)은 폐해(弊害)가 없을 뿐 아니라 사람들이 생각도 못하는 좋은 점들이 많다. 어떤 의학전문가는 "발바닥은 인체의 제2의 심장"이며 "발바닥에는 전신으로 통하는 경혈(經穴) 자리가 있어서 발바닥을 자극하면 능히 말초신경을 활성화시킬 수 있고 자율신경과 내분비(內分泌)에 충분한 공(功)을 들이게 된다. 그 결과 다리 뿐 아니라 뇌까지 홀가분하고 유쾌해져서 기억력도 향상"된다고 말했다. 중국의 전통 침구학(鍼灸學)에서 공손혈(公孫穴)[77]을 찔러 자극을 주면 위통과 두통을 치료할 수 있다고 소개하는 것이 한 예가 되겠다. 또 어떤 의학전문가는 "진동요법(震動療法)"을 연구하는데, '진탕

---

76) 진각(震脚)할 때 발바닥은 평평하게 한다. 발뒤꿈치로 진각(震脚)하게 편중해서도 안되고, 시멘트·아스팔트·석판 같은 바닥 위에서 세게 진각(震脚)하지 않도록 한다.

77) 발의 안쪽, 제일(第一) 척골(蹠骨:한국에서는 중족골中足骨이라고 부름.)의 기저(基底)의 전하연(前下緣:앞쪽 아래의 가장자리)으로 제일지관절(第一趾關節:엄지발가락 첫 번째 마디뼈)의 뒤 한 치 부위에 위치하는 경혈(經穴).

(振蕩) 의료 기계'에 의존하는 것 말고도 특히 인체에 내재하는 진동 능력에 의존할 것을 강조하는데, 말초혈관병 환자에게 혈관의 말초가 괴사(壞死)하는 것을 방지하고 혈액공급 상황을 개선하는 것에 뚜렷한 작용을 한다. 어떤 사람은 양 다리에 혈관종(血管腫)을 앓고 있어서 발가락은 자흑색(紫黑色)이 되고 매우 아팠으며 약물은 치료효과가 뚜렷하지 못하였다. 1982년에 진가태극권을 배워 진조규(陳照奎) 노사가 전수한 수련법에 따라 강유상제(剛柔相濟)·쾌만상간(快慢相間)·발경(發勁)·송활탄두(鬆活彈抖)·진각(震脚)을 하고 또 특히 노사(老師)께서 요구하는 "다섯 발가락은 땅을 움켜쥐고, 용천혈(湧泉穴)을 비우라"는 요령에 주의를 기울여 3개월을 수련한 후에 양발 발가락이 자흑색(紫黑色)으로 변하는 증상과 통증이 모두 해소되었고 혈관종(血管腫)도 치유되었다. 물론 진 노사는 사람들에게 각기 다른 요구를 하였다. 그는 항상 "진각(震脚)은 할 수도 있고 안할 수도 있지만 진각(震脚)을 하지 않더라도 발을 땅에 떨굴 때는 의·기·력(意·氣·力)이 일제히 발바닥과 뒤꿈치에 관주(貫注)되도록 하라"고 말하였다.

기격(技擊)의 각도에서 분석하면 이런 나선형식으로 발(發)해내는 송활탄두경(鬆活彈抖勁)은 직선으로 발(發)해내는 뻣뻣한 경(경경硬勁)보다 위력이 매우 크다. 이것은 상대방에게 내상(內傷)을 입게 하지만 겉으로는 드러나지 않는다. 또한 경(勁)을 길게 늘이는(방장放長) 것과 힘점(역점力點)의 집중에도 유리하다.

(六) 허실(虛實)을 조화시키고 경침(輕沈)을 겸비한다.

진 노사는 "권(拳)을 하는 것은 수시로 자신이 움직일 때의 평형(平衡)을 유지할 수 있도록 단련하기 위함이고, 추수(推手)는 상대방의 평형을 파괴하기 위한 방법"이라고 항상 말씀하셨다. 자신의 평형을 장악하여 모든 상황에서의 평형을 유지하려면 운동을 하는 중의 두 가지 허(虛)·실(實)을 장악해야 한다. 태극권은 곳곳마다 하나의 허실(虛實)이 있다는 것은 모두가 알고 있지만, 어떻게 허실(虛實)을 장악해야 하는지 특히 어떻게 중심(重心)을 유지하여 모든 경우의 평형을 유지하는지는 사람마다 다 알고 있는 것은 아니다. 앞에서 말한 "허실(虛實)의 변환은 당(膣)이 하호(下弧)를 그리며 움직여야" 한다는 것 외에 진조규(陳照奎) 노사가 허실(虛實)을 강론한 독보적인 견해는 '허(虛)'와 '실(實)'이 두 가지의 함의(含意)를 갖고 있다고 한 것이다. 그 하나는, 인체 중심(重心)이 바뀌는 허실(虛實)이고 두 번째는 발경(發勁)을 할 때 주(主)된 부분과 보조적 부분에 따른 허실(虛實)이다. 진 노사는 중심(重心)에 대해 강론하실 때는 "왼쪽에 중심이 실렸으면 왼쪽이 허(虛)이고 오른쪽에 중심이 실렸으면 오른쪽이 허(虛)이다. 즉 왼손을 아래로 내려 채경(採勁)으로 발경(發勁)을 할 때 왼발은 허(虛)가 되고 오른발이 실(實)이 되고(중심重心 소재가 편중된다.), 손을 앞을 향해 밀거나 횡렬경(橫挒勁)으로 발경(發勁)을 할 때(위로 치우침) 오른손은 실(實)이고 오른발도 실(實)이 될 수 있다. 그러나 오른손이 아래를 향해 채경(採勁)으로 발경(發勁)을 할 때는 오른발은 틀림없이 허(虛)가 된다. 진각(震脚)으로 발경(發勁)을 하고 등각(蹬脚)으로 발경(發勁)을 하면 인체의 중심에서 보자면 모두 허(虛)가 된다. 하지만 발경(發勁)의 허실(虛實)을 보면 또 모두 실(實)이라고 할 수 있다. 또 전발후탑(前發後塌) - 앞으로 발경(發勁)하고 뒤로 내려앉으라는 것이 나타내는 것은 대칭경(對稱勁)이다. 앞의 발경(發勁)하는 부위는 발경(發勁)의 실(實)이 되고 뒤로 내려앉는 부위는 중심(重心)의 실(實)이 된다. 진 노사께서는 또 몇 가지 예를 들어 한걸음 더 나아가 생동감 넘치게 그 이치를 설명하였다. 예를 들어, 겨울에 얼어붙은 강변에서 한쪽발로 얼음을 밟아서 얼음 두께를 알려 한다면 얼마나 큰 힘으로 밟는가에 관계없이 신체의 중심(重心)의 실(實)은 강변에 있는 발에 있을 것이고 얼음을 밟는 발은 허

(虛)가 된다. 그러나 발력(發力)의 각도에서 말을 하면, 앞에 있는 발이 실(實)이 된다. 이 두 종류의 허실(虛實)을 분명하게 구분하여야 비로소 경침겸비(輕沈兼備)를 이룰 수 있고 신체의 평형을 유지할 수 있는 것이다. 이러한 논점(論點)은 건신(健身)에서나 기격(技擊)에서나 모두 중요한 의의(意義)를 가진다.

중심(重心)의 허실(虛實)에 관해서는, 독립보(獨立步)를 제외하면 일반적으로 모두 사육(四六) 비율이다. 그러나 역시 절대적인 것은 아니고 삼칠(三七)·이팔(二八)(일부 허보虛步 동작이거나 과도過渡 동작이다) 비율도 있다. 결론적으로 신체평형을 유지하려는 필요성에 근거하여 장악해야 한다.

(七) 쾌만상간(快慢相間)하여 리듬이 선명하다.

쾌만상간(快慢相間)에 대해서는 다 같이 진가태극권을 수련하는 사람도 서로 다르게 이해하기도 한다. 어떤 사람은 권을 수련할 때 처음 투로(套路)는 빠르게 하고 두 번째 투로(套路)는 느리게 하는 것을 쾌만상간(快慢相間)이 된다고 여기고, 어떤 사람은 태극권을 처음 배울 때는 느리게 하고 공부를 이룬 후에는 빠르게 하는 것이 쾌만상간(快慢相間)이라고도 생각한다. 진 노사가 전한 권가(拳架)는 투로(套路)를 한 번 하는데도 처음부터 끝까지 빠름이 있고 느림이 있으며, 높은 파도(클라이맥스)가 있고 편안한 느낌이 있는 파랑식(波浪式)의 전진이다. 이외에도 매 초식(招式)의 각각의 동작의 구성 사이에도 빠름과 느림이 있다. 발경(發勁)은 빠르고 축경(蓄勁)은 느리다. 일반적으로 유화(柔化) 동작은 느리고 강발(剛發) 동작은 빠르다. 연주포(連珠炮)니 천사(穿梭) 같은 초식(招式)은 빠르게 해야 하고 나찰의(懶扎衣)나 전당요보(前堂拗步) 같은 초식(招

式)은 완만하게 해도 된다. 투로의 앞부분은 느린 동작이 많고 뒷부분은 빠른 동작이 많다. 이기각(二起脚) 전후에 고조(高潮)가 하나 있는데 끝마칠 때는 또 느리게 하여 안정되게 시작하여 안정되게 끝낸다. 아울러 "느리지만 멍하게 체(滯)하지 않고 빠르지만 산란하지 않을 것"을 요구한다. 느리지만 전사경(纏絲勁)을 버리지 않고 빠르더라도 나선형으로 움직여야 한다. 결론적으로 진 노사가 전수한 권가(拳架)는 동작이 이어져 꿰어진(연관連貫) 조건 하에서 빠르고 느린 리듬이 선명하다. 어떤 태극권처럼 일관되게 느리게 하고 일정한 속도를 추구하지도 않고, 어떤 무술처럼 줄곧 빠름만을 추구하여 속도가 빠르고 맹렬한 것과는 다르다. 강함이 있고 부드러움이 있으며, 빠름이 있고 느림이 있다. 진 노사가 태극권을 하는 것을 보면 도도히 흐르는 강처럼 물결이 파도처럼 기복이 있고 뒷 물결이 앞 물결을 미는 것처럼 홀연히 빠르다가 홀연히 느려지며 홀연히 숨었다가 또 나타나니 빠르기는 파도의 머리 같고 느리기는 파도의 끝 꼬리 같아서 사람들에게 선명한 리듬감을 준다. 이런 쾌만상간(快慢相間)하는 수련법은 당신이 오래 수련해도 피로한 줄 모르게 하고 수련하면 할수록 흥취가 진해질 것이다. 기격(技擊)의 각도에서의 체험을 보면, 쾌만상간(快慢相間)하는 경력(勁力) 단련은 당신으로 하여금 전신의 나선경(螺旋勁)이 강유상제(剛柔相濟)하게 하여 응용할 때에 "(상대의) 동작이 급하면 급하게 대응하고, 동작이 완만하면 완만하게 따르고 굽히는 것에 따라 펴는" 것을 해낼 수 있게 된다.

(八) 내쉬는 숨에 치중(置重)하고 내기(內氣)를 고탕(鼓蕩)하게 한다.

비록 진가태극권이 다른 태극권과 마찬가지로 합(合)을 하며 들이쉬고 개(開)를 하며 내쉬고, 올라오며 들이쉬고 내려가며 내쉬어 들숨이 있고 날숨이 있는 자연스럽게 호흡하라고 말을 하지만 진조규(陳照奎) 노사는 권(拳)을 수련하거나 가르칠 때 특별히 날숨을 중시하여 권(拳)을 하실 때 훅훅하고 내쉬는 소리가 나게 했다. 특히 발경(發勁)할 때는 더욱 명확하다. 사람들에게 기세(氣勢)가 포만하고 내기(內氣)가 고탕(鼓蕩)한 인상을 주었다. 진 노사는 항상 "날숨은 충분하게 내쉬도록 하여 발력(發力)을 할 때 입을 벌리고 소리를 내도 되며 힘을 쓸 때 폐가 답답하게 팽창됨을 면할 수" 있다고 말씀하셨다. 실제로 권법을 할 때 폐부(肺腑)의 기를 내쉬는데 주의를 기울여서 진기(眞氣)가 단전(丹田)으로 내려가도록 하면 오랜 시간 수련해도 피곤하지 않다. 이렇게 날숨에 주의를 기울이는 단련 방법은 고전 권론(拳論)의 요구에도 부합하고 현대 생리학의 요구에도 부합한다. 소림권술비결(少林拳術秘訣) 중에도 "길게 내쉬고 짧게 들이쉬는 것이 함부로 전해주지 않는 비결(秘訣)"이며 "기(氣)는 손을 따라 나오고 완만함을 잃어서는 안 된다. 오직 손을 내지를 때 반드시 소리를 내어 기합을 질러야 뜻하지 않은 병을 면할 수 있다."고 말하고 있다. 육자결양생법(六字訣養生法) 에도 역시 서로 다른 소리의 날숨을 강조하고 있다. 진기운행법(眞氣運行法) 역시 날숨을 중시한다. 진씨태극권도설(陳氏太極拳圖說) 과 같은 책에서도 탁기(濁氣)를 내쉬는 것을 거듭하여 강조하여 "탁기(濁氣)가 물러가면 청기(淸氣)가 들어"온다고 하였다. 현대의학의 분석에 의하면 숨을 내쉴 때 주의를 기울이면 신경계통에 좋은 영향이 있다고 한다. 정상적인 경우, 들숨에는 교감신경이 흥분되고, 날숨에는 부교감신경이 흥분된다. 교감신경이 흥분했을 때 전신은 긴장상태가 되어 심장박동이 빨라지게 된다. 부교감신경이 흥분할 때에는 전신이 편안하고 완만한 상태가 되어 심장박동도 느려진다. 태극권을 수련할 때 우리가 날숨에 주의를 기울이면 교감신경의 활동은 상대적으로 약해진다. 이때 혈관은 편안하게 확장된 상태가 되고 모세혈관 역시 편안하게 확장되어 기혈(氣血)이 쉽게 통과된다. 이로 인해 혈압은 낮아지고 심장의 부담을 줄여 고혈압으로 인한 관상동맥경화증을 예방하고 치료하는데 좋은 점이 있다. 당연히 숨을 내쉬는 작용은 고혈압·심장병 등의 병증(病症)을 호전시키는데 그치지 않고 전신의 혈액이 활발하게 흐르게 하여 사지에서 전신까지 기혈(氣血)이 적셔지고 보살핌을 받아 기타 병증(病症) - 예를 들어 신경쇠약·신경기능의 문란·위장병 등과 같은 증세에도 양호한 작용을 한다. 사람들의 일상생활의 정서(情緒)를 살펴보면 웃을 때에는 내쉬는 숨이 많고 울 때에는 들이쉬는 숨이 많다.(이것을 '흐느낀다'[78]고 함). 들숨은 주변 공간의 대기가 허파 내부의 압력을 크게 넘어서면 당신이 탁기(濁氣)를 뱉어내는 것에만 신경을 쓰고 들이쉬는 것에 신경을 전혀 쓰지 않아도 신선한 공기가 자연스럽게 허파로 들어가게 된다.

　기격(技擊)의 측면에서 보면, 이렇게 숨을 내뱉으며 소리를 내는(토기발성吐氣發聲 : 즉 기합) 작용은 의·기·력(意·氣·力) 세 가지가 결합하는데도 유리하며 또 적에게 정신적인 위협을 준다. 그래서 나는 진 노사가 태극권을 수련할 때 날숨을 중시하는 방법이 과학적이라고 생각한다. 호흡을 동작·발경(發勁)과 서로 배합하는 것에서 진가태극권은 단전호흡(丹田呼吸)·폐호흡(肺呼吸) 그리고 체호흡(體呼吸) 세 가지를 결합한 주천개합호흡법(周天開合呼吸法)을 채택하고 있으며 이로부터 이 권술(拳術)의 내공과 외공이 완전한 통일에 이르게 한다.

(九) 기격성(技擊性)이 강하고, 초식(招式) 하나하나마다 용법(用法)을 강설한다.

　기격(技擊) 함의는 초식 하나하나에서 크고 작은 동작 중에서 체현(體現)하는 것으로 진조규(陳

---

78) 추읍(抽泣).

照奎) 노사가 전수한 투로(套路)의 특징 가운데 하나이다. 건신성(健身性)은 무술의 본질(단련의 주요목적)이고 기격성(技擊性)은 무술의 두드러진 특징이자 무술의 "본뜻"[79](호신의 작용)이다. 진 노사가 권(拳)을 가르치는 두 번째 단계는 내부적으로 "사람을 가려서 전수하는" 탁권(拆拳)이다. 즉 매 초식(招式)과 매 동작의 기격(技擊) 함의를 강론하는데, 태극권이 방어를 주로 하는 원칙에 근거하고 특히 "화경(化勁)과 타격(打擊)을 통일"[80]하는 것과 "인진낙공(引進落空)하고 합(合)을 하면 바로 출경(出勁)"[81]하고 "세(勢)에 순응하여 (적의) 힘을 빌리는"[82] 등의 전략 전술을 강조한다. "제일금강도대(第一金剛搗碓)"에서 '동작 1'·'동작 2'는 적이 오른쪽주먹으로 때려오고 나는 먼저 붕(掤)을 하고 이어서 리(擴)를 한다고 설정하고, 상대의 내력(來力)을 끌어들여 인화(引化)하는 과정 중에 다시 상대에게 리경(擴勁)을 더 가하여 내경(來勁)이 허공에 떨어지도록 한다. 이어서 '동작 3'의 발경(發勁)은 "위로는 끌어들이고(리擴) 아래로는 나아가는(상대방의 하지下肢를 찬다)"[83] 것이고, '동작 4·5·6'은 적이 후퇴한다면 나는 재빨리(도약을 해도 좋다) 적의 상반(上盤)·중반(中盤)·하반(下盤)을 향하여 동시에 고(靠)·제(擠)·료(撩)·착(戳)·척(踢)[84] 등의 수법으로 나아가며 발경(發勁)을 하여 일동무유부동(一動無有不動)의 요령으로

---

79) 원문에서는 "眞" 한 글자로 표현하였음. '진짜'라고 볼 수도 있겠음.
80) 화타통일(化打統一). 즉 화경(化勁)과 발경(發勁 : 타격)을 통일시키는 것으로 화발(化發)이 동시에 이루어지도록 한다는 뜻.
81) 인진낙공합즉출(引進落空合卽出). 인진낙공(引進落空)은 끌어들여서 허방을 짚게 한다는 뜻.
82) 순세차력(順勢借力).
83) 상인하진(上引下進).
84) 고(靠)와 제(擠)는 태극권 팔문경(八門勁) 중의 두 가지. 료(撩)는 하호(下弧)를 그리며 긋듯이 쓰는 수법이며, 착(戳)은 찌르기, 척(踢)은 발로 차는 동작으로 발끝 혹은 발등으로 차는 동작이다.

손이 도달하면 발도 도달하고 상하(上下)가 일치하게 하여 발경(發勁)을 하면 적은 반드시 쓰러진다. 이것을 일러 "(상대가) 오면 세(勢)에 순응하여 리(攦)를 하고 도망가면 세(勢)에 순응하여 발경(發勁)"한다고 하는 것이다. 오고 싶다면 오라고 하고 가고 싶다면 가라고 하며 (상대가) 구부리는 것을 따라 뻗는다. 진 노사가 유머러스하게 "오면 환영하고 가면 환송"한다고 말한 것이며, 권론(拳論) 중에서 "적에 따라 변화하여 신기(神奇)함을 보여주는"[85] 것이기도 하다. 이런 분해 방법은 배우는 이들로 하여금 초식과 동작 하나하나의 기격함의(技擊含義)에 대하여 일목요연할 수 있게 하였다. 그는 아울러 인체역학의 관점으로 강유상제(剛柔相濟)·유인강발(柔引剛發)·인발나선(引發螺旋)·화타겸용(化打兼用)·허실호환(虛實互換)·피실격허(避實擊虛)·성동격서(聲東擊西)·경상취하(驚上取下)·인진낙공(引進落空)[86] 등등의 태극전술들을 낱낱이 분석하여 명확하게 강의하였다. 그가 태극권을 가르칠 때 "매 동작마다, 아주 작은 과도적 중간동작이라 하더라도 모두 그 나름대로의 기격함의(技擊含義)를 갖고 있으니 조금이라도 대충하지 말라"고 항상 강조하였다. 그래서 사람들은 진 노사에게서 태극권을 배워야 "명백권(明白拳)"[87]을 배우는 것이라고 느낀다.

---

85) 인적변화시신기(因敵變化示神奇).
86) 강유상제(剛柔相濟)는 단단함과 부드러움이 서로 어우러진다. 유인강발(柔引剛發)은 부드럽게 끌어들여 강하게 발경(發勁)한다. 인발나선(引發螺旋)은 끌어들임과 발경을 나선형으로 한다. ·화타겸용(化打兼用)은 화경과 발경을 겸용한다. 허실호환(虛實互換)은 허(虛)와 실(實)이 서로 바뀐다. 피실격허(避實擊虛)는 실(實)한 곳은 피하고 허(虛)한 곳을 때린다. 성동격서(聲東擊西)는 동쪽을 치는 듯이 하여 서쪽을 친다. 경상취하(驚上取下)는 위를 놀라게 하고 아래를 취한다. 인진낙공(引進落空)은 끌어들여서 허방을 짚게 한다.
87) 모르고 지나가는 것이 없이 분명한 권술, 배운 것을 모두 이해한 권술(拳術)을 비유한 것.

낱개 초식(招式)을 단련하는 공부(功夫)를 강조한다. 진 노사는 항상 "공부(功夫)가 없으면 기교 역시 공허한 것이다. 공부(功夫)가 나오지 않으면 어떠한 기교도 쓸모가 없으니 관건은 공부(功夫)가 나오게[88] 하는 것"이라고 말했다. 어떻게 공부(功夫)가 나오게 할 것인가? 그는 "추수(推手)는 권가(拳架)를 점검하는 시금석으로 권가(拳架)를 하는 것은 추수의 기초이다. 초식(招式)을 낱개로 수련하는 것은 공부(功夫)가 나오게 하여 산타(散打)에 적응하는 관건"이라고 했다. 진 노사는 초식(招式)의 낱개 수련을 특별히 강조하였다. "어떤 초식(招式) 동작의 용법은 추수(推手)를 하면서 당신이 사용할 수 없다. 예를 들면 팔꿈치를 쓰는 주법(肘法)·발을 쓰는 퇴법(腿法) 그리고 인체의 급소 부위에 대한 가격·금나(擒拿)·점혈(點穴) 등의 공법들이 그렇다. 일부 빠른 발경(發勁) 동작은 투로(套路) 중에서 하나하나씩 이어서 수련할 수 없다. 그렇게 이어서 연속으로 하면 너무 힘들다."고 말했다. 그래서 그는 투로(套路) 중의 각종 발경(發勁) 동작을 뽑아내어 낱개 초식으로 연습하고 각종 기격적(技擊的) 경력(勁力)을 발방(發放)하는 것을 연습할 것을 주장하였다. 이렇게 해야만 긴급 상황에서 정말로 사용할 수 있게 된다. "평상시에는 권(拳)을 느리게 하면 느리게 할수록 좋다. (상대와) 맞붙게 되면 저절로 빠르게 된다고 선전하는 논리는 사람을 속이는 것"이라고 선생님께서는 말씀하셨다. 이외에 추수(推手)를 하고, 권(拳)의 경력(勁力) 변화를 단련하는 것에서, 운경(運勁)의 기교에서, 내외삼합(內外三合)[89] 및 경(勁)은 세 마디

---

88) 원문은 "출공부(出功夫)"로, 공부(功夫)가 드러나게 하다, 공부(功夫)를 많이 쌓아 겉으로 드러나서 나온다는 뜻.
89) 내삼합(內三合)과 외삼합(外三合). 내삼합(內三合)은 심(心)과 의(意), 의(意)와 기(氣), 기(氣)와 력(力)이 합(合)을 하는 것을 지칭하기도 하고, 정·기·신(精·氣·神)이 합(合)하는 것을 말하기도 한다. 외삼합(外三合)은 어깨와 고관절, 팔꿈치와 무릎, 손목과 발목이 합(合)을 이루는 것을 말한다. 내삼합(內三合)은 내면적인 합(合)을 말하고 외삼합(外三合)은 외형적인 합(合)을 말한다.

로 나누어진다는 등등의 부분에서 그분은 모두 독보적인 견해를 가지고 있다. 그는 태극권의 추수를 일종의 수련 방식이고 수련의 단계이며 마지막은 산타(散打)라고 생각하였다. 그는 단지 발을 고정시키고 하는 정보추수(定步推手)만 연습하는 것에 찬성하지 않았고 보(步)가 움직이는 동보추수(動步推手)를 많이 연습할 것을 주장하였다. 물론 산수(散手)도 전사경(纏絲勁)을 체현해야 하며, 끌어들여 허방을 짚게 하고 합(合)을 하면 바로 출경(出勁)하고, 한편으로 끌어들이고 한편으로는 나아가며(공격하며), 송활탄두(鬆活彈抖) 등 태극권의 독특한 기격법(技擊法)을 체현(體現)할 수 있다. 이외에 그는 예를 들자면 백파기공장(百把氣功樁)·백납간 떨치기·태극척(太極尺) 비틀기 및 기타 각종 허리와 다리의 공(功) 등의 기본공을 수련할 것을 강조하였다.

(十) 힘의 선율(旋律)이며 미적(美的) 조형(造型)

동작을 규칙에 맞게 견지한다는 전제 하에 진 노사의 권가(拳架) 동작은 조형(造型)이 특히 아름답다. 그는 "권세(拳勢)가 기격함의(技擊含義)의 요구에 부합하고 권(拳)을 수련할 때의 동작은 연관(連貫)되고 리듬이 있어서 쾌만상간(快慢相間)하여 변화가 풍부하고 자세가 우아하고 아름다워 마치 예술의 세계에 진입한 것처럼 의취(意趣)가 마구 생겨나고 흥미가 농후해지게 된다."고 말했다.

미학(美學)의 관점에서 보면, 진조규(陳照奎) 노사가 전수한 권가(拳架)의 예술성은 주로 권가(拳架)를 연습하는 중에 나타나는 대칭미(對稱美)·리듬의 미(美)·개합미(開合美)·나선미(螺旋美)·경침미(輕沈美) 그리고 의경(意境)의 미(美)이다.《옥스포드대사전(The Great Oxford Dictionary)》에서 "대칭"을 "한 물체 혹은 임의의 한 전체의 각 부분간의 적당한 비율(比率)·평형(平衡)·일치(一致)·협조(協調)·조화(調和)에서 생겨나는 미적 감각"이라고 정의하고 있다. 그래서 운동 중의 대칭경(對稱勁)(대칭경과 그 단아한 조형) 자체로도 다른 사람에게 미적 감각을 준다. 리듬의 미(美)는 쾌만상간(快慢相間)하는 이 특징으로부터 진가태극권의 이 독특한 경력(勁力)의 선율(旋律)을 체험할 수 있다. 이외에도 태극권은 사람들에게 아래의 몇 가지 미감(美感)을 줄 수 있다.

개합미(開合美) : 진 노사는 권(拳)을 가르칠 때 특히 개합(開合)에 주의를 기울이라고 강조하였다. "개(開)를 하면 반드시 합(合)을 하고, 합(合)을 하면 반드시 개(開)를 하게 되고" "개(開) 중에 합(合)이 깃들도록 하고 합(合)중에 개(開)가 깃들게" 한다. 특히 흉부(胸部)가 그러한데 다른 태극권에서처럼 함흉(含胸)만을 강조하는 것이 아니다. 진 노사는 "가슴에는 개(開)가 있고 합(合)이 있다. 함흉(含胸)을 하면 등은 개(開)하고 등이 합(合)을 하면 가슴은 개(開)"한다고 말씀하셨고 또 "나선 운동 중에 개(開)하고 나선운동 중에 합(合)을 하라"고 강조했다. 개(開)를 하려면 먼저 합(合)을 하고 합(合)을 하려면 먼저 개(開)를 하라. 발경(發勁)을 하면 마치 섬전(閃電)과 같고 모이면 마치 갓난아이 같이 하라. 그래서 진 노사가 권(拳)을 하시면 홀연히 감추었다가 홀연히 드러나게 하고, 홀연히 개(開)하였다가 홀연히 합(合)을 하여 개합(開合)이 서로 깃들게 하신다. 어떤 때는 위를 개(開)하고 아래는 합(合)을 하며, 어떤 때는 아래를 개(開)하고 위는 합(合)을 하고, 손을 개(開)하면 발은 합(合)을 하며 발을 개(開)하면 손은 합(合)을 하고, 발을 개(開)하면 무릎은 합(合)을 하고 발을 합(合)하면 당(膛)을 개(開)하는 등, 곳곳마다 항상 일개일합(一開一合)이 있으며 개(開)할 때는 기세(氣勢)가 충만하고 신기(神氣)가 고탕(鼓蕩)하며 합(合)을 할 때는 정신(精神)이 안으로 수렴되어 혼연일체(渾然一體)가 된다. 진 노사는 권(拳)을 연습하는 것을 폭죽 말기와 폭죽 터트리기에 비유하였다. 단단하게 말면 말수록 폭발은 더욱 힘이 있게 된다. 곳곳이 축경(蓄勁)이고 곳곳에서 모두 발경(發勁)을 할 수 있어야 한다. 합(合)을 하면 전신이 마치 뼈가 없는 듯이 부드럽고 홀연히 방개(方開)하면 (전신이) 모두 손이다. 사람들에게 여유롭고 멋있으면서도 심후하고 서전(舒展)하면서도 긴주(緊湊)하는 개합(開合)의 아름다움에 대한 느낌을 준다.

나선미(螺旋美) : 권(拳)은 허리를 중추로 하고 단전내전(丹田內轉)을 축심(軸心)으로 삼고서 전신 곳곳이 모두 나선경(螺旋勁)이며, 전신의 각 부위에 자전(自轉)이 있고 또 공전(公轉)이 있으며, 원(圓)이 아니면 호선(弧線)을 그리고, 순전사(順纏絲)가 아니면 역전사(逆纏絲)를 하며, 안으로 선전하고 밖으로도 선전하여, 손목이 돌고 팔이 돌며(선완전비旋腕轉臂), 발목이 돌고 무릎이 돌며(선과전슬旋胯轉膝), 올라가고 떨어짐을 나선형으로 한다. 전신은 마치 구르고 있는 탄력성이 좋은 공과 같고 또 전신의 각각의 부위와 관절들도 모두 공의 선전(旋轉)에 따라 운동을 하고 그 자신도 자전(自轉)을 한다. 이런 나선력(螺旋力)의 선율은 사람들에게 원활함을 준다. 어떤 동작은 마치 구르는 듯 도약하며 전진하는 이무기의 형상과 같다. 마치 서예가 회소(懷素)[90]가 자신의 초서를 본떠 쓰는 것과 같아서 "뱀이 달리고 살무사가 달리다 자리에 앉는 듯하고 소나기와 소용돌이치는 바람에 소리가 온 집안 가득 차듯"하고 "붓 아래에는 마치 전류가 격탕하는 듯만 보이고 글자는 용이 똬리를 틀고 지나

---

90) 당(唐) 시대의 서예가. AD725~785.

간 듯만 하네!" 자유분방하며 막힘없이 흘러 한 기운으로 이루어져서 사람들에게 강경(剛勁)은 힘이 있으면서 또 완곡하고 자유로운 아름다운 느낌을 갖게 한다.

경침미(輕沈美) : 진가태극권 동작의 아름다움은 자연스러운 아름다움이다. 강경(剛勁)·유경(柔勁)을 막론하고 권론(拳論)에서는 "사지(四肢)가 움직이면 기(氣)는 밖으로 형상화되고 안으로 조용하고 묵직함(정중靜重)을 견지하는 것은 강세(剛勢)이다. 기(氣)가 안에 있으면서 밖으로 가볍고 평화롭게 드러나는 것이 유세(柔勢)"라고 말한다. 음유(陰柔)하고 경령(輕靈)한 일면은 훈풍에 가랑비에 비유되고, 양강(陽剛)하고 침착(沈着)한 일면은 뇌성벽력(雷聲霹靂)이 몰아치는 것에 비유된다. "가볍기(경輕)로는 버들솜 같고 단단하기(견堅)로는 금석(金石)과 같고 사나움은 호랑이의 위엄에 비견되고 빠르기는 독수리에 비견되며 행(行)하면 물이 흐르는 것 같고 멈추면 산이 서있는 것" 같고 "수려하기는 마치 처녀가 다른 사람을 보는 것 같고 거리낌 없음은 맹호가 산을 내려온 것 같다." 어떤 사람은 태극권의 가볍고 부드러운(경유輕柔) 자태를 "물고기도 깊이 숨고 기러기도 내려앉는 자태"[91]에 비유했다. 물고기가 물속에서 움직이지 않는 듯하나 미세하게 움직이는데 어떤 때 온 몸을 떨치며 움직이다가 또 조용히 나선형으로 깊이 잠겨들며, 기러기가 공중에서 내려 올 때 온몸을 편안하게 펼치다가 맴돌며 표연(飄然)하게 내려앉음이 안정되면서도 경령(輕靈)하여 사람들에게 잘 방송(放鬆)되면서도 안정된 아름다움을 누리게 한다. 진노사가 시연하는 "나찰의(懶扎衣)"

---

91) 침어낙안(沈魚落雁). 아름다운 여인의 자태를 형용하는 말. 미모가 너무나 아름다워 물고기도 보고 물속 깊이 숨고 날아가던 기러기도 내려앉는다는 비유

・"단편(單鞭)"・"사행(斜行)" 등의 초식은 모두 사람들에게 경침겸비(輕沈兼備)한 느낌을 준다. "경침겸비(輕沈兼備)하고 강유내함(剛柔內含)"[92]은 태극권에서 고급의 공부(功夫)이며 앞에서 말한 "송활탄두(鬆活彈抖)"는 경침겸비(輕沈兼備)한 공부(功夫)가 형상화되는 전형적인 표현이다.

의경미(意境美) : 흥취는 일종의 생명력의 표현이다. 진 노사가 전한 태극권 권가(拳架)는 구상과 편성이 과학적이며 조형미(造型美)는 수련자의 흥취를 쉽게 불러일으킨다. 진 노사는 항상 이렇게 말했다. 심정이 유쾌하고 하고픈 마음이 샘솟아나서 권(拳)을 해야 잘 수련할 수 있다. 그래서 권(拳)을 할 때에는 마음을 맑게 하여 잡념을 없이하고 정신을 집중하여야 한다. 권(拳)을 하는 것은 무예를 연마하는데 그치는 것이 아니라 무예 연마를 통해서 자기의 드넓은 도량과 고결한 정조(情操)[93]를 도야하는 것이고, 육체적 공부(功夫)를 심후하고 견실하게 하는 것만이 아니라 내재하는 정신적 역량을 불러낼 수 있다. 권(拳)으로써 정신을 전하는 것이니, 권(拳)을 하면서 남이 나를 침범하지 않으면 나도 남을 범접하지 않지만 남이 나를 범접하면 나는 틀림없이 그의 힘을 빌어 그의 몸을 징치한다는 정신을 체현(體現)하여야 한다. 겸양의 미덕으로 비굴하지도 오만하지도 않고 태연자약한 신태(神態)를 권예(拳藝)에 주입시켜야 한다. 숭고한 정신・정조(情操)・의지를 매 동작 가운데로 녹여 들여서 밖에 나타나게까지 하는 것이 소위 무술가들이 말하는 "신운(神韻)"으로 사람들에게 의경미(意境美)를 준다. 진흠(陳鑫) 공이 권론(拳論) 중에

---

92) 강유내함(剛柔內含)은 강(剛)함과 부드러움(유柔)이 안에 포함되어 있다.
93) 정서(情緒)가 더욱 발전되어 매우 지적이고 고차원적인 복합 감정. 지적 도덕적 종교적 미적 복합 감정.

서술한 대로 '권(拳)을 함에는 경(景)이 있어야 한다.' 그는 "한 조각 신(神)이 행(行)해 가는 것을 경(景)이라 일컫는다. 경(景)은 정(情)과 떨어지지 않고 정(情)이 리(理)와 떨어지지 않고 연결되어 있는 까닭이다. 마음에 묘취(妙趣)가 없이 권(拳)을 하면 좋은 경치(景致)를 낼 수 없다. 어떻게 해야 좋은 경치(景致)를 나오게 할 수 있을까? 처음에는 규구(規矩)를 준수하고 연이어 규구(規矩)를 화(化)하게 하고 마지막에는 규구(規矩)를 신묘하게 한다. 내게 있어서는 권(拳)을 하는 것이 하늘꽃이 어지러이 날아 떨어지는 것이고 남들에게는 자연스럽게 탁자를 치며 놀라 감탄하게 하는 것이다. 내면에는 정(情)이 있고 외면에는 경(景)이 있으니 날씨가 맑아 공기는 깨끗하며 훈풍이 화창하니 따뜻한 봄날에 아지랑이 피어오르는 경치이니 문장이 절로 나온다. 곳곳에 버들가지 늘어지고 꽃은 아리땁게 손짓하는 곳마다 산수(山水)가 수려하니 유람객은 눈길이 가는 대로 정회(情懷)가 일어나고 시인묵객(詩人墨客)들은 정신과 마음이 내달리나 참으로 좋은 경치로다! 권경(拳景) - 권의 경치가 이에 이르면 가히 볼만 하도다."라고 하였다. 태극권을 하는 것이 여기에 이르러야 비로소 신(神)과 형(形)을 겸비한 고급수준에 도달했다고 칠만 하다.

물론 위에 기술한 예술성(藝術性)은 기격성(技擊性) 가운데 완전하게 깃들어 있다. 기격성(技擊性)은 무술 투로(套路)가 갖는 예술성의 생명이며 영혼이다. 기격성(技擊性)이 없으면 무술의 예술성(藝術性)도 없다. 기격성이 없는 예술 동작은 무용일 뿐이다. 기격이 빠름을 추구하는 것이 투로(套路) 중에 표현되는 것은 신속하고 맹렬하며·긴주(緊湊)되고·시원스럽고 기민하여 순식간에 천변만화하는 미(美)를 표현한다. 기격(技擊)이 경력(勁力)을 추구하는 공부(功夫)는 투로(套路) 중에서는 격렬(激烈)한 양강(陽剛)의 미(美)로 나타내진다. 태극권의 기격 특징에는 유화강발(柔化剛發)・인진낙공(引進落空)・사량발천근(四兩撥千斤)[94]의 오묘함이 있는데 권가(拳架)에서 표현되는 것으로는 강유(剛柔)・개합(開合)・경침(輕沈)의 자태가 있다. 이로부터 내용(기격함의)과 형식(동작자세)의 완전한 통일을 형성한다. 예를 들어 "청룡출수(靑龍出水)"・"고탐마(高探馬)" 등의 초식(招式)은 몸은 영활하고 어깨는 방송(放鬆)되고 보법(步法)은 안정되고 발경(發勁)은 송활탄두(鬆活彈抖)하고 외형은 멋있고 시원스럽다. 만약 동일한 기격함의(技擊含義)를 갖고 있으면서 외형은 어깨가 치켜 올라가고 허리는 젖혀지고 등은 구부정하며 엉덩이는 빠져 있다면 무척 꼴사나울 것이다. 단연히 이러한 요구들은 모두 장기간 각고의 실천을 통해 끊임없이 그 실질을 깨닫고 부단히 융화(隆化)하고 향상시키고 승화시켜 가야 한다.

결론적으로 진가태극권의 예술성은 기격 공방(攻防)의 실전적 의의를 내포하는 고유의 속성이다. 나는 기격함의(技擊含義)를 갖춘 기초 위에서 이런 전통 투로(套路)의 예술성을 발양(發揚)하여 건신성(健身性)・기격성(技擊性)・예술성(藝術性) 세 가지를 전면적으로 발전시키는 것이 진조규 노사의 권예(拳藝)의 특색이자 태극권 발전의 정확한 방향이라고 생각한다.

三

진조규 노사가 서거하신 지 20 여 년이 되었다. 십년의 동란[95] 중에서 그는 갖은 질시와 박해를

---

94) 유화강발(柔化剛發)은 부드럽게 화경(化勁)하여 강렬(剛烈)하게 발경(發勁)하다. 인진낙공(引進落空)은 끌어들여서 허방을 짚게 하다. 사량발천근(四兩撥千斤)은 네냥의 힘으로 천근을 퉁겨낸다.

받았고 험난한 길을 걸으며 살아계실 때 대접받지 못하였다. 그러나 그의 정심(精深)한 권예(拳藝)는 사람들에게 주목을 받았고 광채를 발하였다. 그는 진씨(陳氏) 문중에 가전(家傳)되는 권예(拳藝)의 정화(精華)를 계승하고 결함이 없는 완벽한 고차원으로 발전시켰다. 진씨(陳氏) 문중에서 탁월한 종사(宗師)임에 의심할 여지가 없다. 진가태극권을 계승하고 연구 발전시키기 위하여 그분의 제자가 되었으니 나는 그분이 생전에 전수해 주신 권리(拳理)·권법(拳法)을 정리하여 진가태극권을 애호하는 분들께 바쳐야 할 책임이 있으며 동시에 이를 빌어 노사(老師)를 기리는 마음을 표한다.

일찍이 1977년에 진 노사는 진유(陳瑜) 사제와 함께 처음으로 석가장시(石家莊市)의 우리 집에 오셔서 머무시는 기간에 '진가태극권 및 그 용법'의 권보(拳譜)를 저술하여 수많은 진가태극권 애호자에게 제공하자고 의논한 적이 있다. 당시 진 노사는 내가 퇴직[96]한 후 자신을 도와 이 계획을 완성하자고 제의하였다. 안타깝게도 노사는 너무 일찍 우리에게서 떠나버리셨고 시작도 못한 사업은 우리의 어깨 위로 떨어지게 되었다. 노사의 유지를 실현하고 태극권의 천추대업을 발전시키기 위해 1982년부터 나는 1972년에서 1980년 사이에 노사께 권법을 배우던 시기의 다섯 권의 노트 필기와 노사께서 나에게 보내주신 편지 등 자료를 정리하는 일에 착수하여 이 책을 정리하는 일을 착수함으로써 선사(先師)의 유지를 실현시키고자 하였다. 초고 정리를 마친 후, 1983년에

---

95) 문화대혁명(文化大革命)을 말함.
96) 중국에서는 1949년 9월 30일 이전에 혁명에 참여한 간부의 정년퇴직을 "이휴(離休)"라 하고 일반 간부의 정년퇴직을 "퇴휴(退休)"라 한다. 이휴(離休)한 간부의 퇴직 후 대우가 퇴휴(退休)한 간부보다 훨씬 좋음은 물론이다. 마홍(馬虹) 노사는 "이휴(離休)"에 해당된다.

일찍이 상해(上海)에 계신 만문덕(萬文德) 사형(師兄)께 보내어 수정 심의를 부탁하였다. 그 후, 1987년에 내부교재를 발행하여 수많은 진가태극권 애호가들에게 의견을 널리 구했다. 이러한 기초 위에서 나는 여러 번에 걸친 수정을 하고 사진들을 잘 구비 배치해서 지금 이 책을 완성하기에 이르렀다.

사천성(四川省) 청성산(靑城山) 위에 있는 영련(楹聯)[97]에 "오로지 명산(名山) 만이 신선을 붙들어 머물도록 할 수 있고, 진전(眞傳)도 집안의 일상사처럼 말해진다"[98]고 쓰여 있다. 문학가 고리키[99]도 "모든 뛰어난 물건은 모두 질박하다"고 말했다. 진조규(陳照奎) 노사께서 전해주신 이 권보(拳譜)는 글이 무척 소박했으며, 우리는 원형을 잃지 않기 위해 가능한 한 원시기록(原始記錄)의 원래 모습을 유지하려고 애썼다. 문맥을 조리 있게 하기 위해 글자를 조금 수정한 것 이외에는 손을 댄 부분이 거의 없다. 그래서 처음 책을 접할 때 글이 약간 장황하게 느껴질 수도 있다. 그러나 여러분이 열심히 공부하고 깊이 연구하려면(구전으로 전수받은 것과 몸으로 전수받은 것을 결합시켜), 그 섬세하고 주도면밀하며 과학적인 분석은 매우 정심하다고 당신은 느낄 수 있을 것이다.

진 노사 생전에 권(拳)을 전수할 적에(특히 내부적으로 낱개 초식을 탁권(拆拳) 강해할 때), 한 초식(招式)의 많은 용법(用法), 심지어는 한 동작에 몇 가지의 기격 용법을 말씀하셨다. 그야말로

---

97) 영(楹)은 옛날 저택의 대문 앞에 세운 두 개의 기둥으로 위엄을 상징함. 영련(楹聯)은 이 두개의 기둥에 쓴 대련(對聯)을 말함.
98) 유명산능류선주, 시진전지설가상.(惟名山能留仙住, 是眞傳只說家常.)
99) Gor'ki, Maxim. 1868~1936. 러시아의 작가.

도처에서 수원(水源)을 만나는 격이니 영활(靈活)하고 기민(機敏)하게 움직인다. 그러나 이 책의 편폭은 한정되어 있어서 그 요점이 되는 것만을 골라 상세하게 논술하고 다양한 용법을 해설하였다. 나는 진 노사에게서 권(拳)을 전수 받으며 기록한 것에 의거하여 《진식태극권기격법(陳式太極拳技擊法)》을 별도로 정리하여 출판했다. 나는 노사께서 시범하시고 강해(講解)한 일로(一路)와 이로(二路 : 포추)의 비디오 테잎과 VCD를 만들었다. 이 책의 참고자료로 공부하면 좋을 것이다. 이 권보(拳譜)에 실려 있는 사진들은 나의 제자 장일봉(張一峰)과 주기석(周寄石)을 모델로 촬영하였으며, 임지강(林志强)이 동작의 선(線)을 그렸으며, 왕애국(王愛國)은 문자의 교열을 맡았다. 풍지강(馮志强)·진립청(陳立淸) 노사와 진유(陳瑜) 사제가 바쁘신 와중에도 이 책의 서문을 써 주셨다. 특별히 진심으로 감사의 말씀을 드린다.

"단청(丹靑)에서 그리기 어려운 것은 정신(精神)"이다. 우리가 기록하고 시범을 한 이 권가(拳架)는 비록 진 노사의 섬세한 동작을 기본적으로는 표현해내기는 하였지만 그분의 신정(神情)을 표현해낼 도리는 없었다. 그가 시연(示演)을 하면 리듬이 선명하고 풍격(風格)이 다양하며, 음양(陰陽)이 변화하여 역리(易理)와 긴밀하게 결합하였다. 일거수일투족(一擧手一投足)에 강(剛)함 가운데 부드러움이 있고 부드러움 가운데 강(剛)함이 깃들어 있고, 개중유합(開中有合)하고 합중유개(合中有開)하다. 움직이면 마치 튀는 토끼 같고 정지해 있으면 처녀와 같다.[100] 가볍기는 마치 흐르는 구름 같고 안정되기는 마치 산악과 같다. 구상은 엄밀하고 기세가 드높으며 가득 차기는 바람을 받은 돛과 같고 당겨지기는 마치 가득 당긴 활과 같다. 절첩(折疊)은 마치 파도가 겹겹이 밀

---

100) 전설상의 월녀검(越女劍)을 설명하는 말. "動如脫兎, 靜如處女."

려드는 것 같고, 가고 옴은 마치 서신이 꼬리를 무는 듯[101]하다. 전체 권가(拳架)는 마치 한편의 교향곡과 같고 한 폭의 아름답고 다채로운 그림첩과 같다. 사람들이 백 번을 보아도 질리지 않게 하고 아름다움을 즐기도록 해 줄 것이다.

馬虹
2001년 5월 7일

---

101) 원문에는 "어안추축(魚雁追逐)"으로 되어 있음. "어(魚)"는 원래 잉어를 말하며 잉어와 기러기는 모두 소식을 전달해주는 상징으로 여겼음. 그래서 어안(魚雁)이 서신, 편지란 뜻을 가짐.

陳家太極拳 第一路

제일로 권보 목차

第 1 式 예비세 (預備勢) ·············· 112

第 2 式 금강도대(金剛搗碓) ·············· 114

第 3 式 나찰의(懶扎衣) ·············· 120

第 4 式 육봉사폐(六封四閉) ·············· 127

第 5 式 단 편(單鞭) ·············· 134

第 6 式 금강도대(金剛搗碓) ·············· 140

第 7 式 백학량시(白鶴亮翅) ·············· 143

第 8 式 사행(斜行) ·············· 146

第 9 式 초수(初收) ·············· 154

第 10 式 전당요보(前堂拗步) ·············· 158

第 11 式 제이사행(第二斜行) ·············· 162

第 12 式 재수(再收) ·············· 165

第 13 式 전당요보(前堂拗步) ·············· 166

第 14 式 엄수굉추(掩手肱錘) ·············· 167

第 15 式 십자수(十字手) ·············· 180

第 16 式 금강도대(金剛搗碓) ·············· 181

第 17 式 비신추(庇身捶) ·············· 184

第 18 式 청룡출수(靑龍出水) ·············· 192

第 19 式 쌍추장(雙推掌)	197
第 20 式 삼환장(三換掌)	204
第 21 式 주저추(肘底錘)	209
第 22 式 도권굉(倒捲肱)	211
第 23 式 퇴보압주(退步壓肘)	218
第 24 式 중반(中盤)	226
第 25 式 백학량시(白鶴亮翅)	237
第 26 式 사행요보(斜行拗步)	298
第 27 式 섬통배(閃通背)	239
第 28 式 엄수굉추(掩手肱錘)	248
第 29 式 대육봉사폐(大六封四閉)	252
第 30 式 단편(單鞭)	258
第 31 式 운수(運手)	259
第 32 式 고탐마(高探馬)	267
第 33 式 우찰각(右擦脚)	274
第 34 式 좌찰각(左擦脚)	281
第 35 式 전신좌등각(轉身左蹬脚)	285
第 36 式 전당요보(前堂拗步)	289
第 37 式 격지추(擊地捶)	291
第 38 式 번신이기각(翻身二起脚)	293
第 39 式 호심추(護心錘)	297
第 40 式 선풍각(旋風脚)	303

第 41 式 우등각(右蹬脚) · · · · · · · · · · · · · 310

第 42 式 해저번화(海底翻花) · · · · · · · · · · · · · 314

第 43 式 엄수굉추(掩手肱錘) · · · · · · · · · · · · · 316

第 44 式 소금타(小禽打) · · · · · · · · · · · · · 319

第 45 式 포두추산(抱頭推山) · · · · · · · · · · · · · 325

第 46 式 삼환장(三換掌) · · · · · · · · · · · · · 332

第 47 式 육봉사폐(六封四閉) · · · · · · · · · · · · · 337

第 48 式 단편(單鞭) · · · · · · · · · · · · · 338

第 49 式 전초(前招)·후초(後招) · · · · · · · · · · · · · 340

第 50 式 야마분종(野馬分鬃) · · · · · · · · · · · · · 347

第 51 式 대육봉사폐(大六封四閉) · · · · · · · · · · · · · 356

第 52 式 단편(單鞭) · · · · · · · · · · · · · 359

第 53 式 쌍진각(雙震脚) · · · · · · · · · · · · · 361

第 54 式 옥녀천사(玉女穿梭) · · · · · · · · · · · · · 366

第 55 式 나찰의(懶扎衣) · · · · · · · · · · · · · 372

第 56 式 육봉사폐(六封四閉) · · · · · · · · · · · · · 374

第 57 式 단편(單鞭) · · · · · · · · · · · · · 376

第 58 式 운수(運手) · · · · · · · · · · · · · 378

第 59 式 쌍파련(雙擺蓮) · · · · · · · · · · · · · 380

第 60 式 질차(跌岔) · · · · · · · · · · · · · 385

第 61 式 좌우금계독립(左右金鷄獨立) · · · · · · · · · · · · · 389

第 62 式 도권굉(倒捲肱) · · · · · · · · · · · · · 396

第 63 式　퇴보압주(退步壓肘)　⋯⋯⋯⋯⋯⋯⋯⋯⋯⋯　398
第 64 式　중반(中盤)　⋯⋯⋯⋯⋯⋯⋯⋯⋯⋯　399
第 65 式　백학량시(白鶴亮翅)　⋯⋯⋯⋯⋯⋯⋯⋯⋯⋯　401
第 66 式　사행(斜行)　⋯⋯⋯⋯⋯⋯⋯⋯⋯⋯　402
第 67 式　섬통배(閃通背)　⋯⋯⋯⋯⋯⋯⋯⋯⋯⋯　403
第 68 式　엄수굉추(掩手肱錘)　⋯⋯⋯⋯⋯⋯⋯⋯⋯⋯　405
第 69 式　육봉사폐(六封四閉)　⋯⋯⋯⋯⋯⋯⋯⋯⋯⋯　406
第 70 式　단편(單鞭)　⋯⋯⋯⋯⋯⋯⋯⋯⋯⋯　407
第 71 式　운수(運手)　⋯⋯⋯⋯⋯⋯⋯⋯⋯⋯　408
第 72 式　고탐마(高探馬)　⋯⋯⋯⋯⋯⋯⋯⋯⋯⋯　410
第 73 式　십자단파련(十字單擺蓮)　⋯⋯⋯⋯⋯⋯⋯⋯⋯⋯　411
第 74 式　지당추(指膛捶)　⋯⋯⋯⋯⋯⋯⋯⋯⋯⋯　418
第 75 式　백원헌과(白猿獻果)　⋯⋯⋯⋯⋯⋯⋯⋯⋯⋯　424
第 76 式　육봉사폐(六封四閉)　⋯⋯⋯⋯⋯⋯⋯⋯⋯⋯　426
第 77 式　단편(單鞭)　⋯⋯⋯⋯⋯⋯⋯⋯⋯⋯　427
第 78 式　작지룡(雀地龍)　⋯⋯⋯⋯⋯⋯⋯⋯⋯⋯　429
第 79 式　상보칠성(上步七星)　⋯⋯⋯⋯⋯⋯⋯⋯⋯⋯　432
第 80 式　퇴보과호(退步跨虎)　⋯⋯⋯⋯⋯⋯⋯⋯⋯⋯　435
第 81 式　전신쌍파련(轉身雙擺蓮)　⋯⋯⋯⋯⋯⋯⋯⋯⋯⋯　440
第 82 式　당두포(當頭炮)　⋯⋯⋯⋯⋯⋯⋯⋯⋯⋯　445
第 83 式　금강도대(金剛搗碓)　⋯⋯⋯⋯⋯⋯⋯⋯⋯⋯　450

❂ 진가 태극권 第一路 동작해설 ❂

第 1 式 예비세 (預備勢)

 머리와 목을 바르게 세우고, 아래턱을 약간 안으로 당기며, 치아와 입술은 가볍게 다물고, 눈은 전방을 응시한다. 허령정경(虛靈頂勁)[102]하며, 안으로는 정신을 가다듬고, 밖으로는 고요하고 편안함을 드러낸다.

 입신중정(立身中正)[103]하고, 함흉탑요(含胸塌腰)[104]하며, 침견추주(沈肩墜肘)[105]한다. 양쪽 어깨는 약간 앞을 향해 말고, 방송(放鬆)하고 하침(下沈)한다. 가슴 부위는 들어가지도 나오지도 않게 편안하게 하며, 요척(腰脊)[106]은 상하로 마주 당겨서 길게 늘이는 느낌을 갖게 한다. 양팔은 어깨를 따라 약간 앞으로 말아주고, 측후방(側後方)으로 약간 구부린다. 팔꿈치가 옆구리에 붙지 않게 하고, 손끝은 가볍게 허벅지 옆에 붙인다. (양쪽의 어깨, 팔꿈치, 손목, 손등의 바깥을 둘러싼 붕경(掤勁)[107]을 놓치지 않아

---

102) 태극권 용어의 하나. 즉 머리를 바르게 세우고, 목을 방송(放鬆)하여 세우되, 정수리의 백회혈(百會穴)을 마치 끈으로 매단 듯한 느낌으로 위로 끌어 올리는 것을 말한다.
103) 태극권 용어. 몸 특히 상체를 바르고 곧게 세우는 것을 말함.
104) 태극권 용어. 특히 가슴과 허리에 관한 진가태극권(陳家太極拳)의 용어. 요령은 설명 중에 상세히 나옴.
105) 태극권 용어. 어깨와 팔에 관한 요구 사항임.
106) 허리와 척추. 특히 요추(腰椎) 부위를 강조하는 의미가 있음.
107) 태극권의 기본 경(勁). "붕(掤)·리(擺)·제(擠)·안(按)·채(採)·열(挒)·주(肘)·고(肘)"의 팔문경(八門勁) 가운데 첫 번째로 꼽는 경(勁)으로 나머지 7개 경(勁)의 기본이 된다.

야, 외력(外力)의 영향을 바로 인화(引化)하고 공격해 들어가는데 이롭다.

송과개당(鬆胯開膛)[108]하고, 양 무릎을 약간 굽힌다. 당(膛)[109]은 둥글고 허허로운 느낌이어야 하며, 양 무릎은 합(合)하는 의(意)가 있어야 하고, 양쪽 허벅지 안쪽에는 후외측(後外側)으로 버티는(팽창하는) 느낌이 있어야 한다. 양 발은 어깨 넓이로 나란히 서고, 발끝을 약간 밖으로 벌린다. 다섯 발가락으로 땅을 움켜쥐듯이 하여 용천혈(湧泉穴)[110] 부위를 비운다. (붕경掤勁을 놓치지 않는다는 전제하에) 전신을 방송(放鬆)하고, 호흡을 자연스럽게 하며, 의념(意念)을 단전(丹田 : 아랫배의 가운데, 인체 중심의 소재지)에 둔다. (그림 1)

전체 투로(套路)의 어떤 동작을 할 때에도 항상 위에 기술한 요점(要點)에 주의를 기울여야 한다.

(그림 1)

---

108) 태극권 용어. 송과(鬆胯)는 고관절 부위에 대한 요구이며, 개당(開膛)은 사타구니 부위에 관한 요구임.
109) 사타구니 부위.
110) 발바닥 앞쪽 가운데의 들어간 부위. 신장(腎臟) 경락이 시작되는 경혈(經穴)로 땅의 기운을 받아들이는 곳.

第 2 式 금강도대(金剛搗碓)

동작설명 :

동작 1.

(그림 2)

몸은 약간 오른쪽으로 나선 회전하면서 하침(下沈)[111]하고, 중심(重心)을 왼발에 둔다. 양 팔꿈치를 약간 굽히고, 양 손을 약간 좌순우역(左順右逆)[112]하면서 손목을 위로 든다. 즉 "한편으로 들고, 한편으로 떨구며, 한편으로 돌리는" 것이다. 시선은 좌전방(左前方)을 보되, 오른쪽도 소홀히 하지 않는다. 몸을 다시 왼쪽으로 나선 회전하여 돌리면서, 중심(重心)을 왼발에서 오른발로 옮긴다. 동시에 양 손은 몸이 하침(下沈)하는 것을 따라서, 좌역우순(左逆右順)으로 먼저 우전방(右前方)으로 하침(下沈)하고, 몸이 다시 왼쪽으로 회전함에 따라 좌완(坐腕)[113]하고, 좌전상방(左前上方)을 향해 들어 올리면서 붕출(掤出)[114] 한다. (높이는 대략 어깨 높이로 한다.) 눈은 좌전방(左前方)을 본다. (그림 2 · 3 · 4)

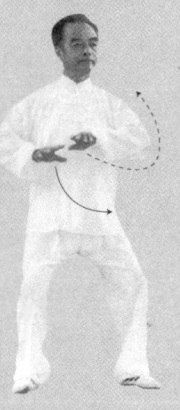

(그림 3)

(그림 4)

---

111) 자세를 아래로 낮추어서 무게 중심(重心)을 보다 아래에 위치시키거나, 동작을 아래로 내리는 것.
112) 왼손은 순전사(順纏絲) 오른손은 역전사(逆纏絲)로 나선회전운동을 하는 것.
113) 손목에 대한 요구사항. 태극권의 요구에 부합되지 않는 손목의 움직임을 철저히 배제하여 일정한 모양을 유지하라는 요구.
114) 붕경(掤勁)을 사용하여 몸 바깥으로 밀어내는 손동작.

동작 2.

몸은 오른쪽으로 회전하면서 하침(下沈)하고, 중심(重心)을 오른쪽에서 왼쪽으로 옮긴다. 동시에 양손은 좌순우역(左順右逆)으로 좌완(坐腕)에 붕경(掤勁)을 더하여 뒤집어 돌리고, 다시 몸의 회전을 따라 우상방(右上方)의 바깥으로 호선(弧線)을 그리면서 리(攦)로 바꾼다. 이때 두 손 사이의 거리는 손끝과 팔꿈치 사이만큼 간격을 두며, 왼손은 코앞에 오른손은 조금 높여서 눈높이에 둔다. 시선은 먼저 오른손을 본 다음, 다시 왼 팔꿈치 전방으로 옮긴다. 발은 중심(重心)을 오른쪽에서 왼쪽으로 옮긴 후에 오른 발꿈치를 축으로 발바닥을 땅에서 붙여서 몸의 회전을 따라 오른쪽으로 약간 돌린다. 이때 왼쪽 무릎은 안으로 합(合)하고 송과(鬆胯)[115]하며, 오른쪽 무릎과 엄지발가락은 개중유합(開中有合)하게 하고, 족심(足心:용천혈)을 비운다. (그림 5)

(그림 5)

동작 3.

몸은 계속 오른쪽으로 나선 회전하면서 하침(下沈)하고, 중심(重心)을 다시 왼쪽에서 오른쪽으로 옮긴다. 양 손은 계속 좌순우역(左順右逆)을 유지하고, 몸 돌림을 따라 우후방(右後方)으로 붕출(掤出)한다. 이때 손 높이는 약간 낮추어서 코 높이로 한다. 동시에 침견추주(沈肩墜肘)하고 송과

---

115) 태극권 용어. 과(胯) 부위를 방송하여 작용할 수 있는 조건을 만드는 것을 말함.

(鬆胯)한 상태에서 왼쪽 무릎을 끌어 올린다(上下相合). 이때 다리를 역전사(逆纏絲)로 끌어 올리는데, 발끝을 위로 치키면서 안으로 합(合)한다. (무릎은 합(合)하고 발은 개(開)한다.) 이어서 발꿈치 안쪽을 사용하여 땅에 붙이듯 좌전방(左前方)을 향하여 발을 등출(蹬出)[116]한다. 시선은 왼쪽 팔꿈치 앞을 향한다. (그림 6·7)

(그림 6)

(그림 7)

동작 4.

먼저 몸을 오른쪽으로 조금 더 하침(下沈)시키고, 동시에 양 손을 약간 더 좌순우역(左順右逆)한다. 중심(重心)을 다시 오른쪽으로 조금 더 내린 다음 하호(下弧)[117]를 그리면서 몸통을 왼쪽으로 돌리고, 몸의 회전을 따라 왼발 끝을 약간 왼쪽으로 돌려서 지면에 붙인다. 다시 우후방(右後方)으로부터 당(膽)이 하호(下弧)를 그리게 움직여서, 중심(重心)을 좌전방(左前方)으로 옮긴다. 동시에 양 손은 좌역우순(左逆右順)으로 바꾸어, 약간 하호(下弧)를 그으면서, 약간 전상방(前上方)으로 붕출(掤出)한다. 이때 왼손바닥은 아래를 향하게 약간 오므려서, 앞가슴 중앙 높이에 이르게 하고, 왼 팔꿈치와 오른 무릎을 서로 합(合)하게 한다. 오른손은 순전사(順纏絲)

---

116) 발을 신체의 바깥 방향으로 차내는 동작.
117) 태극권은 몸의 동작이나 이동이 기본적으로 호선(弧線 : 활모양, 즉 타원형)을 그리는데, 아래 선을 하호(下弧), 윗선을 상호(上弧), 바깥 선을 외호(外弧), 안쪽 선을 리호(裏弧)라 표현한다.

하여 손바닥이 전방 약간 오른쪽을 향하게 옆으로 세워서 (손끝은 오른쪽 밖을 향한다.) 오른쪽 무릎 바깥에서 오게 한다. 오른팔과 오른 무릎이 서로 합(合)하게 하며, 침견추주(沈肩墜肘)하고, 장근(掌根)[118]을 돌출시킨다. 눈은 앞을 바라본다. (그림 8)

(그림 8)

동작 5.

몸을 왼쪽으로 나선 회전하여 상승시키고, 동시에 왼발 끝을 밖으로 돌린다. 왼손은 역전사(逆纏絲)에서 순전사(順纏絲)로 바꾸어서 앞으로 붕(掤)하여 손끝을 전상방(前上方)을 향해 떨치고, 다시 호선(弧線)을 그리며 역전사(逆纏絲)로 바꾸어 내려와서 몸통 앞의 오른 팔꿈치 안쪽에서 합(合)한다. (전상방(前上方)을 향해 제(擠)·료(撩)를 행하며, 세로로 원을 그리면서 거두어들인다.) 이때 장심(掌心)은 아래를 향하고, 손끝은 앞을 향하며, 호구(虎口)는 항상 원(圓)을 유지하고, 어깨는 낮추고, 팔꿈치는 밖으로 붕경(掤勁)을 잃지 않도록 한다.

오른손과 다리는 동시에 몸을 따라 왼쪽으로 돌아 순전사(順纏絲)로 앞을 향한다. 오른손 바닥은 위로 향하고, 손가락은 서로 붙여서 앞가슴 중앙에 둔다. 오른발은 먼저 발꿈치를 들어올리고, 발끝으로 땅을 쓸 듯이 약간 안

---

118) 손바닥의 아래쪽. 손목과 손바닥이 만나는 곳에 있는 손바닥의 아래부위를 장근(掌根)이라 한다.

(그림 9)

(그림 10)

쪽으로 리호(裏弧)를 그리면서 우전방(右前方)으로 옮긴다. 마침내는 오른발은 왼발의 우전방(右前方)에 위치하고, 전방을 향해 발끝(또는 발바닥)으로 땅을 가볍게 찍는 허보(虛步)[119]를 취한다. 이때 시선은 좌우를 번갈아 살피며, 중심(重心)은 왼쪽에 둔다. 이 동작은 빠르게 시행해야 한다. (그림 9·10)

동작 6.

몸을 아주 약간 오른쪽으로 돌려 하침(下沈)시키고, 오른발 뒤축을 조금 들고(上下相合), 발끝으로 땅을 찍는다. 동시에 오른손은 전상방(前上方)으로 들어 올리면서 약간 역전사(逆纏絲)로 위로 뒤집는다. 왼손도 손끝을 오른 팔꿈치 안쪽에 붙인 채로 동시에 밖으로 뒤집으며 순전사(順纏絲)하는데, 이때 왼쪽 어깨와 팔꿈치는 전하방(前下方)을 향해 붕(掤)을 하는 의(意)를 갖는다. 중심(重心)은 왼쪽에 있고, 시선은 약간 전하방(前下方)을 향한다.

다시 계속하여 몸을 조금씩 하침(下沈)하되 침견추주(沈肩墜肘)를 유지한다. 오른손은 장(掌)에서 권(拳)으로 바꾸어 쥔다(허허롭게 쥔다). 동시에 오른 무릎을 들어서 발끝을 지면에서 떼고(上下相合), 함흉탑요

---

119) 태극권 용어. 체중이 실리지 않은 상태의 보(步)를 허보(虛步)라 칭한다.

(含胸塌腰)하며, 몸통은 약간 전하방(前下方)을 향해 합(合)한다. 이때 중심(重心)은 전부 왼쪽 다리에 있다. 동시에 왼손은 계속하여 순전사(順纏絲)로 밖으로 뒤집히어 앞을 향해 하침(下沈)한다. 장심(掌心)은 비워서 위를 향하게 하며, 새끼손가락이 주(主)가 되어 엄지손가락을 합(合)하여 배 앞에 둔다. 권(拳)으로 바꾸어 쥔 오른손은 역전사(逆纏絲)를 하며 몸의 앞쪽을 따라 들어올리고(코 높이까지 약간 왼쪽으로 돌려서 올린다.), 다시 하침(下沈)시킨다.

(그림 11)

몸을 세(勢)를 따라 약간 오른쪽으로 돌리면서 가슴 근육을 방송(掤勁)하고, 기침단전(氣沈丹田)[120]한다. 동시에 왼손 바닥은 위를 향해 약간 역전사(逆纏絲)로 합(合)을 하고, 오른 주먹은 약간 순전사(順纏絲)로 바뀌면서 하침(下沈)하여 왼손 장심(掌心)과 합(合)한다. 동시에 오른발은 지면에 평평하게 발을 구르면서(진각震脚) 기(氣)를 침하(沈下)시킨다. 중심(重心)은 왼발에 있다. 이때 양손은 하단전 앞에서 주먹 하나 정도로 띄우고, 시선은 전하방(前下方)을 본다. 진각(震脚)과 손을 합(合)하는 것과 기(氣)를 침하(沈下)시키는 것이 동시에 이루어져야 한다. 진각(震脚)할 때에 함흉(含胸)·송과(鬆胯)·굴슬(屈膝)[121]하여야 하며, 족심(足心)을 비워야 한다. (그림 11·12·13)

(그림 12)

(그림 13)

---

120) 태극권 용어. 기(氣)를 단전(丹田)에 가라앉히라는 말.
121) 태극권 용어. 무릎을 굽히라는 말.

第 3 式 나찰의(懶扎衣)

동작설명 :

동작 1.

몸은 약간 오른쪽으로 나선 회전하면서 하침(下沈)하고, 중심(重心)을 왼쪽에 둔다. 동시에 좌장우권(左掌右拳)으로 서로 붙인 채로 쌍순전사(雙順纏絲)하며 약간 오른쪽 전상방(前上方)으로 끌어 올린다(높이는 가슴과 배 사이). 시선은 우전방(右前方)에 둔다.

몸은 왼쪽으로 나선 회전하면서 하침(下沈)하고, 중심(重心)을 하호(下弧)를 그리며 오른쪽으로 옮긴다. 동시에 손은 좌장우권(左掌右拳)으로 점련(粘連)[122]하여 쌍역전사(雙逆纏絲)를 하며 하침(下沈)하여 왼쪽을 향하고(높이는 배 정도며, 배와의 거리는 주먹 하나 정도로 한다.), 다시 약간 왼쪽 전상방(前上方)을(높이는 가슴과 배 사이) 향해 밖으로 붕(掤)을 한다. 이 때 오른손 주먹을 순전사(順纏絲)하면서 장(掌)으로 바꾸고, 다시 왼손 장근(掌根)에 붙인 채로 차츰 역전사(逆纏絲)로 바꾸어 선전(旋轉)하여 양 손목이 교차하게 한다. 양 손목을 점련(粘連)하여 쌍역전사(雙逆纏

---

122) 태극권 용어. 서로 긴밀하게 붙어 다님을 뜻함.

絲)로 변화하면서 차츰 왼쪽 전상방(前上方)을 향해 뒤집어 돌린다(가슴 높이로 한다). 눈은 좌전방(左前方)을 본다.

 몸을 다시 오른쪽으로 나선 회전하면서 하침(下沈)하고, 중심(重心) 또한 하침(下沈)하면서 왼쪽으로 옮긴다. 동시에 시선은 좌전방(左前方)에서 정면으로 향하며, 두 손바닥은 역전사(逆纏絲)하고, 양 손목을 점련(粘連)하여 왼쪽 가슴 앞으로부터 몸을 따라 선전(旋轉)하여 위를 향해 밖으로 붕(掤)을 한다. (양 손목은 교차하여 가슴 중앙선에 두며, 양손의 손가락은 눈과 눈썹 정도의 높이가 되게 하여 밖으로 붕경(掤勁)을 더한다. 머리로부터의 주먹 세 개정도의 거리를 둔다.

 몸을 왼쪽으로 나선 회전하면서 하침(下沈)한다. 중심(重心)은 낮추면서 오른쪽으로 옮기고, 시선은 오른쪽 팔꿈치 앞을 응시한다. 동시에 양 손목은 점련(粘連) 한 상태에서 역전사(逆纏絲)하면서 아래로 조금 낮춘다. (가슴 앞 중선(中線)에 두며, 손바닥과 손가락은 코끝과 같은 높이로 한다.) 경(勁)은 나누어서 양손의 가운데 지복(指腹 : 손끝의 지문부위)까지 운행한다. (그림 14 · 15 · 16)

【요점】 이 동작에서 몸이 선전(旋轉)하는 방향은 오른쪽 왼쪽 오른쪽 왼쪽이며, 중심(重心)은 반대로 왼쪽 오른쪽 왼쪽 오른쪽으로 옮긴다. 동작은 허리가 주재(主宰)하도록 하여야 하고, 양손의 손목은 서로 점련(粘連)하여 떨어지지 않도록 한다.

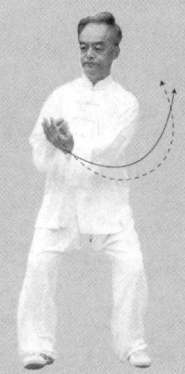

(그림 14)

(그림 15)

(그림 16)

(그림 17)

동작 2.

몸을 왼쪽으로 나선 회전하면서 하침(下沈)하고, 중심(重心)을 오른쪽에 둔다. 시선은 좌우를 번갈아 본다. 동시에 양 손바닥(掌)을 역전사하여 오른손은 위로 왼손은 아래로 서로 벌린다. 이때 오른손은 양미간 높이에 이르며 엄지손가락을 주(主)로 하여 새끼손가락을 합(合)한다. 장심(掌心)을 비우고 경(勁)을 중지의 지복(指腹)까지 운행한다. 왼손은 대퇴의 전하방(前下方)의 바깥에 두며, 손바닥은 좌하방(左下方)을 향하게 하고, 손끝은 약간 좌전방(左前方)을 향하게 한다. (그림 17)

동작 3.

몸은 오른쪽으로 나선 회전하면서 하침(下沈)하고, 다시 왼쪽을 향하여 나선 회전하여 하침(下沈)한다. 중심(重心)은 전부 왼쪽 다리에 둔다. 시선은 오른쪽 어깨와 팔꿈치 바깥쪽을 보며 귀로는 좌우 양측의 소리를 듣는다. 동시에 오른손은 순전사(順纏絲)로 하침(下沈)하여 가슴 앞 전하방(前下方)을 경유하여(약 주먹 다섯 개 정도의 거리) 좌상방(左上方)을 향하게 한다. 왼손은 왼쪽을 향해 역전사(逆纏絲)로 벌려서 위로 향하다가 순전사(順纏絲)로 변하여 머리의 전상방(前上方)을 경유하고(높이는 저가(低架)의 경우 눈썹높이를 초과하고, 중가(中架)의 경우 눈썹 정도의 높이이며, 소가(小架)는 코끝 정도이다. 두부(頭部)로부터 약 30cm 정도의 거리를 둔다.), 다시 역전사(逆纏絲)로 변화하여, 오른팔 하박부 위쪽의 팔꿈치 가까이에서 좌우를 교차시켜 합(合)한다. 교차점의 높이는 가슴 앞 정중선이다. 동시에 오른쪽 다리는 송과(鬆胯)·제슬(提膝)[123]하여 역전사(逆纏絲)로 합하며, 발끝은 위로 치키고, 엄지발가락은 안으로 합(合)한다. (몸을 따라 선전(旋轉)하고 하침(下沈)하며, 무릎은 합(合)하고 발은 개(開)한다.) 다시 오른 발꿈치 안쪽을 사용하여 오른쪽을 향하여 땅에 스치듯 차내는데(蹬出), 양 무릎이 개중유합(開中有合)이 되도록 한다. (그림 18·19)

(그림 18)

【요점】 이 동작은 침견(沈肩)을 유지하면서 오른팔은 허공을 걸어 끌어들이고, 오른쪽 과(胯)를 방송(放鬆)하면서 무릎을 끌어올려야 하며, 또 '어깨·과(胯)·팔꿈치·무릎·손·발'이 서로 상하상합(上下相合)이 되면서 중심(重心)이 오른쪽에서 왼쪽으로 바뀌는 과정이 동시에 완성되어야 한다. 충분하게 "오른쪽이 무거우면(重) 오른쪽이 또한 허(虛)하다."는 권의 이치(拳理)를 체현(體現)하여야 한다. 또 양팔을 교차할 때 양손이 모두 순역전사(順逆纏絲)로 호선(弧線)을 그려서, "원(圓)이 아닌 호선(弧線)"이며, "수족(手足)의 운용은 결코 직선으로 왕래하는 법이 없다"는 권의 이치(拳理)를 체현하도록 주의를 기울여야 한다.

(그림 19)

---

123) 태극권 용어. 무릎을 끌어올리는 동작.

(그림 20)

동작 4.

몸을 왼쪽으로 돌리며 나선 회전하며 하침(下沈)하고, 중심(重心)을 점차 오른 다리에 둔다. 시선은 오른쪽 어깨와 팔꿈치 바깥쪽을 본다. 귀로는 좌우 양쪽을 듣는다. 동시에 오른쪽 무릎을 안으로 합(合)하고, 오른발 끝을 치켜 들어 안으로 돌리면서 발 안쪽으로 점차적으로 착지(着地)한다. 오른손은 새끼손가락으로 경(勁)을 이끌어서 왼쪽으로 끌어들이고, 엄지손가락은 합(合)하고, 장심(掌心)은 비운다. 동시에 왼쪽 손바닥과 손목은 오른팔 하박부의 팔꿈치 쪽에 붙인 채로 계속하여 역전사(逆纏絲)를 한다. 양 손의 교차점은 가슴의 앞이며 왼손바닥은 우전방(右前方)을 향하고, 손끝은 비스듬히 우상방(右上方)을 향하여 코끝 정도의 높이로 한다. 오른손은 새끼손가락이 주(主)가 되고 엄지손가락은 합(合)하여 장심(掌心)은 비우고 위를 향하게 하며, 손끝은 좌전방(左前方)을 향하여 눈과 같은 높이로 한다. (그림 20)

【요점】 이 동작은 운경(運勁)을 평온(平穩)하게 하여야 하며, 몸이 흔들리지 않아야 한다. 오른팔을 위로 이끌어 나아가면서도 붕경(掤勁)을 놓치지 않도록 한다. 왼쪽 어깨는 방송(放鬆)하고 왼 팔꿈치는 밖으로 붕(掤)을 하여 경(勁)을 잃지 않도록 한다. 몸이 뒤로 젖혀지지 않게 한다.

동작 5.

몸은 오른쪽으로 나선회전하면서 하침(下沈)하고, 중심(重心)은 몸이 선전(旋轉)함을 따라서 다시 오른쪽으로 옮긴다. 시선은 오른쪽 팔꿈치 바깥쪽을 본다. 동시에 우장(右掌)을 역전사(逆纏絲)로 뒤집어서 전상방(前上方)의 바깥으로 붕(掤)하는데, 이때 손바닥은 우전방(右前方)을 향하게 하고, 손끝은 왼쪽 그리고 약간 뒤로 치우치게 한다. 왼손은 순전사(順纏絲)로 변화하며, 오른쪽 팔꿈치 위에 점련(粘連)한 왼 손목은 오른팔과 동시에 뒤집어 돌려서 밖으로 붕(掤)하면서 하침(下沈)한다. (왼 팔꿈치는 왼쪽 바깥을 향해 하침(下沈)하여 왼쪽 무릎과 상합(相合)한다.) (그림 21·22)

(그림 21)

몸을 약간 오른쪽으로 돌리며 하침(下沈)하고, 중심(重心)은 오른쪽에 치우치게 한다. 시선은 오른손을 보면서 왼쪽도 보며, 귀는 왼쪽 뒤쪽을 듣는다. 오른손은 역전사로 눈앞을 경유하여 오른쪽으로 전개하며, 왼손은 순전사(順纏絲)로 하침(下沈)하여 배 앞에 이르면 가볍게 복부에 붙인다. 이때 장심(掌心)은 위를 향하고, 손끝은 오른쪽을 향한다. 동시에 왼발 뒤꿈치를 축으로 하여, 왼발바닥을 땅에 붙인 채로 안쪽으로 끌어들인다.

(그림 22)

【요점】 이 동작에서 오른손을 역전사(逆纏絲)하며 오른쪽으로 전개할 때, 왼쪽 어깨는 내리고, 왼쪽 과(胯)는 송(鬆)하고, 왼발 끝은 안으로 갈고리처럼 거둬들여야 하며, 왼팔은 송침(鬆沈)하면서도 흔들리지 않아야 한다.

동작 6.

몸을 약간 왼쪽으로 나선 회전하면서 하침(下沈)하고, 중심(重心)을 오른

(그림 23)

쪽에서 서서히 이동시켜 약간 왼쪽에 치우치게 한다. 눈은 오른손을 본다. 동시에 오른 손을 약간 순전사(順纏絲)로 바꾸면서 경(勁)을 중지 지복(指腹)으로 운행한다. 손끝은 비스듬하게 우상방(右上方)으로 향하게 하고, 손바닥은 오른쪽 전하방(前下方)을 향하게 하며, 중지의 높이가 코끝과 일치하게 한다. 왼손은 장심(掌心)을 위를 향하게 하여 가볍게 배 앞에 붙이고, 손끝은 오른쪽을 향하게 한다. 왼손은 순전사(順纏絲)로 내리다가 약간 역전사(逆纏絲)로 바꾸고, 왼쪽 팔꿈치는 밖으로 붕(掤)을 하며 경(勁)을 잃지 않도록 한다. (그림 23)

【요 점】 이 동작에서는 기침단전(氣沈丹田)과 단전내전(丹田內轉)을 서로 결합하여 경(勁)을 중지 지복(指腹)에까지 운행해야 한다. 왼쪽 어깨를 낮추고, 왼쪽 과(胯)를 방송(放鬆)하고, 왼쪽 팔꿈치는 낮추며, 왼쪽 무릎은 합(合)한다. 오른쪽 무릎을 조금 더 굽히고, 왼쪽 무릎을 조금 덜 구부리지만, 중심(重心)은 오히려 약간 왼쪽으로 치우치게 한다. 이것은 오른쪽이 중(重)하면 오른쪽이 허(虛)한 이치이다. 나찰의(懶扎衣)의 권(拳)에서 의미는 장포(長袍)를 입은 옛사람이 적을 만났을 때 옷을 걷어서 허리띠에 쑤셔 넣는 것을 형용한 것으로, 적을 응접함에 두려움이 없음을 나타내는 것이다.

第 4 式 육봉사폐(六封四閉)

동작설명 :

동작 1.

(그림 24)

몸은 왼쪽으로 나선 회전하여 하침(下沈)하고, 중심(重心)을 왼쪽에 싣는다. 시선은 오른손을 보고 다시 오른쪽 팔꿈치 바깥을 보며, 귀는 좌우를 듣는다. 동시에 왼쪽 무릎은 안으로 합(合)하고 오른 다리는 역전사(逆纏絲)한다. 오른손은 오른쪽 전상방(前上方)에서 먼저 역전(逆纏)한 후에 다시 순전(順纏)하여 하침(下沈)하며, 몸 앞을 거쳐 배 앞의 중간선에 이르게 한다. 장심(掌心)은 왼쪽을 향하는데 약간 전방으로 치우치게 한다. 손목을 뒤로 약 45도 뒤집어서 호형(弧形)을 이루게 하고, 중지와 식지 무명지를 뒤로 구부려서 우전방(右前方)에 치우치게 한다. 이때 손과 복부 사이의 거리가 주먹 네 개 정도가 되게 한다. 왼손은 손바닥을 위로 향하게 하고, 손끝은 오른쪽을 향하게 하여 새끼손가락을 복부에 횡으로 붙인다. 몸 회전에 따라 약간 역전사(逆纏絲)하여 아래로 낮추는데, 새끼손가락을 여전히 배에 붙이고 손바닥은 약간 안쪽과 위를 향하게 한다. 왼쪽 손목과 팔꿈치는 약간 밖으로 붕(掤)을 하며 하침(下沈)하여 왼쪽 무릎과 상합(相合)한다. (그림 24)

(그림 25)

【요 점】 이 동작은 비교적 완만(緩慢)하고 온중(穩重)하게 해야 한다. '어깨와 과(胯)·팔꿈치와 무릎·손과 발'이 상하상합(上下相合)하여야 한다. 오른쪽 팔꿈치는 허공에 떠서 왼쪽 무릎과 상합(相合)한다. 오른손을 오른쪽을 향해 밖으로 붕(掤)을 하고 다시 거두어들일 때는 요경(腰勁, 즉 단전내전)에 주의를 기울여야 하며, 어깨가 흔들거리는 것은 절대 금기이다.

동작 2.

몸을 오른쪽으로 나선 회전하며 약간 올렸다가 다시 약간 아래로 낮춘다. 중심(重心)은 여전히 왼쪽에 둔다. 시선은 오른쪽 아래를 보며, 귀는 왼쪽 후방을 듣는다. 동시에 왼손의 호구(虎口)[124]를 복부의 약간 위쪽에 붙인다. 이때 손목은 안으로 꺾고, 손끝은 아래로 향하고, 손바닥은 왼쪽 앞으로 향하게 역전사(逆纏絲)로 돌려서 밖으로 붕경(掤勁)을 더욱 강화한다. 오른손은 역전사(逆纏絲)로 회전하면서 왼쪽 팔꿈치 아래에 이르게 한다. 이때 손목을 뒤로 꺾어서 장심(掌心)은 왼쪽 전하방(前下方)을 향하고, 손끝은 좌상방(左上方)을 향하며, 팔의 안쪽은 반원형을 유지하게 한다. (그림 25)

---

124) 호구(虎口)는 엄지와 식지 사이의 갈라진 곳을 말한다.

【요 점】 이 동작은 빠르게 시행하여야 하며, 손목을 꺾어 돌리는 동작을 영활(靈活)하게 하여야 한다. 함흉탑요(含胸塌腰)하고, 어깨와 팔꿈치와 양쪽 옆구리의 상하 좌우 모두가 허허롭고 또 영활하면서 붕경(挒勁)을 잃지 않도록 한다. 상하상합(上下相合)하고, 왼 팔꿈치와 오른 무릎이 서로 합(合)한다.

(그림 26)

동작 3.

몸을 오른쪽으로 나선 회전하여 조금 올렸다가 다시 왼쪽으로 가라앉힌다. 중심(重心)은 약간 오른쪽에 둔다. 오른 무릎을 안으로 조이고, 왼쪽 엉덩이를 좌후방(左後方)으로 하침(下沈)시키며, 시선은 오른쪽 앞을 보고, 귀는 왼쪽 뒤쪽을 들으며, 양발의 족심(足心)은 비운다. 동시에 왼손을 순전사(順纏絲)로 뒤집어서 위로 돌려 올려서 가슴을 경유하여 전상방(前上方)을 향하게 하며, 손목을 꺾어 안으로 갈고리를 만들어서 손등이 전상방(前上方)을 향하고, 손바닥은 안쪽 아래를 향하게 한다. 손등과 손끝은 오른 팔꿈치 안쪽에서 코 높이 정도에 위치한다. 오른손은 역전사(逆纏絲)로 전상방(前上方)을 향해 뒤집으며 좌완(坐腕)하여 손바닥을 뒤로 뒤집는다. 손등은 왼쪽 팔꿈치 바깥의 약간 전하방(前下方)에 붙이고, 손끝은 왼쪽 뒤로 향하고, 손바닥은 왼쪽 앞으로 향하게 한다. 양 손이 만나는 곳의 아래에 오른 무릎이 오도록 하며, 양 팔 안쪽은 원형을 이루게 한다.

(그림 26·27·28)

(그림 27)

(그림 28)

【요 점】이 동작은 '동작 2'와 연결하여 빠르게 시행해야 한다. (나찰의(제3식)의 원래 방향에서 볼 때) 왼쪽 손목을 꺾고 오른손을 뒤집어 오른쪽 전상방(前上方)으로 붕(掤)·제(擠)하는 것과 요복(腰腹)이 왼쪽에서 오른쪽으로 상하절첩(上下折疊)하는 것이 서로 결합되어야 한다. 양팔을 우상방(右上方)을 향해 붕(掤)하는 것과 왼쪽 엉덩이가 하침(下沈)하는 것이 서로 대칭경(對稱勁)을 이루도록 해야 한다. 이것이 바로 '위(上)가 있으면 아래(下)가 있고, 왼쪽(左)이 있으면 오른쪽(右)이 있어서', "앞으로 발하고 뒤로 내려뜨린다(前發後塌)."는 것이다.

동작 4.

몸은 왼쪽으로 나선 회전하여 하침(下沈)하고, 중심(重心)은 하호(下弧)를 그리며 왼쪽에 치우쳤다가 다시 오른쪽으로 약간 쏠린다. 시선은 우전방(右前方)을 바라보며, 귀는 좌후방(左後方)을 듣는다. 왼쪽 무릎은 안으로 조여 오른쪽 무릎과 합(合)을 이룬다. 동시에 왼손은 역전사(逆纏絲)로 오른쪽 가슴 아래로 하침(下沈)한 후에 다시 가슴 앞을 경유하여 위로 끌어올려서 밖으로 붕(掤)을 한다. 이때 손 높이는 코 정도에 맞추고, 손목은 안으로 구부려서 등 쪽이 좌전방(左前方)의 약간 위를 향하게 하고, 손바닥은 안쪽 약간 아래로 향하고, 손끝은 안쪽 아래에서 약간 오른쪽으로 쏠리게 한다. 거리는 코끝에서 주먹 서너 개 정도이다. 오른손은 순전사(順纏絲)하여 아래로 낮추었다가 다시 오른쪽 전상방(前上方)을 향해 뒤집어서 손바닥이 위를 향하게 한다. 손끝은 우전방(右前方)으로 향하고, 오른쪽 어깨 높이가 되도록 한다. (그림 29)

(그림 29)

【요 점】이 동작은 온중(穩重)하게 수련하여야 하며, "하탑외전(下塌外蹍)[125]"하여 즉 전신의 붕경(掤勁)을 잃지 않아야 한다. 양 손의 간격은 일반적으로 손에서 팔꿈치까지의 거리로 한다. 너무 넓게 벌려서 경(勁)이 분산되지 않도록 한다.

동작 5.

몸을 왼쪽으로 나선 회전하여 낮추며, 중심(重心)은 하호(下弧)를 그리며 이동하여 오른쪽에 쏠리게 한다. 오른쪽 엉덩이는 하침(下沈)하고, 오른쪽 과(胯)의 바깥쪽은 역전사(逆纏絲)하여 밖으로 붕(掤)을 한다. 시선은 오른쪽 팔꿈치의 우전방(右前方)을 바라보며, 귀는 좌후방(左後方)을 듣는다. 동시에 왼손은 허리의 주재(主宰)하에 역전사(逆纏絲)로 코앞에서 좌상방(左上方) 바깥으로(손바닥이 위를 향한다) 움직인다. 이어서 손바닥을

---

125) 진가태극권(陳家太極拳)의 용어. 설명은 본문에 이어지고 있다. 아래로 잘 떨구고 밖으로는 잘 뻗어나감을 이른다.

(그림 30)

(그림 31)

뒤로 뒤집고(침견추주(沈肩墜肘)하여야 하며, 손목의 움직임은 영활해야 한다.), 다시 손가락 끝을 밖으로 한 바퀴 돌려서(높이는 귀와 같다.) 손끝이 왼쪽 귀 앞 아래에 이르게 한다. 이때 손바닥은 우측 전상방(前上方)을 향하고, 손을 뒤로 뒤집는다. 오른손은 역전사(逆纏絲)하여 오른쪽 앞에서부터 오른쪽 후외측(後外側)으로 가서 위로 뒤집고, 이어서 손바닥을 뒤로 뒤집어서 손끝을 오른쪽 귀 아래에 위치시킨다. 손바닥은 왼쪽을 향하되 약간 앞으로 기울이고, 동시에 오른쪽 팔꿈치를 오른쪽 전상방(前上方)으로 나선회전하며 위로 쳐올린다. (그림 30 · 31)

【요 점】 이 동작은 비교적 빠르게 시행한다. 오른쪽 팔꿈치는 약간 오른쪽 전상방(前上方)으로 쳐올리고, 왼쪽 팔꿈치는 왼쪽 바깥을 향해 하침(下沈)하여, 왼쪽 팔꿈치와 오른쪽 팔꿈치가 서로 열리면서 대칭경(對稱勁)을 형성해야한다. 이것이 대랍발장(對拉拔長 : 마주하여 길게 잡아 뽑는 것) 이다.

동작 6.

몸을 계속 오른쪽으로 나선 회전하여 높이고, 중심(重心)을 우측에 둔다. 시선은 오른쪽 전하방(前下方)을 보며, 귀는 좌후방(左後方)을 듣는다. 동시에 오른쪽 엉덩이와 과(胯)의 바깥을 조금 낮추다가 다시 약간 올리면서 우후방(右後方)에서 우측방(右側方)으로 선전(旋轉)하여서 오른쪽 과(胯)

의 바깥쪽을 돌출시킨다. 왼쪽 과(胯)와 무릎은 구부리고 방송(放鬆)한 상태에서 순전사(順纏絲)로 밖으로 선전(旋轉)하며, 뒤꿈치를 들고 발끝의 안쪽으로 후호(後弧)를 그려서 오른발의 안쪽 약간 뒤에 이르게 한다. 이때 발끝은 약간 왼쪽 바깥을 향하게 하며, 발끝으로 땅을 찍는 허보(虛步)를 취한다. 왼팔과 오른팔은 모두 역전사(逆纏絲)로 귀와 턱 전하방(前下方) 및 가슴을 경유하여 약간 내려와서는 다시 역전사(逆纏絲)에서 순전사(順纏絲)로 변환하여 밀어낸다. 이때 경(勁)은 방송(放鬆)하여 중지의 지복(指腹)까지 운행하며, 좌완(坐腕)하고, 장심(掌心)은 오른쪽 전하방(前下方)을 향한다. 오른손을 약간 높이고 양손의 손끝은 앞을 향하는데, 서로 사선으로 기울여서 팔(八)자 모양을 이룬다.(그림 32)

(그림 32)

【요 점】이 동작은 온중(穩重)하게 한다. 손은 밀어(推) 누르고(按), 왼발은 근보(跟步)[126]로 따르고, 숨을 내쉬는 것을 동시에 완성한다. 당(膛)은 허허롭고 또 원을 이루어야 한다. 왼발 끝으로 땅을 찍는데, 이때 왼발 뒤꿈치와 지면과의 거리는 권가(拳架)의 높이에 따라 반비례하게 한다. (고가(高架)는 뒤꿈치를 낮게, 저가(低架)는 뒤꿈치를 높게 든다.

---

126) 태극권 용어. 보법(步法) 중에서 뒤에 있는 발이 앞에 있는 발을 바로 따라 들어가는 보법. 뒤에 있는 발은 체중을 싣지 않은 허보(虛步)로 되는 경우가 많다.

第5式 단편(單鞭)

동작설명 :

동작 1.

몸을 오른쪽으로 나선 회전하여 하침(下沈)하고, 숨을 들이쉬며, 중심(重心)을 왼쪽으로 옮긴다. 눈은 양손을 바라보다가 몸의 돌림에 따라 앞을 응시한다. 왼쪽 발끝은 허보(虛步)로 땅을 찍고 발뒤꿈치는 몸을 오른쪽으로 돌림에 따라 역전사(逆纏絲)하며, 무릎을 안으로 합(合)한다. 동시에 왼손은 순전사(順纏絲)하여 앞가슴 아래에서 바깥쪽으로 뒤집어 돌려서 위쪽에 이르게 한다. 손바닥은 위로 향하고, 손끝은 앞을 향하며, (예비세(豫備勢)의 방향에서 보면 우전방(右前方)이 된다,) 손과 가슴 사이의 거리는 약 50cm 정도이다. 오른손도 순전사(順纏絲)를 하면서 동시에 오른쪽 가슴 전하방(前下方)에서 밖으로 뒤집어 안으로 합(合)하는데, 선전(旋轉)하여 왼쪽 팔꿈치 약간 안쪽에 붙인다. 높이는 가슴높이 정도이며, 손끝은 전상방(前上方)을 향하게 한다. (그림 33)

(그림 33)

【요 점】이 동작은 비교적 온중(穩重)한 속도로 시행한다. 왼발 발끝은 허보(虛步)로 땅을 찍고, 다리는 역전사(逆纏絲)로 안쪽으로 돌고, 왼쪽 무릎은 오른쪽 무릎과 상합(相合)하면서 중심

(重心)은 점차 왼쪽으로 옮겨간다. 또 양팔은 허공에 걸린 듯하여 팔꿈치가 옆구리에 붙지 않도록 한다.

동작 2.

몸을 왼쪽으로 나선 회전하여 낮춘다. 중심(重心)은 왼쪽에서 오른쪽으로 옮기고, 시선은 오른손에서 다시 왼손과 왼쪽으로 옮겨간다. 동시에 왼발 끝은 허보(虛步)로 땅을 찍고, 왼쪽 다리는 몸의 선전(旋轉)에 따라 순전사(順纏絲)로 돌면서 밖으로 무릎을 벌리고(開) 원당(圓襠)을 이룬다. 동시에 양팔은 역전사(逆纏絲)로 약간 내린다. 오른손은 다섯 손가락을 마주 모아서 왼쪽 팔꿈치 안쪽에 점련(粘連)하고, 역전사(逆纏絲)로 하침(下沈)하여 왼팔과 손등을 거쳐 내려가 오른쪽 전상방(前上方)을 향해 벌린다. 이때 높이는 어깨와 평행이 되도록 하며, 팔목은 구부리고, 팔꿈치는 구부리고 약간 낮추며, 다섯 손가락은 아래로 향하게 하되 약간 오른쪽으로 기울이고, 손바닥은 또한 아래를 향하되 약간 우후방(右後方)으로 치우친다. 왼팔은 약간 역전사(逆纏絲)로 돌아서 손끝을 위를 향하여 안쪽으로 합(合)하며, 다시 구부린 오른 손목 위를 거치고, 오른쪽 가슴 전하방(前下方)을 지나서 복부에 도달한다. 손바닥은 위를 향하고, 손끝은 오른쪽으로 향하며, 새끼손가락 외측을 복부에 살짝 붙인다. (그림 34 · 35)

(그림 34)

(그림 35)

【요 점】 이 동작은 조금 느리게 시행한다. 오른쪽 어깨는 방송(放鬆)

하고, 왼쪽의 팔, 팔꿈치와 손은 붕경(掤勁)을 잃지 않아야 한다.

동작 3.

(그림 36)

몸을 오른쪽으로 나선 회전하여 하침(下沈)한다. 중심(重心)은 전부 오른쪽 다리에 두고, 시선은 왼쪽 전하방(前下方)을 바라보며, 귀는 우후방(右後方)을 듣는다. 동시에 오른손은 먼저 약간 역전사(逆纏絲)하며 위로 붕(掤)을 하여 경(勁)을 이끈다. 높이는 귀 높이 정도로 한다. 왼손은 새끼손가락을 복부에 붙이고 점련(粘連)하여 순전사(順纏絲)로 경(勁)을 끌어들인다. 왼다리는 역전사(逆纏絲)하며 안쪽으로 돌리고 몸의 선전(旋轉)에 따라 무릎을 들어올린다.(상하상합(上下相合)하고, 왼쪽 팔꿈치와 왼쪽 무릎이 합(合)한다.) 발목을 방송(放鬆)하고 발끝을 위로 치키어 안쪽으로 돌려서 밖으로 열고(開), 이어서 발꿈치의 내측면(內側面)을 이용하여 좌측방(左側方)으로 땅에 붙이듯 등출(蹬出)한다. 중심(重心)은 아직 오른쪽에 둔다. (그림 36・37)

(그림 37)

【요 점】 이 동작은 온중(穩重)하게 시행해야 한다. 오른손이 위로 움직일 때 붕경(掤勁)을 잃지 말아야 하며, 이것을 왼팔로 끌어들인다. 위로 끌어들이는 것과 왼쪽 무릎을 드는 동작은 상하상합(上下相合)이 되어야 한다. 무릎은 합(合)하고 발은 개(開)하여, 위로는 끌어들이고 아래로 진공(進攻)한다.

동작 4.

몸을 약간 오른쪽으로 나선 회전하여 낮춘다. 중심(重心)은 오른쪽에서 몸을 가라앉히며 왼쪽으로 이동한다. 오른 다리는 역전사(逆纏絲)를 하면서 오른 발꿈치를 축으로 하여 오른 발끝을 안으로 갈고리처럼 당기고, 눈은 좌전방(左前方)을 보며, 귀는 우후방(右後方)에 주의를 기울인다. 동시에 오른손은 오른쪽 전상방(前上方)에서 약간 역전사(逆纏絲)를 하여 위로 붕경(掤勁)을 끌어 올리되, 다섯 손가락은 모아서 갈고리처럼 손목을 굽히고, 손끝이 바깥쪽 아래로 향하고 손바닥은 오른쪽 뒤를 향하게 한다. 왼손은 여전히 배 앞에 붙이고 약간 순전사(順纏絲)를 하여 끌어들인다.(붕경掤勁을 잃지 않는다.) 손바닥은 위로 향하며, 중심(重心)을 왼쪽으로 이동시키고, 왼쪽 어깨는 약간 밖으로 선전(旋轉)하는 듯한 의(意)를 가진다. (그림 38)

(그림 38)

【요 점】 이 동작은 비교적 느리게 시행한다. 중심(重心)을 이동시켜 허실(虛實)을 바꿀 때, 먼저 하침(下沈)하고 방송(放鬆)하며 당(膛)이 하호(下弧)를 그리며 이동함으로써 좌우로 중심(重心)이 흔들리지 않게 한다.

동작 5.

몸을 약간 오른쪽으로 나선 회전하며 조금 낮추었다가(오른쪽 어깨와 과

(그림 39)

(그림 40)

(그림 41)

(胯)는 방송(放鬆)하여 역전사(逆纏絲)로 돌면서 안쪽으로 합(合)하고, 약간 위를 향해 외붕外掤 한다.) 다시 왼쪽으로 돌리며 낮춘다.(오른쪽 어깨와 과胯는 방송放鬆하여야 하며 따라서 올라와서는 아니 된다.) 중심(重心)은 약간 오른쪽에 옮겼다가 다시 왼쪽으로 치우친다. 시선은 왼쪽 옆을 보고 다시 오른손 구수(鉤手)를 보다가 다시 왼손을 본다. 귀는 우후방(右後方)을 듣는다. 동시에 오른손 구수(鉤手)는 약간 역전사(逆纏絲)하며 위로 이끌면서 안으로 합(合)을 하는데, 눈높이가 되도록 하며 손가락은 우후방(右後方)을 향하게 한다. 왼손은 순전사(順纏絲)하여 몸에 살짝 대고 오른쪽으로 옮기며(손바닥은 위로 향하고 손끝은 오른쪽으로 향한다.) 복부의 우전방(右前方)에 이르러 몸을 왼쪽으로 돌림에 따라 역전사(逆纏絲)하여 위로 뒤집고(손바닥은 전하방(前下方)을 향하였다가 다시 앞을 향한다.) 오른쪽 가슴 위쪽을 거쳐 왼쪽을 향해 70~80° 정도 전개한다(전개하는 노선의 높이는 눈높이이다). 이때 장심(掌心)은 좌전방(左前方)을 향하며, 손끝은 안쪽으로 치우친 오른쪽 전상방(前上方)을 향한다. 동시에 오른쪽 구수(鉤手)는 우전방(右前方) 바깥쪽으로 역전사(逆纏絲)로 70~80° 정도 전개하는데, 높이는 오른쪽 눈보다 약간 낮게 한다.
(그림 39 · 40 · 41)

【요 점】이 동작은 비교적 온중(穩重)한 속도로 시행하며, 전개(展開)할 때는 조금 빠르게 한다. 몸이 오른쪽을 향하다 다시 왼쪽을 향해 돌 때, 오른쪽 어깨와 당(膽)을 시종일관 방송(放鬆)하여 이끌려 올라가지 않게 한다.

동작 6.

몸을 약간 오른쪽으로 나선 회전하여 하침(下沈)하고, 중심(重心)은 왼쪽에서 오른쪽으로 이동하는데 오른쪽으로 약간 치우치게 한다. 시선은 좌우를 번갈아 바라본다. 동시에 왼손은 순전사(順纏絲)로 왼쪽을 향해 약간 앞으로 선전(旋轉)하고 하침(下沈)하여 왼쪽 어깨 높이가 되게 하며, 손끝은 왼쪽 앞에서 위를 향하며, 손바닥은 왼쪽 앞에서 아래를 향한다. 오른손 구수(鉤手)는 약간 역전사(逆纏絲)하다가 순전사(順纏絲)로 변하여 왼손과 합(合)하여 오른쪽 어깨 높이가 되도록 하며, 손바닥은 아래로 향하고, 손끝은 아래로 향하면서 조금 오른쪽으로 치우치게 한다. 다섯 손가락은 모아서 방송(放鬆)하고, 호구(虎口)는 둥글게 한다. (그림 42)

(그림 42)

【요 점】 이 동작은 완만(緩慢)하고 침착하게 해야 한다. 경(勁)을 왼손 중지 지복(指腹)까지 운행한다. 중심(重心)은 약간 우측에 치우치며, 왼손의 개경(開勁)[127]과 대칭경(對稱勁)을 형성한다.

---

127) 태극권 용어. 열어 벌릴 때 발생하는 경(勁).

第 6 式 금강도대(金剛搗碓)

동작설명 :

동작 1.

 허리로써 움직임을 이끌어내는데, 몸을 먼저 오른쪽으로 나선 회전하여 하침(下沈)하고, 중심(重心)을 오른쪽으로 이동시킨다. 시선은 먼저 좌전방(左前方)을 바라본다. 동시에 왼다리는 역전사(逆纏絲)하고 오른쪽 무릎을 안으로 조인다. 또 오른손은 단편(單鞭)의 우구수(右鉤手)를 장(掌)으로 바꾸어 펴고 역전사(逆纏絲)로 위로 뒤집어 안으로 합(合)한다. 이때 손목은 뒤로 뒤집어지며, 손끝은 왼쪽으로 향하고, 손바닥은 우전방(右前方)을 향하게 한다. 높이는 오른쪽 눈썹의 우전방(右前方)이 되며(신법(身法)이 크면 오른쪽 눈의 우전방(右前方)보다 약간 위), 거리는 눈썹에서 약 20-30cm 정도이다. 왼쪽 손과 팔은 약간 역전사(逆纏絲)로 왼쪽을 붕(掤)하고 다시 순전사(順纏絲)로 변하여,(기본적으로 원래 위치에서 선전(旋轉)한다.) 약간 오른쪽으로 돌아 눈앞의 중앙선에 이른다. 이때 손 높이는 눈높이와 일치시키고, 손목은 뒤로 꺾고, 팔꿈치는 안으로 거두고, 손바닥은 위로 향하게 하고, 손끝은 왼쪽으로 향하되 약간 앞으로 치우치게 한다.

 몸을 왼쪽으로 나선 회전하여 하침(下沈)한다. 중심(重心)은 오른쪽으로부터 하침(下沈)하여 왼쪽으로 이동한다. 시선은 왼손과 오른손을 번갈아 보며, 귀는 우후방(右後方) 동정을 듣는다. 동시에 왼쪽 무릎은 안으로 합(合)하고 오른쪽 다리는 역전사(逆纏絲) 한다. 동시에 왼손과 팔은 몸을 약간 하침(下沈)함에 따라 역전사(逆纏絲)로 변하여 왼쪽을 향해 약간 전개(展開)한다. 높이는 몸을 따라 하침(下沈)하였기 때문에 여전히 왼쪽 눈높이와 같다. 손바닥은 좌전방(左前方)으로 치우치며 손끝은 비스듬하게 안쪽을 향하는데 약간 전상방(前上方)이 된다. 오른손과 팔은 순전사(順纏絲)로 변하여, 먼저 약간 오른쪽을 향해 하호(下弧)를 그리며 하침(下沈)하여 배와 가슴 사이에 오도록 한다. 이때 장심(掌心)은 왼쪽의 약간 앞으로 향하고, 팔은 방송(放鬆)하고 손목을 뒤로 꺾으며, 손끝은 우전방(右前方)을 향하여 복부와 약 40cm 거리를 둔다. (그림 43 · 44)

(그림 43)

(그림 44)

【요 점】이 동작은 두 개의 단락으로 나누어진다. 수련할 때는 두 단락이 하나로 이어지도록 해야 하며, 비교적 빠르게 시행해야 한다. 첫째 단락에서 오른팔을 역전사(逆纏絲)하여 위로 뒤집을 때 팔 안쪽은 반원형이 되게 하며 붕경(掤勁)을 잃지 말아야 한다. 왼팔은 밖으로 벌리며 방송(放鬆)하고 하침(下沈)하며 왼쪽 무릎과 합(合)을 이루어야 한다. 둘째 단락에서 몸을 왼쪽으로 돌리며 오른손이 왼쪽으로 향할 때 경(勁)이 그 안에 포함되어 있되 발경(發勁)하지는 않는다. 그러나 부드러움 속에 강함이 깃들어 있어야 한다.

(그림 45)

동작 2.

"제 1 금강도대(金剛搗碓) 동작 3"과 같다. 동작을 조금 빨리 한다. (그림 45)

동작 3.

"제 1 금강도대(金剛搗碓) 동작 4·5" 와 같다. 조금 느린 속도로 시행한다. 먼저 상하상합(上下相合)을 이루어야 하며, 다시 왼쪽으로 돌면서 오른발로 나아간다. (그림 46·47·4 8)

(그림 46)

동작 4.

"제 1 금강도대(金剛搗碓) 동작 6"과 같다. 비교적 느린 속도로 시행한다. 오른발로 진각(震脚)할 때 경(勁)이 온전해야 하며, 몸이 좌우로 기울어지지 않도록 한다. (그림 49·50·51 참조)

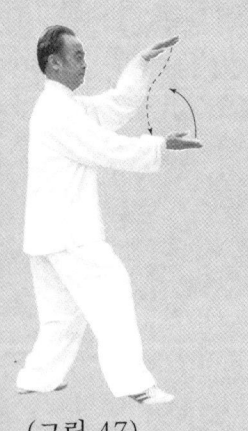

(그림 47)

(그림 48)

(그림 49)

(그림 50)

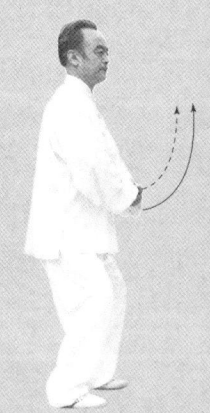

(그림 51)

第 7 式 백학량시(白鶴亮翅)

동작설명 :

동작 1.

"나찰의(懶扎衣) 동작 1" 과 같다. (그림 52 · 53)

동작 2.

"나찰의(懶扎衣) 동작 2" 와 같다.(그림 54 · 55)

동작 3.

"나찰의(懶扎衣) 동작 3" 과 기본적으로 같다.

(그림 52)

(그림 53)

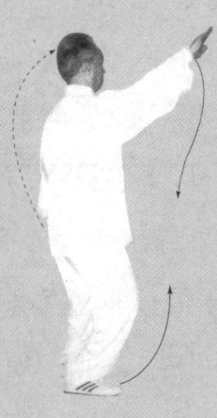
(그림 55)

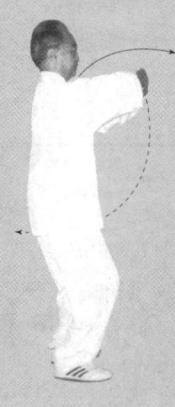
(그림 54)

(그림 56)

다른 점은 "나찰의(懶扎衣)"에서는 오른발을 땅에 붙인 상태로 안으로 합(合)하여 오른 쪽 측면으로 등출(蹬出)하며, 보폭(步幅)이 비교적 크다. 그러나 이 초식(招式)에서는 오른발을 45°의 각도로 우전방(右前方)으로 합(合)하여 작게 한 걸음 내딛는다.

같은 점은 역전사(逆纏絲)로 안으로 합(合)을 하여 다리를 내딛으며, 오른손으로는 이끌어 들이고 왼손으로는 공격하는데 이것을 "우인좌격(右引左擊)"이라고 한다. (그림 56·57)

동작 4.

"나찰의(懶扎衣) 동작 4"와 기본적으로 같다. 다른 점은 45° 각도의 차이이다. (그림 58)

동작 5.

(그림 57)

(그림 58)

몸을 왼쪽으로 나선 회전하여 높였다가 다시 아래로 조금 낮춘다. 중심(重心)은 오른 다리로 옮긴다. 시선은 오른쪽을 먼저 보고 다시 왼쪽을 보며, 귀는 좌후방(左後方)을 듣는다. 동시에 오른쪽 다리는 역전사(逆纏絲)를 하여 오른 무릎은 안으로 합(合)을 하고, 오른쪽 고관절을 돌출시키며, 다섯 발가락으로 땅을 움켜잡는다. 왼발은 뒤축을 들고 발끝은 땅을 찍고, 요과(腰胯)[128]로 움직임을 이끌어내고, 왼쪽 무릎 및 발목을 방송(放鬆)한다. 발끝의 안쪽을 사용하여 뒤를 향해 땅에 붙이고 안으로 리호(裏弧)를 그리며, 순전사(順纏絲)로 무릎을 밖으로 선전(旋轉)한다. 왼발이 오른발에 근보(跟步)로 따라붙어서 오른쪽 발끝의 약간 뒤쪽 내측면에 왼발을 놓으며, 원당(圓襠)을 이루고 정자(丁字)자도 팔자(八字)자도 아닌 모양의 허보(虛步)를 형성한다. 동시에 오른손은 역전사(逆纏絲)로 우상방(右上方) 바깥을 향해 전개하며 끝에서 순전사(順纏絲)로 변화한다. 경(勁)은 중지의 지복(指腹)에 이르도록 운행하며, 손끝은 위쪽 약간 안쪽을 향하고, 손바닥은 우전방(右前方)을 향하며, 높이는 오른쪽 귀와 같이 한다. 왼손은 오른쪽 팔꿈치의 안쪽으로부터 역전사(逆纏絲)로 하침(下沈)하여 왼쪽 허벅지 왼쪽의 약간 앞쪽에 도달하여 순전사(順纏絲)로 변한다. 경(勁)은 중지의 지복(指腹)에 이르도록 운행하고, 손바닥은 아래를 향하며, 손끝은 약간 왼쪽에 치우친 앞을 가리킨다. (그림 59·60·61)

【요 점】이 동작은 편안하고도 대범하게 시행하며, 속도는 평온하게 한다. 경(勁)은 어깨와 팔꿈치를 거쳐 중지 지복(指腹)에 이르도록 한다. 그러므로 이 동작의 수련에는 어깨와 팔꿈치의 경(勁)이 은연중에 포함되어 있다. 당(襠)은 허허롭게 원을 이루게 한다.

(그림 59)

(그림 60)

(그림 61·정면)

---

128) 태극권에서 사용하는 매우 중요한 신체부위. 허리와 과(胯)

第 8 式 사행(斜行)

동작설명 :

동작 1.

몸을 왼쪽으로 돌리면서 하침(下沈)하며, 중심(重心)은 오른쪽에 치우친다. 시선은 오른손을 보고 다시 왼손을 보며, 귀는 좌후방(左後方)에 주의를 기울인다. 동시에 침견추주(沈肩墜肘)하고 개흉(開胸)·송과(鬆胯)·굴슬(屈膝)을 한다. 오른발 다섯 발가락은 땅을 움켜쥐며, 오른쪽 다리는 역전사(逆纏絲)하며 안으로 합(合)한다. 왼발은 허보(虛步)로 지면에 발끝을 찍고, 다리는 순전사(順纏絲)로 밖으로 선전(旋轉)하며, 무릎을 밖으로 벌린다. 다리를 축으로 발끝은 순전사(順纏絲)하고, 발꿈치는 리호(里弧)를 그리며 우전방(右前方)으로 약간 돌린다. 동시에 오른손은 오른쪽 전상방(前上方)에서 오른쪽 측면으로 순전사(順纏絲)하면서 약간 아래로 선전(旋轉)하는데(신체와 개세(開勢)를 형성한다), 손의 높이는 오른쪽 어깨와 같고 손가락은 우후방(右後方)을 향하게 하고 손바닥은 우전방(右前方)을 향한다. 다시 몸의 왼쪽 회전을 따라 계속하여 순전사(順纏絲)로 좌상방(左上方)을 향해 호(弧)를 그으며 얼굴 앞 중앙선에 이르도록 하는데, 눈높이보다 약간 높게 한다. 손을 뒤집어서 손목을 뒤로 꺾고, 손바닥은 좌상방(左上方)을 향하게 하고, 손끝은 우전방(右前方)을 향하게 한다. 동시에 왼손은 몸을 왼쪽으로 돌림에 따라 약간 역전사(逆纏絲)하며 약간 낮추어서 왼쪽 바깥쪽으로 작은 호(弧)를 긋는다. (붕경(掤勁)을 잃지 말도록 하며, 오른손과 개경(開勁)의 대칭을 이룬다.) 높이는 대퇴 바깥에 두고, 손바닥은 아래로 향하고, 손끝은 (현재 방향에서) 전하방(前下方)을 향하게 한다. (그림 62)

【요 점】이 동작은 속도를 조금 빨리 하며 경령(輕靈)¹²⁹⁾하게 한다. 왼쪽 무릎을 약간 하침(下沈)하면서 순전사(順纏絲)로 밖으로 개(開)하여 원당(圓襠)의 세를 형성한다.

(그림 62)

동작 2.

몸을 오른쪽을 향해 나선회전하며 하침(下沈)하고, 중심(重心)을 왼발에 옮기는데, 왼발은 발끝을 여전히 땅에 찍은 상태에서 실(實)로 변한다. 시선은 먼저 오른손을 보고 다시 왼손을 보며, 귀는 우후방(右後方)을 듣는다. 동시에 왼다리는 역전사(逆纏絲)하며 발끝을 축으로 몸을 따라 오른쪽으로 돌며 발꿈치는 왼쪽 밖을 향해 돌린다. 오른 다리는 순전사(順纏絲)하며 발꿈치를 축으로 하여 발바닥을 땅을 쓸면서 밖을 향해 선전(旋轉)하여 우각(隅角)¹³⁰⁾이 되게 한 후 오른쪽 무릎을 안으로 합(合)한다. 동시에 오른손은 전상방(前上方)에서 역전사(逆纏絲)로 바뀌면서 몸 앞 중앙선을 지

---

129) 태극권 용어. 가볍고 영활한 모습.
130) 정방향의 각이 아닌 모퉁이 쪽의 각. 즉 정방(正方)에 대한 간방(間方)의 의미와 같음.

(그림 63)

나고, 몸이 오른쪽 회전을 따라 하침(下沈)하여 오른쪽 허벅지 바깥쪽보다 조금 앞에 오게 한다. 손바닥은 아래로 향하게 하며, 손끝은 앞을 향한다 (현재의 방향에서 보면 우전방(右前方)을 향한 우각(隅角)이다.). 왼손은 왼쪽 후외방(後外方)을 향해 약간 역전사(逆纏絲)하였다가(침견(沈肩)하고 개흉(開胸)을 한다) 하침(下沈)하여 순전사(順纏絲)로 변하고, 다시 약간 좌측 바깥쪽 아래를 향해 하침(下沈)한 후에 다시 좌측 후상방(後上方)을 향해 뒤집는다(왼쪽 어깨와 수평이다.). 다시 몸이 오른쪽으로 도는 것을 따라 위를 향해 호(弧)를 그려서(눈과 같은 높이로 한다.) 얼굴 앞 중앙선에 이르도록 한다. 손을 세로로 세워서(立掌) 하침(下沈)하며 손끝은 위를 향한다. 장심(掌心)은 오른쪽을 향하며, 손끝은 코 높이가 되도록 하여 전방을 바라보는 시야에 영향을 미치지 않도록 한다. (그림 63)

【요 점】이 동작은 "동작 1"과 하나로 연관(連貫)되는 것으로 오른손의 움직임은 "S"형이 된다. 수련하는 속도는 빠르게 하고, 선전(旋轉)은 영활(靈活)하게 하고, 몸은 좌우로 기울어지지 않도록 한다. 손과 몸과 양 무릎은 먼저 벌린(開)다음 합(合)해야 한다.

동작 3.

몸을 오른쪽으로 돌면서 나선형으로 하침(下沈)한다. 중심(重心)을 모두 오른발에 옮기며, 오른쪽 과(胯)를 송(鬆)하고, 오른쪽 무릎을 굽혀 안으로 합(合)하고, 오른발 다섯 발가락은 땅을 움켜쥔다. 시선은 좌전방(左前方)을 보며, 귀는 좌후방(左後方)의 동정을 듣는다. 동시에 왼쪽 엉덩이는 약간 하침(下沈)하여 우전방(右前方)의 안쪽으로 돌리고, 왼쪽 무릎을 들어 오른쪽 무릎과 합(合)을 이루며 발끝을 위로 치켜세운다. 다시 역전사(逆纏絲)하여 다리를 밖으로 벌리면서 하침(下沈)하며, 발꿈치 안쪽으로 좌전방(左前方)을 향해 지면에 붙여서 등출(蹬出)한다. 동시에 왼손은 손을 세운 상태에서 약간 역전사(逆纏絲)하여 몸을 따라 하침(下沈)하면서 (원래의 높이는 변하지 않는다.) 앞을 향해 밀어낸다. 손끝은 위로 향하고, 손바닥은 오른쪽으로 향하게 한다. 오른손은 오른쪽 허벅지 전외측(前外側)으로부터 오른쪽 외상방(外上方)측 위쪽으로 역전사(逆纏絲)하며 전개(展開)한다. 높이는 오른쪽 귀와 같게 하고, 장심(掌心)은 오른쪽을 향하며, 손끝은 전방을 향해 약간 위로 한다. (그림 64·65)

(그림 64)

【요 점】 이 동작은 조금 느린 속도로 수련한다. 왼손을 역전사(逆纏絲)로 입장(立掌)을 하여 앞으로 미는 것과 왼발을 좌전방(左前方)으로 등출(蹬出)하는 것과 오른손을 역전사(逆纏絲)로 오른쪽 측상방(側上方)으로 전개(展開)하는 동작을 동시에 완성해야 한다. 왼쪽 무릎을 들어 올릴 때, 무릎은 발과 합(合)을 하여 개(開)하고 상하상합(上下相合)해야 한다. 어깨와 과(胯), 팔꿈치와 무릎, 손과 발은 먼저 합(合)하였다가 나중에 개(開)한다.

(그림 65)

동작 4.

몸은 먼저 오른쪽으로 약간 나선 회전하면서 조금 상승하고, 다시 왼쪽으로 나선 회전하면서 하침(下沈)한다. 중심(重心)은 먼저 오른쪽으로 이동하여 하침(下沈)하였다가 점차 왼발로 옮긴다. 시선은 좌측방(左側方)을 보다가 다시 왼손을 바라본다. 귀는 우후방(右後方)을 듣는다.

 동시에 왼손과 팔을 먼저 순전사(順纏絲)로 위를 향해 경(勁)을 이끌어 올리며, 손 높이는 대략 얼굴 중심선 보다 조금 높게 한다. 손목을 좌측면(左側面)을 향해 뒤집어 꺾어서 손끝이 왼쪽 위를 향하게 하고, 손바닥은 위로 향하게 한다. 다시 몸이 왼쪽으로 도는 것을 따라 좌하방(左下方) 앞쪽을 향해 역전사(逆纏絲)하여 하침(下沈)한다.(저가(低架)에서는 손이 왼쪽 무릎 전하방(前下方)을 경유한다.) 이때 장심(掌心)은 아래를 향하고, 손끝은 전하방(前下方)을 향한다. 그리고 왼쪽 무릎 전하방(前下方)을 거쳐서 다시 왼쪽 바깥으로 전개(展開)하여 왼쪽 무릎의 좌전방(左前方) 약 40~50cm 되는 곳에 이르게 한다. 이어서 손끝을 방송(放鬆)하고 다섯 손가락은 허허롭게 모아 쥐고 손목을 아래로 꺾어서 구수(鉤手)를 만들어서 위를 향해 가볍게 들어올린다. 이때 높이는 눈높이 정도로 하며, 구수심(鉤手心)[131]은 아래를 향한다.

 오른손은 먼저 우측면의 바깥쪽 위를 향해 역전사(逆纏絲)로 경(勁)을 이끄는데 높이는 오른쪽 눈보다 조금 높게 한다. 손바닥과 손목을 뒤로 뒤집어 손바닥이 오른쪽으로 향하고 손끝은 좌전방(左前方)을 향하게 한다. 다시 몸이 왼쪽으로 도는 것에 따라 순전사(順纏絲)로 변화하며(먼저 침견

---

131) 구수(鉤手)에서 손바닥 쪽을 구수심(鉤手心)이라 한다.

(沈肩) 추주(墜肘)하고, 팔꿈치는 오른쪽 밖을 향해 선전(旋轉)한다.) 손가락은 먼저 오른쪽 밖을 향해 방송(放鬆)하여 선전(旋轉)한 후에(먼저 개(開)한다.), 몸을 따라 좌전방(左前方)을 향해 오른쪽 어깨 위의 약간 전상방(前上方)으로부터 뒤집어서 역전사(逆纏絲)로 변하여 오른쪽 귀의 약간 앞쪽 아래에 놓는다. 이때 손바닥은 뒤집어 장심(掌心)이 왼쪽을 향하게 하며, 손끝은 오른쪽 귀 뒤를 향하게 한다.

동시에 왼 다리와 왼 발은 먼저 역전사(逆纏絲)하여(몸을 우측으로 돌릴 때) 안으로 합(合)을 하고, 다시 순전사(順纏絲)로 변한다. 몸이 왼쪽으로 도는 것을 따라 굴슬송과(屈膝鬆胯)하며 발가락 끝을 좌외측(左外側)으로 돌려서 지면에 붙이고, 차츰 실(實)로 변하게 한다. 이때 왼쪽 무릎은 안으로 잠그고(당기고) 다섯 발가락은 땅을 움킨다. 오른발은 먼저 약간 순전사(順纏絲)하며(몸이 오른쪽으로 돌 때) 오른쪽 무릎은 안으로 잠그고, 오른쪽 과(胯)는 송침(鬆沈)하고, 오른발 다섯 발가락은 땅을 움켜잡는다. 다시 몸이 왼쪽으로 도는 것을 따라 역전사(逆纏絲)로 변화한다.(그림 66)

(그림 66)

【요 점】이 동작에서 몸을 먼저 오른쪽으로 돌릴 때는 허리를 주체(主體)로 삼고, 빠르고 영활하게 한다. 몸을 왼쪽으로 돌려 앞으로 하침(下沈)할 때에는 침착하고 온건(穩健)하게 한다. 왼쪽 팔꿈치는 왼쪽 무릎과 운행(運行)하는 중에 상하상합(上下相合)을 이루어서, 왼쪽 팔꿈치를 밖으로 벌리고 왼쪽 무릎은 안으로 잠근다. 즉 '왼손은 위에서 밖으로 개(開)하고, 왼쪽 무릎은 아래에서 합(合)을 한다.'

(그림 67)

(그림 68)

동작 5.

　몸을 먼저 왼쪽으로 돌렸다가 다시 오른쪽으로 돌리며 나선형으로 하침(下沈)한다. 중심(重心)은 왼쪽에 쏠렸다가 다시 오른쪽으로 이동한다. 시선은 오른손을 보고 귀는 좌후방(左後方)의 동정을 듣는다. 동시에 왼다리는 역전사(逆纏絲)를 오른 다리는 순전사(順纏絲)를 하고, 오른 무릎은 안으로 조여서 왼쪽 무릎과 합(合)을 한다. 동시에 왼쪽 어깨와 과(胯)는 송침(鬆沈)하고, 팔꿈치는 약간 떨구고, 몸을 오른쪽으로 돌림에 따라 왼쪽 구수(鉤手)는 역전사(逆纏絲)하면서 약간 오른쪽으로 돌려 안으로 합(合)한다. 높이는 어깨와 나란하게 하고 구수심(鉤手心)은 아래를 향하게 한다. 오른손은 오른쪽 귀 밑에서 가슴 앞 중앙선을 향해 역전사(逆纏絲)하여 약간 위로 밀어낸다(눈높이와 같게 한다). 장심(掌心)은 앞쪽 바깥쪽을 향한다. 이어서 오른쪽을 향해 상호(上弧)를 그으며 전개하여 오른쪽 무릎의 우상방(右上方)에 이르게 한다. 높이는 눈높이가 되도록 하며, 장심(掌心)은 오른쪽의 약간 앞으로 향하고, 손끝은 위로 향하되 약간 우전방(右前方)으로 기울인다. (그림 67 · 68)

【요 점】이 동작은 완만(緩慢)하고 편안하게 수련한다. 왼쪽 어깨는 침하(沈下)하여 왼쪽 과(胯)와 상하상합(上下相合)을 이루어야 하고, 위로 치켜 올리지 않도록 한다.

동작 6.

몸을 약간 왼쪽으로 돌리며 나선형으로 하침(下沈)하고, 중심(重心)은 약간 오른쪽에 치우치게 한다. 시선은 좌우를 함께 본다. 동시에 왼쪽 다리는 순전사(順纏絲)하고 무릎은 안으로 잠가 들인다. 오른 다리는 역전사(逆纏絲)를 한다. 왼쪽 구수(鉤手)는 방송(放鬆)하고 호구(虎口)는 둥글게 하여 약간 순전사(順纏絲)하면서 몸을 따라 약간 왼쪽으로 돈다. 높이는 귀와 같게 하며 구수심(鉤手心)은 아래를 향한다. 오른손은 순전사(順纏絲)하고 밖으로 개(開)하면서 몸을 따라 왼쪽으로 돌아오는데, 이때 경(勁)을 중지 지복(指腹)까지 운행하고, 높이는 오른쪽 어깨와 같게 하며, 장심(掌心)은 앞에서 약간 아래로 치우치게 하고, 손끝은 위를 향하되 약간 오른 쪽으로 치우치게 한다. (그림 69)

(그림 69)

【요 점】이 동작은 한 초식(招式)의 마침이다. 수련을 할 때 완만(緩慢)하게 한다. 상하(上下) 좌우(左右)가 서로 상합(相合)되어야 한다.

(그림 70)

(그림 71)

第 9 式 초수(初收)

동작설명 :

동작 1.

몸을 먼저 약간 오른쪽으로 향했다가 다시 약간 왼쪽을 향해 나선 회전하며, 하침(下沈)하였다가 다시 상승(上昇)한다. 중심(重心)은 오른쪽에 쏠린다. 시선은 좌전방(左前方)을 바라보고 귀는 우후방(右後方)의 동정을 듣는다. 동시에 쌍역전사(雙逆纏絲)로 먼저 아래로 낮추어서 안으로 합(合)을 하고, 다시 왼쪽 약간 전상방(前上方)으로 개(開)한다. 이때 왼손의 높이는 왼 눈의 조금 위에 둔다. 오른손은 우전방(右前方)에 있고 높이는 오른쪽 눈보다 조금 위에 위치하고, 장심(掌心)은 우전방(右前方)에서 약간 아래를 향하며, 손끝은 좌전방(左前方)을 향하되 약간 안쪽 위로 치우친다.

다시 몸을 오른쪽으로 나선 회전하여 하침(下沈)한다. 중심(重心)은 오히려 왼쪽으로 치우치게 하며, 눈은 좌우를 모두 보고, 귀는 몸 뒤 쪽의 동정을 듣는다. 동시에 침견(沈肩)과 송과(鬆胯)를 하며 양 무릎은 안으로

---

132) 발바닥의 중심. 족심(足心)으로 쓰기도 하며, 주로 용천혈(湧泉穴) 부위를 지칭하는 경우가 많다. 발바닥(각장脚掌)과는 약간 차별이 있다.

잠가 들인다. 당(膛)은 허허롭게 원을 이루게 하며 양 각심(脚心)[132]은 비운다. 왼쪽 다리는 역전사(逆纏絲)하며 안으로 합(合)을 하고, 각장(脚掌)[133]은 지면에 붙인 상태로 안쪽으로 돌아 착실하게 디디고, 다섯 발가락은 땅을 움켜쥐듯 한다. 오른쪽 과(胯)는 다시 방송(放鬆)하고 오른 무릎은 안으로 잠가 들인다. 동시에 양 팔은 몸의 오른쪽 회전을 따라 좌전방(左前方)과 오른쪽 전상방(前上方)에서부터 쌍순전사(雙順纏絲)로 바꾸어 약간 양쪽 옆을 향해 외호(外弧)[134]를 그리며 하침(下沈)하였다가, 다시 앞쪽 약간 위쪽(가슴과 배 사이)에서 두 손을 합(合)한다. 이때 왼손은 보다 앞에 위치하고, 엄지손가락의 높이는 코끝과 같으며, 장심(掌心)은 위쪽 약간 오른쪽을 향한다. 오른손은 새끼손가락으로 왼쪽 하박(下膊)의 안쪽 약간 앞에 가볍게 붙인다. 손의 높이는 가슴 앞이며, 손끝은 앞을 향하고, 장심(掌心)은 위를 향하되 약간 좌상방(左上方)에 치우친다. (그림 70·71·72·73)

(그림 72)

(그림 73)

【요 점】이 동작을 수련할 때 첫 단락은 가볍고 영활(輕靈)하게 보다 빠르게 하고, 둘째 단락은 하침(下沈)하고, 양팔은 합(合)을 할 때는 온중(穩重)하고 가볍게 방송(放鬆)해야 한다. 몸이 오른쪽으로 돌며 하침(下沈)하여 구당(扣膛)[135]할 때는 왼 무릎은 약간

---

133) 각장(脚掌). 발바닥 전체를 가리키며 각심(脚心)과는 구분된다.
134) 신체 중심에서 바깥을 향해 그리는 호선(弧線)
135) 태극권 용어. 당(膛)을 잠그다. 조여들이다.

궁보(弓步)가 되고, 양 무릎은 합(合)을 이루어야 한다.

동작2.

몸을 미세하게 왼쪽으로 나선 회전하며 하침(下沈)한다. 중심(重心)을 아래로 가라앉히며 오른쪽에 쏠리게 한다. 시선은 앞을 보며 귀는 몸 뒤의 동정을 듣는다. 동시에 왼쪽 다리는 약간 순전사(順纏絲)를, 오른 다리는 약간 역전사(逆纏絲)를 한다. 양손은 역전사(逆纏絲)로 안으로 합(合)을 하며 하침(下沈)한다. 앞쪽의 왼 손 높이는 가슴과 같게 하고, 장심(掌心)은 아래로 향하고, 손끝은 앞을 향한다. 오른손은 새끼손가락을 왼팔에 붙인 상태에서 점련(粘連)하면서 선전(旋轉)하는데, 선전(旋轉)이 식지 지복(指腹)에 이르게 되면 식지를 왼팔 하박의 측면 앞쪽에 가볍게 붙인다. 이때 높이는 가슴 전하방(前下方) 정도이고, 장심(掌心)은 아래를 향하며, 손끝은 좌전방(左前方)을 향한다.

(그림 74)

몸을 미세하게 왼쪽으로 돌며 나선형으로 상승한다. 중심(重心)은 오른발에 전부 두며, 눈은 전하방(前下方)을 보고, 귀로는 몸 뒤의 동정을 듣는다. 동시에 침견(沈肩) 송과(鬆胯)하고, 오른쪽 무릎을 굽혀 안으로 잠가 들이고, 오른 다리는 역전사(逆纏絲)하며, 다섯 발가락은 땅을 움켜쥐듯이 한다. 왼쪽 다리는 역전사(逆纏絲)하며 안으로 합(合)을 하여 들어 올리는데, 왼쪽 무릎과 오른쪽 무릎이 합(合)해야 하며, 왼발을 들어 오른쪽 무릎을 보호해야 한다. 동시에 양 팔은 역전사(逆纏絲)를 하며 앞을 향해 하침

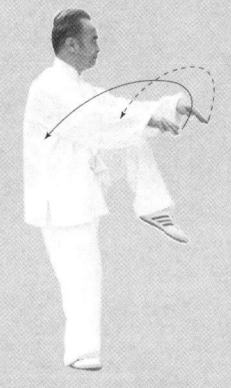

(그림 75)

(下沈)한다. 높이는 왼쪽 무릎 앞 쪽에서 약간 위에 놓이게 한다. 양 쪽 장심(掌心)은 아래로 향하고, 손끝은 앞쪽에서 약간 안쪽을 향해 합(合)한다. (그림 74·75)

【요 점】이 동작은 수련할 때 첫 단락은 비교적 천천히 하고, 두 번째 단락은 빠르게 한다. 중심(重心)을 오른쪽에 이동시켜 왼 다리를 들 때 어깨와 과(胯), 팔꿈치와 무릎, 손과 발은 상하상합(上下相合)하여야 하며, 왼쪽 다리를 들어 돌리는 동작과 양 손이 역전사(逆纏絲)하며 앞을 향해 하침(下沈)하는 동작을 동시에 완성해야 한다.

(그림 76)

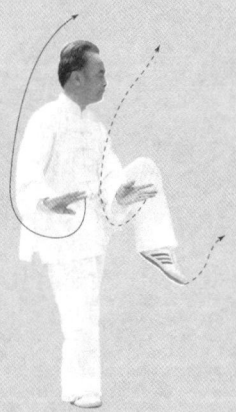

(그림 77)

第 10 式 전당요보(前堂拗步)

동작설명 :

동작 1.

몸을 조금 왼쪽으로 돌렸다가 다시 오른쪽으로 돌리며 나선 회전하여 약간 하침(下沈)한다. 중심(重心)은 모두 오른쪽 다리에 둔다. 시선은 좌전방(左前方)을 보며 좌후방(左後方)의 동정에 귀를 기울인다. 동시에 왼쪽 무릎을 위로 들어 미세하게 조금 역전사(逆纏絲)하며 안으로 합(合)한다. 왼팔은 순전사(順纏絲)하며 하침(下沈)하여 복부 앞 중앙에 이르게 하며 장심(掌心)은 아래로 향하고 손끝은 앞의 약간 왼쪽으로 치우친 쪽을 향한다. 오른팔은 역전사(逆纏絲)하며 하침(下沈)하여 우측 과(胯) 밖에서 약간 앞쪽 측면에 이르게 하며 장심(掌心)은 우하방(右下方)을 향하며 손끝은 우전방(右前方)을 향한다.

몸은 왼쪽으로 돌리며 나선 회전하여 하침(下沈)하며 중심(重心)은 오른쪽 뒤에 쏠린다. 시선은 좌우를 함께 보며 귀는 몸 뒤 쪽의 동정에 주의를 기울인다. 동시에 왼쪽 다리는 순전사(順纏絲)하며 무릎을 들고 발끝은 위로 치켜 올리고 밖으로 돌려서 오른쪽 발뒤꿈치의 바깥쪽 측면을 오른발 발끝의 좌전방(左前方)에 놓아 착지한다. 동시에 왼손은 역전사(逆纏絲)로 변하여 배 앞에서 안으로 합(合)하고, 위로 뒤집어서 오른쪽 가슴과 어깨 앞을 지난다. 이때 장심(掌心)은 밖으로 향하고, 손목은 뒤로 꺾고, 손끝이 우후방(右後方)을 향한다. 다시 몸이 왼쪽으로 도는데 따라 앞쪽 약간 위쪽을 향해 역전사(逆纏絲)하다가 약간 순전사(順纏絲)로 변하면서 전개한다. 손끝은 좌전방의 약간 위쪽을 향하며, 장심(掌心)은 전하방(前下方)을 향한다. 오른손은 먼저 우후방(右後方)의 약간 아래쪽을 향해 순전사(順纏絲)하여 밖으로 돌리고 다시 오른쪽 측면 바깥쪽을 향하고 위를 향해 호(弧)를 그리며 선전(旋轉)하며 몸을 따라 왼쪽으로 돈다. 오른 손목은 왼 손목 위에 교차하여 합(合)하며 장심(掌心)은 좌상방(左上方)으로 향하고 손목을 약간 뒤로 뒤집으며 손끝은 앞을 향한다. 양 손목의 교차점 높이는 가슴의 전상방(前上方)이 된다. (그림 76 · 77 · 78 · 79)

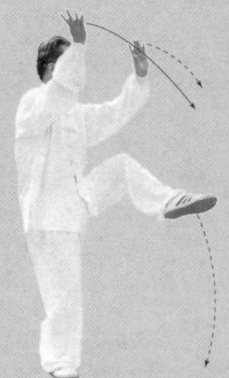

(그림 78)

(그림 79)

【요 점】이 동작을 수련하는 속도는 비교적 안정되게 한다. 몸을 오른쪽으로 돌릴 때 상하상합(上下相合)하여야 하며, 특히 왼쪽 팔꿈치와 왼쪽 무릎은 상합(相合)을 이루어야 한다. 몸을 왼쪽으로 돌릴 때 전신(全身)의 붕경(掤勁)을 잃지 않도록 하며, 상하(上下) 모두 합중유개(合中有開)[136] 해야 하고 손은 먼저 개(開)를 하고 나중에 합(合)을 한다.

---

136) 태극권 용어. 표면적으로는 합(合)을 하고 있으나 내면에서는 개(開)가 깃들어 있어야 한다는 말. 합중우개(合中寓開)와 같은 의미임. 음(陰) 안에 양(陽)이 깃들어 있어야 한다는 음중양(陰中陽)의 한 형태.

(그림 80)

동작 2.

몸을 왼쪽으로 돌리며 나선 회전하며 낮춘다. 중심(重心)은 뒤로부터 왼쪽 앞발로 이동한다. 시선은 우전방(右前方)을 바라보며 귀는 좌후방(左後方)의 동정에 주의를 기울인다. 동시에 왼쪽 다리는 순전사(順纏絲)하며 발뒤꿈치 외측을 땅에 대고 축으로 삼아 발끝을 밖으로 약 45° 돌린 다음 착실하게 디딘다. 오른쪽 다리는 역전사(逆纏絲)하며 발뒤꿈치를 들고 발끝을 바닥에 댄 상태에서 몸돌림에 따라 요보(拗步)[137]로 된다. 동시에 양손 손목을 교차하여 점련(粘連)한 채로 양 팔을 역전사(逆纏絲)하고, 몸이 왼쪽으로 돌아가는 것에 따라 약간 하침(下沈)하고 밖으로 붕(掤)하면서 선전(旋轉)한다. 이때 양 손목의 교차점은 아래턱 높이로 하고, 왼손 장심(掌心)은 약간 좌전방(左前方)으로 치우치고, 손끝은 오른쪽을 향하되 위로 치우치게 하며, 오른손 장심(掌心)은 왼 팔 안쪽의 위쪽 측면에서 밖을 향하게 하며, 손끝은 좌후방(左後方)을 향하게 한다. (그림 80)

【요 점】이 동작은 느리게 수련한다. 양팔 팔꿈치 안쪽은 반원형을 이루어 유지하며 붕경(掤勁)을 잃지 않도록 한다. 당(膽)은 허허롭게 원이 되어야 하며 양쪽 허벅지 사이는 공간을 남겨두어 돌리는데 편리하도록 한다.

---

137) 태극권 용어로 보법(步法)의 하나.

동작 3.

몸을 계속 왼쪽으로 돌리다가 다시 오른쪽으로 돌리며 나선형으로 하침(下沈)하며 중심(重心)은 모두 왼발에 두었다가 오른발을 내디딤에 따라 점차 우전방(右前方)에 쏠린다. 시선은 먼저 우전방(右前方)을 보다가 다시 좌전방(左前方)을 바라보며 귀는 몸 뒤쪽의 동정(動靜)에 주의를 기울인다. 동시에 왼발을 실하게 디디고 무릎을 안으로 잠가조이며 오른 다리는 역전사(逆纏絲)하며 안으로 합(合)하며 무릎을 들고 발끝을 치켜 올려 (먼저 무릎을 합슴하고 발을 개개 한다.) 우전방(右前方) 우각(隅角)을 향해 크게 내딛는다. 발꿈치의 안쪽을 땅에 대고 점차 실하게 디뎌간다. 동시에 양손은 얼굴 앞에서 몸의 좌우 우각(隅角)을 향해 역전사(逆纏絲)하며 전개한 후 순전사(順纏絲)로 바꾸어 경(勁)을 중지 지문부위까지 운행한다. 양손 손끝은 어깨보다 조금 높으며 오른손 장심(掌心)은 우전방(右前方)을 향하며 손끝은 우상방(右上方)을 향한다. 왼 손 장심(掌心)은 좌전방(左前方)을 향하고 손끝은 좌상방(左上方)에 치우친다. (그림 81·82·83)

【요 점】이 동작은 완만하고 평화롭게 전개하도록 한다. 오른쪽 무릎을 들고 보(步)를 낼 때 먼저 상하상합(上下相合)해야 하며 무릎은 합(合)하고 발은 개(開)한다. 몸이 좌우로 기울어지고 틀어지지 말아야 한다.

(그림 81)

(그림 82)

(그림 83)

第 11 式 제이사행(第二斜行)

동작설명 :

동작 1.

 몸을 먼저 오른쪽으로 돌리며 나선 회전하여 높이며 중심(重心)은 약간 왼쪽 뒤로 쏠린다. 시선은 오른손을 보며 왼쪽도 함께 살피고 귀로는 몸 뒤쪽의 동정에 주의를 기울인다. 동시에 오른쪽 다리는 순전사(順纏絲)하며 무릎을 안으로 잠가조이고 왼쪽 다리는 약간 역전사(逆纏絲)를 하며 무릎을 안으로 합(合)하며 다섯 발가락은 땅을 움켜쥐듯이 한다. 동시에 오른손은 역전사(逆纏絲)로 변하여 우전방(右前方)에서 약간 위쪽을 향하여 선전(旋轉)하며 눈높이가 되도록 한다. 장심(掌心)은 우전방(右前方)을 향하며 손끝은 왼쪽 앞 위로 향한다. 왼손은 순전사(順纏絲)를 하며 몸을 오른쪽으로 돌림에 따라 좌전방(左前方)에 이르게 한다. 높이는 코와 같게 한다. 장심(掌心)은 우상방(右上方)을 향하며 뒤로 손목을 꺾으며 손끝은 좌전방(左前方)을 향한다. 이것은 "왼쪽으로 가기 위해 먼저 오른쪽을 취하는 것"이다.

 몸을 왼쪽으로 돌리며 나선 회전하여 낮추며 중심(重心)은 왼쪽으로부터 약간 오른쪽으로 치우쳐 간다. 시선은 우전방(右前方)을 보며 귀는 좌후방(左後方)의 동정을 듣는다. 동시에 오른 다리는 역전사(逆纏絲)하며 안으로 합(合)하고 왼쪽 무릎은 안으로 잠가조이며 양발의 다섯 발가락은 땅을 움켜쥐듯이 한다. 동시에 오른손은 순전사(順纏絲)로 변하여 약간 하침(下沈)한다. 몸을 왼쪽으로 돌림에 따라 얼굴 중앙에 이르게 하는데 코와 같은 높이가 되게 한다. 손목을 뒤로 꺾고 손끝이 우전방(右前方)으로 향하게 하며 장심(掌心)은 좌상방(左上方)으로 향한다. 왼손은 역전사(逆纏絲)로 변하여 몸을 좌로 돌림에 따라 약간 위쪽 밖으로 붕(掤)을 하는데 눈과 높이가 같게 한다. 장심(掌心)은 좌전방(左前方)을 향하고 뒤로 손목을 꺾으며 손끝은 우전방(右前方)을 향하며 양 손의 간격은 어깨 넓이보다 약간 넓게 한다. (그림 84 · 85)

(그림 84)

【요 점】이 동작은 수련할 때, "왼쪽으로 가기 위해 먼저 오른쪽을 취(取)하는" 첫째 단락은 가볍고 영활(輕靈)하게 해야 한다. 그리고 두 번째 단락에서는 안정되게 비교적 느리게 해야 한다. 전후 동작 사이에는 원만하게 경(勁)을 이어야 하며, 경령(輕靈)하면서도 붕경(掤勁)을 잃지 말아야 한다. 왼쪽으로 몸을 돌릴 때 오른쪽 팔은 허공에 띄워서 옆구리에 붙지 않도록 한다.

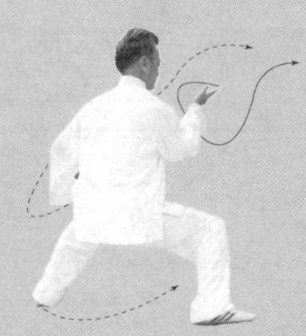

(그림 85)

동작 2.

몸을 오른쪽으로 돌리며 나선 회전하여 낮춘다. 중심(重心)은 오른쪽으로부터 점차 왼쪽으로 바꾸고 다시 오른쪽에 쏠리게 이동한다. 눈은 먼저 우전방(右前方)을 보고 다시 왼손을 본다. 귀로는 몸 뒤쪽의 동정을 듣는다. 동시에 오른쪽 무릎을 먼저 안으로 잠가 조인다.(상하상합 上下相合 해

(그림 86)

(그림 87)

야 하며 왼쪽 무릎과 합슴을 이룬다.) 다음 순전사(順纏絲)를 하여 밖으로 돌리어서 발꿈치를 축으로 하여 발바닥을 가볍게 바닥에 댄 상태로 밖으로 약 90° 정도 돌린 다음 땅에 밀착시켜 실하게 디디며 다섯 발가락은 땅을 움켜쥐듯이 한다. 왼쪽 다리는 역전사(逆纏絲)하며 안으로 합(合)을 한 다음 몸을 오른쪽으로 돌림에 따라 무릎을 들어 안으로 합(合)을 한다. 발끝은 치켜세워 안으로 돌린다. 몸을 오른쪽으로 돌림에 따라 좌전방(左前方)으로 크게 보(步)를 내디디어 발꿈치의 안쪽을 땅에 댄다. 동시에 오른손은 순전사(順纏絲)에서 역전사(逆纏絲)로 변하여 약간 침하(沈下)하며 무릎과 합(合)을 이루고, 다시 오른쪽 밖을 향해 전개하는데 높이는 눈과 같게 한다. 장심(掌心)은 오른쪽 바깥쪽을 향하며 뒤로 손목을 꺾고 손끝은 좌전방(左前方)을 향한다. 왼손은 순전사(順纏絲)로 변하여 붕경(掤勁)으로 오른손이 오른쪽으로 도는 것을 따라 얼굴 앞 중앙에 이르러서 역전사(逆纏絲)로 변한다. 손바닥을 세우고 손끝의 높이는 코 높이와 같게 하며 장심(掌心)은 오른쪽으로 향하게 한다. (그림 86 · 87 · 88)

【요 점】동작은 안정되게 수련한다. 양 손의 붕경(掤勁)을 그대로 유지하며 왼쪽 무릎을 들어 앞으로 크게 내디디는데 먼저 상하상합(上下相合)을 해야 하며 무릎을 들 때 먼저 무릎은 합(合)하고 발은 개(開)하여야 한다.

"동작 3、4、5"는 제일사행(第一斜行)의 "동작 4、5、6"과 같다. (그림 89 · 90 · 91 · 92)

(그림 88)

(그림 89)　　　(그림 90)　　　(그림 91)　　　(그림 92)

第12式 재수(再收)

"초수(初收)"와 같다. (그림 93·94·95·96·97·98)

(그림 93) 　　　(그림 94) 　　　(그림 95)

(그림 96) 　　　(그림 97) 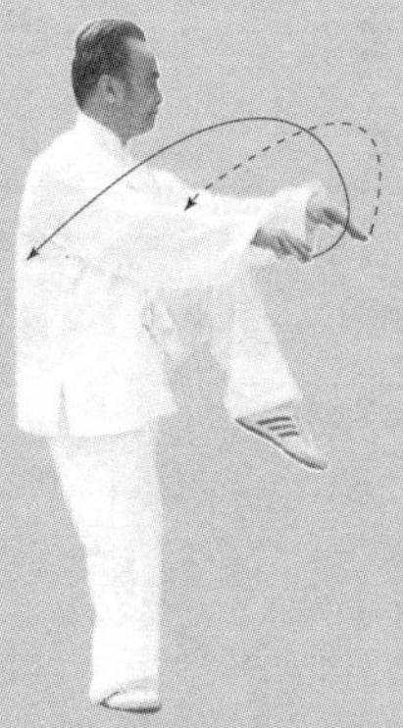　　　(그림 98)

第 13 式 전당요보(前堂拗步)

"제일전당요보(第一前堂拗步)"와 같다. (그림 99 · 100 · 101 · 102 · 103 · 104 · 105)

(그림 99)　　(그림 100)　　(그림 101)　　(그림 102)

(그림 103)　　(그림 104)　　(그림 105)

第 14 式 엄수굉추(掩手肱錘)

동작설명 :

동작 1 (세 단락으로 나누어진다).

(1) 몸을 왼쪽으로 돌리며 나선 회전하여 낮추며 중심(重心)은 약간 오른쪽에 치우친다. 눈은 우전방(右前方)을 보며 귀로는 좌후방(左後方)의 동정을 듣는다. 동시에 오른 다리는 역전사하며 안으로 합(合)을 하고 왼쪽 무릎은 안으로 잠가 조이며 두 발의 다섯 발가락은 땅을 움켜쥐듯이 한다. 동시에 오른팔은 순전사(順纏絲)로 변하여 밖으로 뒤집는다. 장(掌)을 가볍게 쥐는 권(拳)으로 바꾸어쥐며 권심(拳心)[138]은 위로 향하며 높이는 오른쪽 어깨와 같거나 조금 낮게 하고 방향은 우전방(右前方)에 둔다. 왼손은 밖으로 뒤집어 순전사(順纏絲)로 비스듬하게 왼쪽 후상방(後上方)을 향하게 하며 장심(掌心)은 안쪽 아래로 향하며 높이는 왼쪽 어깨의 앞이 되며 손끝은 오른쪽 안쪽의 약간 아래로 향한다. (그림 106 · 107)

(그림 106)

(그림 107)

(2) 몸을 오른쪽으로 돌리어 나선 회전하여 낮추고 중심(重心)은 오른쪽에서 왼쪽으로 변한다. 눈은 먼저 우전방(右前方)을 보고 다시 왼쪽을 보고 또 다시 앞을 바라본다. 귀로는 몸 뒤의 동정을 살핀다. 동시에 왼쪽 무릎을

---

138) 권심(拳心)은 주먹을 쥐었을 때 엄지와 검지가 만나는 호구(虎口) 부위를 말한다

(그림 108)

(그림 109)

(그림 110)

굽혀 역전사(逆纏絲)하며 안으로 합(合)을 하고 왼발의 다섯 발가락은 땅을 움켜쥐듯이 한다. 오른쪽 과(胯)를 송(鬆)하고 오른쪽 무릎을 안으로 합(合)하며 들어 올린다. 발목을 방송(放鬆)하고 발끝을 들어 안으로 합(合)하며 몸을 따라 오른쪽으로 돌며(90°) 발끝은 비스듬히 오른쪽 전하방(前下方)을 향해 진각(震脚)[139]하는데 허(虛)이다. 오른발 뒤꿈치는 왼발 뒤꿈치 안쪽에서 조금 앞에 놓이며 왼쪽 발끝과 두 개의 우각(隅角)을 형성하며 약 90°가 된다. 동시에 오른 주먹은 순전사(順纏絲)에서 역전사(逆纏絲)로 변하며 위를 향해 안으로 합(合)을 하는데 코앞을 지나 가슴 앞 중앙에 이르러 약간 하침(下沈)한다. 주먹의 높이는 가슴 앞보다 약간 아래가 되며 손목은 약간 아래로 구부리며 권심(拳心)은 오른쪽의 약간 뒤쪽을 향하게 하여 오른쪽 손목등이 돌출되도록 하며 안쪽의 위를 향하는데 복부에서 약 30cm 정도의 거리를 둔다. 왼손은 좌후방(左後方)으로부터 순전사(順纏絲)로 몸의 좌측을 경유하여 몸이 오른쪽으로 도는 것을 따라 상호(上弧)를 그리며 안으로 합(合)을 하여 눈앞의 중앙선에 이르러 역전사(逆纏絲)로 변하여 하침(下沈)하고 오른손목과 하박 위에 합(合)을 한다. 장심(掌心)은 오른쪽으로 향하고 손끝은 비스듬히 우상방(右上方)을 향한다. 양 팔의 하박부의 교차점은 가슴 앞 중앙이며 양 팔 안쪽은 반원형을 유지해야 하며 붕경(掤勁)을 잃지 않도록 한다. (그림 108·109·110)

---

139) 태극권 용어. 발경(發勁)을 할 때 지면에 발을 굴러주는 동작. 근력을 이용하여 발을 구르는 것이 아니고 에너지, 즉 기(氣)가 하침(下沈)하며 자연스럽게 굴러야 경이 고르게(경정勁整) 된다. 현재는 진가태극권에만 남아있다.

(3) 몸을 약간 오른쪽으로 돌리며 나선 회전하여 약간 낮춘다. 중심은 오른쪽으로 치우치게 변한다. 눈은 좌전방(左前方)을 보며 오른쪽도 함께 고려한다. 귀로는 몸 뒤 쪽의 동정을 듣는다. 동시에 오른쪽 무릎을 굽혀 안으로 잠가조이며 다섯 발가락을 땅을 움켜쥐듯이 한다. 왼쪽 다리는 역전사(逆纏絲)하며 안으로 합(合)하며 무릎을 들고 발끝을 위로 치켜들고 안으로 합(合)하고 좌전방(左前方)을 향하여 보(步)를 크게 내는데 발뒤꿈치 안쪽을 땅에 대고 왼쪽 무릎은 오른쪽 무릎과 합(合)을 한다. 동시에 양 팔은 합경(合勁)을 하며 몸이 오른쪽으로 도는 것을 따라 약간 역전사(逆纏絲)로 약간 하침(下沈)한다.(원래의 교차점은 가슴 앞이 되며 높이는 변하지 않는다.) (그림 111)

(그림 111)

【요 점】이 동작의 수련법은 속도를 느리게 한다. 또 도약(跳躍)을 하며 연습할 수도 있지만 빠른 동작도 느린 동작에서의 요구 내용을 잃지 않아야 한다. 빠르면서도 어지럽지 않아야 하는 것이다. 이 밖에 동작이 빠르거나 느리거나를 막론하고 오른쪽으로 돌면서 하침(下沈)하여 진각(震脚)을 하면서 경(勁)이 가지런해야(경정勁整)[140] 하며 동작이 조화되어야 하며 상하상합(上下相合)해야 한다. 몸이 좌우로 기울거나 삐뚤어지면 아니 된다.

동작 2 (세 단락으로 나누어진다).

---

140) 경(勁)이 가지런하고 고르게 정돈된 느낌으로 발경(發勁)을 해야 한다는 요구.

(그림 112)

　(1) 몸을 왼쪽으로 돌리는데 나선형으로 약간 상승(上昇)한다. 중심(重心)은 오른쪽에 둔다. 눈은 오른쪽과 왼쪽을 함께 고려하여 보며 귀로는 몸 뒤 쪽의 동정을 듣는다. 동시에 침견(沈肩)을 하고 개흉(開胸)을 하며 왼쪽으로 돈다. 송과(鬆胯)를 하며 오른쪽 무릎을 굽혀 안으로 합(合)을 하고 오른발 다섯 발가락은 땅을 움켜쥐듯이 한다. 왼쪽 다리는 순전사(順纏絲)를 하며 발뒤꿈치를 축으로 하고 발끝을 왼쪽 바깥쪽으로 90° 돌린다. 동시에 오른쪽 주먹은 순전사(順纏絲)로 밖으로 개(開)하며 뒤집어 도는데 오른쪽 어깨 보다 조금 낮게 하며 우전방(右前方)에 놓는다. 권심(拳心)은 위로 향한다. 좌장(左掌)은 역전사(逆纏絲)로 안쪽으로 뒤집어 오른쪽 가슴 앞에 이르게 한다. 장심(掌心)은 우전방(右前方)을 향하고 손끝은 뒤로 뒤집어 오른쪽 어깨 앞에 붙인다. 손목은 뒤로 꺾으며 팔 안쪽은 반원형이 되게 하고 붕경(掤勁)을 잃지 않도록 한다. (그림 112)

　(2) 몸을 오른쪽으로 돌리면서 나선 회전하여 낮추며 중심(重心)을 약간 왼쪽에 치우치게 변한다. 눈은 먼저 오른쪽 주먹을 보고 다시 왼쪽 팔꿈치 앞을 바라본다. 귀로는 우후방(右後方)의 동정을 듣는다. 동시에 오른쪽 무릎을 굽혀 안으로 잠가조이고 오른발 다섯 발가락은 땅을 움켜쥐듯이 한다. 왼쪽 다리는 역전사(逆纏絲)하며 무릎을 안으로 합(合)을 하고 발뒤꿈치를 축으로 삼고 발끝을 위로 치켜들고 안으로 약 90° 돌린다. 동시에 좌장(左掌)은 몸을 오른쪽으로 돌림에 따라 원래의 위치(오른쪽 가슴 앞)에서 약간 역전사(逆纏絲)하며 왼쪽 팔꿈치는 몸을 따라 약 90°를 돈다. 오른 주먹은 순전사(順纏絲)에서 역전사(逆纏絲)로 변하며 안쪽 앞에 합(合)하여

왼쪽 팔꿈치 아래에 이른다. 권심(拳心)은 안으로 향한다. 오른쪽 팔과 팔꿈치 안쪽은 반원형을 이루며 붕경(掤勁)을 더 강화한다. 손목은 뒤로 꺾고 장심(掌心)은 오른쪽으로 향한다. (그림 113)

　(3) 몸을 왼쪽으로 돌리면서 나선 회전하여 낮추고 중심(重心)은 점차 약간 왼쪽 앞으로 이동한다. 눈은 좌우를 함께 고려하여 보며 귀로는 몸 뒤 쪽의 동정에 주의를 기울인다. 오른쪽 다리는 역전사(逆纏絲)하며 안으로 합(合)을 하고 다섯 발가락은 땅을 움켜쥐듯이 한다. 왼쪽 발끝을 치켜들고 발뒤꿈치를 축으로 순전사(順纏絲)를 하며 약간 밖으로 돌리고 발바닥을 땅에 떨군다. 무릎은 안으로 잠가조여서 오른쪽 무릎과 합(合)을 이룬다. 동시에 좌장(左掌)은 역전사(逆纏絲)를 하며 오른쪽 어깨 앞으로부터 오른쪽 밖으로 돌리면서 열고(開) 조금 올리고 다시 왼쪽 앞을 향해 개전(開展)하며 순전사(順纏絲)로 변한다. 경(勁)은 중지 지문부위까지 운행하며 손가락 끝은 약간 우상방(右上方)으로 치우친다. 높이는 귀와 같게 하며 장심(掌心)은 앞을 향한다. 오른쪽 주먹은 왼쪽 팔꿈치 안쪽 아래로부터 역전사(逆纏絲)하며 안으로 선전(旋轉)하며 가슴의 전하방(前下方)을 경유하여 오른 무릎에 이르러 자연스럽게 아래로 늘어뜨리고 권심(拳心)은 뒤쪽을 향한다. (그림 114)

　【요 점】이 동작은 세 단락을 (하나로) 연결하여 하면 매우 빠른 동작으로 경(勁)이 전사(纏絲)로 나선운동을 하고 허리가 바퀴의 축처럼 살아있는 것을 충분히 체현(體現)하게 된다. 첫 번째 단락은

(그림 113)

(그림 114)

개전(開展)하여야 하며 두 번째 단락은 긴주(緊湊)해야 하고 세 번째 단락은 또 개전(開展)해야 한다. 이것은 권방(捲放)[141]·개전(開展)[142]·긴주(緊湊)[143]의 밀접하게 배합하고 조화시키는 동작이다. 개전(開展)을 하면서도 산만하거나 어지럽지 않고 긴주(緊湊)하는 가운데 또 서전(舒展)[144]하여야 한다.

동작 3.

몸을 미세하게 오른쪽으로 돌리며 높였다가 다시 약간 왼쪽으로 돌리며 나선 회전하여 약간 낮춘다. 중심(重心)은 왼쪽을 향하다가 다시 약간 오른쪽으로 옮겼다가 여전히 왼쪽 앞에 쏠리게 한다. 눈은 좌전방(左前方)을 보면서 우후방(右後方)도 함께 보며 귀는 몸 뒤 쪽의 동정을 듣는다. 양 무릎은 굽혀 합(合)을 이룬다. 왼쪽 다리는 먼저 약간 역전사(逆纏絲)를 하다가 다시 순전사(順纏絲)로 변하며 오른쪽 다리는 먼저 순전사(順纏絲)를 하다가 다시 역전사(逆纏絲)로 바뀐다. 동시에 왼손은 역전사(逆纏絲)로 좌전방(左前方)의 바깥쪽 약간 아래로 개(開)하며 장심(掌心)은 좌전방(左前方)을 향하고 순전사(順纏絲)로 변하여 안쪽 위를 향해 뒤집어 돌린다. 장심(掌心)은 오른쪽 전상방(前上方)을 향하고 손끝은 좌전방(左前方)의 약

---

141) 말아 축적하였다가(권捲) 풀어내는 것으로(방放), 축경(蓄勁)과 발경(發勁)을 말함.
142) 태극권 용어. 크게 열어 전개하다.
143) 태극권 용어. 동작의 크기는 물론 리듬감까지 응축하는 것.
144) 태극권 용어. 편안하게 전개하는 것.

간 아래를 향하며 왼쪽 눈의 전상방(前上方)에 위치하는데 높이는 왼쪽 귀와 같다. 오른 주먹은 역전사(逆纏絲)로 우후방(右後方)을 향해 개(開)하며 위를 향해 뒤집으며 순전사(順纏絲)로 변한다. 침주(沈肘)[145]하며 권심(拳心)은 안쪽 위를 향하며 오른쪽 어깨와 같은 높이로 한다. (그림 115)

【요 점】이 동작은 제 자리에서 할 수 있다. 만약 보폭이 커서 당(膛)을 크게 벌렸다면 보폭을 조절(축소)하여 당(膛)을 조절하여 발을 조금씩 움직이는 차보(蹉步)로 연습한다. 양 팔을 개전(開展)하여 쌍역전사(雙逆纏絲)를 하다가 쌍순전사(雙順纏絲)로 변할 때 양 어깨와 과(胯)는 재빨리 송(鬆)해야 하며 어깨와 과(胯)·팔꿈치와 무릎·손과 발이 상하상합(上下相合)하여야 한다.

(그림 115)

동작 4.

몸을 왼쪽으로 돌리며 나선 회전하여 낮추며 중심(重心)은 오른쪽에 쏠린다. 눈은 좌우를 함께 살피다가 다시 앞을 응시하며 귀는 몸 뒤의 동정에 주의를 기울인다. 동시에 왼쪽 무릎은 안으로 잠가조이고 오른쪽 무릎과 합(合)을 이룬다. 오른쪽 다리는 역전사(逆纏絲)를 하며 다섯 발가락은 땅을 움켜쥐듯이 한다. 동시에 왼손은 전상방(前上方)으로부터 역전사(逆纏絲)를 하며 안으로 합(合)하여 가슴의 전상방(前上方)에 이르게 한다. 장심

---

145) 태극권 용어. 추주(墜肘)와 같은 말로 팔꿈치가 뜨지 않게 떨어뜨리라는 말.

(그림 116)

(掌心)은 오른쪽을 향하고 손끝은 전상방(前上方)을 향한다. 오른쪽 주먹은 오른쪽 후상방(後上方)으로부터 순전사(順纏絲)로 앞의 안쪽을 향하여 합(合)을 하며 하침(下沈)하여 가슴 앞 약간 아래에 이르러 역전사(逆纏絲)로 변하며 붙인다. 손목을 안으로 굽히며 권심(拳心)은 안으로 향하되 오른쪽에 기울인다. (그림 116)

【요 점】이 동작을 수련할 때 앞의 두 동작보다 느리게 한다. 신법(身法)은 바르게(正) 하고 상하상합(上下相合)하여야 한다. 왼손은 전상방(前上方)에 두고 오른 주먹은 안쪽의 후하방(後下方)에 두며 양손이 신체의 중선(中線) 위에서 합(合)하여야 한다.

동작 5.

몸을 왼쪽으로 나선 회전하여 올리며 중심(重心)은 왼쪽 앞으로 옮긴다. 눈은 오른쪽 주먹을 보며 귀는 좌후방(左後方)의 동정에 주의를 기울인다. 동시에 왼쪽 무릎은 안으로 잠가조이고 오른쪽 무릎은 역전사(逆纏絲)하여 안으로 합(合)한다. 상하상합(上下相合)을 하고 왼손은 약간 역전사(逆纏絲)를 하며 하침(下沈)하여 약간 안쪽의 뒤로 향한다. 오른쪽 주먹은 가슴 아래에 붙여서 역전사(逆纏絲)하며 안으로 돌린다. 침견(沈肩)·추주(墜肘)를 하며 손목을 안으로 구부리고 다시 역전사(逆纏絲)를 하며 위로 뒤집는다 (이것은 축세蓄勢이다). 몸을 왼쪽으로 돌림에 따라 나선 회전하여 상승하며 왼쪽 과(胯)를 송(鬆)하고 왼쪽 무릎을 안으로 잠가조이며 오른쪽 발과 다리는 역전사(逆纏絲)하며 우후방(右後方)으로 차낸다(蹬). 동시에 좌장(左掌)은 절반 정도 허허롭게 쥐는 주먹으로 바꾸고 역전사(逆纏絲)를 하며 왼쪽 팔꿈치를 따라 왼쪽 후하방(後下方) 약간 왼쪽 바깥을 향해 발경(發勁)한다. 왼쪽 주먹의 권심(拳心)은 안쪽을 향해 왼쪽 늑골 부위에 붙이는데 주먹은 약간 높고 팔꿈치는 약간 낮게 한다. 오른 주먹은 역전사(逆纏絲)로 왼쪽 팔꿈치 밑으로부터 앞쪽의 약간 오른쪽 방향으로 발경(發勁)한다. 권심(拳心)은 아래로 향하고 높이는 오른쪽 어깨와 같게 한다. (그림 117)

(그림 117)

【요 점】이 동작의 수련에서 축세(蓄勢)하여 합(合)할 때는 숨을 들이쉬고, 동작을 온중(穩重)하면서 상하상합(上下相合)하도록 해야 한다. 발경(發勁)할 때에는 탄성(彈性)이 풍부하고, 경(勁)이 전신을 통하여 온전하게 발출되어야 한다. 오른쪽 주먹의 발경(發勁)과 좌후방(左後方)을 향한 주경(肘勁)은 서로 대칭이 되어야 한다. 발경(發勁)할 때는 숨을 내쉬는데, 때로는 소리나 기합을 내지를 수도 있다. 몸은 앞으로 숙이거나 뒤로 젖혀지지 않고, 반드시 입신중정(立身中正)[146]하여야 한다. 발경(發勁)한 후에는 어깨와 과(胯)·팔꿈치와 무릎·손과 발의 관절을 약간 방송(放鬆)한다. 연속동작으로 발경(發勁)할 수도 있고, 각각의 초식(招式)으로 나누어서 단식연습(單式練習)을 해도 된다.

---

146) 태극권 용어. 몸을 세우는데 바르게 하여 중심을 유지하라는 말로 매우 중요한 요결(要訣)이다.

엄수굉권(掩手肱拳)의 제 2 수련법 (느린 동작)

동작 1.

오른발을 먼저 역전사(逆纏絲)하며 안으로 돌린 후 순전사(順纏絲)로 바꾸어 밖으로 돌린다. 발꿈치를 들고 발바닥 앞부분으로 땅을 쓸면서 안으로 뒤로 호(弧)를 그리며 왼발 뒤꿈치 오른쪽을 향해 보(步)를 모은 다음 발꿈치를 땅에 붙여 실하게 딛는다. 오른쪽 발꿈치를 땅에 떨굴 때 왼쪽 발꿈치를 바로 들어 올려 좌전방(左前方)을 향해 보(步)를 크게 내며 차낸다(등蹬).

기타 동작은 제 1 수련법과 같다.

엄수굉권(掩手肱拳)의 제 3 수련법 (빠른 속도)

동작 1.

양쪽 발의 허실(虛實)을 바꿀 때 양 발로 뛰어올라 중심(重心)을 직접 오른쪽 다리에 두며 몸을 왼쪽으로 돌렸다가 다시 오른쪽으로 돌린다. (기타 동작은 앞의 동작과 같다.)

동작 2.

양 발은 공중으로 솟구쳐 뛴다. 상체의 팔의 일개일합(一開一合)은 양발이 허공에 떠있는 동안 완성되어야 하며 빠르면서 어지럽지 않아야 한다.

동작 3. 동작 4.

빠른 속도로 당(膛)을 조절한다.

동작 5.

빠른 속도의 차보(蹉步) 당(膛)을 합(合)하며 단전(丹田)과 결합하여 움직임을 이끌어 발경(發勁)한다.

第 15 式 십자수(十字手)

동작설명 :

동작 1.

(그림 118)

몸을 약간 오른쪽으로 돌리며 나선 회전하여 조금 낮춘다. 중심(重心)은 우후방(右後方)으로 이동하고 눈은 우장(右掌)을 보며 귀로는 몸 뒤 쪽의 동정을 듣는다. 오른 주먹은 장(掌)으로 바꾸며 약간 역전사(逆纏絲)를 한다. 장심(掌心)은 아래를 향한다. 요경(腰勁)으로 움직임을 이끌어 우상방(右上方)을 향해 조금 드는데 높이는 오른쪽 눈과 같게 한다. 손끝은 약간 전하방(前下方)을 향하게 한다. 왼손은 반쯤 쥔 주먹을 장(掌)으로 바꾸어 역전사(逆纏絲)를 하며 왼쪽 늑골 옆에서 손목을 안으로 굽히고 약간 하침(下沈)하면서 좌전방(左前方)을 향한다. 손끝은 안쪽을 향하며 호구(虎口)는 위로 향하고 위치는 왼쪽 무릎 위가 된다. (그림 118)

몸을 왼쪽으로 돌리며 나선 회전하여 낮추며 중심(重心)은 왼쪽 앞으로 쏠린다. 눈은 좌우를 함께 살피고 귀로는 몸 뒤쪽의 동정에 주의를 기울인다. 동시에 우장(右掌)은 순전사(順纏絲)로 변하여 하침(下沈)하며 몸 돌림에 따라 가슴의 전하방(前下方)을 거쳐 다시 전상방(前上方)을 향해 선전(旋轉)한다. 장심(掌心)은 위로 향하고 손끝이 앞을 향하게 한다. 왼손은 역전사(逆纏絲)하며 왼쪽 무릎 위로부터 약간 전상방(前上方)을 향해 뒤집으며 안으로 합(合)을 하며 오른 손 손목 위에서 교차시킨다. 왼쪽 손목은 약간 밖의 전하방(前下方)을 향해 손목을 구부리고 장심(掌心)은 아래를 향하고 손끝은 전상방(前上方)에 치우친다. 양 손목의 교차점과 가슴과의 거리는 약 30 cm 되며 가슴 높이에 이르도록 한다. (그림 119 · 120)

【요 점】이 동작은 두 개의 단락으로 나누어진다. 첫째 단락은 앞의 엄수굉추(掩手肱錘) 초식을 바로 이어받아서 시작한다. 오른손은 주먹에서 장(掌)으로 바뀌는데, 빠른 속도로 해야 한다. 허리를 주축(主軸)으로 삼으며, 기(氣)를 뒷등에 붙여서[147] 매우 빠르게 손가락에 이르기까지 이를 형상화하며, 손을 약간 역전사(逆纏絲)를 하여 위로 드는데, 마치 바늘에 찔린 듯 불에 데인 듯 매우 빠르게 거두어 들어야 한다. 두 번째 단락은 착 가라앉혀 안정되게 수련한다.

(그림 119)

(그림 120)

동작 2.

몸을 오른쪽으로 나선 회전하여 약간 낮춘다. 중심(重心)은 먼저 오른쪽에 두었다가 왼쪽으로 이동시킨다. 눈은 먼저 오른쪽을 바라보다가 다시 앞을 응시한다. 귀로는 몸 뒤쪽의 동정에 주의를 기울인다. 중심(重心)이 오른쪽에 쏠렸을 때 왼발 뒤꿈치를 축으로 발바닥을 땅에 붙이고 발끝을 안쪽으로 돌리며, 양쪽 발은 다섯 발가락으로 땅을 움켜잡듯이 한다. 중심을 왼

---

147) 태극권 요결 중의 기첩배(氣貼背)를 설명하고 있다.

(그림 121)

쪽으로 옮길 때 몸의 회전을 따라 오른 발을 마치 바닥을 쓸 듯이 오른 쪽으로 돌린다. 동시에 양팔은 손목을 교차하여 역전사(逆纏絲)하며 약간 외상방(外上方)을 향해 붕(掤)한다. 교차점은 가슴의 전상방(前上方)이며 가슴에서 약 30 cm 정도의 간격을 두며 왼손은 안에, 오른손은 밖에 놓이게 한다. 양 손끝은 각각 비스듬하게 위쪽을 향해 경사를 이루게 한다. 장심(掌心)은 각각 좌우로 나누어 향하며, 경(勁)을 중지 지복(指腹)에 까지 운행한다. (그림 121)

第 16 式 금강도대(金剛搗碓)

동작설명 :

동작 1.

몸을 조금 왼쪽으로 돌리며 나선 회전하여 낮추며 중심(重心)은 약간 오른쪽에 둔다. 눈은 좌우를 함께 고려하여 보며 귀로는 몸 뒤 쪽의 동정에 주의를 기울인다. 양팔은 역전사(逆纏絲)를 하며 우상방(右上方) 좌상방(左上方)으로 벌린다. 오른손 장심(掌心)은 우전방(右前方)을 향하고 손끝은 비스듬하게 좌전방(左前方)을 향하며 높이는 오른눈과 같게 한다. 왼손은 장심(掌心)이 아래를 향하며 손끝은 앞을 향하며 왼쪽 무릎 위에 위치하게 한다. (그림 122)

(그림 122)

동작 2.

몸을 약간 오른쪽으로 돌리며 나선 회전하여 조금 낮추며 중심(重心)은 오른쪽에 둔다. 눈은 먼저 오른손을 보고 다시 왼손을 바라본다. 귀로는 몸 뒤 쪽의 동정에 주의를 기울인다. 오른쪽 무릎은 안으로 잠가조이고 왼쪽 다리는 역전사(逆纏絲)하며 발뒤꿈치를 축으로 발바닥을 바닥에 붙인 상태로 발끝을 안쪽으로 갈고리처럼 끌어당긴다. 양 발의 다섯 발가락은 땅을 움켜잡는다. 동시에 오른손은 역전사하며 약간 오른쪽 전상방(前上方)을 향해 전개(展開)하며 엄지손가락으로 붕경(掤勁)을 이끌어 올린다. 높

(그림 123)

이는 오른쪽 눈의 우전방(右前方)에서 약간 위에 이르게 하고 장심(掌心)은 우전방(右前方)으로 향하고 손끝은 좌상방(左上方)을 향하게 한다. 왼손은 순전사(順纏絲)를 하며 밖으로 돌려 장심(掌心)이 좌전방(左前方)을 향하게 하고 손끝이 전하방(前下方)을 향하게 하는데 위치는 왼쪽 무릎 바깥쪽 위에 놓이게 한다. (그림 123)

몸을 계속 오른쪽으로 돌리며 나선 회전하여 낮춘다. 중심(重心)은 하호(下弧)를 그리며 왼쪽으로 쏠린다. 눈은 먼저 오른쪽 손과 발을 보다가 다시 왼쪽 손을 본 연후에 앞을 바라본다. 귀로는 몸 뒤 쪽의 동정에 주의를 기울인다. 왼쪽 무릎은 구부려 안으로 잠가조이고 다리는 역전사(逆纏絲) 하며 안으로 돌리며 다섯 발가락은 땅을 움켜쥔다. (수련할 때 먼저 왼발을 들어 좌전방(左前方)으로 보(步)를 낸 후에 다섯 발가락으로 땅을 잡아도 된다.) 오른발은 발꿈치를 들고, 발끝을 지면에 붙인 채로 왼발 안쪽을 거쳐 리호(里弧)를 그으며 외전방(外前方)으로 나아가며, 왼발의 우전방(右前方)에 이르러 발끝으로 허보(虛步)[148]를 취한다. 동시에 오른손은 하침(下沈)하면서 순전사(順纏絲)로 변하고, 몸의 우전방(右前方)을 지나서 복부 앞에 이르면, 다시 손을 뒤집어서 전상방(前上方)으로 조금 올려서 가슴 높이가 되도록 한다. 이때 장심(掌心)은 위로 향하고 손끝은 앞쪽 약간 아래를 향하게 한다. 왼손은 먼저 순전사(順纏絲)하다 다시 역전사(逆纏絲)로 변하며(침견추주沈肩墜肘에 주의), 장심(掌心)이 왼쪽 전상방(前上方)을 향하게 뒤집어 돌려서 위로 밀어 올린다. 손이 몸 왼쪽을 경유하여

---

148) 태극권 용어. 체중이 실리지 않은 상태의 보(步)를 허보(虛步)라 칭한다.

귀 밑 약간 앞에 이르면 아래로 다시 뒤집어서 전상방(前上方)을 향해 조금 더 올리고, 양 눈앞의 중간에 이르면 다시 하침(下沈)하여 오른쪽 팔꿈치 안쪽에서 합(合)한다. 이때 팔 안쪽은 반원형을 유지하고, 바깥쪽은 붕경(掤勁)을 잃지 않도록 한다. (그림 124 · 125 · 126 · 127 · 128)

【요 점】"동작 1"의 수련은 느리면서 편안하게 한다. "동작 2"에서는 첫 단락에서 오른손을 역전사(逆纏絲)하며 위로 올릴 때 붕경(掤勁)을 잃지 말아야 한다. 왼손을 순전사(順纏絲)로 밖으로 뒤집는 것과 동시에 왼쪽 무릎과 발끝을 안으로 모아서, 위에서는 손이 개(開)하고 아래에서는 양쪽 무릎과 과(胯)와 발이 서로 상합(相合)하도록 한다. 두 번째 단락에서는 오른손이 오른발을 이끌어야 하며, 동시에 왼손과 상합(相合)하여야 한다.

이하의 동작은 제일금강도대(第一金剛搗碓) "동작 6"과 같으므로 생략한다.

(그림 124)

(그림 125)

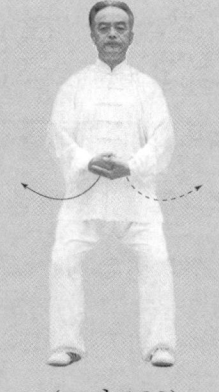

(그림 128)

(그림 127)

(그림 126)

第 17 式 비신추(庇身捶) [배절고(背折靠)가 포함됨.]

동작설명 :

동작 1.

　몸을 살짝 오른쪽으로 돌리며 나선 회전하여 낮춘다. 중심(重心)은 왼쪽에 두며 눈은 양 손을 바라보며 귀로는 몸 뒤 쪽을 듣는다. 왼쪽 다리는 역전사(逆纏絲)하고 오른쪽 다리는 순전사(順纏絲)하며 양 발의 다섯 발가락은 땅을 움켜잡는다. 동시에 오른쪽 주먹은 왼쪽 손바닥 안에서 점련(粘連)하여 선전(旋轉)하여 좌장(左掌)과 동시에 앞을 향하여 약간 순전사(順纏絲)로 변한다. 양쪽 장심(掌心)은 위로 향하는데 오른손은 왼손바닥 위에 놓이며 양손의 손끝은 교차되어 좌전방(左前方)을 향하고 다시 우전방(右前方) 약간 위쪽을 향하게 하는데 높이는 복부의 전상방(前上方) 정도가 되며 복부에서 약 20~30 cm 간격을 둔다.

　몸을 약간 왼쪽으로 돌리며 나선 회전하여 낮춘다. 중심(重心)은 조금 오른쪽에 두었다가 다시 왼쪽에 옮긴다. 눈은 양손을 바라보며 좌우를 함께 고려하여 살핀다. 귀로는 몸 뒤 쪽의 동정에 주의를 기울인다. 왼발은 약간 순전사(順纏絲)하며 오른발은 약간 역전사(逆纏絲)하고 양발의 발가락은 땅을 움켜잡는다. 동시에 양쪽 장심(掌心)은 위를 향한 채 약간 역전사(逆纏絲)를 하고 하침(下沈)하여 배 앞에 이르게 하고, 다시 양옆을 향해 벌려서 왼손은 왼쪽 무릎의 왼쪽 바깥 위쪽에 오른손은 오른쪽 무릎 오른쪽 바깥 위쪽에 놓이게 한다. 양 손목은 안으로 굽히고, 손끝이 서로 마주 보게 한다. (그림 129)

(그림 129)

동작 2.

몸을 약간 왼쪽으로 돌리며 나선 회전하여 낮춘다. 중심(重心)은 왼쪽에 두었다가 다시 오른쪽으로 옮긴다. 눈은 양 손을 바라보고 귀는 몸 뒤쪽에 주의를 기울인다. 왼쪽 무릎을 안으로 잠가조이고 왼발의 다섯 발가락은 땅을 움켜잡는다. 오른 다리는 역전사(逆纏絲)하며 발끝을 위로 치켜서 안으로 합(合)한 후, 발꿈치 안쪽으로 지면을 스치듯이 오른쪽으로 등출(蹬出)한다. 중심(重心)을 오른 쪽으로 옮긴다. 동시에 양 손을 좌우로 나누어 전개하고 장심(掌心)이 위를 향하게 하며 순전사(順纏絲)를 하며 뒤집어 돌린다. 손끝은 좌우로 나누어 향하고 높이는 양 쪽 늑골 정도가 된다. 이어서 양 손은 계속 순전사(順纏絲)를 하여 뒤집어 돌리어 장심(掌心)이 비스듬히 위를 향하게 하여 양손의 새끼손가락이 위를 향해 안으로 합(合)하게 한다.(눈높이가 되게 한다.) 왼손은 밖에 오른손은 안쪽에 놓아 양 손목을 교차시킨다.(가슴 앞보다 약간 높게 한다) 양 손은 역전사(逆纏絲)로 변하여 양 손목을 교차시키어 장심(掌心)이 좌우로 약간 앞에 쏠리게 하고 손끝은 비스듬히 위를 향하게 하며 경(勁)은 중지 지문부위까지 운행한다. (그림 130)

(그림 130)

동작 3.

(그림 131)

(그림 132)

　허리가 주재(主宰)가 되게 하고, 단전(丹田)과 결합하여 동작을 이끌도록 한다. 몸을 먼저 오른쪽으로 돌리며 나선 회전하여 낮춘다. 중심(重心)을 오른쪽에 두며 왼쪽 다리는 역전사(逆纏絲)하여 안으로 합(合)하고 오른쪽 무릎을 안으로 잠가조이며 양발의 다섯 발가락은 땅을 움켜잡는다. 눈은 주먹과 몸의 좌전방(左前方)을 보며 귀로는 몸 뒤와 오른쪽의 동정에 주의를 기울인다. 동시에 양 손(掌)은 주먹으로 변하여 먼저 약간 역전사(逆纏絲)하며 손목을 뒤로 뒤집고 양쪽 주먹의 등이 서로 접근하고 양 손목이 교차하여 점련(粘連)하여 떨어지지 않아야 한다. 양 주먹은 약간 역전사(逆纏絲)를 함과 동시에 손목을 방송(放鬆)하고 두 주먹을 먼저 좌외방(左外方) 약간 앞을 향해 돌림(반원형을 유지하여 붕경(掤勁)을 잃지 않도록 한다)과 동시에 왼쪽 무릎을 안으로 잠가들인 연후에 양 주먹을 교차시킨다. 양 주먹을 점련(粘連)하며 순전사(順纏絲)로 바꾸면서 왼쪽 안을 향하고 다시 오른쪽을 향하여 가슴 앞 중앙선에 이르게 한다. 몸을 왼쪽으로 돌리며 나선 회전하여 낮추고 중심(重心)은 오른쪽에 둔다. 눈은 좌우를 함께 살핀다. 이어서 오른쪽 주먹은 순전사(順纏絲)하며 앞의 약간 위쪽을 향해 붕(掤)을 하며 손목을 약간 안으로 굽힌다. 권심(拳心)은 안으로 향하고 호구(虎口)는 우상방(右上方)으로 향하며 높이는 코끝과 같도록 한다. 동시에 왼쪽 주먹은 역전사(逆纏絲)로 변하여 오른 주먹의 밖에서 왼쪽을 향해 약간 벌리다가 다시 순전사(順纏絲)로 변하여 손목을 안으로 굽힌다. 호구(虎口)는 위로 향하고 높이는 오른쪽 주먹과 같게 한다. 양 주먹 사이의 거리는 한 자 이내로 된다. (그림 131·132)

【요 점】이 동작을 수련할 때 방송(放鬆)하여야 하며 허리가 주재(主宰)가 되어야 하며 단전(丹田)과 결합하여 경(勁)을 이끌어야 한다. 시작 부분에서 양 주먹을 돌릴 때는 빠르고 영활(靈活)하게 해야 하고, 어깨는 송침(鬆沈)[149]하여 위로 흔들거려서는 아니 된다. 뒷부분에서 양 주먹을 벌릴 때는 보다 완만하게 한다. 허리는 차바퀴 축처럼 영활(靈活)해야 하고, 위쪽의 주먹이 좌외전방(左外前方)으로 전개됨(展開)과 동시에 아래쪽의 왼쪽 무릎은 안으로 합(合)하여, 위에서는 개(開)하고 아래에서는 합(合)하도록 수련해야 한다. 즉 상체(上體)는 방송(放鬆)하여 영활(靈活)하게 움직이고, 하체(下體)는 견실하고 안정되게 한다.

동작 4.

허리를 주재(主宰)로 삼아 단전(丹田) 부위와 결합하여 경(勁)을 이끈다. 몸을 갑자기 왼쪽으로 돌리며 나선 회전하여 낮춘다. 약간 침견(沈肩)하고 가슴과 허리를 왼쪽으로 돌리는데 가슴을 열고(개흉開胸) 양 쪽 과(胯)를 방송(放鬆)하고 왼쪽 무릎을 안으로 잠가조이고 왼쪽 다리는 순전사(順纏絲)하며 오른쪽 다리는 역전사(逆纏絲)하여 양 무릎이 합(合)을 이루며 두 발의 다섯 발가락은 땅을 움켜잡는다. 중심(重心)은 왼쪽으로 쏠리

---

149) 태극권 용어. 방송(放鬆)하고 침하(沈下)하여야 한다. 여기서는 어깨를 방송(放鬆)하고 침견(沈肩)해야 한다는 말.

(그림 133)

(그림 134)

며 눈은 오른쪽 팔꿈치 밖을 보고 귀는 좌후방(左後方)의 동정을 듣는다. 동시에 오른쪽 주먹은 코끝의 앞에서부터 오른쪽 전상방(前上方)을 향해 역전사(逆纏絲)로 변하며 허허롭게 주먹을 쥐고 안쪽으로 손목을 구부려서 오른쪽의 전상방(前上方)을 향해 밖으로 뒤집어 붕(掤)을 해낸다. 순전사(順纏絲)로 변하며 팔을 허공에 걸린 듯이 하여 뒤로 손목을 뒤집는다. 권심(拳心)은 위를 향하며 호구(虎口)은 우상방(右上方)을 향한다. 높이는 오른쪽 눈의 위쪽 중간선 정도가 된다. 왼쪽 주먹은 허허롭게 쥐고 원위치로부터 왼쪽을 향해 약간 낮추었다가 개전(開展)하면서 순전사(順纏絲)로 변하며 좌상방(左上方)을 향해 밖으로 뒤집는다. 권심(拳心)은 비스듬히 안쪽의 우상방(右上方)을 향하고 호구(虎口)는 좌후방의 약간 위쪽을 향한다. 높이는 왼쪽 귀와 같게 한다. (그림 133 · 134)

동작 5.

몸을 오른쪽으로 돌리며 나선 회전하여 낮춘다. 중심(重心)은 왼쪽에 둔다. 눈은 먼저 오른쪽 주먹을 보고 다시 왼쪽 주먹을 보고 귀로는 좌후방(左後方)의 동정에 주의를 기울인다. 왼쪽 다리는 역전사(逆纏絲)하며 오른쪽 무릎은 안으로 잠가 조인다. 동시에 오른쪽 주먹은 먼저 역전사(逆纏絲)한 후 순전사(順纏絲)를 하여 눈의 위쪽 중앙선으로부터 하침(下沈)하여 가슴 앞을 거쳐 우측(右側)의 바깥쪽 뒤로 하침(下沈)하며 붕(掤)을 해낸다. 권심(拳心)은 왼쪽의 안으로 향하고 호구(虎口)는 위쪽에서 앞에 치우친 쪽으로 향하며 안으로 손목을 구부린다. 위치는 오른 무릎의 우후방

(右後方)의 외측(外側)보다 약간 위에 놓이게 한다. 왼쪽 주먹은 좌전방(左前方)으로부터 순전사(順纏絲)하여 오른쪽 안으로 합(合)을 하는데 약간쯤은 상호(上弧)를 그리며 눈앞의 중간선에 이르러 조금 낮추어 코끝을 조준하듯이 한다. 권심(拳心)은 안으로 향하고 호구(虎口)는 왼쪽으로 향하며 왼쪽 팔꿈치와 오른쪽 무릎은 서로 합(合)을 이룬다. (그림 135)

(그림 135)

동작 6.

몸을 왼쪽으로 돌리며 나선 회전하여 낮춘다. 중심(重心)은 하호(下弧)를 그리며 오른쪽으로 치우쳐간다. 눈은 좌우를 함께 살피고 귀로는 몸 뒤의 동정에 주의를 기울인다. 오른 다리는 역전사(逆纏絲)하고 왼쪽 무릎은 안으로 잠가조여서 오른쪽 무릎과 합(合)을 이룬다. 양 발의 다섯 발가락은 땅을 움켜잡는다. 동시에 오른쪽 주먹은 허허롭게 쥐고 손목을 안으로 굽혀 역전사(逆纏絲)를 하며 오른쪽 밖의 아래에서부터 우상방(右上方)을 향해 선전(旋轉)하여 우전방(右前方)에 이르러(높이는 오른쪽 눈과 같다) 순전사(順纏絲)로 변하여 몸이 다시 왼쪽으로 도는데 따라 좌전방(左前方)에 이르고 눈앞의 중간선에 이른다. 호구(虎口)는 우상방(右上方)을 향하고 권심은 왼쪽의 약간 뒤에 치우치게 향하도록 한다. 왼쪽 주먹은 역전사(逆纏絲)로 변하여 하침(下沈)하여 배 앞에 이르러 왼쪽으로 옮겨가며 권심(拳心)은 안쪽의 오른쪽을 향하여 왼쪽 늑골 아래 부분에 붙인다. (그림 136 · 137)

(그림 136)

(그림 137)

(그림 138)

【요 점】이 동작은 평온한 속도로 한다. 오른쪽 어깨·오른쪽 과(胯)· 오른쪽 엉덩이를 동시에 하침(下沈)하고 왼쪽 팔꿈치와 왼쪽 무릎은 합(合)을 이루고 오른 주먹과 왼발은 합(合)을 이룬다.

동작 7.

몸을 살짝 오른쪽으로 나선 회전하여 낮춘다. 아래로 탑요(塌腰)[150]를 하고 왼쪽 과(胯)를 방송(放鬆)하고 오른쪽 엉덩이(둔부臀部)를 침하(沈下)한다. 오른쪽 무릎을 안으로 잠가조이고 왼쪽 다리는 역전사(逆纏絲)하며 발끝을 안으로 갈고리처럼 굽혀 들이며 양 무릎은 합(合)하고 왼쪽 다리는 8~9 할 정도 펴고 양쪽 발 다섯 발가락은 땅을 움켜잡는다. 중심(重心)은 대부분을 오른쪽에 두고 눈은 왼쪽 팔꿈치와 왼쪽 발끝을 바라보며 귀는 우후방(右後方)에 주의를 기울인다. 동시에 왼쪽 주먹은 왼쪽 늑골 아래 부분에 붙이고 역전사(逆纏絲)로 선전(旋轉)하며 침견추주(沈肩墜肘)를 하며 뒤로 손목을 꺾고 권심(拳心)을 왼쪽 복부에 붙이며 호구(虎口)는 좌후방(左後方)을 향하게 한다. 오른쪽 주먹은 역전사(逆纏絲)로 변하여 약간 하침(下沈)하고 다시 우상방(右上方)을 향하여 약간 돌리면서 올라간다. 권심(拳心)은 우전방(右前方)을 향하고 호구(虎口)는 아래로 향하며 위치

---

150) 태극권 용어. 일반적으로는 송요(鬆腰)라고 하는데 진가태극권(陳家太極拳)에서는 특별히 탑요(塌腰)라 하여 허리 및 요경(腰勁)이 아래로 확실히 하침(下沈)하는 것을 강조하고 있다.
151) 경혈(經穴) 이름. 관자노리를 태양혈이라 부른다.

는 태양혈(太陽穴)[151]의 우전방(右前方)의 약간 위쪽에 있게 한다. (이 동작을 "배절고(背折靠)"라고 부른다.) (그림 138)

【요 점】이 동작은 비교적 빠른 속도로 수련한다. 왼쪽 팔꿈치와 발끝 그리고 눈의 세 점은 일직선을 이루게 한다. 왼쪽 다리는 8~9할 정도로 펴고, 양 무릎은 서로 합(合)을 이루어서, "왼쪽이 무거우면 왼쪽이 허허롭다(左重則左虛)"는 원칙을 이루어야 한다. 이 동작은 대허대실(大虛大實)로서 허실(虛實)이 분명하다.

第 18 式 청룡출수(靑龍出水)

동작설명 :

동작 1.

몸을 오른쪽으로 돌리며 나선회전하며 낮춘다. 중심(重心)은 왼쪽에 둔다. 눈은 먼저 오른쪽 주먹을 보고 다시 왼쪽 주먹을 보며 귀로는 몸 뒤쪽을 듣는다. 허리를 주(主)로 삼아 단전(丹田)과 결합하여 움직임을 이끌어서 빠르게 오른쪽으로 돌리고 왼쪽 다리는 역전사(逆纏絲)를 하며 안으로 합(合)하고 오른쪽 무릎은 안으로 잠가조여서 왼쪽 무릎과 합(合)을 이루고 양 발의 다섯 발가락은 땅을 움켜잡는다. 동시에 오른쪽 주먹은 오른쪽 태양혈(太陽穴)로부터 순전사(順纏絲)로 뒤집어 돌려 약간 우상방(右上方)을 향하고 다시 오른쪽 전하방(前下方)을 향해 아래로 뒤집는다(주먹은 허허롭게 쥐며 안으로 손목을 구부린다). 오른쪽 팔꿈치와 오른쪽 무릎이 합(合)을 이룬 다음 다시 오른쪽 측면의 뒤쪽 바깥을 향해 역전사(逆纏絲)를 하며(오른 무릎의 바깥쪽 위를 지난다) 뒤집는다. 위치는 오른 무릎의 바깥쪽 뒤에서 무릎보다 약간 높게 하고 주먹은 허허롭게 쥐고 안으로 손목을 꺾으며 권심(拳心)은 좌전방(左前方)을 향하게 하고 호구(虎口)는 약간 우상방(右上方)에 치우치게 한다. 왼쪽 주먹은 왼쪽 늑골부위로부터 순전사(順纏絲)하여 위로 뒤집어 왼쪽 겨드랑이 아래를 지나 (가슴 앞) 중간선의 전상방(前上方)을 향해 뒤집어 돌린다. 주먹은 허허롭게 쥐고 안으로 손목을 갈고리처럼 구부리고 권심(拳心)은 안으로 향하며 호구(虎口)는 위쪽에서 약간 왼쪽으로 향한다. 높이는 코끝과 같게 하여 코에서 약 40 cm정도 사이를 둔다. (그림 139)

【요 점】이 동작을 수련할 때 허리로써 단전(丹田)과 결합(結合)하여 경(勁)을 이끌어 갑자기 신속하게 선전(旋轉)하여 상하(上下)가 결합하도록 한다.

(그림 139)

동작 2.

몸을 왼쪽으로 돌리며 나선 회전하여 낮춘다. 중심(重心)은 왼쪽으로부터 하호(下弧)를 그리며 오른쪽으로 치우쳐간다. 눈은 좌우를 함께 살피며 귀로는 몸 뒤의 동정을 살핀다. 동시에 오른쪽 주먹은 허허롭게 쥐고 안쪽으로 갈고리처럼 손목을 굽히고 역전사(逆纏絲)하며 오른쪽 바깥 후방으로부터 위로 뒤집고 다시 오른쪽 전상방(前上方)을 향해 뒤집어 돌려 오른쪽 전상방(前上方)에 이르게 한다. (팔 안쪽 측면이 반원을 이루어) 팔꿈치와 무릎이 서로 마주하고 주먹은 오른쪽 눈보다 약간 높게 하고 권심(拳心)은 우후방(右後方)에서 약간 아래로 향하며 호구(虎口)는 왼쪽에서 아래로 치우친다. 왼쪽 주먹은 코앞에서 역전사(逆纏絲)하며 안쪽으로 돌아 하침(下沈)하며 주먹은 허허롭게 쥐고 손목은 안으로 굽히고 권심(拳心)은 안으로 향하며 호구(虎口)는 위로 향하고 높이는 배 앞 중간선에 두도록 한다. 팔

(그림 140)

(그림 141)

은 반원형이 되며 팔꿈치는 약간 밖으로 붕(掤)을 하여 왼쪽 무릎과 합(合)을 이루게 한다. (그림 140)

【요 점】이 동작은 수련할 때 비교적 완만하게 한다. 상하좌우(上下左右)는 상합(相合)을 이루도록 한다.

동작 3.

허리를 주재(主宰)로 삼아 단전과 결합하여 경(勁)을 이끈다. 몸을 빠른 속도로 떨어 움직여(두동抖動) 오른쪽으로 선전(旋轉)하며 나선형으로 하침(下沈)한다. 중심(重心)은 오른쪽으로부터 낮추며 왼쪽으로 옮긴다. 눈은 먼저 오른쪽 주먹을 보고 다시 왼손을 바라보며 귀로는 몸 뒤쪽을 듣는다. 왼쪽 엉덩이를 하침(下沈)하며 좌후방(左後方)으로부터 왼쪽 바깥의 앞으로 돌리고 과(胯)를 돌출시킨다. 왼쪽 다리는 역전사(逆纏絲)하며 안으로 돌리고 오른쪽 무릎은 안으로 잠가조이며 양발의 다섯 발가락은 땅을 움켜잡는다. 동시에 오른쪽 주먹은 우전방(右前方)의 위로부터 순전사(順纏絲)하며 밖으로 뒤집으며 빠른 속도로 하침(下沈)하여 왼팔 상박부로 거두어들인다. 권심(拳心)은 위로 향하고 호구(虎口)는 오른쪽의 앞으로 향하게 한다. 왼쪽 주먹은 복부 앞에서부터 장(掌)으로 변하여 역전사(逆纏

---

152) 진동하듯이 떨쳐내다. 태극권의 경(勁) 중에서도 특이한 경(勁)의 하나가 바로 두경(抖勁)이다. "두(抖)"는 진동하듯이 떨쳐내는 동작으로 발경(發勁)의 거리가 무척 짧은 단경(短勁)의 일종이며 매우 고급의 발경법(發勁法)이다. 두동(抖動)은 진동하듯 떨리는 움직임이고 두출(抖出)은 진동하듯이 떨쳐내는 것을 말한다.

絲)하며 약간 전상방(前上方)(원래의 우전방右前方)으로 진동하듯 떨쳐내고(두출抖出)[152] 경(勁)은 손등과 손끝까지 운행하며 높이는 가슴의 전하방(前下方) 정도가 되며 손끝은 앞을 향한다. 장심(掌心)은 우후방(右後方)으로 향하고 호구(虎口)는 위로 향한다. (그림 141)

【요 점】이 동작은 수련할 때 빠르게 한다. 발경(發勁)은 방송(放鬆)되어 영활(靈活)하여 탄력적으로 떨쳐져야 하며 상하상합(上下相合)을 하여야 한다.

(그림 142)

동작 4.

몸을 왼쪽으로 돌리며 나선 회전하여 낮추고 중심(重心)은 왼쪽으로부터 하침(下沈)하여 오른쪽으로 치우치게 이동한다. 발경(發勁) 후에도 중심은 여전히 왼쪽에 있다. 눈은 오른 주먹을 보며 왼쪽을 아울러 살피며 귀로는 몸 뒤의 동정을 살핀다. 동시에 오른 다리는 역전사(逆纏絲)하며 안으로 돌리고 왼쪽 무릎은 안으로 잠가조이며 양발의 다섯 발가락은 땅을 움켜잡는다. 동시에 오른쪽 주먹은 오른쪽 허벅지 위에서 역전사(逆纏絲)하며 안으로 뒤집어 허벅지 안쪽을 타고 내려가 약간 낮추었다가(팔꿈치는 안으로 돌아 앞으로 붕(掤)을 하여 오른 무릎과 합(合)을 한다) 우전방(右前方)의 약간 위에서 발경(發勁)한다. 호구(虎口)는 왼쪽 안의 밑으로 향하고 권심(拳心)은 우하방(右下方)으로 향하여 오른쪽 무릎 위에 위치하는데 높이는 복부와 같게 하며 경(勁)을 하박부(下膊部)의 바깥쪽으로 운행한다. 팔의 안쪽은 반원형

(그림 143)

을 유지하여 붕경(掤勁)을 잃지 않도록 한다. 좌장(左掌)은 주먹으로 변하여 반쯤 허허롭게 쥐고 역전사(逆纏絲)로 안으로 돌려서 상복부의 중간선까지 거두어들인다. 권심(拳心)은 가볍게 아랫배에 붙이고 호구(虎口)는 위로 향하게 하고 팔꿈치는 무릎과 합(合)을 이룬다. (그림 142·143)

【요 점】동작은 수련할 때 속도를 빠르게 한다. 발경(發勁)은 탄성(彈性)이 있어야 하며 몸은 중정(中正)하여 좌우 어디로도 기울거나 비뚤어지지 않아야 하며 상하상합(上下相合)을 하여야 한다. 발경(發勁)을 하기 전에 합경(合勁)을 하는 과도적인 동작이 있어야 한다. 합경을 할 때 침하하여 안정되어야 하며 축경(蓄勁)을 한 후에 발(發)하는 의(意)가 있어야 한다.

第 19 式 쌍추장(雙推掌)

동작설명 :

동작 1.

허리를 주(主)로 삼아 단전(丹田)과 결합하여 경(勁)을 이끌어 움직임을 이끈다. 몸을 먼저 오른쪽으로 돌리며 나선 회전하여 조금 높인 다음 다시 왼쪽으로 돌리며 나선 회전하여 조금 낮춘다. 중심(重心)은 먼저 약간 오른쪽을 향하였다가 다시 왼쪽에 치우치도록 이동한다. 눈은 오른쪽 주먹을 보면서 왼쪽을 함께 살피고 귀는 몸 뒤의 동정을 듣는다. 오른쪽 다리는 순전사(順纏絲)한 후 역전사(逆纏絲)하고 왼쪽 다리는 먼저 역전사(逆纏絲)한 후 순전사(順纏絲)하며 양 무릎은 안으로 합(合)한다. 양 발의 다섯 발가락은 땅을 움켜잡는다. 동시에 오른쪽 주먹은 오른쪽 전하방으로부터 먼저 몸이 오른쪽으로 도는 것에 따라 우전방(右前方)의 약간 위를 향해 약간 역전사(逆纏絲)를 하고 다시 몸이 왼쪽으로 도는 것에 따라 순전사(順纏絲)로 변하여 양쪽 무릎의 앞 중앙선까지 이르는데 높이는 무릎과 같게 한다. 권심(拳心)이 아래로 향하게 허허롭게 쥐며 호구(虎口)는 약간 왼쪽에 치우친 전상방(前上方)에 두며 팔은 허공에 걸리듯 한다. 왼쪽 권심(拳心)은 가볍게 복부에 붙여 몸돌림에 따라 먼저 역전사(逆纏絲)한 후 순전사(順纏絲)를 하며 점련(粘連)하여 선전(旋轉)한다. 침견(沈肩)·현주(懸拄)[153]·활완(活腕)[154]을 하여야 하며 권심(拳心)은 안쪽을 향하게 하여 배에 붙

(그림 144)

이고 호구(虎口)는 위로 향한다. (그림 144)

【요 점】이 동작은 수련할 때 영활(靈活)하게 하며 속도는 조금 빠르게 한다. 허리가 주재(主宰)가 되고 전신 관절을 방송(放鬆)하여 뻣뻣하게 경직되어서는 아니 된다. 경(勁)은 손가락 마지막 마디까지 운행한다.

동작 2.

허리를 주재(主宰)로 하고 단전(丹田)과 결합하여 빠른 속도로 두경(抖勁)을 떨쳐 몸을 이끌어 움직이고 돌연히 오른쪽을 향해 선전하며 나선형으로 하침(下沈)한다. 중심(重心)은 먼저 오른쪽으로 옮겨 빠르게 선전(旋轉)하며 하침(下沈)하여 약간 왼쪽에 치우치게 이동한다. 눈은 오른쪽 전하방(前下方)을 바라보며 귀는 몸 뒤쪽을 듣는다. 왼쪽 다리는 역전사(逆纏絲)하고 오른 다리는 순전사(順纏絲)하며 오른 무릎은 안으로 잠가조이고 양발의 다섯 발가락은 땅을 움켜쥔다. 동시에 왼쪽 주먹은 장(掌)으로 변하며 복부에 가볍게 붙이며 역전사(逆纏絲)에서 순전사(順纏絲)로 변하

---

153) 태극권 용어. 팔과 팔꿈치가 마치 허공에 걸린 듯이 하라는 말. 즉 신체의 어느 곳에도 기대지 아니하고 자연스럽게 팔을 들라는 말.
154) 태극권 용어. 손목이 경직되거나 혹은 지나치게 힘을 쓰지 않는 상태로 적절하게 작용할 수 있는 상태.
155) 태극권 용어. 유연하게 방송(放鬆)되고 영활(靈活)한 상태로 상대에게 붙어 떨어지지 않고 함께 움직이는 것. 청경(聽勁)이 되는 상태에서 가능하지만 반복하여 의식적으로 연습하여 숙련되어야 한다.

여 점련(粘連)[155]돌리며, 침견추주(沈肩墜肘)하고 안으로 손목을 갈고리처럼 굽히고(상하상합한다.) 다시 가슴의 전하방(前下方)을 거쳐 순전사(順纏絲)로 붕(掤)을 해낸다. 안으로 손목을 구부리고 손끝이 안쪽을 향하게 하며 손등이 가볍게 오른팔의 안쪽에 붙인다. 오른 주먹은 양 무릎의 앞에서 거꾸로 꺾으며 장(掌)으로 역전사(逆纏絲)를 하며 손등은 가볍게 왼쪽 팔꿈치 아래에 붙여서 왼쪽 팔꿈치 외측(外側)까지 역전사(逆纏絲)를 하며 장심(掌心)은 밖을 향하게 하며 뒤로 손목을 꺾어 왼팔꿈치에 가볍게 붙이어 경(勁)을 합(合)한다. 호구(虎口)는 아래로 향하며 양팔 팔꿈치 손의 높이는 몸을 돌림에 따라 하침(下沈)하여 가슴 높이와 같게 한다. (그림 145·146·147)

【요 점】이 동작은 아주 빠른 속도로 수련한다. 양쪽 팔과 손을 합(合)하여 오른쪽 전하방(前下方)을 향하여 선전(旋轉)하며 붕(掤)·제(擠)할 때, 중심(重心)은 양손과 대칭경(對稱勁)을 형성해야 한다. 양 팔의 안쪽은 반원형을 이루면서 붕경(掤勁)을 잃지 말아야 하며, 함흉탑요(含胸塌腰)를 하여야 하면서 당(膧)을 합(合)하여야 한다. 형상(形象)은 (함축하는) 권(捲)도 있고 (풀

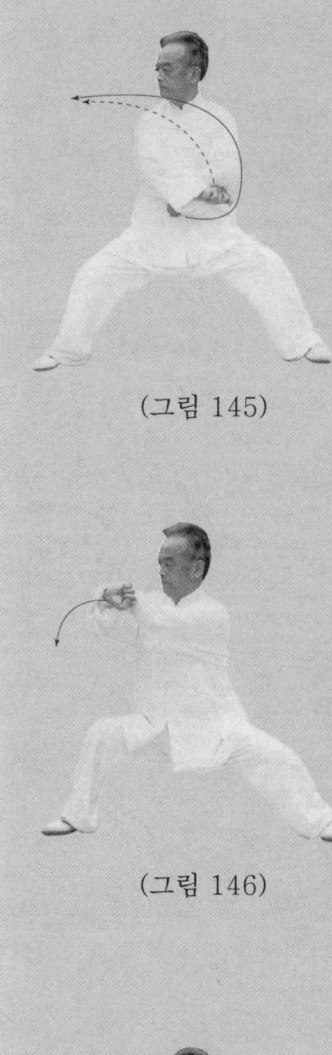

(그림 145)

(그림 146)

(그림 147)

---

156) 권(捲)은 음(陰)·함축(含蓄)·축경(蓄勁) 등을 나타내고 방(放)은 양(陽)·발산(發散)·발경(發勁) 등을 나타낸다. 또 동작상으로 보면 말아넣고 움츠리는 것이 권(捲)이고 활짝 펴는 것이 방(放)이다.

157) 긴주(緊湊)는 동작을 축소하고 응축하는 것이고 서전(舒展)은 동작을 크게 전개하는 것이다. 서로 상대되는 개념으로 역시 태극권 용어이다.

어놓는) 방(放)[156]도 있어서 긴주(緊湊)와 서전(舒展)[157]이 서로 결합되어야 한다.

동작 3.

몸을 왼쪽으로 돌리며 나선 회전하여 낮추었다가 다시 나선 회전하여 높인다. 중심(重心)은 먼저 오른쪽에 두었다가 왼쪽으로 옮긴다. 시선은 오른손을 보면서 왼쪽을 함께 살핀다. 귀는 몸 뒤에 주의를 기울인다. 중심이 오른쪽에 쏠렸을 때 오른 다리는 역전사(逆纏絲)하며 안으로 잠가조이고 왼쪽 다리는 순전사(順纏絲)를 하며 밖으로 돌리며 발뒤꿈치를 축으로 삼고 발바닥을 땅에 붙이고 밖으로 90° 이상 돌리고 중심(重心)을 다시 왼쪽으로 이동하고 다섯 발가락은 땅을 움켜잡는다. 이어서 오른쪽 과(胯)를 다시 송(鬆)하고 오른발 뒤꿈치를 들고 발끝으로 땅을 쓸면서 몸을 왼쪽으로 돌림에 따라 리호(里弧)를 그리면서 오른쪽 약간 앞으로 이동하는데 먼저 역전사(逆纏絲)한 다음 순전사(順纏絲)를 하고 다시 약간 역전사(逆纏絲)를 하여 발끝으로 땅을 찍는다. 오른쪽 무릎과 왼쪽 무릎은 개중우합(開中寓合)[158]을 하여야 한다. 동시에 우장(右掌)은 순전사(順纏絲)로 하침(下沈)하는데(팔꿈치와 무릎은 합습을 이룬다.) 아래로 떨구면서 동시에 밖으로 눌러서 내리고, 다시 무릎의 전상방(前上方) 중앙선과 가슴을 거쳐 오른쪽 전상방(前上方)으로 전개해 나간다. 이때 장심(掌心)은 위로 향하고, 손

---

158) 개(開)한 가운데 합(合)이 깃들어 있다. 태극권의 고급 요결 가운데 하나.

끝은 우전방(右前方)으로 향하며, 높이가 오른쪽 어깨와 같도록 한다. 좌장(左掌)은 역전사(逆纏絲)로 하침(下沈)하여 배 앞을 지나 오른쪽 늑골 아래에 이르러 안으로 손목을 위로 구부리며 장심(掌心)은 위에서 약간 안쪽에 치우치게 하며 새끼손가락과 손바닥의 바깥쪽 변두리는 가볍게 늑골에 붙이며 약간 역전사(逆纏絲)를 하며 밖으로 붕(掤)하는 경(勁)을 잃지 않도록 한다. (그림 148·149·150)

【요 점】이 동작에서는 중심을 더욱 낮추고, 속도도 비교적 완만하게 한다. 아래로 떨구고 밖으로 누를 때는 붕경(掤勁)을 잃지 않도록 하며, 당(膛)을 열어야(開) 한다. 허허롭고 원만하게 해야 한다.

(그림 148)

동작 4.

몸을 왼쪽으로 돌리며 나선 회전하여 낮추고 중심은 왼쪽에 둔다. 눈은 우전방(右前方)을 보며 왼쪽도 함께 살피고 귀는 몸 뒤의 동정을 듣는다. 양 손은 역전사(逆纏絲)하며 좌우로 나누어 밖으로 돌려 올리며 뒤집어 안으로 합(合)을 한다. 양손의 손끝은 양 쪽 귀 밑에서 뒤로 뒤집어 손목을 꺾으며 왼손 장심(掌心)은 우전방(右前方)을 향하고 호구(虎口)는 아래로 향하며 오른손 장심(掌心)은 좌전방(左前方)을 향하고 호구(虎口)는 아래로 향하게 하며 양 손은 밖으로 뒤집으며 위로 떠받쳐 올린다. (가슴을 벌리는 (개흉開胸) 모양이다.) 동시에 오른 다리는 역전사(逆纏絲)하며 안으로 합(合)하고 발끝은 위로 치켜들고 다시 우전방(右前方)으로 등각(蹬脚)하듯

(그림 149)

(그림 150)

(그림 151)

(그림 152)

(그림 153)

차낸다. 좌과(左胯)를 송(鬆)하고 왼쪽 엉덩이를 하침(下沈)하며 왼쪽 무릎을 안으로 잠가조이고 순전사(順纏絲)를 하며 다섯 발가락으로 땅을 움켜잡는다.

몸을 계속 왼쪽으로 돌리며 나선 회전하여 낮추며 양 손은 역전사(逆纏絲)하여 양쪽 귀 밑으로부터 약간 하침(下沈)하여 가슴 앞 중앙선을 거쳐 조금 올리면서 우전방(右前方)을 향해 밀어낸다. 양 손 장심(掌心)은 앞으로 향하고 중지는 약간 비스듬하게 서로 마주하며 양 손바닥 외측은 어깨 너비와 같게 한다. 양쪽 팔과 손은 7~8할 정도 펴고 오른쪽 팔과 손은 조금 높게 왼쪽 손과 팔꿈치는 조금 낮게 하며 경(勁)을 중지의 지복(指腹)까지 운행한다. 동시에 중심은 아래로 낮추며 우전방(右前方)을 향해 이동하여 오른쪽에 치우치도록 하고 오른 다리는 역전사(逆纏絲)하여 안으로 합(合)하고 오른 발의 다섯 발가락은 땅을 움켜잡는다. 왼쪽 다리는 허(虛)로 변하여 발뒤꿈치를 들고 발끝으로 땅을 쓸며 리호(里弧)그리며 순전사(順纏絲)를 하며 허보(虛步)로 따라 붙어 발끝으로 밖으로 그리듯이 땅을 찍는다. 위치는 오른발 안쪽의 약간 뒤이며 발끝은 좌전방(左前方)을 향한다. (그림 151·152·153)

【요 점】이 동작의 수련은 '육봉사폐(六封四閉)의 동작 5·6'과 대체적으로 같다. 다만 이 동작의 앞 단락에서는 몸이 왼쪽으로 돌면서 오른발이 나가는데, '육봉사폐(六封四閉) 동작 5'에서는 오른발을 내딛지 않는다. 그리고 두 번째 단락에서는 양손을 비교적 높

게 밀어서 가슴의 약간 전상방(前上方)을 향하는데, '육봉사폐(六封四閉) 동작 6'에서는 양 손이 가슴의 전하방(前下方)에 위치한다. 당(膛)은 허허롭고 둥글게 하며, 오른쪽 과(胯)를 방송(放鬆)하고 오른쪽 엉덩이를 하침(下沈)하여 우후방(右後方)으로부터 우전방(右前方)을 향하며 외과(外胯)를 돌출시킨다. 왼발 발끝이 지면을 스치면서 근보(跟步)[159]를 취할 때는 요과(腰胯)로서 움직임을 이끌어야 하며, 걸음을 내딛을 때는 가볍고 영활(靈活)하게 한다.

---

159) 태극권 용어. 뒤에 있는 발이 앞에 있는 발을 따라 붙으며 허보(虛步)로 땅을 찍는 동작.

第 20 式 삼환장(三換掌)

동작설명 :

동작 1.

몸을 오른쪽으로 돌리며 나선 회전하여 낮추고 중심(重心)은 왼쪽에 둔다. 시선은 앞을 보며 귀는 몸 뒤 쪽의 동정을 듣는다. 오른발 다섯 발가락은 땅을 움켜잡고 왼쪽 다리는 역전사(逆纏絲)하며 발끝으로 땅을 찍어 축으로 삼아 안으로 돌린다. 동시에 왼팔은 순전사(順纏絲)하며 왼손은 가슴 앞에서 밖으로 뒤집으면서 앞쪽 약간 위를 향해 전개(展開)하는데 높이는 코끝과 같게 한다. 장심(掌心)은 위쪽을 향하고 손끝은 앞쪽 약간 위로 치우쳐 향하게 한다. 오른손은 순전사(順纏絲)하며 밖으로 뒤집으면서 안으로 합(合)하여 왼쪽 팔꿈치 안쪽의 위로 거두어들이는데 새끼손가락과 손바닥의 바깥쪽이 왼팔 앞 하박부 위에 붙인다. 손끝은 앞을 향하고 장심(掌心)은 좌상방(左上方)을 향한다. 양 팔은 붕경(掤勁)을 유지하며 원을 이룬다.

몸을 왼쪽으로 돌리며 나선형으로 회전하여 낮추고 오른발 다섯 발가락은 땅을 움켜잡고 오른 다리는 역전사(逆纏絲)하며 안으로 합(合)하며 오른쪽 엉덩이를 침하(沈下)하고 오른쪽 과(胯)를 돌출시킨다. 왼쪽 다리는 발끝을 축으로 순전사(順纏絲)하며 밖으로 돌리고 무릎을 개(開)하고 원당

(圓膽)을 이루고 중심을 하침(下沈)하여 오른쪽에 둔다. 동시에 오른손은 역전사(逆纏絲)로 변하여 왼쪽 손바닥 위로부터 교차하여 앞의 약간 위를 향해 펼쳐나가 뒤로 뒤집어 손목을 꺾어 장심(掌心)이 앞을 향하고 손끝이 좌후방(左後方)의 약간 위로 향하게 하며 가운데 손가락의 높이는 눈과 같게 한다. 왼손은 앞으로부터 오른손과 서로 교차하여 약간 역전사(逆纏絲) 하며 거두어들인다. 장심(掌心)은 약간 안쪽에 치우친 우상방(右上方)을 향하며 손끝은 앞의 약간 위로 향한다. 손끝의 위치는 오른 팔꿈치의 안쪽 전측면(前側面)에 놓이며 높이는 가슴과 같게 한다. 시선은 양 손을 보면서 좌우를 함께 살피고 귀는 몸 뒤쪽의 동정을 듣는다. (그림 154 · 155 · 156)

(그림 154)

【요 점】 이 동작은 두 단락으로 나눌 수 있으며, 수련할 때 비교적 빠르게 한다. 어깨를 방송(放鬆)하고 양 팔 안쪽이 원을 이루게 해야 하며 붕경(掤勁)을 잃지 말아야 한다. 첫 단락에서는 합당(合膽)을 하며, 두 번째 단락에서는 당(膽)을 허허롭고 둥글게 만들어야 한다. 수련할 때 경령(輕靈)함과 침착(沈着)함을 겸비하여야 한다.

(그림 155)

동작 2.

몸을 조금 왼쪽으로 돌리며 나선 회전하여 높이며 침견(沈肩)하고 개흉(開胸)을 하며 선전(旋轉)하고 다시 오른쪽으로 몸을 돌리며 나선 회전하여 낮춘다. 왼쪽 다리는 발끝으로 땅을 찍고 먼저 순전사(順纏絲)로 왼쪽으

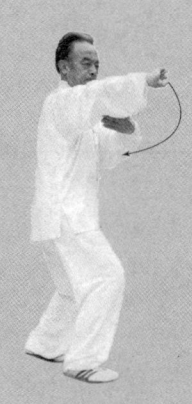

(그림 156)

(그림 157)

(그림 158)

로 돌아 밖으로 개(開)하고 다시 역전사(逆纏絲)하며 안으로 돌아 오른쪽 무릎과 합(合)을 이룬다. 오른 다리는 먼저 역전사(逆纏絲)하며 왼쪽으로 돌고 다시 순전사(順纏絲)하며 밖으로 돌린다. 오른쪽 무릎은 안으로 잠가 조이고 오른발 다섯 발가락은 땅을 움켜잡는다. 중심은 오른쪽에 이동했다가 왼쪽으로 쏠린다. 동시에 오른손은 전상방(前上方)에서 약간 앞으로 올라가 역전사(逆纏絲)하며 밖으로 벌리고(開) 다시 순전사(順纏絲)로 변하며 하침(下沈)하여 식지(食指)로서 왼쪽 팔꿈치 안쪽 아래에서 거두어 합(合)한다. 장심(掌心)은 안으로 향하고 호구(虎口)는 위로 향하게 하며 손끝은 왼쪽으로 향하게 한다. 왼손은 먼저 역전사(逆纏絲)하며 손목을 안으로 꺾은(침견추주沈肩墜肘하여 바깥쪽 안으로 올라가며 뒤집어 돌린다) 후에 다시 약간 순전사(順纏絲)로 변하고(왼쪽 팔꿈치는 가슴의 왼쪽 전상방前上方으로부터 약간 하침한다) 다시 역전사(逆纏絲)로 변하여 뒤로 손목을 뒤집어 꺾어 장(掌)을 펼쳐서 엄지손가락이 주(主)가 되게 하여 전상방(前上方)으로 뒤집어 펼쳐낸다. 손끝은 우상방(右上方)으로 향하고 중지는 눈과 같은 높이로 하며 장심(掌心)은 앞을 향한다. 왼팔 안쪽은 반원형을 유지하며 붕경(掤勁)을 잃지 않도록 한다. 눈은 양 손을 바라보며 좌우를 아울러 살피고 귀는 몸 뒤쪽의 동정을 듣는다. (그림 157·158)

【요 점】이 동작을 비교적 빠르게 수련한다. 주의할 점은 몸을 먼저 왼쪽으로 돌리며 나선 회전하여 약간 올려서 돌릴 때 어깨는 방송(放鬆)되고 영활(靈活)하여야 하며 치켜들지 말아야 하며 몸을 오른쪽으로 돌리며 나선형으로 하침(下沈)할 때 어깨는 송침

(鬆沈)해야 하고 오른쪽 팔꿈치는 떨어져 내리되 옆구리에 붙이지 말아야 하며 허리와 옆구리는 모두 선전(旋轉)하고 개합(開合)하며 허허롭게 원으로 움직인다. 양 다리는 먼저 개(開)한 후에 합(合)을 하며 허허로워야 하고 원을 그려야 한다(둥글어야 한다).

동작 3.

몸을 왼쪽으로 돌리며 나선 회전하여 낮춘다. 오른 다리는 역전사(逆纏絲)하며 안으로 돌리고 다섯 발가락은 땅을 움켜잡는다. 왼쪽 다리는 발끝으로 땅을 찍고 순전사(順纏絲)로 밖으로 돌리고 무릎을 밖으로 벌려(開) 원당(圓膛)을 이룬다. 중심은 왼쪽에서부터 하침(下沈)하여 오른쪽에 둔다. 동시에 오른손은 역전사(逆纏絲)로 변하며 왼쪽 팔꿈치 아래로부터 안으로 뒤집어 밖으로 벌리며 전상방(前上方)을 향해 펼쳐낸다. 손끝은 안쪽의 좌상방(左上方)으로 비스듬히 향하고 약간 뒤로 손목을 꺾고 장심(掌心)은 우전방(右前方)을 향하는데 손은 오른쪽 눈의 우전방(右前方)에 있도록 한다. 왼손은 전상방(前上方)으로부터 약간 순전사(順纏絲)로 복부 앞까지 하침(下沈)하여 왼쪽 바깥의 뒤를 향해 역전사(逆纏絲)로 개전(開展)하고 다시 약간 순전사(順纏絲)로 변한다. 경(勁)은 중지 지문부위까지 운행한다. 손끝은 좌전방(左前方)을 향하고 장심(掌心)은 아래로 향하여 왼쪽 허벅지의 좌전방(左前方) 바깥쪽 약간 위쪽에 놓이게 한다. 눈은 먼저 왼손을 보고 다시 오른손을 보며 귀로는 몸 뒤쪽의 동정에 주의를 기울인

(그림 159)

(그림 160)

다. (그림 159 · 160)

【요 점】이 동작을 수련할 때 속도를 완만하고 평화롭게 하며 형상(形象)은 개전(開展)하여 마치 백학(白鶴)이 날개를 펼친 듯이 한다. 벌릴 때 먼저 상하상합(上下相合)한 후 벌려야 한다. "중요한 곳에서는 전부 다 가슴과 허리로써 운화(運化)한다"는 점을 실현해내야 한다. 동작은 방송(放鬆)하여야 하며 운경(運勁)을 함에 경직되어서는 아니 된다.

第 21 式 주저추(肘底錘)

동작설명 :

동작

　몸을 오른쪽으로 돌리며 나선 회전하여 낮추면서 중심은 약간 왼쪽에 둔다. 왼쪽 다리는 역전사(逆纏絲)하며 발끝으로 땅을 찍어 축으로 삼고 무릎을 안으로 돌린다. 오른 다리는 순전사(順纏絲)하며 무릎을 안으로 잠가조이며 다섯 발가락은 땅을 움켜쥔다. 동시에 왼손은 먼저 조금 역전사(逆纏絲)하여(침견(沈肩)하여야 한다) 약간 밖으로 벌리고 순전사(順纏絲)로 변하며 몸의 왼쪽 측면으로부터 위쪽으로 뒤집으며 안으로 합(合)을 하여 좌전방(左前方)을 경유하여 외호(外弧)를 그리며 얼굴 앞 중간선에서 약간 왼쪽까지 이르러 역전사(逆纏絲)로 변하며 입장(立掌)을 하여 하침(下沈)한다. 장심(掌心)은 오른쪽을 향하고 손가락 끝은 위쪽을 향하며 눈높이와 같게 한다. 오른손은 먼저 조금 역전사(逆纏絲)를 하고 다시 순전사(順纏絲)로 바꾸며, 우전방(右前方)으로부터 하침(下沈)하는데 배 앞을 지나 왼쪽 팔꿈치 아래에 이르러 호구(虎口)로써 가볍게 받쳐준다. 허허롭게 주먹을 쥐며 손목은 안으로 굽히고 오른쪽은 침견추주(沈肩墜肘)를 하며 팔의 안쪽은 원을 이루도록 하고 붕경(掤勁)을 잃지 않도록 한다. 눈은 앞을 보며 귀는 몸 뒤쪽의 동정에 주의를 기울인다. (그림 161 · 162)

(그림 161)

(그림 162)

【요 점】이 동작을 수련할 때 방송(放鬆)하고 편안하게 전개해야 하며 속도는 완만하고 평화롭게 한다. 몸은 바르게 해야 하며 비뚤어지고 기울지 않도록 한다.

第 22 式　도권굉(倒捲肱)

동작설명 :

동작 1.

　허리를 주(主)로 하고 단전(丹田)과 결합하여 경(勁)을 이끌며 몸을 먼저 오른쪽으로 돌리며 나선 회전하여 높이며 중심(重心)을 왼쪽에 둔다. 시선은 몸 왼쪽을 보며 귀는 몸 뒤 쪽에 주의를 둔다. 과(胯)를 송(鬆)하고 왼쪽 엉덩이를 약간 위로 뒤집고 굴슬(屈膝)한다. 왼발 발끝으로 땅을 찍고 다리는 역전사로 안으로 합(合)한다. 오른쪽 다리를 순전사(順纏絲)하며 무릎을 안으로 잠가조이고 다섯 발가락은 땅을 움켜잡는다. 동시에 왼손은 순전사(順纏絲)하며 정수리의 위쪽까지 경(勁)을 이끌고 손끝은 비스듬히 좌상방(左上方)으로 향하며 장심(掌心)은 우상방(右上方)으로 향하게 한다. 오른 주먹은 왼쪽 팔꿈치 밑에서 점련(粘連)[160]하며 순전사(順纏絲)하며 밖으로 뒤집어 돌린다. 엄지와 식지 중지로 왼쪽 팔꿈치 아래의 안쪽 옆에 점련(粘連)하는데 호구(虎口)는 전상방(前上方)을 향하고 권심(拳心)은 안쪽 위를 향하며 주먹의 높이는 왼쪽 가슴과 같게 한다.

　몸을 왼쪽으로 돌리며 낮추고 중심(重心)은 왼쪽에서 오른쪽으로 이동하

---

160) 방송(放鬆)되어 유연한 상태로 떨어지지 않고 항상 붙어 있는 상태를 점련(粘連)이라 한다. 태극권 용어.

(그림 163)

(그림 164)

(그림 165)

며 눈은 좌우를 함께 신경을 써 살핀다. 동시에 침견추주(沈肩墜肘)・함흉탑요(含胸塌腰)・송과(鬆胯)・굴슬(屈膝)을 하면서 오른 다리는 역전사(逆纏絲)하며 다섯 발가락은 땅을 움켜잡는다. 왼쪽 다리는 먼저 순전사(順纏絲)를 하고 다시 역전사(逆纏絲)로 변한 후에 순전사(順纏絲)로 변하며 발끝의 안쪽으로 좌후방(左後方)을 향해 먼저 리호(里弧)를 그은 후 다시 좌후방(左後方)의 밖을 향해 발을 떨구는데 발끝은 약간 밖을 향하게 한다. 동시에 왼손은 머리 위에서 역전사(逆纏絲)로 변하며 하침(下沈)하여 가슴 앞을 지나 복부 앞에서 좌측면(左側面)의 뒤를 향해 펼쳐내고 약간 순전사(順纏絲)를 한다. 경(勁)은 중지 지문부위까지 운행하며 장심(掌心)은 아래를 향하고 손끝은 좌전방(左前方)의 아래를 향하게 한다. 위치는 왼쪽 허벅지 좌전방(左前方)의 위쪽이 되게 한다. 오른 주먹은 왼쪽 팔꿈치 안쪽으로부터 점련(粘連)하여 돌리며 역전사(逆纏絲)로 올라와 뒤집어서 장(掌)으로 바꾸고 뒤로 손목을 꺾는다. 가슴 앞에서부터 장심(掌心)은 앞을 향하고 손끝은 좌후방(左後方)으로 향하게 하여 전상방(前上方)을 향해 전개하여 눈앞의 중간선에 이르러 다시 우전방(右前方)의 밖을 향하여 전개하고 약간 순전사(順纏絲)로 변한다. 경(勁)은 중지 지문부위까지 운행하고 위치는 우전방(右前方)이 되게 하며 높이는 코와 같게 한다. 장심(掌心)은 우전방(右前方)을 향하고 손끝은 위에서 약간 왼쪽으로 치우쳐 향하도록 하고 귀로는 몸 뒤의 동정에 신경을 쓴다. (그림 163・164・165)

【요 점】이 동작은 두 단락으로 나누어진다. 첫째 단락은 위로 끌어올리는 인경(引勁)으로 경령(輕靈)해야 하며 양 무릎이 서로 합(合)

이 되어야 한다. 둘째 단락은 개경(開勁)으로, 첫발을 뒤로 물려 땅에 떨어뜨려 보(步)를 멈춘 후 왼발 끝이 좌전방(左前方)을 향하도록 해야 한다. 그러나 발끝이 너무 바깥쪽을 향하지 않게 하여 다음 발걸음에 조건을 만들어줌으로써, 차례로 걸음을 물릴 때[161] 왼발 발끝이 어지러워서 신법(身法) 동작의 정확성에 영향을 주지 않도록 해야 한다.

동작 2.

(그림 166)

몸을 왼쪽으로 돌리며 나선 회전하여 낮추면서 중심(重心)을 우전방(右前方)에 치우치게 둔다. 오른 다리는 역전사(逆纏絲)하며 다섯 발가락으로 땅을 움켜쥔다. 왼다리는 순전사(順纏絲)하며 무릎을 안으로 잠가조이고 다섯 발가락은 땅을 움켜잡는다. 동시에 양 손은 우전방(右前方)의 바깥쪽과 좌측 후방의 바깥쪽을 향해 나누어서 약간 역전사(逆纏絲)를 하며 개전(開展)한다. 오른손은 우전방(右前方)에 있고 높이는 어깨와 같게 하며 장심은 전하방(前下方)을 향하게 하며 손끝은 우전방(右前方)의 위를 향하게 한다. 왼손 손끝은 좌후방(左後方)의 아래를 향하며 장심(掌心)은 아래를 향한다. (그림 166)

【요 점】 이 동작은 "합(合)을 하려거든 먼저 개(開)를 한다.[162]"는 뜻이

---

161) 즉 왼발에 이어서 오른발이 뒤로 물러나야 하는 상황에 대한 설명이자 조건이다.
162) 욕합선개(欲合先開).

다. 동작은 경령(輕靈)하게 하고 비교적 빠르게 한다. 허리가 주재(主宰)가 되어야 하며, 몸이 좌우로 기울거나 돌려서는 안되며, 붕경(掤勁)을 잃지 않도록 한다.

동작 3.

몸을 오른쪽으로 돌리며 나선 회전하여 낮추면서 왼쪽 다리는 순전사(順纏絲)로 오른 다리는 역전사(逆纏絲)로 양 무릎을 결합하여 선전(旋轉)하며 합(合)을 하고 양 발의 다섯 발가락은 땅을 움켜잡는다. 중심(重心)은 좌후방(左後方)에 치우치게 바뀐다. 동시에 왼손은 좌측 후하방(後下方)으로부터 순전사(順纏絲)를 하며 굽혀 팔꿈치를 떨구고 뒤로 손목을 꺾어 위로 뒤집어서 왼쪽 귀 아래의 옆구리(늑골) 가까운 곳에 이르게 한다. 손끝은 뒤를 향한다. 오른손은 순전사(順纏絲)로 바꾸어 우전방(右前方)의 밖을 향하게 하여 약간 하침(下沈)하고 다시 우전방(右前方)을 향해 뒤로 뒤집어(높이는 눈과 같게 한다) 안으로 합(合)을 하여 역전사(逆纏絲)로 코끝 중앙선에 이르게 한다. 손끝은 비스듬하게 전상방(前上方)을 향하며 장심(掌心)은 왼쪽을 향한다. 눈은 앞을 보면서 뒤도 고려하고 살핀다. (그림 167)

(그림 167)

【요 점】이 동작은 비교적 빠르게 하며, 차바퀴의 축처럼 허리가 살아야 한다. 왼쪽 팔꿈치는 약간 좌전방(左前方)을 향해 아래로 떨구며, 앞의 오른손 손목은 밖으로 꺾고 팔꿈치는 오른쪽 밖을 향해 약간 하침(下沈)하며 붕경(掤勁)은 잃지 않게 한다. 앞의 오른

손 손목과 뒤의 왼손은 중간선에서 전후(前後)로 서로 마주해야 하며, 또 상하상합(上下相合)해야 한다.

동작 4.

몸을 오른쪽으로 돌리며 나선 회전하여 낮추면서 중심(重心)을 왼쪽 앞에 둔다. 왼쪽 다리는 역전사(逆纏絲)하며 다섯 발가락은 땅을 움켜잡는다. 오른 다리는 먼저 조금 순전사(順纏絲)하며 발뒤꿈치를 들어 발끝 안쪽으로 역전사(逆纏絲)하며 리호(里弧)를 그으며 우후방(右後方)의 바깥쪽으로 물러나면서 순전사(順纏絲)로 변하고 발끝을 약간 우전방(右前方)을 향하게 하며 뒤꿈치를 떨군다. 동시에 앞의 오른손은 역전사(逆纏絲)하며 하침(下沈)하고 뒤의 왼손은 역전사(逆纏絲)하며 전상방(前上方)을 향하며 가슴 앞 중앙선으로부터 교차하며 리호(里弧)를 그리며 왼쪽이 앞으로 오른쪽이 뒤로 가고 다시 앞은 좌전방(左前方)으로, 뒤는 우후방(右後方) 옆의 바깥쪽으로 향해 각각 나누어져 전개하며 순전사(順纏絲)로 변한다. 경(勁)은 중지 지문부위까지 운행한다. 왼손 손끝은 전상방(前上方)을 향하고 장심(掌心)은 앞을 향하며 높이는 어깨와 같다. 오른손은 오른쪽 허벅지 외측에 두며 손끝은 우전방(右前方)을 향하고 장심(掌心)은 아래로 향한다. 눈은 앞을 보면서 뒤도 주의를 게을리 하지 않는다. (그림 168)

(그림 168)

이 동작은 '동작 1'의 뒤로 물러나는 동작과 (좌우가) 상반되지만 같은 것이다.

(그림 169)

동작 5.

몸을 계속 오른쪽으로 돌리며 나선 회전하여 낮춘다. 침견(沈肩)을 하고 개흉(開胸)을 하면서 오른쪽으로 돈다. 왼쪽 다리는 역전사(逆纏絲)하며 다섯 발가락은 땅을 움켜잡는다. 중심은 왼쪽 앞에 둔다. 오른 다리는 순전사(順纏絲)하며 무릎을 안으로 잠가조이고 다섯 발가락으로 땅을 움켜잡는다. 동시에 왼손은 왼손의 밖을 향해 순전사(順纏絲)를 하며 약간 하침(下沈)한다. 높이는 왼쪽 어깨와 같게 하며 손끝은 좌전방(左前方)을 향하며 장심(掌心)은 좌전방(左前方)의 아래를 향한다. 오른손 손끝은 우후방(右後方)을 향하고 장심(掌心)은 아래를 향하게 하며 오른쪽 허벅지의 우후방(右後方)에 둔다. 동시에 숨을 들이쉬고 눈은 앞을 보면서 뒤도 살핀다. (그림 169)

이 동작의 수련법은 '동작 2'와 (좌우가) 상반되지만 같은 것이다.

동작 6.

허리를 주재(主宰)로 삼아 단전과 결합하여 경(勁)을 이끈다. 몸을 왼쪽으로 돌리면서 나선 회전하여 낮추고 중심(重心)을 오른쪽 뒤에 둔다. 왼쪽 다리는 역전사(逆纏絲)하며 무릎을 안으로 잠가조이며 다섯 발가락으로 땅을 움켜잡는다. 오른쪽 다리는 순전사(順纏絲)하며 안으로 합(合)하고 다섯 발가락으로 땅을 움켜잡는다. 허리로 움직임을 이끌어내고 동시에 왼손은 순전사(順纏絲)하며 좌전방(左前方) 바깥을 향해 약간 하침(下沈)하고 다시 위로 뒤집으며 손목을 뒤로 꺾으며 안으로 합(合)을 하고 왼쪽 눈앞에서 코 앞 중간에 이르게 한다. 장심(掌心)은 오른쪽으로 향하고 손끝은 비스듬히 전상방(前上方)으로 향하며 손목을 뒤로 꺾는다. 왼쪽 팔꿈치는 좌하방(左下方)으로 떨구어 무릎과 서로 합(合)을 이룬다. 오른손은 우후방(右後方)으로부터 순전사(順纏絲)하며 몸의 우측을 거쳐 위로 뒤집으며 손목을 뒤로 꺾으면서 역전사(逆纏絲)로 변하여 손끝은 뒤를 향하게 하여 오른쪽 귀 밑에 놓이게 하며 장심(掌心)은 좌상방(左上方)으로 향하게 하며 팔꿈치를 떨어뜨린다(추주墜肘). 왼손과 오른손은 하나의 선(線) 위에 있게 한다. 시선은 앞뒤를 함께 살피되 앞 쪽을 위주로 살핀다. (그림 170)

(그림 170)

이 동작의 수련법은 '동작 3'과 (좌우만) 다를 뿐 같은 것이다.

동작 7.

'동작 1'의 두 번째 단락과 중복되기에 생략하였다. (그림 171)

(그림 171)

【요 점】도권굉(倒捲肱) 동작은 적어도 일곱 개로 나누어지고 삼보(三步)를 물러나므로 모두 홀수이다. 일반적으로는 연습할 때는 오보(五步)를 물러나서 열세 개 동작을 하는데, 동작과 퇴보(退步)의 수는 여전히 홀수가 된다. 왼손과 왼발이 모두 좌후방(左後方)에 놓이는 발걸음까지 물러나서 다음 초식(招式)을 이어간다.

동작에서 전신이 충분히 절절관관(節節貫串)[163]하고, 마치 차바퀴의 축처럼 허리가 살아 움직여야 한다.

---

163) 태극권 용어. 전신의 관절 마디마디가 마치 구슬을 꿴듯이 하나로 연결이 되어 있어야 한다는 요결.

第 23 式 퇴보압주(退步壓肘)

동작설명 :

동작 1.

두 개의 단락으로 나뉜다. 허리가 주(主)가 되어 단전과 결합하여 경(勁)을 이끈다. 몸을 왼쪽으로 돌리면서 나선 회전하여 낮춘다. 가슴을 벌리고 왼쪽으로 돌며 복부를 왼쪽으로 돌리며 앞으로 돌출시키며 하침(下沈)한다. 중심(重心)은 오른쪽으로부터 왼쪽으로 옮긴다. 동시에 오른 다리는 역전사(逆纏絲)하며 안으로 돌리고 왼쪽 다리는 순전사(順纏絲)하며 무릎을 안으로 잠가 조인다. 양 발은 땅을 실(實)하게 딛고 다섯 발가락은 땅을 움켜잡는다. 동시에 오른손은 역전사(逆纏絲)로 전개(展開)하다가 순전사(順纏絲)로 변하여 앞을 향하여 밖으로 벌리며(개開) 약간 하침(下沈)하여 오른쪽 어깨와 같은 높이가 되도록 한다. 장심(掌心)은 우전방(右前方)으로 향하며 손끝은 위로 향하면서 오른쪽 어깨의 앞에 놓이게 한다. 왼손은 허벅지 바깥의 전방(前方)에서 약간 역전사(逆纏絲)하며 엄지손가락으로 경(勁)을 이끌어 좌측(左側)의 바깥 뒤를 향해 작은 반호(半弧)를 그으며 밖으로 붕경(掤勁)을 더하여서 왼쪽 허벅지의 바깥에 놓이게 한다. 장심(掌心)은 아래로 향하고 손끝은 앞쪽에서 약간 아래로 향한다. 눈은 먼저 오른손을 보면서 왼손을 함께 바라보며 귀는 몸 뒤 쪽에 주의를 둔다. 몸을 계속 왼쪽으로 돌리면서 나선 회전하여 낮춘다. 침견(沈肩)을 하며 약간 추주

(墜肘)를 하고 가슴을 열고(개開) 왼쪽으로 돌리며 차츰 함흉(含胸)을 해 가며 배를 왼쪽으로 돌리며 약간 돌출시키며 하침(下沈)하고 송과굴슬 (鬆胯屈膝)하며 합(合)을 한다. 둔부(臀部)를 왼쪽으로 침하(沈下)하며 오른쪽 엉덩이를 오른쪽으로 돌리며 약간 위로 뒤집는다 중심(重心)은 좌후방(左後方)으로부터 우전방(右前方)으로 변해간다. 동시에 오른다리는 계속하여 역전사(逆纏絲)로 안으로 돌고 왼다리는 순전사(順纏絲)로 밖으로 돌며 무릎은 안으로 잠가조이며 양발은 착실하게 디디고 다섯 발가락은 땅을 움켜쥐어 용천혈(湧泉穴)을 허허롭게 비운다. 동시에 오른손은 우전방 (右前方)에서 순전사(順纏絲)로 안으로 합(合)을 하며 약간 하호(下弧)를 그리며 다시 위로 향하는데 새끼손가락으로 경(勁)을 이끌어서 코앞의 중간선에 이르게 하고 오른쪽을 향해 손목을 뒤로 꺾고 장심은 좌전방(左前方)의 위로 약간 치우쳐 향하게 하며 손끝은 우전방(右前方)으로 향한다. 왼손은 역전사(逆纏絲)로 엄지손가락으로 경(勁)을 이끌어 계속하여 왼쪽 옆의 후방(後方)으로 돌리며 작은 외호(外弧) 절반 그리며 붕경(掤勁)을 더 강화한다. 왼쪽 과(胯)의 밖에서 약 30 cm 정도 되는 곳에 놓이게 한다. 장심(掌心)은 좌하방(左下方)으로 향하고 손끝은 우전방(右前方)의 약간 아래로 향하게 한다. 눈은 앞뒤를 살피고 귀는 몸 뒤쪽에 주의를 기울인다. (그림 172)

(그림 172)

【요 점】이 동작은 두 단락으로 나뉜다. 첫 단락은 오른손을 밖으로 벌리며 가슴을 왼쪽으로 돌리는 것으로 개경(開勁)이다. 횡(橫)으로는 열고(開開) 상하로는 상합(相合)해야 한다. 둘째 단락은 오른

손이 순전사(順纏絲)하며 안으로 합(合)을 할 때 속도를 조금 빠르게 하여 왼손과 좌우에서 호응(呼應)하여 경(勁)을 합(合)해야 한다. 왼손은 역전사로 좌하방(左下方)에서 오른손과 비스듬한 방향으로 대칭을 형성하며 밖으로 붕경(掤勁)을 더한다. 분해 동작은 비교적 느리게 하지만 연속동작은 속도를 빠르게 한다.

동작 2.

몸을 오른쪽으로 돌리며 나선 회전하여 낮춘다. 왼쪽 다리는 역전사(逆纏絲)하며 안으로 돌리고 오른쪽 다리는 순전사(順纏絲)하며 밖으로 돌리며 무릎을 안으로 잠가조이고 양발은 실(實)하게 디디고 다섯 발가락은 땅을 움켜잡으며 용천혈(湧泉穴)을 비운다. 동시에 오른손은 역전사(逆纏絲)로 변하며 먼저 상하상합(上下相合)을 하고 다시 약간 위쪽으로 호를 그리며 전개(展開)한다. 장심(掌心)은 우전방(右前方)으로 향하고 손끝은 위쪽의 약간 왼쪽을 치우친 곳으로 향한다. 손가락은 눈높이와 같게 하며 우전방(右前方)에 있게 한다. 왼손은 순전사(順纏絲)로 변하며 먼저 상하상합(上下相合)을 하고 약간 하침(下沈)하여 몸의 좌측으로부터 오른쪽을 향해 외호(外弧)를 그리며 배 앞의 중간선에 이르게 한다. 손목을 왼쪽 뒤로 뒤집고 장심(掌心)은 우전방(右前方)으로 향하게 하고 손끝은 좌하방(左下方)에 치우치게 하며 배에서 약 주먹 다섯 개 정도의 간격으로 한다. 중심(重心)은 우전방(右前方)으로부터 왼쪽으로 치우쳐가며 눈은 먼저 오른손을 보고 왼쪽을 함께 고려한다. 귀로는 몸 뒤쪽의 동정을 듣는다. (그림 173)

【요 점】이 동작에 대한 요구는, 횡(橫)으로 향하는 것은 개경(開勁)이

(그림 173)

지만 양손은 우상(右上)과 좌하(左下)로 멀리서 서로 호응하며 경(勁)을 합(合)해야 한다. 어깨와 과(胯)·팔꿈치와 무릎·손과 발이 상하상합(上下相合)을 해야 한다. 횡(橫)으로 향해 개(開)하려거든 먼저 상하상합(上下相合)을 하라.

동작 3.

두 단락으로 나뉜다. 허리가 주재(主宰)가 되어 단전과 결합하여 경(勁)을 이끈다. 몸을 왼쪽으로 돌리면서 나선 회전하여 낮춘다. 침견(沈肩)하면서 약간 추주(墜肘)한다. 가슴을 열고 배를 앞으로 돌출시키면서 왼쪽으로 돌며 아래로 낮춘다. 송과(鬆胯) 굴슬(屈膝)하며 합(合)을 한다. 왼쪽 다리는 순전사(順纏絲)하며 밖으로 돌리고 무릎은 안으로 잠가조이며 오른쪽 다리는 역전사(逆纏絲)하여 안으로 합(合)을 하고 양 발을 실(實)하게 디디고 다섯 발가락은 땅을 움켜잡고 용천혈(湧泉穴)은 비운다. 중심(重心)은 몸을 낮추면서 우전방(右前方)에 치우치게 변화한다. 동시에 오른손은 역전사(逆纏絲)하며 엄지손가락으로 경(勁)을 이끌며 우전방(右前方)의 밖을 향해 약간 아래로 전개(展開)하며 약간 순전사(順纏絲)로 변한다. 위치는 오른쪽 어깨 앞에 놓이게 하며 높이는 어깨와 같게 하고 장심(掌心)은 우전방(右前方)으로 향하며 손끝은 위쪽 방향에서 조금 앞으로 치우쳐 향한다. 왼손은 약간 역전사(逆纏絲)하며 먼저 약간 하침(下沈)하고 상하상합(上下相合)하여 복부에 가볍게 붙인다. 장심(掌心)은 안으로 향하고 손끝은 우전방(右前方)으로 향한다. 시선은 오른쪽을 보면서 왼쪽을 함께 살피고 귀는 몸 뒤에 주의를 기울인다.

몸을 오른쪽으로 돌리면서 나선 회전하여 낮춘다. 침견추주(沈肩墜肘)·함흉탑요(含胸塌腰)·송과굴슬(鬆胯屈膝)하며 합(合)을 한다. 왼다리는 역전사(逆纏絲)하며 안으로 돌리고 오른 다리는 순전사(順纏絲)하며 밖으로 돌리며 무릎을 안으로 잠가조이고 양발은 실(實)하게 딛고 다섯 발가락은 땅을 움켜잡고 용천혈(湧泉穴)을 비운다. 중심(重心)은 오른쪽으로부터 낮추어 왼쪽으로 치우쳐간다. 동시에 왼손은 복부에 가볍게 대고 역전사(逆纏絲)하며 손끝이 아래를 향하게 하고 손목을 굽힌다. 침견추주(沈肩墜肘)하면서 오른쪽 안으로 돌리며 약간 팔꿈치를 아래로 떨군다. 배를 거둬들이며 왼손 호구(虎口)를 가볍게 복부에 대고 점련(粘連)하며 안으로 돌린다. 오른손은 우전방(右前方)으로부터 순전사(順纏絲)를 하며 하침(下沈)하며 안으로 합(合)하고 역전사(逆纏絲)로 변하여 왼쪽 팔꿈치 아래에서 합(合)을 한다. 장심(掌心)은 안으로 향하고 손끝은 좌후방(左後方)으로 향하며 배꼽과 같은 높이가 되게 한다. 오른팔 안쪽은 반원형을 이루고 붕경(掤勁)을 잃지 않도록 하며 눈은 먼저 왼쪽을 보고 다시 오른쪽과 전하방(前下方)을 보며 귀로는 몸 뒤 쪽의 동정에 주의를 기울인다. (그림 174·175)

(그림 174)

(그림 175)

【요 점】이 동작은 두 단락으로 나누어지며 수련하는 속도는 비교적 빠르게 한다. 첫째 단락은 몸을 왼쪽으로 돌리며 왼손을 역전사(逆纏絲)로 바꾸며 배 앞으로 거두어 합(合)을 할 때, 먼저 개흉(開胸)을 하며 왼팔꿈치를 밖으로 돌린다. 특히 왼쪽 어깨가 순전사

(順纏絲)로 밖으로 돌면서 하침(下沈)하여 과(胯)와 합(合)을 하는데 주의를 기울여야 한다. 어깨를 침하(沈下)하여(즉 침견 沈肩) 위로 버티지 않도록 하는 것을 각별히 기억해야 할 것이다. 두 번째 단락은 함흉탑요(含胸塌腰)를 하면서 상하좌우 네 방면에서 경(勁)을 합(合)하도록 한다. 전신이 상하상합(上下相合)이 되어야 하며 또 좌우와 사선(斜線) 방면도 상합(相合)을 이루어서 두 개의 단락이 하나로 이어져야 하며 경쾌하게 방송되고 영활(靈活)하여야 하고 절첩(折疊)[164]·전환(轉換)[165]이 감돌고 굽이쳐 이어져야 한다. 양 어깨는 개합(開合)을 하는 중에 좌우로 어지럽게 흔들려서는 아니 된다.

동작 4.

몸을 오른쪽으로 돌리고 다시 왼쪽으로 돌리면서 나선 회전하여 낮춘다. 침견(沈肩)을 하며 약간 추주(墜肘)를 하고 함흉탑요(含胸塌腰)·송과굴슬(鬆胯屈膝)을 하며 선전(旋轉)하며 합(合)을 한다. 왼쪽 다리는 먼저 역

---

164) 태극권 용어. 한 동작에서 또 한 동작을 연결이 될 때 마치 접히고 쌓이는 것처럼 다음 동작에 탄력을 주는 행위 또는 그런 동작을 절첩(折疊)이라 한다. 전사(纏絲)를 행할 수 있어야 절첩(折疊)이 가능해지고 절첩(折疊)이 원활하게 되어야 전사(纏絲)로써 운기(運氣)·운신(運身)을 할 수 있게 되며 나아가 전신의 동작이 하나로 꿰어질 수 있는 절절관관(節節貫串)을 실현할 수 있다. 실로 매우 중요한 과도 동작이다.
165) 태극권 용어. 한 동작에서 또 한 동작으로 넘어가는 포인트 혹은 그러한 시기의 동작을 말한다. 절첩(折疊)과는 빛과 그림자와 같은 관계를 가진다. 절첩(折疊)을 원활하게 수행하여야 전환(轉換)이 원만하게 이루어질 수 있다.

전사(逆纏絲)하며 안으로 돌리고 다시 순전사(順纏絲)로 변하며 밖으로 돌리고 무릎을 안으로 잠가 조인다. 오른쪽 다리는 먼저 순전사(順纏絲)하며 밖으로 돌리는데 중심(重心)이 왼쪽 앞으로 변하였을 때 오른발 뒤꿈치를 들고 발끝의 안쪽을 역전사(逆纏絲)로 바꾸어 리호(里弧)를 그리며 우후방(右後方) 바깥쪽을 향해 비스듬하게 일보(一步) 물러나서 뒤꿈치로 땅에 떨구며 발경(發勁)을 한다. 경(勁)은 오른발 뒤꿈치 오른쪽 뒤의 바깥 측면으로 운행하고 두발의 발바닥은 실(實)하게 딛고 다섯 발가락은 땅을 움켜잡고 경(勁)을 합(合)하고 용천혈(湧泉穴)을 비운다. 동시에 왼손 호구(虎口)는 약간 위로 가볍게 배 앞에 붙여 역전사(逆纏絲)를 하고 왼쪽어깨와 팔꿈치는 오른쪽으로 돌리며 안으로 합(合)을 한다. 오른손은 왼쪽 팔꿈치 아래에서 함흉탑요(含胸塌腰)를 하는 것을 따라서 약간 순전사(順纏絲)를 하며 안으로 합(合)을 한다. 몸이 왼쪽으로 도는데 따라 중심을 왼쪽으로 이동할 때, 왼손은 역전사(逆纏絲)에서 순전사(順纏絲)로 변하며 배 앞으로부터 오른쪽 가슴 앞과 오른쪽 팔꿈치의 굽은 안쪽을 경유하여 우전방(右前方)의 바깥을 향해 뒤집어 내고 다시 앞쪽의 약간 위를 향해 전개한다. 왼손 장심(掌心)은 앞을 향하고 손끝은 오른쪽 위로 향하며 코끝과 같은 높이로 한다. 왼팔 내측은 반원을 유지하고 손은 코끝에서 주먹 다섯 개 정도의 거리를 둔다. 오른손은 약간 역전사(逆纏絲)로 변하여 합(合)을 하여 왼쪽 가슴 앞에 와서 합(合)을 하고 다섯 손가락은 반쯤 안쪽을 향해 굽히고 호구(虎口)는 둥글게 하며 장심(掌心)은 비우고(허허롭게 하고) 다섯 손가락은 왼쪽 가슴에 가볍게 붙인다. 오른쪽 팔꿈치는 떨구고 바깥쪽의 붕경(掤勁)을 잃지 않게 한다. 오른쪽 가슴과 옆구리(늑골 부위)는 허허롭게 해야

하며 눈은 앞을 보는데 좌우를 함께 살펴야 하며 귀는 몸 뒤쪽의 동정을 듣는다. (그림 176)

【요 점】이 동작은 비교적 빠르게 수련하며 먼저 합(合)하고 나중에 벌린다(開). 오른손을 왼쪽 가슴에서 합(合)하고 왼손을 밖으로 벌리며 오른발은 우후방(右後方)을 향하여 발경(發勁)하는 것 들은 동시에 완성되어야 한다. 왼쪽 팔꿈치·팔·손이 왼쪽 바깥을 향해 개경(開勁)을 하는 것은 오른발이 우후방(右後方)의 밖으로 퇴보(退步)[166]하여 밟는 것은 대칭경(對稱勁)을 형성하여야 한다. 퇴보압주(退步壓肘)의 4개 동작을 연속으로 이어서 연습할 때 속도를 아주 빠르게 한다. 허리가 주재(主宰)가 되며 단전(丹田)과 결합하여 움직임을 이끌어가서 차바퀴의 축처럼 살아있어야 하며 전신이 절절관관(節節貫串)해야 한다. 왼쪽으로 돌고 오른쪽으로 돌며 상하(上下)로 돌고 절첩(折疊)·전관(轉關)[167]이 영활(靈活)해야 하며 감돌아 굽이쳐야 한다. 긴주(緊湊)와 개전(開展)[168]이 구비되어서 마치 용 같고 뱀 같이 머리와 꼬리가 서로 응하여야 한다.

(그림 176)

---

166) 태극권의 보법(步法) 가운데 한 가지. 뒤로 물러나는 보법(步法) 혹은 그 행위를 말한다.
167) 태극권 용어. 보(步)를 낼 때 먼저 발뒤꿈치를 땅에 대고 발끝을 자신이 나가고자 하는 방향 혹은 경(勁)을 집중하고자 하는 방향으로 조절하는 행위. 매우 중요한 실행 요령 가운데 하나이다.
168) 태극권 용어. 긴주(緊湊)와 개전(開展)은 서로 상대되는 개념이다. 긴주(緊湊)는 동작을 작게 응축하는 것을 말하고 개전(開展)은 크게 전개하는 것을 말한다. 이 두 가지가 서로 조화가 되어야 함을 말하고 있다.

第 24 式 중반(中盤)

동작설명 :

동작 1.

세 단락으로 나누어진다. 허리를 주재(主宰)로 삼아 단전과 결합하여 움직임을 이끌어가고 몸을 빠르게 왼쪽으로 돌리면서 나선 회전하여 낮추며 중심(重心)을 왼쪽으로부터 우후방(右後方)으로 치우쳐간다. 동시에 가슴을 열고(개흉開胸) 배를 실(實)하게 하여 왼쪽으로 돌며 하침(下沈)한다. 송과(鬆胯)하며 왼쪽 다리는 순전사(順纏絲)하며 무릎을 안으로 잠가조이고 오른쪽 다리는 역전사(逆纏絲)하며 안으로 돌리고 두 발은 실하게 딛고 다섯 발가락은 땅을 움켜잡는다. 동시에 오른손은 왼쪽 가슴에서 약간 순전사(順纏絲)하며 오른쪽을 향해 송경(鬆勁)하여 떨쳐낸다(두경抖勁을 떨쳐낸다). 위치는 우전방(右前方)이 되며 높이는 어깨와 같이 하고 호구(虎口)는 위로 향하고 장심(掌心)은 좌전방(左前方)을 향하며 손끝은 오른쪽으로 향한다. 팔은 7~8 할 정도 뻗은 길이면 된다. 왼손은 전방으로부터 약간 순전사(順纏絲)로 안으로 손목을 굽히고 안으로 합(合)하여 가슴 앞을 지나 오른쪽 가슴의 위쪽 어깨의 전하방(前下方)에 가깝게 호구(虎口)와 손등 부분으로 가볍게 붙인다. 장심(掌心)은 전하방(前下方)으로 향하고 손끝은 우전방(右前方)의 아래로 향하며 눈은 왼쪽과 오른쪽을 함께 살피고 귀로는 몸 뒤의 동정을 듣는다. (그림 177)

(그림 177)

허리를 주재(主宰)로 삼아 단전(丹田)과 결합하여 움직임을 이끌며(영령) 몸을 빠르게 오른쪽으로 돌리면서 나선 회전하여 낮추며 중심(重心)은 우후방(右後方)으로부터 좌전방(左前方)으로 이동한다. 왼쪽 다리는 역전사(逆纏絲)하며 안으로 돌리고 오른 다리는 순전사(順纏絲)하며 무릎을 안으로 잠가 조인다. 양 발은 실(實)하게 딛고 다섯 발가락은 땅을 움켜잡는다. 동시에 왼손은 약간 역전사(逆纏絲)하며 (오른쪽 가슴 약간 위쪽에 점련(粘連)하여서) 손목을 안으로 굽히고(왼쪽 팔꿈치는 약간 하침(下沈)하고 오른쪽으로 돌려 안으로 합(合)을 한다) 장심(掌心)은 전하방(前下方)으로 향하고 손끝은 오른쪽 겨드랑이 밑에서 약간 우하방(右下方)으로 향하게 변한다. 오른손은 역전사(逆纏絲)를 하며 빠르게 왼쪽을 향해 안으로 합(合)을 하여 왼쪽 팔꿈치 아래에 이르며 안으로 손목을 굽힌다. 높이는 왼쪽 가슴과 같게 하며 호구(虎口)는 위로 향하고 장심(掌心)은 안으로 향하고 손끝은 좌후방(左後方)으로 향한다. 팔과 팔꿈치는 반원의 호형(弧形)을 유지하며 붕경(掤勁)을 잃지 않도록 한다. 눈은 먼저 왼쪽 팔꿈치를 보며 오른쪽을 함께 살핀다. 의(意)는 왼쪽 팔꿈치에 있다.[169] (그림 178)

(그림 178)

몸을 왼쪽으로 돌리면서 나선 회전하여 낮추며 중심(重心)은 좌전방(左前方)에서 우후방(右後方)으로 치우쳐간다. 왼 다리는 순전사(順纏絲)를 하며 무릎을 안으로 잠가조여서 오른 무릎과 합(合)을 이룬다. 오른쪽 다리는 역전사(逆纏絲)하며 안으로 돌려 왼쪽 무릎과 합(合)을 이룬다. 양 발은 실(實)하게 딛고 다섯 발가락은 땅을 움켜잡으며 용천혈(湧泉穴)을 비운다.

---

169) 퇴보압주(退步壓肘)에서 팔꿈치를 합(合)하는 합주세(合肘勢)와 같다. (마홍 노사의 본문 원주임.)

(그림 179)

동시에 왼손은 오른쪽 겨드랑이 밑으로부터 역전사(逆纏絲)하며 좌전방(左前方)을 향해 위로 외호(外弧)를 그리며 왼쪽을 향해 벌려 코끝 중앙선에 이르러 약간 순전사(順纏絲) 한다. 팔은 6~7 할 정도 펼쳐 전개하고 장심(掌心)은 앞으로 향하고 손목을 뒤로 꺾으며 손끝은 우상방(右上方)으로 향한다. 오른손은 왼쪽 팔꿈치 아래로부터 약간 역전사(逆纏絲)하며 안으로 합(合)을 하여 왼쪽 가슴에 이르러 붙이고 오른쪽으로 약간 하침(下沈)하여 오른쪽 가슴 약간 아래에 이르러 손목을 안으로 굽히어 밖으로 붕(掤)을 한다. 추주(墜肘)를 하며 다섯 손가락은 반쯤 구부려 손끝을 오른쪽 가슴에 살짝 붙여 순전사(順纏絲)를 한다. 눈은 좌전방(左前方)을 보며 우측의 안쪽 아래를 함께 살피고 귀로는 몸 뒤쪽에 주의를 기울인다.[170] (그림 179)

【요 점】이 동작을 수련할 때 처음 두 단락은 허리를 주(主)로 하여 단전(丹田)과 결합하여 움직임을 이끈다. 빠르게 선전(旋轉)하며 방송(放鬆)하여 떨쳐내는[171] 개합경(開合勁)이다. 세 번째 단락은 속도가 비교적 느리다. 세 단락을 연속으로 수련할 때 앞에는 빠르게 하고 뒤쪽은 느리게 하여 빠름과 느림이 결합하도록 하여 쾌만상간(快慢相間)[172] 하는 동작이다.

---

170) 퇴보압주(退步壓肘)의 정세(定勢)와 같다. (마홍 노사의 책에 있는 본문의 원주로, 구판에는 있으나 신판에는 없다. 정세(定勢)란, 한 초식이 끝나서 마지막 모양으로 정리 결정된 모습을 말한다.
171) 방송(放鬆)하여 떨쳐내다 : 송두(鬆抖).
172) 진가태극권(陳家太極拳)의 중요 요결 가운데 하나. 빠른 것과 느린 것이 조화되도록 수련하여 빠르게 해야 할 때 빠르게 할 수 있고 느리게 해야 할 때 느리게 할 수 있게 하는 요결. 현대의 태극권이 느리고 부드러운 것 일색으로 하는 경우가 많은데 비하여 "상대가 느리면 나도 느리게 하고 상대가 빠르면 나도 빠르게 한다"는 태극권의 중요 원칙의 원의를 간직하고 있는 요결이다.

동작 2.

몸을 오른쪽으로 돌리면서 나선 회전하여 낮추며 중심(重心)은 왼쪽에 둔다. 왼쪽 다리는 역전사(逆纏絲)하며 안으로 돌리고 오른쪽 다리는 순전사(順纏絲)하며 밖으로 돌리고 무릎을 안으로 잠가 조여 왼쪽 무릎과 합(合)을 이룬다. 양 발은 실하게 딛고 다섯 발가락은 땅을 움켜잡으며 용천혈(湧泉穴)을 비운다. 동시에 왼손은 순전사(順纏絲)하며 팔을 허공에 드리우고 오른쪽을 향해 안으로 합(合)을 하여 하침(下沈)하며 인진(引進)[173]하여 양쪽 무릎의 중앙선에 이르도록 하여 뒤로 손목을 뒤집어 꺾어 장심(掌心)이 우전방(右前方)을 향하고 손끝이 좌전방(左前方)을 향하도록 한다. 오른손은 역전사(逆纏絲)로 오른쪽 가슴 아래로부터 안으로 손목을 갈고리처럼 구부려 하침(下沈)하여 오른쪽을 향해 외호(外弧)를 그려서 오른쪽 무릎 바깥쪽의 약간 위쪽(저가低架인 경우는 약간 아래)에 이르도록 한다. 장심(掌心)은 아래를 향하고 약간 안쪽 아래로 손목을 구부리고 다섯 손가락은 반쯤 굽혀 장심(掌心)을 싸잡은 듯이 한다. 눈은 왼쪽 팔꿈치 전하방(前下方)을 보며 오른손을 아울러 살핀다. (그림 180)

(그림 180)

【요 점】이 동작은 수련할 때 속도를 비교적 완만하게 한다. 몸을 오른쪽으로 낮추며 양손으로 리(攦)[174]를 할 때 양 팔은 서로 흡인(吸

---

173) 태극권 용어. 이끌어 들이다. 상대의 힘을 이용하여 내 세력권 안쪽으로 이끌어 들이는 행위. 인진(引進)하여 허방을 짚도록 하는 것을 일러 인진낙공(引進落空)이라 한다.
174) 태극권의 8대 기법 가운데 하나. 8대 기법은 팔문경(八門勁)이라고 부르기도 하며, "붕(掤)·리(攦)·제(擠)·안(按)·채(採)·열(挒)·주(肘)·고(靠)"의 여덟 가지. 리(攦)는 비스듬하게 위에서 아래를 향해 잡아채 들이는 기법.

引)하고 서로 묶인 듯 하여야 하며 왼쪽 옆구리(늑골 부위)와 가슴은 허허로워야 한다.

동작 3.

두 단락으로 나누어진다.

(1) 몸을 약간 오른쪽으로 돌린다(중심(重心)을 약간 오른쪽에 옮긴다). 왼쪽 다리는 역전사(逆纏絲)하며 안으로 합(合)하고 오른쪽 다리는 순전사(順纏絲)하며 밖으로 돌리며 무릎을 안으로 잠가조이며 양발은 실(實)하게 땅을 딛고 다섯 발가락은 땅을 움켜잡는다. 동시에 왼손은 오른쪽으로 약간 순전사(順纏絲)하며 낮추면서 작은 원권(圓圈)을 그린다(왼쪽으로 올라가려면 먼저 오른쪽으로 내려간다). 오른손은 오른쪽 바깥을 향해 내려가며 약간 역전사(逆纏絲)하고 하침(下沈)하며 작은 원권(圓圈)을 하나 그린다(왼쪽으로 올라가려면 먼저 오른쪽으로 내려간다). 숨을 들이쉬며 눈은 좌전방(左前方)을 보며 귀는 몸 뒤의 동정을 듣는다.

(2) 몸을 왼쪽으로 돌리며 신속하게 나선 회전하여 높인다. 동시에 오른발 뒤꿈치로 땅을 차며 역전사(逆纏絲)하면서 무릎을 들어 안으로 합(合)하고 발끝이 왼쪽 무릎 안쪽의 전측면(前側面) 아래에 이르러(발끝을 위로 치켜들지 않는다) 무릎을 보호한다. 왼쪽 다리는 반 쯤 굽혀 순전사(順纏絲)하며 밖으로 돌려 합(合)을 하고 무릎을 안으로 잠가조이며 발바닥은 땅을 실(實)하게 딛는다. 배를 거둬들이고 숨을 들이쉬며 제항(提肛)[175]을 하고 송과(鬆胯)한다. 동시에 왼손은 역전사(逆纏絲)하며 손목을 안으로

굽혀 양쪽 무릎의 전하방(前下方)으로부터 위쪽으로 뒤집어 가슴 앞 중간선을 지나 코앞의 중간선에 이른다. 장심(掌心)은 안으로 향하고 손목을 안으로 잠가 꺾어 손끝이 안쪽 위로 향하게 한다. 오른손은 오른쪽 무릎의 바깥에서 약간 아래로부터 우후방(右後方)의 바깥으로 역전사(逆纏絲)하며 위로 뒤집으며 순전사(順纏絲)로 변하며 몸의 오른쪽 머리 위를 거쳐 중앙선을 향해 안쪽으로 합(合)을 하며 역전사(逆纏絲)로 변하여 눈의 위 중간선에 이른다. 왼손 손가락과의 상하 거리는 대략 주먹 두 개 정도이며 장심(掌心)은 앞을 향하며 손끝은 좌상방(左上方)으로 향한다. 눈은 앞을 보고 귀는 몸 뒤 쪽의 동정을 듣는다. (그림 181)

(그림 181)

【요 점】이 동작은 조금 빠르게 한다. 우하방(右下方)을 향하여 내려가고 오른발로 땅을 차고 몸이 왼쪽으로 도는 것을 따라 위로 드는데, 왼발이 안정되게 서기 위하여 왼발 발끝을 오른 무릎을 들기 전에 먼저 약간 왼쪽 바깥으로 45° 돌려서 신체가 평형을 잡고 안정되는데 도움을 준다. 양손을 위로 뒤집는 동작과 오른쪽 무릎을 위로 들어 올리는 동작은 반드시 동시에 완성해야 한다. 이것은 손이 도착하면 발도 도착한다는 것으로 손과 발이 상합(相合)하는 것이며 상하상수(上下相隨)[176]하는 것이다.

---

175) 태극권 및 기공 용어. 항문을 들어 올린다는 뜻은, 항문을 안으로 수축해 오므려 들인다는 뜻이다. 이는 백회혈(百會穴)과 회음혈(會陰穴)을 하나의 수직선으로 잇는다는 상하일조선(上下一條線)의 개념과도 밀접한 관련이 있다. 마치 백회혈(百會穴)에서 수직으로 드리운 낚시에 항문이 걸려 올라가는 듯한 느낌으로 하며 힘으로 수축해 들이는 것이 아니다. 제항(提肛)은 대개 음부(陰部)를 수축해 들인다는 의미인 축음(縮陰)과 하나로 묶어서 축음제항(縮陰提肛)으로 부르기도 한다.

176) 태극권의 중요한 요결 가운데 하나. 위와 아래가 서로 조화되어 하나로 통일되어 따른다는 뜻.

(그림 182)

동작 4.

몸을 약간 오른쪽으로 돌리면서 나선 회전하여 낮추며 중심(重心)을 왼쪽에 둔다. 왼발은 역전사(逆纏絲)를 하며 안으로 합(合)하고 왼발을 실하게 딛는다. 오른쪽 다리는 순전사(順纏絲)하여 무릎을 안으로 잠가조이고 발을 하침(下沈)하여 왼쪽 다리 옆에서 진각(震脚)한다. 양 발은 평행으로 약 주먹 두 개 정도의 간격이다. 동시에 왼손은 순전사(順纏絲)하며 가슴 앞 중앙선을 거쳐 하침(下沈)하여 안으로 손목을 구부리며 가슴과 배 사이에 이르는데 배에서 주먹 두 개 정도의 거리를 두며 장심(掌心)은 위로 향하고 손끝은 오른쪽에서 위로 치우쳐 향하게 한다. 오른손은 먼저 순전사(順纏絲)하며 송침(鬆沈)하고 역전사(逆纏絲)로 변하며 하침(下沈)하여 합(合)을 하며 왼쪽 손목 위에 이른다. 장심(掌心)은 전하방(前下方)으로 향하고 손끝은 좌전방(左前方)에서 약간 위로 치우치게 향한다. 가슴과 옆구리(늑골 부위)는 허허롭게 하고 눈은 손의 전하방(前下方)을 보며 귀로는 몸 뒤의 동정을 듣는다. (그림 182)

【요 점】이 동작은 속도를 완만하고 평화롭게 수련한다. 좌우의 손을 낮추어 손목을 서로 교차하는 동작과 오른발을 평면으로 하침(下沈)하며 발을 구르고 숨을 내쉬는 동작은 동시에 완성해야 한다. 전신의 각 관절, 어깨·과(胯)·팔꿈치·무릎·손·발은 모두 하침(下沈)하는 채경(採勁)[177]을 한다. 입신중정(立身中正)해야

---

177) 채경(採勁)은 태극권 팔분경(八門勁)의 하나.

한다. 몸이 앞으로 기울거나 뒤로 젖혀지거나 좌우로 기울거나 비뚤어지지 않도록 한다. 오른발을 하침(下沈)하여 진각(震脚)을 하는데 여전히 허(虛)이다.

동작 5.

몸을 약간 오른쪽으로 돌리면서 나선 회전하여 낮추며 중심(重心)은 왼쪽에서 오른쪽으로 변해간다. 오른쪽 다리는 순전사(順纏絲)하며 밖으로 돌리고 무릎은 안으로 잠가조이며 발바닥은 실(實)하게 딛는다. 왼쪽 다리는 역전사(逆纏絲)하며 무릎은 안으로 합(合)을 하며 발끝을 위로 치켜들고 안으로 돌리면서 발뒤꿈치 안쪽으로 왼쪽의 약간 뒤를 향해 크게 내디며 착지하는데 허보(虛步)이다. 동시에 양 손목은 여전히 교차하여 오른쪽의 약간 전상방(前上方)을 향해 올리는데 왼쪽은 순전사(順纏絲)로 오른쪽은 역전사(逆纏絲)로 인경(引勁)[178]을 하며 양 손목의 교차점의 높이는 복부의 전상방(前上方)이다. 왼손은 손목을 안으로 굽히고 장심(掌心)은 위로 향하며 손끝도 위로 향한다. 오른손 장심(掌心)은 전하방(前下方)을 향하는데 약간 뒤를 향해 뒤집어 좌완(坐腕)[179]을 하며 손끝은 우전방(右前方)을 향한다. 양손 손목의 교차점은 복부에서 약 주먹 세 개 정도의 거리이다. 눈은 왼쪽 팔꿈치 바깥쪽의 아래를 보면서 오른쪽을 함께 살피고 귀는 몸

---

178) 경(勁)을 (몸 쪽으로) 이끌어 들인다.
179) 태극권 용어. 손목의 처리에 관한 요구사항으로 손목이 태극권에 필요한 움직임 외에는 하지 않고 안정되도록 하라는 요구. 즉 손목이 불필요한 동작을 함으로서 동작의 초점이 흐려지지 않도록 하기 위한 요구.

뒤 쪽의 동정에 주의를 기울인다. (그림 183)

【요 점】이 동작은 비교적 안정되게 한다. 양 손을 오른쪽을 향해 왼손은 순전사(順纏絲)로 오른손은 역전사(逆纏絲)로 끌어들일 때 왼팔과 팔꿈치는 허공에 걸리듯이 하고 아울러 왼발이 왼쪽의 약간 뒤를 향해 크게 보(步)를 내는 것과 동시에 완성된다. 왼다리는 무릎을 들고 안으로 합(合)을 하며 뒤꿈치 안쪽으로 왼쪽을 향해 크게 보(步)를 낼 때 허령(虛靈)하여 마치 심연(深淵)을 마주한 듯하고 살얼음을 밟듯이 하여야 한다. 허령(虛靈)한 정도가 언제 어느 때라도 마음대로 왼발을 거두어들일 수 있어야 한다.

(그림 183)

동작 6.

두 단락으로 나누어진다.

(1) 허리가 주(主)가 되게 하여 단전(丹田)과 결합하여 움직임을 이끌며 몸을 신속하게 오른쪽으로 나선 회전하여 낮추며 중심(重心)을 오른쪽에 둔다. 왼쪽 다리는 역전사(逆纏絲)하며 안으로 합(合)을 하고 오른쪽 다리는 순전사(順纏絲)하여 밖으로 돌리며 무릎을 안으로 잠가 조인다. 양 발은 실하게 딛고 다섯 발가락은 땅을 움켜잡는다. 동시에 양 손은 여전히 교차하여 순전사(順纏絲)하며 우전방(右前方)을 향해 쌍순전사(雙順纏絲)로 이끈다. 교차점은 복부의 전상방(前上方)이며 복부와는 약 50cm 정도의 간격이다. 왼손 장심(掌心)은 위쪽을 향하고 손끝은 우전방(右前方)으로

향하며 오른손 장심(掌心)은 아래로 향한다. 좌완(坐腕)을 하며 손끝이 약간 좌상방(左上方)으로 향하게 한다. 눈은 왼쪽 팔꿈치 바깥쪽 아래를 보면서 오른쪽을 함께 살피며 귀는 몸 뒤쪽의 동정에 주의를 기울인다.

 (2) 몸을 왼쪽으로 조금 돌리면서 나선 회전하여 낮추며 중심(重心)은 오른쪽에서 왼쪽으로 치우치게 변한다. 왼다리는 순전사(順纏絲)하며 밖으로 돌리고 무릎을 안으로 잠가조이며 오른 다리는 역전사(逆纏絲)하며 안으로 합(合)하고 양 발은 실(實)하게 디디고 다섯 발가락은 땅을 움켜잡는다. 동시에 양 손은 역전사(逆纏絲)로 돌리며 아래로 낮추며 오른손은 왼쪽 팔꿈치 내측에 합(合)하고 장심(掌心)과 손끝이 왼쪽 팔과 팔꿈치를 향한다. 왼손은 오른쪽 팔꿈치 굽은 곳 아래에 이르러 합(合)하고 장심(掌心)은 위로 향하고 손끝은 가볍게 팔꿈치 밑에 붙인다.(양 팔꿈치는 아래로 떨어뜨려 양 무릎과 서로 합슴을 이루게 한다.) 왼손은 오른쪽 팔꿈치 아래에서 약간 역전사(逆纏絲)하며 계속 돌리어 오른손 장심(掌心)과 상하(上下)로 교착(交錯)하여 손목을 안으로 굽히어 왼쪽 바깥의 전상방(前上方)으로 들어 올려 눈높이와 같게 하며 위치는 왼쪽 눈의 좌전방(左前方)에 두며 장심(掌心)은 안쪽 우하방(右下方)을 향하며 호구(虎口)는 원을 이루어 우상방(右上方)으로 향하고 손끝은 오른쪽 내측 아래로 향한다. 동시에 오른손은 왼쪽 팔꿈치 내측으로부터 계속 역전사(逆纏絲)하며 우전방(右前方)의 아래로 향하여 왼손 장심(掌心)과 서로 교착(交錯)하고 하침(下沈)하며 전개하여 오른쪽 무릎의 약간 바깥에 있게 한다. 좌완(坐腕)을 하며 장심(掌心)은 아래를 향하며 손끝은 전상방(前上方)으로 향한다. 양 팔은 7~8 할 정

도 개전(開展)한다. 눈은 좌우를 함께 살피며 귀는 몸 뒤 쪽의 동정에 주의를 기울인다. (그림 184 · 185 · 186 · 187)

【요 점】이 동작은 수련할 때 첫째 단락은 속도를 빠르게 하고 두 번째 단락은 비교적 완만하게 한다. 첫째 단락은 경령(輕靈)하고 빠르면서도 들뜨지 않도록 수련하며 둘째 단락은 안정되게 가라앉아 완만하게 하며 서전(舒展)하여 대범하여 침착하고 묵직하면서도 갑갑하게 체(滯)하지 않게 한다.

(그림 184)

(그림 185)

(그림 186)

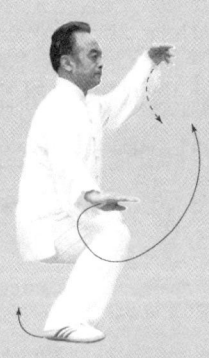
(그림 187)

第 25 式 백학량시(白鶴亮翅)

제 7 식 백학량시(白鶴亮翅)와 같다. (그림 188 · 189 · 190 · 191)

(그림 188)

(그림 189)

(그림 191)

(그림 190)

第 26 式 사행요보(斜行拗步)

제 8 식 사행(斜行)과 같다. (그림 192·193·194·195·196·197·198·199)

(그림 192)   (그림 193)   (그림 194)   (그림 195)

(그림 196)   (그림 197)   (그림 198)   (그림 199)

第 27 式 섬통배(閃通背)

동작설명 :

동작 1.

 연습 방법은 앞의 초수(初收)의 '동작 1' 과 같다. 여기서는 생략한다.
(그림 200 · 201 · 202 · 203)

(그림 200)

동작 2.

 몸을 왼쪽으로 돌리면서 나선 회전하여 낮추었다가 다시 나선 회전하여 높인다. 중심(重心)이 왼쪽으로부터 오른쪽으로 이동할 때 오른발은 뒤꿈

(그림 201)

(그림 203)

(그림 202)

(그림 204)

(그림 205)

치를 축으로 하고 발끝을 먼저 약간 안으로 구부려 들이고 중심(重心)이 오른쪽으로 치우치게 이동했을 때 몸을 왼쪽으로 돌리면서 나선 회전하여 상승하는 것을 따라(오른발 뒤꿈치를 축으로 하여 발바닥은 땅에 붙이고 발끝을 안으로 돌린다) 왼쪽을 향해 약 135° 정도 이동하며 다리는 역전사(逆纏絲)하면서 안으로 합(合)을 하고 발바닥은 실(實)하게 디디고 다섯 발가락은 땅을 움켜잡는다. 왼발 뒤꿈치를 들고 발끝으로 땅을 찍고 몸이 왼쪽으로 도는 것에 따라 좌후방(左後方)을 향해 외호(外弧)를 그리며 오른발 내측에 정지한다. 발끝은 좌전방(左前方)을 향하여 오른발과 정(丁)자도 아니고 팔(八)자도 아닌 보법(步法)[180] 모양을 취한다. 왼쪽 다리는 순전사(順纏絲)하며 무릎을 밖으로 열고(개開) 원당(圓膽)을 이룬다. 동시에 오른손은 손가락과 손바닥을 가볍게 왼쪽 팔꿈치 하박부 안쪽에 붙여 역전사(逆纏絲)하며 안으로 돌려서 손가락과 손바닥을(장심(掌心)은 아래를 향한다) 가볍게 왼쪽 팔꿈치 안쪽의 상박부 위에 올려놓는다. 동시에 왼손은 역전사(逆纏絲)를 하며 손바닥과 손가락으로 오른팔 팔꿈치 바깥쪽에 합(合)을 한다. 눈은 먼저 왼쪽을 보다가 다시 오른쪽 팔꿈치 앞을 바라보며 귀는 몸 뒤쪽의 동정에 주의를 기울인다. (그림 204·205)

【요 점】이 동작을 수련할 때 속도는 처음에는 느리게 하고 나중에 빠르게 한다. 몸을 왼쪽으로 돌릴 때, 손은 합(合)을 하고 몸을 돌리

---

180) 부정불팔(不丁不八). 보법(步法)의 모양을 취하는데 "정(丁)"자 모양도 아니고 "팔(八)"자 모양도 아닌 모습을 말하는데 역으로 "정(丁)"자 같기도 하고 "팔(八)"자 같기도 한 모양이기도 하다.

며 발이 따르는 것이 동시에 완성되어야 한다. 몸이 좌우로 비뚤어지거나 기울지 않도록 한다. 경(勁)을 오른쪽 팔꿈치 끝까지 운행하지만 함축(含蓄)하여야 하며 유연하게 하여 발경(發勁)하지 않는다. 오른쪽 팔꿈치 끝과 손의 높이는 가슴 앞에서 약간 아래쪽에 놓는다. 눈은 먼저 왼쪽 팔꿈치를 보고 다시 오른쪽 팔꿈치를 바라본다.

동작 3.

두 단계로 나뉜다.

(1) 허리를 축으로 삼고 단전(丹田)과 결합하여 움직임을 이끌어가며 몸을 신속하게 오른쪽을 향해 돌리면서 나선 회전하여 낮춘다. 오른쪽 다리는 순전사(順纏絲)하며 밖으로 돌리고 무릎을 안으로 잠가조이며 발바닥은 실(實)하게 디디고 다섯 발가락은 땅을 움켜잡는다. 왼쪽 다리는 역전사하며 안으로 합(合)하고 발끝을 축으로 하여 발뒤꿈치를 좌후방(左後方)의 바깥을 향하여 돌린다. 양 무릎은 상합(相合)을 이룬다. 중심(重心)은 왼쪽에 둔다. 동시에 양 손(팔)은 교차하여 (오른손은 안쪽에 있다) 오른쪽 전상방(前上方)을 향하여 쌍순전사(雙順纏絲)를 하며 합(合)하여 이끌어 들인다. 교차점의 높이는 머리 앞 정도이며 양 손의 높이는 코와 같게 한다. 오른손 바닥은 전하방(前下方)으로 향하고 손가락 끝은 약간 왼쪽에 치우친 전상방(前上方)이다. 왼손 바닥은 오른쪽 전상방(前上方)으로 향하고 손가락

(그림 206)

(그림 207)

끝은 오른쪽 전상방(前上方)으로 향한다. 눈은 앞을 보면서 좌우를 함께 살피며 귀는 몸 뒤쪽의 동정에 주의를 기울인다.

(2) 몸을 왼쪽으로 돌리면서 나선 회전하여 낮추며 중심(重心)은 오른쪽에 치우친다. 오른쪽 다리는 역전사(逆纏絲)하며 안으로 돌리고 발바닥을 실(實)하게 디디며 다섯 발가락은 땅을 움켜잡는다. 왼쪽 다리는 순전사(順纏絲)하며 밖으로 돌리고 무릎을 밖으로 열며 발끝을 축으로 하여 발뒤꿈치를 좌후방(左後方)의 바깥으로부터 안쪽을 향해 돌려서 정(丁)자형 허보(虛步)로 되게 한다. 동시에 양 손목은 먼저 점련(粘連)하여 쌍역전사(雙逆纏絲)로 약간 돌리면서 왼손은 밖에서 장심(掌心)이 안쪽을 향하게, 오른손은 안에서 장심(掌心)이 밖을 향하게 하여 서로 교착(交錯)하여 평행하게(높이는 눈과 같게 한다) 좌우로 나누어 벌린다. 양팔은 7~8 할 정도 펼친다. 왼손의 호구(虎口)는 위로 향하고 장심(掌心)은 안으로 향하며 손가락 끝은 오른쪽으로 향하는데 왼쪽 눈의 좌전방보다 약간 낮은 위치가 된다. 오른손 장심(掌心)은 오른쪽 밖을 향하며 손가락 끝은 좌상방(左上方)을 향하는데 위치는 오른쪽 눈의 우전방(右前方)이 되며 높이는 눈과 같게 한다. 눈은 왼쪽과 오른쪽을 함께 살핀다. 귀는 몸 뒤의 동정을 듣는다. (그림 206・207)

【요 점】이 동작에서 첫째 단락을 수련할 때 속도를 빠르게 하고 경령(輕靈)하게 하며 둘째 단락은 속도를 완만하게 하며 가라앉아 안정

---

181) 경령(輕靈)하고 가라앉아 묵직한 것이 함께 겸비되어야 한다는 요구사항.

되게 한다. 두 단락을 이어서 연습할 때는 쾌만상간(快慢相間)하고 경침겸비(輕沈兼備)[181]하여야 한다. 당(襠)은 허허롭게 원(圓)을 이루어야 한다. 합당(合襠)을 할 때는 왼쪽 무릎은 합(合)을 하고 왼발 뒤꿈치는 개(開)하며 개당(開襠)을 할 때는 왼쪽 무릎은 개(開)하고 왼발 뒤꿈치는 합(合)을 한다.

동작 4.

허리를 주재(主宰)로 삼아 단전(丹田)과 결합하여 움직임을 이끌며 몸을 신속하게 오른쪽으로 90° 돌리면서 나선 회전하여 낮춘다. 오른 다리는 순전사(順纏絲)하며 밖으로 돌리고 발뒤꿈치를 축으로 발바닥을 붙이고 몸이 오른쪽으로 90° 도는 것을 따라 무릎을 안으로 잠가조이고 발바닥은 실(實)하게 디디고 다섯 발가락은 땅을 움켜잡는다. 왼 다리는 역전사(逆纏絲)하며 안으로 돌리면서 발끝을 축으로 삼고 발뒤꿈치를 좌후방(左後方)으로 90° 돌린다. 중심은 왼쪽에 치우쳐있다. 동시에 왼손은 왼쪽 눈의 앞(먼저 송견鬆肩[182]한다)으로부터 역전사(逆纏絲)를 하며 머리 위의 왼쪽을 지나 전하방(前下方)을 향해 뿌리치듯 낸다. 장심(掌心)은 전하방(前下方)으로 향하고 손가락 끝은 전상방(前上方)으로 향하며 높이는 코끝과 같게 하여 코끝의 앞 중앙선에 놓이도록 한다. 오른손은 오른쪽 눈앞의 우전방(右前方)으로부터 순전사(順纏絲)로 하침(下沈)하여 배 앞의 약간 위쪽

(그림 208)

(그림 209)

---

182) 태극권 용어. 어깨를 방송(放鬆)하다.

에 놓이게 하는데 새끼손가락 바깥을 배에 가볍게 붙이며 장심(掌心)은 위로 향하고 손가락 끝은 왼쪽으로 향한다. 배를 들이밀고 제항(提肛)을 한다. 눈은 왼손의 앞을 보며 좌우를 함께 살핀다. 귀로는 몸 뒤쪽의 동정을 듣는다. (그림 208·209)

【요 점】이 동작을 수련할 때 속도를 비교적 빠르게 한다. 손 움직임·몸 회전·발 움직임 등은 허리를 주재(主宰)로 상하상합(上下相合)을 하며 손발이 일치되어야 한다. 먼저 가슴을 벌리고(개흉開胸) 복부를 나오게 하여 하침(下沈)하고 약간 위로 엉덩이를 뒤집는다. 다시 함흉(含胸)·탑요(塌腰)·수둔(收臀)[183]을 한다. 이밖에 좌전방(左前方) 위쪽의 손과 우후방(右後方) 아래쪽의 손은 중간선의 전상방(前上方)과 후하방(後下方)에서 서로 마주하도록 한다.

동작 5.

몸을 먼저 약간 오른쪽으로 돌리며 나선형으로 하침(下沈)하고 다시 약간 왼쪽을 향해 나선회전하며 상승시킨다. 오른 다리는 먼저 순전사(順纏絲)를 하며 안으로 잠가조이고 다시 역전사(逆纏絲)를 하며 안으로 돌리며 발바닥을 실(實)하게 디디며 다섯 발가락은 땅을 움켜잡는다. 왼쪽 무릎을

---

183) 태극권 용어. 엉덩이를 빼지 않고 바르게 거두어들이다.

들고 발끝을 위로 치키고 먼저 역전사(逆纏絲)로 안으로 돌린다. 다시 앞을 향해 보(步)를 크게 내면서 순전사(順纏絲)로 변한다. 무릎은 안으로 잠가 조이고 발끝은 약간 안쪽을 향하게 하여 땅에 떨구고 발바닥을 실(實)하게 디디고 다섯 발가락은 땅을 움켜쥔다. 중심(重心)은 약간 좌전방(左前方)에 치우쳐 있다가 약간 우후방(右後方)에 치우치게 변한다. 동시에 왼손은 코앞의 중간선으로부터 하침(下沈)하여 왼쪽 허벅지 바깥쪽에 이르게 하며 장심(掌心)은 아래로 향하고 손가락 끝은 앞의 약간 아래로 향한다. 동시에 오른손은 배 위의 중간선으로부터 가슴 앞을 지나 전상방(前上方)을 향해 순전사(順纏絲)로 뚫듯이 낸다. 장심(掌心)은 위로 향하고 손가락 끝은 전상방(前上方)으로 향하는데 높이는 코와 같게 한다. 눈은 전방을 본다. (그림 210·211)

(그림 210)

【요 점】이 동작을 수련할 때 속도는 비교적 완만하며 안정되게 한다. 몸이 오른쪽을 향해 약간 돌며 하침(下沈)하는 것은 상하가 먼저 합(合)을 하는 것이고 다시 약간 왼쪽을 향해 도는 것은 개(開)이다. 오른손이 앞을 향해 올라가는 것은 운경(運勁)하는 것을 표현해내야 한다. 단 함축적이어서 축경(蓄勁)은 하되 발경(發勁)은 하지 않는다. 소위 부드러움 가운데 강(剛)함이 깃들어 있음이다.[184]

(그림 211)

---

184) 태극권의 요결 가운데 하나. 유중우강(柔中寓剛)

동작 6.

두 개의 단락으로 나누어진다.

(1) 몸을 약간 왼쪽으로 돌리며 나선회전하며 약간 상승시킨다. 중심은 우후방(右後方)에 치우쳐 있다. 오른 다리는 역전사(逆纏絲)를 하며 안으로 돌고 왼다리는 순전사(順纏絲)를 하며 무릎은 안으로 잠가 조인다. 양발은 실(實)하게 디디며 다섯 발가락은 땅을 움켜잡는다. 동시에 오른손은 순전사(順纏絲)를 하며 약간 전상방(前上方)으로 전개하여 약간 정수리 위로 올라가는데 장심(掌心)은 위로 향하고 손가락 끝은 전상방(前上方)으로 향한다. 왼손은 역전사(逆纏絲)로 약간 내려가서 좌후방(左後方)으로 내려 누른다(안按). 장심(掌心)은 아래로 향하고 손가락 끝은 앞에서 아래로 치우치게 향하게 한다. 숨은 들이쉬고 눈은 우전방(右前方)의 위로 바라보며 좌우를 함께 살핀다. 귀로는 몸 뒤의 동정을 듣는다.

(2) 허리가 주(主)가 되게 하고 단전(丹田)과 결합하여 움직임을 이끈다. 몸은 신속하게 우후방(右後方)을 향해 180° 돌린다. 오른 다리는 순전사(順纏絲)하며 밖으로 돌리는데 발바닥을 축으로 하고 뒤꿈치는 왼쪽을 향해 돌리고 다시 몸을 따라 발끝으로 오른쪽 측면의 뒤로 외호(外弧)를 그리며 선전(旋轉)하여 왼발의 우측 약간 뒤에 이르게 하며 발꿈치로 땅을 고르듯이 발경(發勁)한다. 왼발은 역전사(逆纏絲)로 안으로 돌리며 발끝으로 축을 삼아 먼저 약 45° 돌린 후에 발꿈치를 땅에 떨구어 실(實)하게 딛는다. 다시 발전체(뒤꿈치와 발끝)를 계속하여 약 135° 돌린다. 중심(重心)

은 좌전방(左前方)에 치우쳐 있다. 동시에 오른손은 역전사(逆纏絲)를 하며(얼굴의 앞에서 약간 위에서) 선전(旋轉)하여 오른쪽을 향해 오른쪽 허벅지 바깥쪽까지 하침(下沈)한다. 손가락 끝은 앞의 약간 위로 향하고 장심(掌心)은 아래로 향한다. 왼손은 왼쪽 허벅지 바깥에서 순전사(順纏絲)를 하며 밖으로 돌아 몸의 좌측을 지나 오르며 뒤집고(높이는 왼쪽 귀와 같게 한다) 앞을 향해 좌완(坐腕)을 하고 입장(立掌)하여 하침(下沈)한다. 귀는 몸 뒤의 동정을 듣는다. (그림 212·213·214)

【요 점】이 동작을 연습할 때 속도를 비교적 빠르게 한다. 몸이 우후방(右後方)을 향해 180° 돌 때 왼손은 좌완(坐腕)을 하며 입장(立掌)하여 하침(下沈)하고 오른손을 우하방(右下方)을 향해 열경(挒勁)[185]을 채택하여 오른발 뒤꿈치로 땅을 고르듯이 발경(發勁)하는 것과 동시에 완성한다. 선전(旋轉)을 할 때 양손의 간격은 변하지 않는다.

(그림 212)

(그림 213)

(그림 214)

---

185) 태극권 용어. 팔문경(八門勁) 중의 사우(四隅)에 속하는 경(勁)의 하나. 잡아 찢는 스타일의 운경법(運勁法).

第 28 式 엄수굉추(掩手肱錘)

동작설명 :

동작 1.

두 가지 수련 방법이 있다.

(1) 허리를 주재(主宰)로 삼아 단전(丹田)과 결합하여 움직임을 이끌며 몸을 왼쪽으로 빠르게 두경(抖勁)을 쓰며 조금 돌린다. 다시 오른쪽으로 신속하게 선전(旋轉)하며 나선 회전하여 낮춘다. 왼 다리는 먼저 순전사(順纏絲)하며 밖으로 돌리고 무릎을 안으로 잠가조이며 발바닥을 실(實)하게 딛고 다섯 발가락은 땅을 움켜잡는다. 다시 역전사(逆纏絲)하며 안으로 돌리며 발바닥을 실(實)하게 딛고 다섯 발가락은 땅을 움켜잡는다. 다시 순전사(順纏絲)하며 밖으로 돌리고 무릎을 들어 안으로 잠가조이며 발바닥을 평면으로 낮추면서 진각(震脚)한다. 위치는 왼발 내측 약간 뒤에 놓이고 발가락 끝은 우전방(右前方)으로 향하고 중심(重心)은 왼쪽으로부터 오른쪽으로 변하였다가 다시 왼쪽으로 이동한다. 동시에 왼손은 왼쪽 가슴 앞에서 약간 순전사(順纏絲)하며 위로 뒤집고 역전사(逆纏絲)로 변하여 조금 밖으로 손목을 굽혀 앞으로 하침(下沈)하고 다시 가슴 앞 중앙선을 향해 오른쪽 손목의 등이 안으로 올라와 경(勁)을 합(合)한다. 손가락 끝은 앞쪽에서 약간 아래로 치우쳐 향하게 하고 장심(掌心)은 아래로 향한다. 오른손은 오른

쪽 허벅지 바깥쪽에서 오른쪽 밖을 향해 약간 순전사(順纏絲)를 하며 하침(下沈)하고 역전사(逆纏絲)로 변하여 위로 뒤집으며 주먹으로 바꾸어 안으로 합(合)을 하여 왼쪽 손목의 등의 아래에 이르러 안쪽 아래로 굽히고 위쪽으로 손목의 등을 돌출시키며 장심(掌心)은 아래쪽의 우후방(右後方)에 치우친 곳을 향하며 양 손목의 교차점은 가슴 앞 중앙선에 놓이고 가슴과의 거리는 약 35cm 가량 된다. 눈은 앞을 보며 좌우를 함께 살피고 귀는 몸 뒤쪽의 동정에 주의를 기울인다.

(2) 몸을 약간 왼쪽으로 돌리면서 나선 회전하여 낮추며 중심(重心)을 오른쪽에 둔다. 왼다리는 순전사(順纏絲)하며 밖으로 돌리고 무릎을 안으로 잠가 조인다. 오른 다리는 역전사(逆纏絲)하며 안으로 돌린다. 양쪽 발바닥은 땅을 실(實)하게 딛고 다섯 발가락은 땅을 움켜잡는다. 동시에 왼손은 안으로 위로 손목을 굽혀 순전사(順纏絲)하며 밖으로 돌리면서 낮추어 왼쪽 무릎의 앞에 이르게 한다. 장심(掌心)은 위로 향하고 엄지손가락은 위쪽을 향하게 하고 나머지 손가락은 오른쪽을 향한다. 오른손은 순전사(順纏絲)하며 밖으로 돌리고 주먹으로 변하여 손목을 안으로 위쪽으로 굽히면서 하침(下沈)하여 오른쪽 무릎의 우전방(右前方)에 놓이게 하는데 권심(拳心)은 위로 향한다. 눈은 앞과 좌우를 보며 귀는 몸 뒤의 동정을 듣는다.

몸을 오른쪽으로 돌리며 나선 회전하여 높인다. 왼 다리는 역전사(逆纏絲)하여 안으로 돌리고 오른 다리는 순전사(順纏絲)하여 밖으로 돌리고 무릎을 안으로 잠가 조인다. 양 발 뒤꿈치로 땅을 차며 공중으로 솟구친다. 경(勁)은 약간 오른발 뒤꿈치에 편중하게 한다. 양 손은 역전사(逆纏絲)하며

(그림 215)

(그림 216)

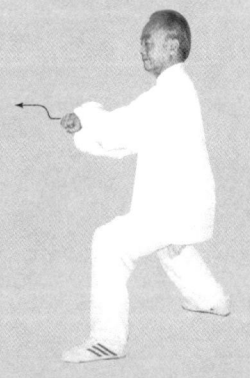

(그림 217)

양쪽 무릎 앞에서부터 바깥으로 향하여 몸의 양옆을 경유하여 전상방(前上方)으로 뒤집으며 머리 위를 지나(왼손은 높게 하고 오른 주먹은 비교적 낮게 한다) 머리 위 전상방(前上方) 중앙선에서 합(合)을 한다. 눈은 앞과 좌우를 살피고 귀로는 몸 뒤를 듣는다.

몸을 계속 오른쪽으로 돌리면서 나선 회전하여 낮춘다. 왼 다리는 역전사(逆纏絲)하며 안으로 돌리며 오른 다리는 순전사(順纏絲)하며 밖으로 돌린다. 무릎은 안으로 잠가 조인다. 몸을 따라 하침(下沈)하기 이전에 발끝으로 먼저 착지(着地)하고 발꿈치를 땅에 떨군다(혹은 양발을 동시에 착지한다). 왼발은 좌전방(左前方)에 있고 오른발은 우측 후방에 있으며 땅에 떨군 후에 양발은 실(實)하게 디디고 다섯 발가락은 땅을 움켜쥔다. 동시에 왼손·오른 주먹은 왼쪽이 위에 오른쪽이 아래에 있게 교차하여 합경(合勁)을 하며 하침(下沈)하는데 교차점의 높이는 가슴 앞 중앙선이며 가슴에서의 거리는 약 40cm 정도이다. "(1)"과 비교하여 양쪽 손목은 가슴에서 비교적 먼 곳에서 교차한다. 좌장(左掌)과 오른 주먹은 "(1)"의 연습법의 합경(合勁)과 같다. 중심은 좌전방(左前方)에 치우치며 눈은 앞을 보며 좌우를 함께 살피고 귀로는 몸 뒤의 동정을 듣는다. (그림 215·216·217)

【요 점】 "(1)"의 수련 방법은 속도가 아주 빠르다. 허리를 주재(主宰)로 삼고 단전(丹田)과 결합하여 신속하게 두경(抖勁)으로써 움직임을 이끌며 동작은 신속하고·긴주(緊湊)하고·끊임없이 이어지고·영활(靈活)하여야 하며 경침(輕沈)을 겸비하여야 한다. 양 손 손목은 교차하여 합경(合勁)하는 것과 오른발이 하침(下

沈)하여 진각(震脚)하는 것 그리고 숨을 들이쉬는 것이 동시에 완성되어야 한다. "(2)"의 연습방법은 동작이 비교적 크고 하침(下沈)하여 축경(蓄勁)하는 세가 낮고 튕겨 높이 도약한다. 하침(下沈)하여 착지할 때 양손목이 교차하는 것과 숨을 내쉬고 양발이 하침(下沈)하여 착지하는 것은 동시에 완성해야 한다. 이 두 가지 수련법은 두 종류의 서로 다른 풍격(風格)을 표현해 낸다.

동작 2·3·4·5 는 앞의 제 14식 엄수굉추(掩手肱錘)와 동작과 기격(技擊) 함의가 완전히 같다. (그림 218·219·220·221·222·223)

(그림 218)

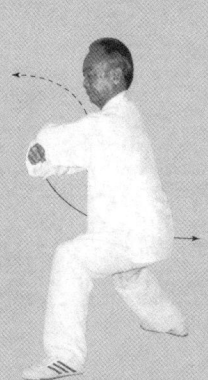

(그림 219)

(그림 223)

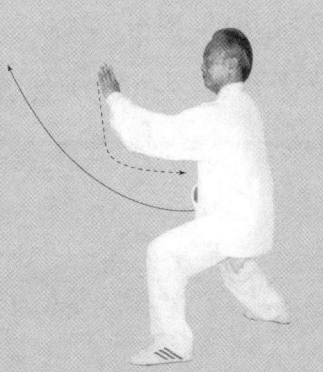

(그림 222)

(그림 221)

(그림 220)

第 29 式 대육봉사폐(大六封四閉)

동작설명 :

동작 1.

몸을 미세하게 오른쪽으로 돌리면서 나선 회전하여 높였다가 다시 왼쪽으로 돌리며 나선 회전하여 낮춘다. 침견(沈肩)하고 약간 개흉(開胸)을 하고 오른쪽으로 돈다. 약간 복부를 내밀고 번둔(翻臀)[186]·송과(鬆胯)를 한다. 왼 다리는 먼저 역전사(逆纏絲)하며 안으로 돌렸다가 다시 순전사(順纏絲)하며 밖으로 돌리고 무릎을 안으로 잠가조인다. 오른 다리는 먼저 순전사(順纏絲)하며 밖으로 돌리고 무릎을 안으로 잠가조이고 다시 역전사(逆纏絲)하며 안으로 돌린다. 양 발 발바닥은 실(實)하게 디디고 다섯 발가락은 땅을 움켜잡는다. 중심(重心)은 먼저 왼쪽에 두었다가 나중에 오른쪽에 둔다. 동시에 오른쪽 주먹은 앞에서 약간 위를 향해 역전사(逆纏絲)를 하고 다시 순전사(順纏絲)로 변하여 전하방(前下方)의 중간선을 향해 하침(下沈)하여 배 앞에 이르게 한다. 권심(拳心)은 아래를 향하고 호구(虎口)는 좌전방(左前方)의 약간 위에 치우친 곳을 향하는데 배와의 거리는 약 35 cm 정도가 된다. 왼쪽 주먹은 허허롭게 쥐고 권심(拳心)은 왼쪽 늑골

---

186) 태극권 용어. 신체 각 부위에 대한 요구사항 중에서 둔부(엉덩이)에 관한 요구사항. 번기(翻起)와 같은 의미.

부위에 붙여 점련(粘連)하여 선전(旋轉)하는데 먼저 약간 순전사(順纏絲)를 하고 약간 역전사(逆纏絲)로 변하는데 엄지손가락은 안으로 잠가조이고 눈은 먼저 오른 주먹을 보고 다시 오른쪽 팔꿈치 전하방(前下方)을 본다. 귀로는 몸의 뒤를 듣는다. (그림 224 · 225)

【요 점】이 동작은 속도를 조금 느리게 수련한다. 앞의 초식(招式)이 엄수굉추(掩手肱錘)를 잇는 것은 발경(發勁) 동작이기 때문에 이 동작은 "경(勁)은 끊어져도 의(意)는 끊어지지 않는다" · "순전사(順纏絲)를 하려거든 먼저 역전사(逆纏絲)를 하라" · "왼쪽을 취하려거든 먼저 오른쪽을 취한다[187]"는 운동 방법을 충분히 표현해야 한다.

(그림 224)

(그림 225)

동작 2.

허리가 주(主)가 되도록 하고 단전(丹田)과 결합하여 신속하게 두경(抖勁)을 쓰며 움직임을 이끌어서 몸이 신속하게 약간 왼쪽을 향해 돌린다. 왼다리는 순전사(順纏絲)하여 밖으로 돌리고 무릎을 안으로 잠가조이며 오른 다리는 역전사(逆纏絲)하며 안으로 돌리고 양쪽 발바닥은 실(實)하게 디디고 다섯 발가락은 땅을 움켜잡는다. 중심(重心)은 우후방(右後方)으로부터 좌전방(左前方)으로 치우치게 변하게 한다. 동시에 오른 주먹은 장(掌)으

---

187) 경단의부단(勁斷意不斷) · 욕순선역(欲順先逆) · 욕좌선우(欲左先右)

(그림 226)

로 변하여 역전사(逆纏絲)로 배 앞과 왼쪽 늑골 앞을 경유하여 왼쪽 팔꿈치 아래로부터 전상방(前上方)을 향해 뒤집어내는데 위치는 왼쪽 팔꿈치의 앞이고 손가락 끝은 왼쪽을 향해 약간 뒤로 치우치게 하며 장심(掌心)은 앞의 바깥을 향하게 한다. 왼손은 역전사(逆纏絲)하며 왼쪽 옆구리(늑골 부위)로부터 복부 앞을 향해 약간 하침(下沈)하면서 (호구(虎口)가볍게 배의 전상방(前上方)에 붙이고 손가락 끝은 후하방(後下方)으로 한다) 순전사(順纏絲)로 변하여 안으로 손목을 구부려서 가슴의 전상방(前上方)을 경유하여 뒤집어서 낸다. 위치는 오른쪽 팔꿈치 팔의 안쪽 측면이며 약간 안으로 아래로 손목을 구부리며 장심(掌心)은 안쪽에서 아래로 치우치게 하고 손가락 끝은 안쪽의 우하방(右下方)을 향하게 한다. 교차점의 높이는 코 앞의 중간선이 된다. 눈은 앞을 보면서 좌우를 함께 살피고 귀로는 몸 뒤의 동정을 듣는다. (그림 226)

【요 점】이 동작은 연습할 때 속도를 매우 빠르게 한다. 양 팔을 전상방(前上方)을 향해 붕(掤) 제(擠)하는 것과 동시에 복부(腹部)는 가라앉히고 양팔의 교차점 중간선은 아래로 왼쪽 무릎과 마주하도록 한다.

동작 3.

몸을 왼쪽으로 돌리면서 나선 회전하여 낮추었다가 다시 나선 회전하여 높인다. 중심은 좌·우·좌로 간다. 왼쪽 다리는 왼발 뒤꿈치를 축으로 하여 발바닥으로 땅을 쓸면서 순전사(順纏絲)를 하며 약 90°를 밖으로 돌린 다음 발바닥을 실(實)하게 디디고 다섯 발가락으로 땅을 움켜쥔다. 오른 다리는 역전사(逆纏絲)하며 안으로 돌리고 (중심(重心)이 왼발로 이동한 후이다) 양손을 위쪽으로 리(攦)를 하는 것에 따라 무릎을 들고 발끝은 안으로 내려 무릎을 보호한다. 동시에 왼손은 손목을 안으로 구부려 역전사(逆纏絲)하며 약간 하침(下沈)하여 가슴 앞을 지나 왼쪽 바깥의 위를 향해 들어올린다. 위치는 좌측에 있어 코와 직선을 형성하게 하며 높이는 눈과 같게 한다. 손목을 안으로 굽히고 장심(掌心)은 안쪽 아래 방향으로 향하며 손가락 끝은 안쪽 우하방(右下方)으로 향하게 하며 호구(虎口)는 오른쪽 안으로 향한다. 오른손은 순전사(順纏絲)하며 약간 하침(下沈)하고 우전방(右前方)의 위를 향해 선전(旋轉)한다. 위치는 오른쪽 어깨의 우전방(右前方)이고 손가락 끝은 우전방(右前方)을 향하는데 높이는 어깨를 넘지 않는다. 눈은 우전방(右前方)을 보며 귀는 좌후방(左後方)을 듣는다. (그림 227·228)

(그림 227)

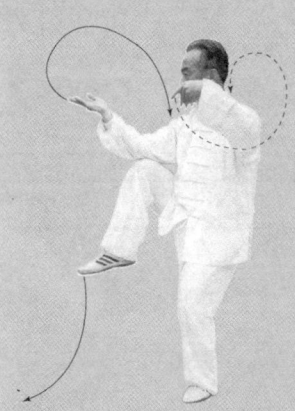

(그림 228)

【요 점】 이 동작을 연습할 때 속도는 처음에는 느리고 안정되게 하며 "들고(擠) 리(攦)"를 할 때는 빠르게 해야 한다. 상하상합(上下相合) 해야 한다. 양 손의 간격은 손부터 팔꿈치에 이르는 넓이가 되며 몸은 바르게 해야 하며 좌우로 비뚤어지거나 기울어지지 않아야 한다. 무릎은 안으로 잠가조이며 약간 굽힌다. 발은 경(勁)을 움켜잡는다.

(그림 229)

동작 4.

몸을 왼쪽으로 돌리면서 나선 회전하여 낮춘다. 왼 다리는 순전사(順纏絲)하며 밖으로 돌리고 무릎을 안으로 잠가조이며 발바닥은 실(實)하게 디디고 다섯 발가락은 땅을 움켜잡는다. 오른 다리는 역전사(逆纏絲)하며 안으로 돌리고 발끝을 위로 치키고 안으로 돌리며 오른쪽에서 앞에 치우치게 향하여 보(步)를 크게 내며 발꿈치 내측으로 착지(着地)한다. 중심(重心)은 왼쪽에 쏠려 있다. 동시에 오른손은 역전사(逆纏絲)로 변하여 오른쪽 어깨의 우전방(右前方)으로부터 우후방(右後方)을 향하여 선전(旋轉)하여 오른쪽 귀의 아래 뺨의 측면에 이르게 한다. 뒤로 손목을 꺾으며 손가락 끝은 뒤를 향하게 하고 장심(掌心)은 좌전방(左前方)으로 향한다. 왼손은 코 앞의 중간선으로부터 역전사(逆纏絲)를 하여 왼쪽 바깥의 위를 향하며 다시 좌후방(左後方)을 향하여 선전(旋轉)하여 왼쪽 귀의 아래 뺨의 앞에 이르게 한다. 장심(掌心)은 우전방(右前方)으로 향하며 손가락 끝은 뒤로 향한다. 눈은 우전방(右前方)을 보고 귀로는 좌후방(左後方)의 동정을 듣는다. (그림 229)

【요 점】이 동작를 수련할 때 속도를 조금 빠르게 한다. 양 손이 역전사(逆纏絲)하여 바깥쪽 뒤로 선전(旋轉)하여 양쪽 귀의 아래에 이르는 것은 오른발이 오른쪽을 향해 크게 내딛는 것과 동시에 완성한다. 오른쪽 팔꿈치 끝은 선전(旋轉)을 할 때 우전방(右前方)의 약간 위를 향하여 받치며 안쪽을 향해 돌지 않도록 하여서

모퉁이 각(우각隅角)의 팔꿈치를 위로 받치는 붕경(掤勁)을 잃지 않도록 한다.

동작 5.

동작과 수련법 그리고 기격(技擊) 함의는 앞의 제 4식 육봉사폐(六封四閉)의 "동작 6"과 완전히 같다. (그림 230)

(그림 230)

第 30 式 단편(單鞭)

앞의 제 5 식 단편(單鞭)과 같다. (그림 231・232・233・234・235・236・237・238・239)

(그림 231)　(그림 232)　(그림 233)　(그림 234)　(그림 235)

(그림 236)　(그림 237)　(그림 238)　(그림 239)

第 31 式 운수(運手)

동작설명 :

동작 1.

두 단락으로 나누어진다.

(1) 허리를 주재(主宰)로 삼아 단전(丹田)과 결합하여 움직임을 이끌며 몸을 신속하게 왼쪽으로 돌리며·약간 높인다. 동시에 오른손은 장(掌)으로 변하여 순전사(順纏絲)를 하며 좌상방(左上方)을 향해 경(勁)을 이끌어 오른쪽 눈 오른쪽 전상방(前上方)에 둔다. 뒤로 손목을 뒤집고 장심(掌心)은 위로 향하게 하고 손가락 끝은 우전방(右前方)의 약간 위로 치우친 곳으로 향한다. 왼손은 역전사(逆纏絲)하며 왼쪽의 전상방(前上方)을 향해 호(弧)를 그리며 경(勁)을 이끈다. 위치는 왼쪽 눈의 좌전방(左前方)의 약간 위가 된다. 뒤로 뒤집으며 좌완(坐腕)을 하고 팔은 반원(半圓)으로 만들고 장심(掌心)은 좌전방(左前方)을 향하게 하며 손가락 끝은 우전방(右前方)의 약간 위로 치우친 곳을 향하게 한다. 눈은 오른쪽 팔꿈치 오른쪽 바깥을 본다. 가슴을 열고(개흉開胸) 복부를 실(實)하게 하고 왼쪽으로 돌며 하침(下沈)한다. 송과(鬆胯)를 하며 왼쪽 무릎을 굽히어 오른쪽 무릎과 합(合)이 되도록 하고 왼쪽 엉덩이를 하침(下沈)한다. 왼쪽 다리는 순전사(順纏絲)를 하며 밖으로 돌고 무릎은 안으로 잠가조이며 중심(重心)은 왼쪽에 쏠려있

다. 오른 다리는 역전사(逆纏絲)를 하며 안으로 돌고 요경(腰勁)을 하침(下沈)하여 뒤꿈치에 이르게 한다. 양쪽 발바닥을 실(實)하게 디디고 다섯 발가락은 땅을 움켜잡는다. 귀는 좌후방(左後方)의 동정을 듣는다.

(2) 몸을 오른쪽으로 돌리면서 나선 회전하여 낮추었다가 다시 위로 조금 높인다. 오른 다리는 순전사(順纏絲)하며 밖으로 돌리고 발뒤꿈치를 축으로 발바닥으로 땅을 쓸며 밖으로 약 90° 돌리고 실(實)하게 디딘 후에 약간 역전사(逆纏絲)를 하며 발바닥을 실하게 딛고 다섯 발가락은 땅을 움켜잡는다. 중심(重心)은 왼쪽으로부터 하호(下弧)를 그리며 오른쪽에 옮긴다. 왼 다리는 역전사(逆纏絲)하며 안으로 돌리면서 허(虛)로 변한다. 발뒤꿈치를 땅에서 떼고 발끝을 들어 순전사(順纏絲)하며 밖으로 돌고 뒤로 리호(里弧)를 그리며 발끝이 좌전방(左前方)으로 향하게 하여(오른발 발끝을 넘지 않는다) 허보(虛步)로 오른발 내측에 멈춘다. 동시에 오른손은 역전사(逆纏絲)하며 오른쪽 전상방(前上方)으로부터 하침(下沈)하여 눈앞의 중앙선에 이르고(상하상합(上下相合) 한 후에) 다시 우전방(右前方)을 향하여 경(勁)을 이끌며 전개(展開)한다. 팔은 반원형을 이루며 좌완(坐腕)을 하고 장심(掌心)은 우전방(右前方)으로 향하고 손가락 끝은 좌전방의 위로 치우치게 향한다. 위치는 오른쪽 눈의 우전방(右前方)이 된다. 왼손은 순전사(順纏絲)를 하며 약간 왼쪽 바깥을 향해 하침(下沈)하고(높이는 왼쪽 늑골 부위와 같다) 다시 오른쪽 안으로 합(合)을 하여 배앞의 중앙선에 이른다. 장심(掌心)은 오른쪽에서 약간 앞으로 향하고 손가락 끝은 앞에서 왼쪽에 약간 치우치게 향한다. 눈은 먼저 우전방(右前方)을 보고 다시

왼쪽 팔꿈치의 바깥쪽을 보며 귀로는 몸 뒤의 동정을 듣는다. (그림 240·241)

【요 점】이 동작은 "(1)"의 단락을 수련할 때 속도는 비교적 빠르게 하며 "(2)"의 단락을 수련할 때 속도는 약간 느리게 한다.

(1) 단락은 허리를 주재(主宰)로 삼아 단전(丹田)과 결합하여 움직임을 이끌며 몸을 신속하게 두경(掤勁)으로 움직임을 이끌며 왼쪽으로 돈다. "허리가 마치 차바퀴의 축처럼 살아있어야 함[188]"을 충분히 체현(體現)해 내어야 한다. 허리는 상체와 하체를 연결하는 중추적 부위이다. 두경(抖勁)을 떨쳐 움직인 후, 6할의 경(勁)은 위로 올라가 양 쪽 팔로 나뉘어가 경(勁)을 이끌고 4할의 경(勁)은 양 다리로 내려가 발꿈치에 이르러 발가락에서 합(合)을 한다. 이렇게 상하(上下) 좌우(左右) 사정(斜正)[189]의 대칭경(對稱勁)이 형성되어 입신중정(立身中正)을 유지하고 사면팔방을 지탱(支撑)하는 "중정경(中定勁)"이 유지된다. 그렇지 않으면 쉽게 날리고 뜨며 정체되어 맺히는 병폐를 범하게 된다.

(그림 240)

(그림 241)

(2) 단락은 먼저 합(合)을 하고(상하上下와 내외內外) 개(開)하고 다시 합(合)을 한다. 오른손으로 위로 붕(掤)을 하여 경(勁)을 이끌어 놓치지 말아야 하며 왼손으로 왼발을 이끌어 손과 발의 동작이 동시에 완성되어야 한다.

---

188) 요활사차축(腰活似車軸). 태극권에서 허리의 영활성을 강조한 요구사항.
189) 사정(斜正)은 기울은 것과 바른 것, 혹은 간방(間方)을 향하는 것과 정방(正方)을 향하는 것을 말한다.

동작 2.

몸을 오른쪽으로 돌리면서 나선 회전하여 낮추며 중심(重心)은 오른쪽에 둔다. 오른 다리는 순전사(順纏絲)하며 밖으로 돌리고 무릎을 안으로 잠가 조이며 발바닥은 실(實)하게 딛고 다섯 발가락은 땅을 움켜잡는다. 왼 다리는 역전사(逆纏絲)하며 안으로 돌리고 발을 들어 발끝을 위로 치켜 안으로 돌리고 왼쪽을 향해 횡으로 크게 내딛어 발뒤꿈치 내측으로 착지하며 발끝을 위로 치켜 안으로 합(合)을 한다. 동시에 오른손은 역전사(逆纏絲)로 우전방(右前方)의 바깥쪽 위를 향해 경(勁)을 이끌어 올린다. 위치는 오른쪽 눈 우전방(右前方)의 약간 위쪽이 된다. 왼손은 순전사(順纏絲)로 오른쪽의 약간 앞을 향해 인진(引進)하는데 위치는 배 앞의 중간선이며 장심(掌心)은 오른쪽에서 약간 앞에 쏠리고 손가락 끝은 앞의 왼쪽에 쏠리게 향한다. 눈은 오른쪽을 보고 다시 왼쪽 팔꿈치의 밖을 보며 귀는 몸 뒤쪽의 동정에 주의를 기울인다. (그림 242)

(그림 242)

【요 점】이 동작은 연습할 때 속도를 조금 빠르게 한다. 오른손은 역전사(逆纏絲)하며 위로 붕(掤)을 하는데 경(勁)을 이끌어 놓치지 말도록 하며 왼손은 순전사(順纏絲)를 하며 인진(引進)하여 왼발이 왼쪽을 향해 횡(橫)으로 크게 보(步)를 내기 전에 먼저 상하상합(上下相合)·좌우상합(左右相合)을 하고 내외(內外)가 결합을 한 후에 다시 왼쪽을 향해 횡으로 크게 보(步)를 낸다. 즉 먼저 합(合)을 한 후에 개(開)를 하는 것이며 손과 발의 동작이 동시에 완성되어야 한다.

동작 3.

두 단계로 나누어진다.

 (1) 허리가 주재(主宰)가 되고 단전(丹田)과 결합하여 움직임을 이끈다. 몸을 신속하게 오른쪽으로 돌리면서 나선 회전하여 낮춘다. 오른 다리는 순전사(順纏絲)하며 밖으로 돌리고 무릎을 안으로 잠가조이며 발을 실(實)하게 딛고 다섯 발가락은 땅을 움켜잡아서 용천혈(湧泉穴)을 비운다. 왼다리는 역전사(逆纏絲)하며 안으로 돌리며 발뒤꿈치를 축으로 삼아 발끝을 치켜세워 안으로 합(合)을 한다. 동시에 오른손은 우전방(右前方)의 위에서 역전사(逆纏絲)로 약간 위로 뒤집으며 안으로 합(合)을 한다. 장심(掌心)은 앞으로 향하고 손목을 뒤로 뒤집고 팔은 반원형을 이루고 손가락 끝은 왼쪽에서 약간 뒤로 치우치게 향한다. 위치는 오른쪽 눈앞이다. 왼손은 순전사(順纏絲)하며 안으로 합(合)을 하는데 위치는 배 앞의 중간선(오른손과 상하상합(上下相合)을 한다)이 되게 하여 뒤로 손목을 뒤집으며 팔꿈치는 옆구리(늑골 부위)에 붙이지 않도록 하며 장심(掌心)은 우전방(右前方)의 위로 향하고 손가락 끝은 좌전방으로 향한다. 숨을 들이쉬며 눈은 몸의 좌측을 보면서 오른손을 함께 살핀다. 귀로는 몸 뒤의 동정을 들으며 중심은 오른쪽에 치우친다.

 (2) 몸을 왼쪽으로 돌리면서 나선 회전하여 낮추었다가 다시 나선 회전하여 높이며 중심(重心)은 오른쪽으로부터 하침(下沈)하며 왼쪽으로 치우치게 변해간다. 왼 다리는 순전사(順纏絲)하며 밖으로 돌리고 발뒤꿈치를 축으로 하여 발끝을 치켜들고 약 90°를 밖으로 돌린 후 땅에 떨구어 실(實)

(그림 243)

로 변하며 무릎을 안으로 잠가조이고 다섯 발가락은 땅을 움켜잡는다. 오른 다리는 역전사(逆纏絲)하며 안으로 돌리고 요과(腰胯)로써 움직임을 이끌며 무릎을 굽히어 발뒤꿈치를 땅에서 떼고 발끝을 들어 약간 리호(里弧)를 그리며 허보(虛步)로 한다. 발끝은 오른쪽 바깥으로 향해 땅을 찍어 왼발 옆에 놓는다. 동시에 왼손은 경(勁)을 이끌며 배 앞 중간선으로부터 오른쪽 가슴까지 올라와 역전사(逆纏絲)하며(한편으로 함흉(含胸)을 한다) 천장(穿掌)[190]을 하며 좌완(坐腕)하여 위로 뒤집어 코앞의 좌전방(左前方)의 바깥으로 약간 상호(上弧)를 그리며 전개(展開)한다. 위치는 왼쪽 눈의 좌전방이 되며 팔은 반원을 이루고 뒤로 손목을 뒤집고 장심(掌心)은 좌전방(左前方)을 향하게 하며 손가락 끝은 우전방(右前方)의 약간 위에 치우치게 향한다. 오른손은 오른쪽 눈의 앞으로부터 순전사(順纏絲)로 우전방(右前方)의 바깥을 향해 전개(展開)하며 하침(下沈)하여 (상하상합(上下相合)을 한다) 배 앞의 중간선에 이르러 합(合)을 한다. 장심(掌心)은 좌전방(左前方)으로 향하고 손가락 끝은 우전방(右前方)으로 향한다. 먼저 숨을 내쉰 후에 숨을 들이쉰다. 눈은 먼저 오른쪽을 보고 다시 왼쪽을 보며 귀로는 몸 뒤의 동정을 듣는다. (그림 243)

【요 점】이 동작을 수련할 때 "(1)"의 단락은 속도를 매우 빠르게 하고 "(2)"의 단락은 개(開)할 때 하침(下沈)하고 상하상합(上下相

---

190) 태극권 용어. 천장(穿掌)은 손이 장(掌)의 형태로 아래에서 위를 향해 마치 뚫듯이 올라가는 모습을 말한다. 올라가는 과정 중에도 나선회전 운동이 병행되며 다 올라간 후에는 역전사(逆纏絲)로 바꾸어지며 나선회전을 하는 경우가 많다. 대개 몸의 중앙선 앞에서 발생하는 동작이다.

合)을 빠르게 해야 하며 나선회전하며 상승하여 보(步)를 모을 때는 약간 느리게 한다. 두 단락을 연결하여 수련할 때 "왼쪽으로 가려면 먼저 오른쪽을 취하고" "위로 올리려면 먼저 아래로 내려가는"[191] 신법(身法)을 실현하여야 하며 "기(氣)는 의당 고탕(鼓盪)"[192]하도록 하고 신기(神氣)는 사방을 살핌에 자유자재하여야 하며 어지럽게 흩어지지 않아야 한다. 수법(手法)은 순역전사(順逆纏絲)가 자재(自在)롭게 되어야 하며 또 "공전(公轉)"하는 원권(圓圈)이 원을 그리도록 하여 "원(圓)이 아니면 호(弧)"를 그려야 한다는 권리(拳理)를 체현(體現)해 내야 한다.

(그림 244)

"동작 3"의 보법(步法)에는 또 후삽보(後揷步)란 보법(步法)이 있다. 즉 중심(重心)을 오른쪽으로부터 하침(下沈)하여 왼쪽으로(왼 다리는 순전사(順纏絲)를 한다) 옮긴 후 바로 오른쪽 다리를 왼쪽 다리의 뒤를 향해 삽보(揷步)하는데 몸은 미세하게 오른쪽으로 돌고 왼다리는 미세하게 역전사(逆纏絲)로 변하며 발바닥은 실(實)하게 디디고 다섯 발가락은 땅을 움켜잡는다. 오른 다리는 역전사(逆纏絲)를 하며 안으로 돌리면서 들어서 왼발 뒤쪽을 향해 순전사(順纏絲)하며 삽보(揷步)하여 발끝으로 허보(虛步)로 땅을 찍는다. 양손의 동작은 '동작 3'의 수련법과 같다. (그림 244·245)

(그림 245)

---

322) 욕좌선우(欲左先右), 욕상선하(欲上先下).
323) 태극권 용어. 운기(運氣)에 필요한 요구 사항. 기의고탕(氣宜鼓盪).

(그림 246)

(그림 247)

(그림 248)

동작 4.

수련법은 '동작 2'와 같다. (그림 246)

운수(運手)란 초식(招式)은 좌우로 반복하여 연습할 수 있다.

두 번째로 하는 '동작 1' : '동작 2'를 뒤집은 것과 같고,

동작 2 : 위에 기술한 '동작 3'을 뒤집은 동작과 같다.

동작 3 : '동작 2'를 뒤집은 것과 같다.

세 번째로 또 돌아와서 하는 동작 1 : 첫 번째의 '동작 2'와 완전히 같다.

동작 2 : 첫 번째의 '동작 3'과 완전히 같다.

동작 3 : 첫 번째의 '동작 4'와 완전히 같다. (그림 247·248)

운수(運手)의 수련 방법은 횟수를 보면 홀수이고 동작 역시 홀수로 한다. 이전의 수련 방법은 1·3·5 회를 하였다. 오른쪽에서 왼쪽으로 가는 것을 1회가 되며, 왼쪽에서 오른쪽까지 가는 것을 2회가 되며, 다시 되돌아가서 오른쪽으로부터 왼쪽으로 가는 것을 3회라 한다. 횟수의 많고 적음은 각자 알아서 편하게 운용하면 된다.

第 32 式 고탐마(高探馬)

동작설명 :

동작 1.

몸을 왼쪽으로 돌리면서 나선 회전하여 낮추며 중심(重心)은 오른쪽에서 왼쪽으로 이동한다. 오른 다리는 역전사(逆纏絲)하며 안으로 돌리고 발뒤꿈치를 다시 땅에서 떼어 순전사(順纏絲)하면서 후호(後弧)[193]를 그리며 왼발 내측에 거두어들인다. 동시에 왼 다리는 순전사(順纏絲)하며 밖으로 돌리고 발뒤꿈치를 축으로 삼아 발바닥으로 땅을 쓸며 밖으로 약 90° 돌리고 발을 실(實)하게 딛고 다섯 발가락은 땅을 움켜잡는다. 동시에 왼손은 역전사(逆纏絲)하며 복부 앞으로부터 위로 뒤집어서 코끝의 앞에 이르고 다시 왼쪽을 향해 상호(上弧)를 그리고 엄지손가락으로 경(勁)을 이끌며 전개한다. 위치는 왼쪽 눈의 좌전방(左前方)이 되고 팔은 반원을 이루고 뒤로 손목을 뒤집고 장심(掌心)은 왼쪽을 향하게 하고 손가락 끝은 우전방(右前方)에서 약간 위로 치우치게 향한다. 오른 손은 오른쪽 눈의 우전방(右前方)으로부터 순전사(順纏絲)하여 약간 오른쪽의 밖을 향해 전개(展

---

193) 호(弧)를 그리는 방향에 따라 이름이 달라진다. 앞을 향해 호의 곡선이 그려지면 전호(前弧), 뒤를 향해 그려지면 후호(後弧), 밖을 향해 그리면 외호(外弧), 안을 향해 그리면 리호(里弧) 위로 향하면 상호(上弧) 아래로 향하면 하호(下弧) 등으로 된다.

(그림 249)

開)하며 하침(下沈)하여(상하상합(上下相合)한다) 합(合)을 하며 배 앞의 중간선에 이르고 약간 뒤(오른쪽)를 향해 손목을 뒤집고 장심(掌心)은 앞을 향하고 손가락 끝은 우전방(右前方)을 향하도록 한다. 눈은 먼저 오른손을 보고 다시 왼손을 보고 다시 오른쪽 팔꿈치의 바깥을 보며 귀로는 몸 뒤의 동정을 듣는다. (그림 249)

【요 점】이 동작은 수련할 때 속도를 비교적 완만하게 한다. 몸을 왼쪽으로 돌리며 낮추고 왼손은 역전사(逆纏絲)로 배 앞의 중간선으로부터 위로 뒤집을 때 함흉(含胸)을 하며 (요경(腰勁)을 놓치지 않는다) 엄지손가락으로 경(勁)을 이끌면서 붕경(掤勁)을 잃지 않도록 한다. 오른손은 순전사(順纏絲)로 하침(下沈)하여 안으로 합(合)을 할 때 양팔은 서로 흡인하고 서로 묶인 듯이 경(勁)을 합(合)하여야 하며 이외에 먼저 상하(上下) 내외(內外)가 상합(相合)해야 한다.

동작 2.

몸을 왼쪽으로 돌리면서 나선 회전하여 낮추며 중심(重心)은 왼쪽에 둔다. 왼 다리는 순전사(順纏絲)하며 밖으로 돌리고 무릎을 안으로 잠가조이며 다섯 발가락은 땅을 움켜잡는다. 오른 다리는 역전사(逆纏絲)하며 안으로 돌리고 발을 들고 발끝을 위로 치켜들고 안으로 합(合)을 하며 우후방(右後方)의 우각(隅角)을 향해 보(步)를 크게 내디더서 발뒤꿈치 내측으로 착지함으로써 왼다리와 경(勁)을 합(合)한다. 동시에 왼손은 약간 역전사(逆纏絲)하며 왼쪽을 향해 약간 개전(開展)하며 순전사(順纏絲)로 변하고 오른쪽 팔꿈치 굽은 곳을 향해 합(合)을 하고 미세하게 역전사(逆纏絲)로 변한다. 왼손은 오른쪽 팔꿈치 굽은 곳에서 합(合)을 하고 팔은 반원이 되며 팔꿈치 끝은 붕경(掤勁)을 잃지 않게 하고 좌완(坐腕)을 하며 장심(掌心)은 오른쪽으로 향하며 손가락 끝은 위로 향한다. 오른손은 배 앞의 중간선으로부터 위로 합(合)을 하고 높이는 코끝과 같게 한다. 장심(掌心)은 위에서 약간 왼쪽에 치우치게 향하며 뒤로 손목을 뒤집으며 손가락 끝은 우전방(右前方)으로 향한다. 눈은 먼저 왼손을 보고 다시 오른쪽 팔꿈치 바깥을 보고 귀로는 몸 뒤를 듣는다. (그림 250)

(그림 250)

【요 점】이 동작은 연습할 때 동작을 비교적 빠르게 한다. 왼손을 위로 붕(掤)을 하며 경(勁)을 이끌고 오른손과 팔은 오른 다리를 이끌면서 우후방(右後方)을 향해 보(步)를 크게 내는 것을 동시에 완성한다. 보(步)를 크게 낼 때 발을 떨구는 것은 허령(虛靈)하게 하여 "마치 심연(深淵)에 임한 듯이 마치 살얼음을 밟듯이" 하여야 하며 또한 보(步)를 내는 것은 고양이가 걷듯이 하여야 하며 몸은 좌우로 비뚤어지거나 기울어서는 아니 된다.

동작 3.

몸을 오른쪽으로 돌리면서 나선 회전하여 낮추고 중심(重心)은 오른쪽에

(그림 251)

(그림 252)

옮겼다가 다시 약간 왼쪽으로 둔다. 왼 다리는 역전사(逆纏絲)하며 안으로 돌리고, 오른 다리는 순전사(順纏絲)하며 밖으로 돌리고 무릎을 안으로 잠가 조인다. 양 발은 실(實)하게 딛고 다섯 발가락은 땅을 움켜잡는다. 동시에 양 손은 역전사(逆纏絲)로 변하여 점련(粘連)하며 교차하여 선전(旋轉)하며 약간 전상방(前上方)으로 향하게 하고(양 팔꿈치는 양손을 따라 역전사(逆纏絲)하며 안으로 합(合)을 하고 밖으로 뒤집어 약간 떨어뜨린다.) 양쪽 손목 팔 팔꿈치의 붕경(掤勁)을 강화(상하상합(上下相合)한다)하며 경(勁)을 양손의 엄지손가락에까지 운행하고 다시 좌우로 나누어 약간 상호(上弧)를 그리며(눈과 같은 높이로 한다) 전개한다. 약간 순전사(順纏絲)로 변하며 약간 하침(下沈)하며 경(勁)을 양손의 중지 지복(指腹)까지 운행한다. 양팔은 7~8할 정도 전개하며 좌완(坐腕)을 하고 손가락 끝의 높이는 양쪽 어깨보다 약간 높게 한다. 왼손 손바닥은 좌전방(左前方)으로 향하고 손가락 끝은 위의 약간 좌전방(左前方)으로 치우치게 향하며 오른손 장심(掌心)은 우후방(右後方)에서 약간 앞으로 치우치게 향하며 손가락 끝은 위에서 우전방(右前方)으로 약간 치우치게 향한다. 눈은 좌우를 함께 살피며 귀로는 몸 뒤를 듣는다. (그림 251·252)

【요 점】이 동작은 수련할 때 조금 빠르게 한다. 개전(開展)을 할 때 경령(輕靈)하게 방송(放鬆)하여 서전(舒展)하여야 하며 상하(上下) 좌우(左右) 사정(斜正)이 상합(相合)하여야 하며 내외상합(內外相合)을 해야 한다. 양 다리는 순역전사(順逆纏絲)로 경

(勁)은 고관절(股關節)에까지 달해야 하며 당(膛)은 원을 이루어야 한다.

동작 4.

몸을 오른쪽으로 돌리면서 나선 회전하여 낮추며 중심(重心)을 왼쪽에 둔다. 가슴을 열고 오른쪽으로 돌고 복부는 앞으로 돌출시키며 오른쪽으로 하침(下沈)한다. 왼쪽 엉덩이를 하침(下沈)하며 외과(外胯)[194]를 돌출시키며 다리는 역전사(逆纏絲)하면서 안으로 돌린다. 오른쪽 엉덩이는 약간 뒤로 향해 위로 뒤집고 다리는 순전사(順纏絲)하며 밖으로 돌리고 무릎을 안으로 잠가조이며 발뒤꿈치를 축으로 삼아 발바닥으로 땅을 쓸며 발끝을 안으로 갈고리처럼 구부린다. 양쪽 발바닥은 실(實)하게 딛고 다섯 발가락은 땅을 움켜잡는다. 양 다리가 순전사(順纏絲) 역전사(逆纏絲)를 하는 전사경(纏絲勁)을 양쪽 고관절까지 감돌아서 올려오고 당(膛) 내부는 원을 이루어야 한다. 동시에 왼손은 왼쪽 눈앞에서 순전사(順纏絲)를 하며 밖으로 돌고 좌전방(左前方)을 향해 약간 뻗어 전개한다. 높이는 왼쪽 어깨와 같으며 장심(掌心)은 위로 향하고 손가락 끝은 좌전방(左前方)으로 향한다. 오른손은 오른쪽 눈의 앞에서 오른쪽 바깥을 향해 열고 약간 역전사(逆纏絲)를 하고 순전사(順纏絲)로 변하며 팔꿈치를 구부리고 약간 위로 뒤집고 다시 역전사(逆纏絲)로 변하여 오른쪽 귀 아래에 이르게 하고 뒤로 손목을 뒤집고 팔꿈

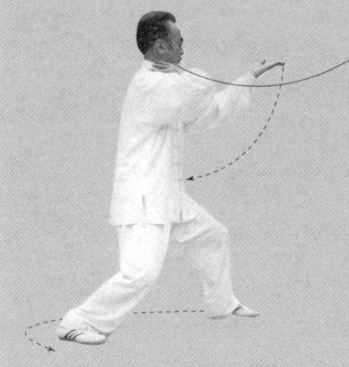

(그림 253)

---

194) 과(胯)의 바깥쪽 부분.

치를 약간 아래로 떨어뜨리며 장심(掌心)은 좌전방(左前方)을 향하게 하며 손가락 끝은 우후방(右後方)으로 향하게 한다. 눈은 좌전방(左前方)을 보면서 좌우를 함께 살핀다. 귀로는 몸 뒤를 듣는다. (그림 253)

【요 점】이 동작은 연습할 때 속도를 비교적 빠르게 한다. 허리를 주재(主宰)로 삼아 단전(丹田)과 결합하여 움직임을 이끈다. 몸을 신속하게 오른쪽을 향해 돌리며 하침(下沈)하고 동시에 오른발 발끝을 안으로 돌리며 발을 갈고리처럼 만들어서 위는 개(開)하고 아래는 합(合)하게 하며 좌우(左右)로는 개(開)를 하고 상하(上下)로는 합(合)을 한다.

동작 5.

몸을 왼쪽으로 돌리면서 나선 회전하여 낮추었다가 다시 나선 회전하여 높이며 중심은 오른쪽 ~ 왼쪽 ~ 오른쪽으로 이동한다. 오른쪽 엉덩이는 낮추었다가 다시 약간 높인다. 오른 다리는 역전사(逆纏絲)하며 안으로 돌리고 발뒤꿈치를 축으로 삼아 발바닥으로 땅을 쓸며 몸이 왼쪽으로 도는 것을 따라 약 135° 돌린다. 발바닥을 실(實)하게 딛고 다섯 발가락으로 땅을 움켜잡는다. 왼 다리는 순전사(順纏絲)하며 밖으로 돌리고 발뒤꿈치를 들고 발끝으로 땅을 쓸며 몸을 따라서 외호(外弧)를 그리며 좌후방(左後方)을 향해 돌아서 오른발의 안쪽에 멈춘다. 발끝은 밖을 향해 엇비슷이 나가고 허보(虛步)로 발끝으로 땅을 찍는다. 동시에 오른손은 오른쪽 귀 아래로부터 약간 하침(下沈)하여 추주(墜肘)를 하고(상하상합上下相合하고 양 손은 상합相合하여야 한다) 가슴 전상방(前上方)의 중앙선을 경유하여 역전사(逆纏絲)로 우전방(右前方)의 약간 위를 향해 전개한다(밀어낸다). 팔은 7 - 8 할 정도 펼치고 약간 순전사(順纏絲)로 변한다. 경(勁)은 중지 지문 부위까지 운행하며 위치는 오른쪽 어깨 우측에서 약간 앞으로 치우친 곳이 된다. 장심(掌心)은 오른쪽의 전하방(前下方)으로 향하고 손가락 끝은 왼쪽의 전상방(前上方)으로 향한다. 왼손은 왼쪽 어깨의 앞으로부터 약간 역전사(逆纏絲)를 하면서 가슴 앞을 경유하여 오른손과 위아래로 손바닥이 서로 교착(交錯)하여 하침(下沈)하며 순전사(順纏絲)로 변하고 새끼손가락을 가볍게 배꼽 앞에 붙이어 역전사(逆纏絲)로 바꾼다. 장심(掌心)은 위에서 미세하게 안쪽으로 치우치게 향하고 손가락 끝은 오른쪽으로 향한다. 눈은 오른손을 보면서 왼쪽을 함께 살피고 귀로는 몸 뒤를 듣는다. (그림 254)

(그림 254)

【요 점】이 동작을 연습할 때 속도는, 시작할 때는 상하좌우가 상합(相合)을 할 때 느리게 안정되게 하며 나선회전하며 상승하며 왼쪽으로 돌고 오른손이 앞을 향해 밀 때는 약간 빠르게 한다. 동작은 방송(放鬆)하여 서전(舒展)하고 몸은 바르게 해야하며 비뚤어지고 기울지 않도록 하며 원당(圓襠)을 이루어야 하며 양손의 경(勁)은 방송(放鬆)하면서 대칭이 되어야 한다.

第 33 式 우찰각(右擦脚)

동작설명 :

동작 1.

몸을 왼쪽으로 돌리면서 나선 회전하여 낮추며 중심(重心)을 오른쪽에 둔다. 오른 다리는 역전사(逆纏絲)하며 안으로 돌리고 발을 실(實)하게 디딘다. 왼 다리는 순전사(順纏絲)하며 밖으로 돌리고 무릎을 밖으로 열고(개개) 발끝으로 땅을 찍고 밖으로 돌리며 원당(圓襠)을 한다. 동시에 오른손은 오른쪽의 전상방(前上方)으로부터 순전사(順纏絲)하여 배 앞 중앙선에까지 하침(下沈)하는데 배와의 거리는 약 40 cm 정도가 된다. 손목을 뒤로 뒤집고 장심(掌心)은 좌전방(左前方)의 아래로 향하게 하고 손가락 끝은 우전방(右前方)의 아래로 향한다. 왼손은 새끼손가락으로 가볍게 배 앞에 붙이고 약간 순전사(順纏絲)를 하다 약간 역전사(逆纏絲)로 변한다. 밖으로 붕경(掤勁)을 잃지 않도록 하며 장심(掌心)은 위로 향하고 손가락 끝은 위로 향하며 안의 위로 손목을 갈고리처럼 구부리고 새끼손가락을 가볍게 배에 붙인다. 숨을 내쉬며 눈은 오른쪽 측면의 앞을 보며 귀로는 좌후방(左後方)의 동정을 듣는다. (그림 255)

(그림 255)

【요 점】이 동작은 연습할 때 속도를 비교적 완만하게 한다. 상하상합(上下相合)하며 오른쪽 팔꿈치는 팔을 허공에 드리워 옆구리(늑골

부위)에 붙이지 않고 왼쪽 무릎은 밖으로 열고(개開) 원당(圓膽)을 한다.

동작 2.

허리가 주(主)가 되게 하고 단전(丹田)과 결합하여 움직임을 이끈다. 몸을 신속하게 오른쪽으로 돌리면서 낮추며 중심(重心)은 오른쪽에서 왼쪽으로 이동한다. 눈은 양 팔의 앞을 본다. 동시에 왼 다리는 역전사(逆纏絲)하며 안으로 돌리고 발끝으로 땅을 찍고 안으로 돌리고 발꿈치를 왼쪽 뒤 바깥을 향해 돌리며 중심(重心)을 이동해온다. 오른 다리는 순전사(順纏絲)하며 밖으로 돌리고 무릎을 안으로 잠가조이며 발바닥을 실(實)하게 딛는다. 동시에 왼손은 새끼손가락을 배 앞에 가볍게 붙이고 역전사(逆纏絲)하며 안으로 원권(圓圈)을 한 바퀴 돌린 다음 손목을 안으로 갈고리처럼 굽혀 오른쪽의 전상방(前上方)을 향해 붕(掤)을 해낸다. 높이는 코끝과 같게 하고 장심(掌心)은 안쪽 아래를 향하며 손가락 끝은 안쪽 아래를 향하며 호구(虎口)는 둥글게 한다. 오른손은 역전사(逆纏絲)를 하며 안으로 돌아 위로 뒤집어서 손등을 왼쪽 팔꿈치 아래에 붙여서 왼팔과 동시에 오른쪽 전상방(前上方)을 향하여 붕(掤)을 해낸다. 위치는 왼쪽 팔꿈치 앞의 바깥이며 장심(掌心)은 앞으로 향하고 손가락 끝은 왼쪽의 약간 위로 치우친 곳으로 향한다. 교차점은 코끝 앞의 중앙선에 마주하게 조준되며 귀로는 몸 뒤의 동정을 듣는다. (그림 256)

(그림 256)

【요 점】이 동작은 연습할 때 속도를 아주 빠르게 한다. 허리가 주재(主宰)가 되게 하고 양 팔로 끌어안으며 전상방(前上方)을 향해 신속하게 붕(掤)·제(擠)를 하며 동시에 탑요(塌腰) 송과(鬆胯) 굴슬(屈膝)을 하고 왼쪽 엉덩이를 침하(沈下)하여 우상(右上)과 좌하(左下)로 사선(斜線)으로 대칭경(對稱勁)을 형성함으로써 몸의 평형을 유지하고 "중정(中定)"의 요구를 만족시킨다. 이 동작은 앞의 육봉사폐(六封四閉)의 '동작 2·3'의 동작과 같다.

동작 3.

몸을 왼쪽으로 돌리면서 나선 회전하여 낮추며 중심(重心)을 오른쪽에 둔다. 눈은 우전방(右前方)을 보며 왼쪽도 함께 살핀다. 가슴을 열고(開開) 왼쪽으로 돌고 복부를 앞으로 돌출(突出)시키면서 왼쪽으로 하침(下沈)하고 오른쪽 엉덩이는 약간 오른쪽의 후상방(後上方)으로 향하게 하여 번기(翻起)한다. 오른쪽 다리는 역전사(逆纏絲)하며 안으로 돌리고 발은 실(實)하게 딛고 다섯 발가락은 땅을 움켜잡는다. 왼 다리는 순전사(順纏絲)하며 밖으로 돌리고 무릎을 밖으로 열고(開開) 발끝으로 땅을 찍고 밖으로 돌린다. 동시에 오른손은 오른쪽 전상방(前上方)에서(오른쪽 어깨와 나란한 높이) 기본상 원래 위치에서 순전사(順纏絲)하며 약간 하침(下沈)하고 다시 약간 오른쪽 전상방(前上方)을 향해 선전(旋轉)한다. 장심(掌心)은 위로 향하고 손가락 끝은 오른쪽의 앞에 치우치게 향한다. 왼손은 역전사

(逆纏絲)로 약간 하침(下沈)하고 가슴 앞 중간선을 경유하여 위로 번기(翻起)하며 안으로 손목을 갈고리처럼 구부린다. 장심(掌心)은 안쪽 아래로 향하고 손가락 끝은 안쪽 아래의 오른쪽에 치우쳐 향한다. 호구(虎口)는 원이어야 하며 높이는 코끝과 같게 하고 귀로는 좌후방(左後方)을 듣는다. (그림 257)

【요 점】 이 동작은 연습할 때 속도를 비교적 완만하게 한다. 양 팔과 손으로 리(攦)를 할 때 (허리를) 아래로 내려뜨리고 밖으로 밟아야 하며 손과 팔의 붕경(掤勁)은 놓치지 않도록 하고 양손의 거리는 손에서 팔꿈치까지의 거리이며 너무 넓어서는 아니 된다.

(그림 257)

동작 4.

몸을 왼쪽으로 돌리며 나선 회전하여 낮추며 중심(重心)을 오른쪽 뒤에 둔다. 눈은 앞을 본다. 오른 다리는 역전사(逆纏絲)하며 안으로 돌리고 무릎을 안으로 합(合)하며 발바닥은 실(實)하게 딛고 다섯 발가락은 땅을 움켜잡는다. 왼 다리는 순전사(順纏絲)하며 밖으로 돌리면서 발을 들어 오른발의 우전방(右前方)으로 크게 내딛는다. 발뒤꿈치 약간 외측으로 착지(着地)하고 발끝은 위로 치켜들고 왼쪽 바깥으로 치우치게 한다. 동시에 오른손은 오른쪽 전상방(前上方)에서(오른쪽 어깨와 같은 높이) 순전사(順纏絲)하며 약간 오른쪽 전상방(前上方)을 향해 경(勁)을 이끈다. 높이는 코끝과 같게 하고 장심(掌心)은 위로 향하고 손가락 끝은 우전방(右前方)으

(그림 258)

(그림 259)

로 향한다. 왼손은 코 앞의 중앙선으로부터 역전사(逆纏絲)로 위로 뒤집어 손목을 꺾어서 머리 앞의 약간 위를 거쳐 우전방(右前方)을 향하여 좌완(坐腕)하며 오른팔 하박부에서 합(合)을 한다. 장심(掌心)은 우전방(右前方)에서 약간 아래로 치우치게 향하고 손가락 끝은 위에서 약간 오른쪽으로 치우치게 향한다. 귀로는 좌후방(左後方)의 동정을 듣는다. (그림 258 · 259)

【요 점】이 동작은 연습할 때 속도를 비교적 빠르게 한다. 위에서는 손을 합(合)을 하고 아래에서는 발을 땅에 떨군다. 즉 손이 도착하면 발도 도달한다. 양 다리는 구부리되 끼우듯이 하지 않음으로써 선전(旋轉) 변화에 편하도록 한다.

동작 5.

몸을 왼쪽으로 돌리면서 나선 회전하여 낮추며 중심(重心)을 오른쪽 뒤로부터 왼쪽 앞으로 이동하고 눈은 오른쪽 팔꿈치 우측(右側)을 본다. 동시에 침견추주(沈肩墜肘)를 하고 함흉탑요(含胸塌腰)를 하고 송과굴슬(鬆胯屈膝)을 한다. 왼 다리는 순전사(順纏絲)하며 밖으로 돌리고 발뒤꿈치를 축으로 하여 발끝을 밖으로 약 90° 돌리고 발바닥을 땅에 떨구어 실(實)하게 딛는다. 오른 다리는 역전사(逆纏絲)하며 안으로 돌리고 발뒤꿈치를 땅에서 떨어뜨려 발끝을 축으로 안쪽으로 돌린다. 동시에 양쪽 손목은 점련(粘連)하여 양손은 역전사(逆纏絲)를 하며 왼쪽으로 돌린다. 양팔 내측은 반원형을 이루며 붕경(掤勁)을 놓치지 않으면서 경(勁)을 양 손 중지 지복(指腹)까지 운행한다. 양 손목은 오른손은 밖에 왼손은 안쪽에 위치하게 교차시킨다. 오른손 장심(掌心)은 좌전방(左前方)을 향하고 손가락 끝은 약간 좌상방(左上方)으로 치우치게 향한다. 왼손 장심(掌心)은 우전방(右前方)으로 향하고 손가락 끝은 오른쪽의 약간 위로 치우치게 향하다가 다시 왼쪽은 위로 오른쪽은 아래로 변하여 위로 붕(掤)을 한다. 양손은 순전사(順纏絲)를 하며 귀로는 좌후방의 동정을 듣는다. (그림 260)

(그림 260)

【요 점】 이 동작은 연습할 때 비교적 느리게 한다. 위로 가는 붕경(掤勁)을 잃지 말아야 하며 전신은 손이 도는 것을 따라야하고 양 다리 사이는 틈(공간)을 남겨두고 당(膛)은 허허롭게 원을 이루어야 한다. 몸은 중정(中正)을 유지하여 좌우로 비뚤어지거나 기울지 말도록 하며 정흉(挺胸)[195]을 하고 위로 뽑히고[196] 과(胯)를 당기지 말도록[197] 해야 한다.

동작 6.

몸을 왼쪽으로 돌리면서 나선 회전하여 높이며 중심(重心)을 왼쪽 뒤에

---

195) 가슴을 앞으로 내미는 행위를 정흉(挺胸)이라 하여 태극권에서는 큰 금기로 여긴다.
196) 위로 뽑히는 것은 상발(上拔)이라 하여 중심이 들뜨거나 기(氣)가 잘 침하(沈下)하지 못하고 뜨는 것을 말한다. 역시 금기의 하나이다.
197) 납과(拉胯)는 과(胯)를 송침(鬆沈)하지 못하고 마치 끌어당기듯이 하여 경직되고 기(氣)가 들뜨게 하는 행위이다. 역시 매우 큰 금기사항이다.

(그림 261)

둔다. 시선은 우전방(右前方)을 보며 귀는 몸 뒤쪽의 동정에 주의를 기울인다. 왼 다리는 순전사(順纏絲)하며 밖으로 돌리고 무릎을 안으로 잠가조이며 발바닥은 실(實)하게 딛는다. 오른 다리는 역전사(逆纏絲)하며 안으로 돌리면서 들어 올려 발등으로 오른쪽 전상방(前上方)을 향해 찬다(척蹴). 동시에 양 손목과 팔은 교차하여 점련(粘連)하며 손은 역전사(逆纏絲)로 전상방(前上方)으로 뒤집어 약간 정수리를 넘게 하여 양손을 역전사(逆纏絲)로 우전방(右前方)과 좌후방(左後方)으로 나누어 향하게 하여 다시 약간 쌍순전사(雙順纏絲)로 바꾼다. 오른손으로 오른쪽 발등을 치고 동시에 왼손은 뒤에 놓는데 장심(掌心)은 아래를 향하게 하여 오른손과 대칭경(對稱勁)을 형성하여서 신체의 평형을 유지한다. (그림 261)

【요 점】이 동작은 연습할 때 속도를 비교적 안정되게 한다. 몸을 바르게 (중정中正) 하고 좌우로 비뚤어지고 기울지 말아야 한다. 상하상합(上下相合)하고 내외상합(內外相合)을 이루어야 한다. 발이 가서 손을 차야지 손이 가서 발을 걸지 않도록 한다.

第 34 式 좌찰각(左擦脚)

동작설명 :

동작 1.

(그림 262)

몸을 미세하게 왼쪽으로 돌리면서 나선 회전하여 미세하게 높이다가 다시 오른쪽으로 돌리면서 나선 회전하여 약간 하침(下沈)한다. 중심(重心)은 왼쪽 뒤에 둔다. 왼 다리는 먼저 순전사(順纏絲)하고 나중에 역전사(逆纏絲)하며 안으로 돌리고 발을 실(實)하게 딛는다. 오른 다리는 먼저 약간 역전사(逆纏絲)하여 안으로 돌리고 무릎을 위로 들고 다시 순전사(順纏絲)하며 밖으로 돌리고 발끝을 위로 치켜들고 밖으로 돌리며 발뒤꿈치 뒤쪽 외측으로 착지(着地)하면서 왼발 발끝의 우전방(右前方)으로 내딛는다. 동시에 양 손과 팔은 앞뒤에서 약간 위로 향하게 하고 약간 역전사(逆纏絲)하며 열고(개開) (순전사를 하려거든 먼저 역전사逆纏絲를 할 것이며 합합을 하려거든 먼저 개開를 하라) 다시 쌍순전사(雙順纏絲)로 변하여 하침(下沈)하여(어깨와 같은 높이) 오른쪽으로 돌아 왼쪽은 위에 오른쪽은 아래에 있게 교차하여 손목 부위에서 합(合)을 하고 약간 뒤를 향하여 손목을 뒤집는다. 왼손 장심(掌心)은 우상방(右上方)으로 향하고 손가락 끝은 앞을 향하며 오른손 장심(掌心)은 좌상방(左上方)으로 향하며 손가락 끝은 앞으로 향한다. 교차점은 높이가 코끝의 중앙선이 되며 눈은 먼저 좌우를 함께 살피고 다시 전방

(前方)을 바라보며 귀로는 몸 뒤의 동정을 듣는다. (그림 262)

【요 점】이 동작은 연습할 때 비교적 완만하게 한다. 몸을 좌우로 돌릴 때 운경(運勁)은 왼쪽 허리로 제어하며 입신중정(立身中正)해야 하며 좌우로 비뚤어지거나 기울어서는 아니 된다. 오른발로 착지하는 것을 경령(輕靈)하여야 한다.

동작 2.

몸을 오른쪽으로 돌리면서 나선 회전하여 낮추며 중심(重心)을 오른쪽 뒤에 둔다. 오른 다리는 순전사(順纏絲)하며 밖으로 돌리고 발뒤꿈치를 축으로 하여 발끝을 오른쪽으로 약 90° 돌리며 발바닥을 실하게 딛고 다섯 발가락은 땅을 움켜잡는다. 왼 다리는 역전사(逆纏絲)하며 안으로 돌리면서 발뒤꿈치를 들고 발끝을 축으로 하여 안으로 돌린다. 동시에 양 손과 팔은 역전사(逆纏絲)하며 밖으로 붕(掤)을 하고 양 손목은 점련(粘連)하여 떨어뜨리지 않고 선전하면서 밖으로 붕(掤)을 한다. 팔의 안쪽은 반원형을 유지하고 손목은 약간 뒤를 향해 뒤집고 오른손 장심(掌心)은 좌하방(左下方)으로 향하고 손가락 끝은 좌후방으로 향하며 왼손 장심(掌心)은 오른쪽으로 향하며 오른쪽 팔꿈치의 위에 있게 하며 손가락 끝은 우후방(右後方)의 약간 아래로 치우친 곳으로 향한다. 눈은 왼쪽 팔꿈치의 앞을 보며 귀로는 우후방(右後方)의 동정(動靜)을 듣는다. (그림 263)

(그림 263)

【요 점】이 동작은 연습할 때 속도를 비교적 안정되게 한다. 몸을 오른쪽

으로 돌리며 하침(下沈)할 때 양 손목은 점련(粘連)하여 떨어뜨리지 않고 양 팔의 붕경(掤勁)을 놓치지 않도록 한다. 양쪽 허벅지의 사이는 틈(공간)을 남겨두어야 하며 첨당(尖襠)[198]으로 끼지 않도록 하여 당(襠)이 원을 유지해야 한다.

(그림 264)

동작 3.

몸을 오른쪽으로 돌리면서 나선 회전하여 높이며 중심(重心)을 오른쪽에 둔다. 오른 다리는 순전사(順纏絲)하여 밖으로 돌리고 무릎을 안으로 잠가 조이며 발바닥은 실(實)하게 딛는다. 왼발은 역전사(逆纏絲)하며 안으로 돌리고 약간 무릎을 굽혀서 위로 들어서 발등과 발끝으로 왼쪽 전상방(前上方)을 향해 위로 찬다. 동시에 양쪽 손목을 점련(粘連)하여 팔을 역전사(逆纏絲)로 안으로 돌리며 위로 붕(掤)을 하면서(정수리를 넘어간다) 왼손은 앞으로 오른손은 뒤로 가게 나누어서 전개한다. 쌍순전사(雙順纏絲)로 변하여 왼손을 방송(放鬆)하여 왼발 발등을 쳐서 손과 발이 상합(相合)을 이루도록 한다. 뒤에 있는 오른손 장심(掌心)은 오른쪽 후하방(後下方)을 향하고 손가락 끝은 우후방(右後方)의 약간 위로 향하는데 높이는 오른쪽 어깨와 평평하게 하여 왼쪽 앞과 오른쪽 뒤의 경(勁)이 대칭을 이루게 하여서 신체의 평형을 유지한다. 눈은 좌전방(左前方)을 보며 귀로는 몸 뒤

---

198) 첨당(尖襠)이란 원당(圓襠)과 대립되는 개념으로 태극권의 금기 가운데 하나이다. 당(襠)이 원을 이루고 유지하지 못하고 뾰쪽하게 예각을 이루는 상태를 말한다.

의 동정을 듣는다. (그림 264)

【요 점】이 동작은 연습할 때 속도를 비교적 빠르게 한다. 왼발을 좌전방(左前方)을 향해 위로 차는데 우과(右挎)는 당겨찢지 말고 방송(放鬆)하여야 한다. 왼손이 왼발을 칠 때 손과 팔은 방송(放鬆)하여서(마치 채찍으로 후려치듯이 한다) 탄성(彈性)이 풍부해야 한다. 앞에 있는 왼손과 뒤에 있는 오른손은 경(勁)이 대칭을 이루어서 좌전방(左前方)을 향해 위로 찰 때 앞을 향해 위로 뽑는 노경(努勁)이 발생하여 신체의 중정(中正)에 영향을 주는 일을 피해야 한다.

第 35 式 전신좌등각(轉身左蹬脚)

동작설명 :

동작 1.

　몸을 오른쪽으로 돌리면서 약간 나선 회전하여 높였다가 다시 왼쪽으로 돌리면서 나선 회전하여 낮추고 다시 약간 높인다. 중심(重心)은 오른쪽에 두며 가슴을 열고 복부를 거둬들이고 숨을 들이 쉬며 제항(提肛)을 하고 송과(鬆胯)하고 약간 오른 무릎을 굽힌다. 오른 다리는 먼저 약간 순전사(順纏絲)하며 밖으로 돌리고 무릎을 안으로 잠가조이며 발바닥을 실(實)하게 딛는다. 다시 역전사(逆纏絲)를 하면서 안으로 돌리며 발뒤꿈치를 축으로 삼고 발끝을 약간 치켜세워 안쪽(왼쪽)으로 약 180° 돌린 후 발끝으로 착지하여 발을 실(實)하게 딛는다. 왼 다리는 먼저 역전사(逆纏絲)를 하며 위로 무릎을 들어 안으로 돌린 후 다시 순전사(順纏絲)를 하며 약간 낮추어 밖(왼쪽)으로 돌리며 다시 약간 위로 들고 약간 역전사(逆纏絲)로 변하여 오른 무릎과 서로 합(合)을 한다. 동시에 왼손은 순전사(順纏絲)하면서 손목을 꺾으며 원권(圓圈)을 하나 돌리고(왼쪽 전상방前上方) 약간 추주(墜肘)를 하며 왼쪽 무릎과 합(合)을 하고 손목을 갈고리처럼 구부린다. 다시 하침(下沈)하여 배 앞을 지나 역전사(逆纏絲)로 변하여 좌상방(左上方)을 향하여 장(掌)으로 변하여 전개한다. 높이는 어깨와 평평하게 하고

(그림 265)

(그림 266)

(그림 267)

장심(掌心)은 좌측(左側)의 아래로 향하며 손가락 끝은 좌측(左側)의 위로 향한다. (두 번째 수련법 : 왼손은 먼저 약간 역전사(逆纏絲)하며 우상방(右上方)을 향해 올리고 다시 순전사(順纏絲)로 변하여 하침(下沈)하여 배 앞을 지난다. 손목을 구부리지 않고 역전사(逆纏絲)로 변하여 좌상방(左上方)을 향해 전개한다. 정세(定勢)[199]에서의 손 모양과 위치는 첫번째 수련법과 같다.) 오른손은 먼저 순전사(順纏絲)하면서 (약간 추주墜肘하여 오른쪽 무릎과 합합을 이룬다) 우후방(右後方)을 향해 밖으로 돌고 다시 역전사(逆纏絲)로 변하여 약간 위를 향해 뒤집어서(약간 추주墜肘한다) 오른쪽 귀의 아래에 이르게 하고 가슴 전상방(前上方)의 중앙선을 지나 오른쪽을 향하여 약간 순전사(順纏絲)로 변하며 전개한다. 높이는 오른쪽 어깨와 같게 하고 장심(掌心)은 우측(右側)의 아래로 향하고 손가락 끝은 오른쪽에서 전상방(前上方)으로 치우치게 향한다. 눈은 좌우를 함께 살피고 귀는 몸 뒤 쪽의 동정에 주의를 기울인다. (그림 265 · 266 · 267)

【요 점】이 동작은 연습할 때 속도를 먼저 약간 느리게 하며 안정되게 하여야 한다. 몸을 돌릴 때 빠르게 변하여야 하지만 안정되어야 한다. 먼저 오른쪽으로 돌리며 상하상합(上下相合)을 할 때 안정되어야 한다. 왼쪽으로 열(開) 때는 빠르게 하여야 한다. 양손의 붕경(掤勁)은 이끌어서 놓치지 말도록 하여 몸이 이쪽저쪽으로 기울어지고 쓰러지는 일을 피하여야 한다. 정세(定勢)에서

---

199) 정세(定勢)는 한 초식(招式)이 마무리된 최종적인 모습.

전신은 경(勁)을 합(合)하여야 한다.

동작 2.

몸을 오른쪽으로 돌리면서 나선 회전하여 낮추며 중심(重心)을 오른쪽에 둔다. 오른 다리는 순전사(順纏絲)하며 밖으로 돌리고 무릎을 안으로 잠가 조이며 발바닥을 땅에 실(實)하게 딛는다. 왼 다리는 역전사(逆纏絲)하며 안으로 돌리고 무릎을 안으로 돌리며 낮추어 오른 무릎 내측의 전상방(前上方)에 합(合)을 한다. 동시에 양손은 좌우로부터 순전사(順纏絲)로 하침(下沈)하여 몸의 양쪽 측면을 경유하여 왼손이 위에 오른손이 아래에 있도록 교차하여 무릎의 전상방(前上方)에서 합(合)을 한다. 양쪽 손목은 약간 뒤로 뒤집고 왼손 장심(掌心)은 오른쪽 전하방(前下方)으로 향하고 손가락 끝은 앞으로 향한다. 오른손 장심(掌心)은 앞으로 향하고 식지 끝은 아래의 오른쪽에 치우치게 향한다. 눈은 몸 좌측(左側)을 보고 귀는 우후방(右後方)의 동정을 듣는다. (그림 268)

(그림 268)

【요 점】이 동작은 연습할 때 속도를 느리게 해야 한다. 양손과 팔이 합(合)을 할 때(양쪽 가슴과 늑골 부위는 허허로워야 한다) 양 팔꿈치는 옆구리(늑골 부위)에 붙이지 않는다.

동작 3.

몸을 신속하게 오른쪽으로 돌리면서 나선 회전하여 낮추다가 다시 왼쪽

(그림 269)

(그림 270)

으로 돌리면서 나선 회전하여 높이며 중심(重心)을 오른쪽에 둔다. 배를 안으로 거둬들이며 왼 쪽으로 돌고 우과(右胯)를 송(鬆)하고 약간 위를 향해 들어올린다. 오른 다리는 순전사(順纏絲)하면서 밖으로 돌리며 무릎을 안으로 잠가조이고 발바닥을 실(實)하게 딛는다. 동시에 왼 다리는 역전사(逆纏絲)하면서 안으로 돌리며 무릎을 안으로 합(合)을 하고 다시 좌측(左側)을 향해 올리고(왼쪽 어깨와 같은 높이이다) 발끝을 치켜들고 발뒤꿈치로 발경(發勁)을 하며 횡(橫)으로 찬다(등蹬). 발끝은 약간 왼쪽의 전상방(前上方)에 치우치게 향한다. 동시에 양쪽 손목은 왼쪽이 위에 오른쪽이 아래에 오도록 교차하여 점련(粘連)하며 양팔과 손이 먼저 순전사(順纏絲)로 오른쪽을 향해 하침(下沈)하며 끌어오며(인引) 합경(合勁)하고 다시 주먹으로 바꾸어 쌍역전사(雙逆纏絲)로 좌측(左側)의 약간 위와 우측(右側)의 아래를 향해 나누어서 가격한다. 권심(拳心)은 아래로 향한다. 눈은 몸의 좌측(左側)을 보고 귀로는 우후방(右後方)을 듣는다. (그림 269 · 270)

【요 점】이 동작은 연습할 때 속도를 매우 빠르게 한다. 허리를 주재(主宰)로 삼고 축경(蓄勁)하자마자 발경(發勁)을 하며 몸은 우측(右側)으로 약간 기울어진다. 주먹과 발의 발경(發勁)은 탄성(彈性)이 풍부해야 한다. 발경(發勁)하자마자(개開하자마자) 거두어들여야(수收)(합합을 하여야) 다시 개(開)하는데 이롭다(발경發勁하는데 이롭다).

第 36 式 전당요보(前堂拗步)

동작설명 :

동작 1.

 몸을 미세하게 오른쪽으로 돌리다가 다시 왼쪽으로 돌리면서 나선 회전하여 낮추며 중심(重心)을 오른쪽에 둔다. 오른 다리는 먼저 미세하게 순전사(順纏絲)를 하다가 역전사(逆纏絲)로 변하며 안으로 돌리고 발바닥을 실(實)하게 딛는다. 왼 다리는 역전사(逆纏絲)하며 들어 올려 안으로 합(合)을 하고 순전사(順纏絲)로 변하여 밖으로 돌린다. 발끝은 위로 치켜들어 밖으로 돌려서 뒤꿈치로써 몸을 따라 왼쪽으로 돌며 착지한다. 위치는 오른발 발끝의 좌측(돈 후에 왼발 뒤꿈치는 오른발 발끝의 정면 전방에 있다)이 된다. 동시에 양쪽 주먹은 장(掌)으로 변하여 약간 역전사(逆纏絲)를 하면서 안으로 합(合)을 하여 위로 뒤집고 쌍순전사(雙順纏絲)로 변하여 약간 하침(下沈)(높이는 어깨와 같게 한다)하며 안으로 합(合)을 하며 왼쪽으로 돈다. 양쪽 손목은 오른쪽이 위로 왼쪽이 아래로 가게 교차하며 위치는 가슴의 전상방(前上方)이 된다. 양손의 높이는 코끝과 같으며 양쪽 팔목은 약간 뒤를 향해 뒤집고 오른쪽 장심(掌心)은 좌전방(左前方)으로 향하고 손가락 끝은 우전방으로 향한다. 왼쪽 장심(掌心)은 우전방(右前方)으로 향하고 손가락 끝은 좌전방으로 향한다. 눈은 먼저 왼손을 보고 다시 오른손을 보며 다시 전

(그림 271)

(그림 272)

방(前方)을 본다. 귀로는 몸 뒤의 동정을 듣는다. (그림 271 · 272)

【요 점】이 동작은 수련할 때 속도를 비교적 완만하게 한다. 몸은 손을 따라 도는데 허리가 주재(主宰)가 되어 신체의 평형을 컨트롤하며 손이 합(合)을 하는 것과 발을 땅에 떨구는 것은 동시에 완성되어야 하며 몸이 좌우로 비뚤어지거나 기울어서는 아니 된다.

동작 2、3.

앞의 제일전당요보(第一前堂拗步)의 '동작 2 · 3'과 연습법과 기격(技擊) 함의가 같다. (그림 273 · 274 · 275)

(그림 273)

(그림 274)

(그림 275)

第 37 式 격지추(擊地捶)

동작설명 :

동작 1、2、3.

'동작 1·2·3'은 앞의 전당요보(前堂拗步)[200]에 이어지는 제이사행(第二斜行)의 '동작 1·2·3'과 수련법 및 기격(技擊) 함의가 같다. 다만 제삼(第三) 동작에서 장(掌)을 주먹으로 바꾼다.

동작 4.

몸을 왼쪽으로 돌리면서 나선 회전하여 낮추며 중심(重心)을 오른쪽 뒤에서 왼쪽 앞으로 이동한다. 왼 다리는 순전사(順纏絲)하며 밖으로 돌리고 무릎을 안으로 잠가조이며 오른 다리는 역전사(逆纏絲)하면서 안으로 돌리고 양발 발바닥은 실(實)하게 딛는다. 동시에 왼손은 코앞의 중앙선으로부터 역전사(逆纏絲)하면서 주먹으로 변하여 가슴과 배를 지나 하침(下沈)하여 왼쪽 무릎 앞을 향해 밖으로 열어서(개開) 위로 들어 왼쪽 눈의 좌전방(左前方)에 이른다. 팔은 반원형이며 손목을 아래로 갈고리처럼 구부리고 주먹은 허허롭게 쥐고 권심(拳心)은 아래로 향하며 호구(虎口)는 오른쪽으

---

200) 제 10 식 전당요보(前堂拗步)를 가리킨다. 제이사행(第二斜行)은 제 11 식이다.

(그림 276)

(그림 277)

로 향한다. 오른손은 우측(右側)으로부터(높이는 오른쪽 귀와 같다) 순전사(順纏絲)를 하며 밖으로 뒤집어 주먹으로 변하여 위를 향해 손목을 갈고리처럼 구부리고 오른쪽 귀 아래까지 뒤집어 돌리고 역전사(逆纏絲)로 변하여 흉복부(胸腹部)의 전하방(前下方)을 경유하여 하침(下沈)하여 지면(地面)에 가까운 당(膛)의 아래에 이르게 한다. 팔을 구부려서 반원형으로 하고 오른쪽 밖을 향해 손목을 구부린다. 권심(拳心)은 오른쪽 밖을 향하며 호구(虎口)는 안쪽으로 향한다. 눈은 좌우를 함께 살피며 귀로는 몸 뒤의 동정을 듣는다. (그림 276·277·278·279·280·281)

【요 점】이 동작은 연습할 때 속도를 비교적 느리게 한다. 오른쪽 주먹은 우전방(右前方)으로 하침(下沈)하고 좌과(左胯)를 송(鬆)하고 오른쪽 엉덩이를 침하(沈下)하여 대칭경(對稱勁)을 형성함으로써 신체의 평형을 안정시킨다.

(그림 278)

(그림 279)

(그림 280)

(그림 281)

第 38 式 번신이기각(翻身二起脚)

동작설명 :

동작 1.

몸을 오른쪽으로 돌리면서 나선 회전하여 낮추다가 다시 높이며 중심(重心)은 먼저 오른쪽에 두었다가 왼쪽으로 옮기고 숨을 들이 쉰다. 오른 다리는 순전사(順纏絲)하면서 밖으로 돌리고 무릎을 안으로 잠가조이며 발바닥은 실(實)하게 딛는다. 왼 다리는 역전사(逆纏絲)하며 안으로 돌리고 발뒤꿈치를 축으로 삼아 발끝을 땅에 붙여 안으로 약 90° 가깝게 돌린 후 실(實)로 변한다. 앞에 있는 발의 발바닥을 축으로 삼아 계속 안으로 약 90°를 돌린 후 발을 실(實)하게 딛는다. 오른 다리는 계속 순전사(順纏絲)하며 밖으로 돌리고 발뒤꿈치를 들고 발끝으로 땅을 쓸며 몸이 오른쪽으로 도는 것을 따라 외호(外弧)를 그리고 왼발의 우전방(右前方)에 멈추고 허보(虛步)로 발끝으로 땅을 찍는다. 송과굴슬(鬆胯屈膝)하며 경(勁)을 합(合)한다. 동시에 왼 주먹은 역전사(逆纏絲)로 왼쪽 무릎의 바깥쪽 아래까지 하침(下沈)하고 순전사(順纏絲)로 바꾸어 위로 뒤집어서 왼쪽 귀 옆에 이르게 한다. 팔꿈치는 구부리고 손목은 약간 안쪽으로 갈고리처럼 구부린다. 권심(拳心)은 오른쪽으로 향하고 호구(虎口)는 좌후방(左後方)으로 향하는데 높이는 귀와 같다. 오른 주먹은 역전사(逆纏絲)로 당(膛)의 전하방(前下

(그림 282)

(그림 283)

(그림 284)

方)으로부터 복부(腹部) 흉부(胸部)의 앞을 지나 위로 아래턱의 앞에까지 올리고 순전사(順纏絲)로 바꾸어서 우전방(右前方)을 향해 하침(下沈)하여 오른쪽 허벅지의 우측(右側) 위쪽에 이르게 한다. 손목은 약간 위로 갈고리처럼 구부리고 권심(拳心)은 위로 향하고 호구(虎口)는 오른쪽으로 향한다. 눈은 좌우를 함께 살피고 다시 앞을 본다. 귀로는 몸 뒤의 동정을 듣는다. (그림 282 · 283 · 284)

【요 점】이 동작은 연습할 때 속도를 처음에는 느리고 안정되게 하다가 뒤에 몸을 돌리며 올릴 때 약간 빠르게 한다. 허리가 주재(主宰)가 되도록 하고 몸을 돌릴 때 중정(中正)을 유지하여야 하며 좌우로 비뚤어지거나 기울어지면 아니 된다.

동작 2.

몸을 오른쪽으로 돌리면서 낮추고(상하상합上下相合한다) 다시 약간 높이며 중심(重心)은 왼쪽 뒤에서 오른쪽 앞으로 이동한다. 왼 다리는 역전사(逆纏絲)하며 안으로 돌리고 발을 실(實)하게 딛는다. 오른 다리는 순전사(順纏絲)하면서 밖으로 돌리고 무릎을 안으로 잠가조이며 발끝으로 땅을 찍는데 실(實)이다. 동시에 왼쪽 주먹은 왼쪽 귀의 좌측으로부터 순전사(順纏絲)하며 앞으로 합(合)을 하는데 위치는 왼쪽 눈의 좌전방(左前方)이 되고 다시 가슴 앞까지 하침(下沈)한다. 권심(拳心)은 안쪽의 우후방(右後方)으로 향한다. 오른 주먹은 오른쪽 허벅지의 우상측(右上側)으로부터 역전사(逆纏絲)로 우후방(右後方)으로 향한다. 위치는 우과(右胯)의 우후방(右後方) 약간 위쪽이 된다. 손목을 안으로 갈고리처럼 구부리고 권심(拳心)은 오른쪽 전상방(前上方)으로 향한다. 그런 다음 다시 오른쪽 어깨 앞까지 드는데 권심(拳心)은 좌상방(左上方)으로 향한다. 눈은 앞을 보면서 좌우를 함께 살핀다. 귀로는 몸 뒤의 동정을 듣는다. (그림 285)

【요 점】이 동작은 연습할 때 속도를 조금 빠르게 한다. 중심은 우전방(右前方)으로 향하며 좌과(左胯)를 방송(放鬆)하고 왼쪽 엉덩이를 하침(下沈)함으로써 신체의 중정(中正)을 유지하여 앞으로 숙여져서 실세(失勢)하는 것을 피한다.

(그림 285)

동작 3.

몸을 왼쪽으로 돌리면서 나선 회전하여 높이며 중심(重心)을 오른쪽에서 왼쪽으로 이동한다. 왼 다리는 순전사(順纏絲)하면서 밖으로 돌리며 전상방(前上方)을 향해 찬 후(동시에 오른 발로 땅을 차며 공중으로 도약한다.) 하침(下沈)하여(땅에 떨어지기 전에 오른발은 역전사로 전상방前上方을 향해 찬다) 땅으로 떨어진다. 동시에 오른쪽 주먹은 우후방(右後方)으로 향해 순전사(順纏絲)를 하며 위로 뒤집고 역전사(逆纏絲)로 바뀌어 오른쪽 귀 아래를 경유하여(몸은 위로 도약하고 오른쪽 팔꿈치는 오른쪽 무릎과 합습을 한다) 앞을 향해 소리나게 발등을 친다. 왼 주먹은 장(掌)으로 변하여 역전사(逆纏絲)로 좌후방(左後方)으로 든다. 장심(掌心)은 아래로 향하

(그림 286)

(그림 287)

며 높이는 정수리를 지난다. 눈은 우전방(右前方)을 보고 귀로는 몸 뒤를 듣는다. (그림 286·287)

【요 점】이 동작은 연습할 때 속도를 아주 빠르게 한다. 왼발을 먼저 들고 왼발이 아직 땅에 떨어지기 전에(마악 땅에 떨어지기 전에) 오른발로 위쪽을 향해 차며 오른손으로 발을 친다. 동작 전체가 오른발로 땅을 차며 몸을 허공으로 도약시키면서 완성된다.

第 39 式 호심추(護心錘) (수두세 獸頭勢)

동작설명 :

동작 1.

 몸을 먼저 신속하게 왼쪽으로 향하였다가 다시 신속하게 오른쪽으로 돌리면서 나선 회전하여 낮추며 중심(重心)은 먼저 왼쪽에 두었다가 오른쪽으로 이동한다. 오른 다리는 허공에서 먼저 역전사(逆纏絲)로 안으로 돌리고 다시 순전사로 밖으로 돌리어 하침(下沈)하며 발을 땅에 떨구고 무릎을 안으로 잠가조이고 발바닥을 실(實)하게 딛는다. 왼발은 먼저 순전사(順纏絲)로 밖으로 돌리고 무릎을 안으로 잠가조이고 발바닥을 실(實)하게 디디고 역전사(逆纏絲)로 변하여 안으로 돌린다. 발을 들어 땅에서 떼어 발끝을 위로 치켜 안으로 돌리고 왼쪽의 약간 뒤로 치우친 곳을 향해 뛰는 보법(步法)으로 발꿈치 안쪽으로 착지한다. 동시에 양손은 좌역우순(左逆右順)으로 아래를 향해 전사(纏絲)하여 침하(沈下)하고(왼손은 왼쪽 후상방後上方으로부터 하침下沈하여 왼쪽 과胯의 밖에 이르고 오른손은 앞으로 부터 흉복부胸腹部의 앞을 경유하여 하침下沈하여 왼쪽에 치우친다.) 다시 좌순우역(左順右逆)으로 바꾸어 전사(纏絲)하여 좌상방(左上方)을 향해 뒤집어 눈앞에 왼손을 멈춘다. 장심(掌心)은 우상방(右上方)으로 향하고 손목은 뒤로 뒤집으며 손가락 끝은 좌전방(左前方)으로 향한다. 오른손은 계속하여 오른쪽 밖으로 전개하여 오른쪽 눈 앞의 약간 위까지 온다. 장심(掌

(그림 288)

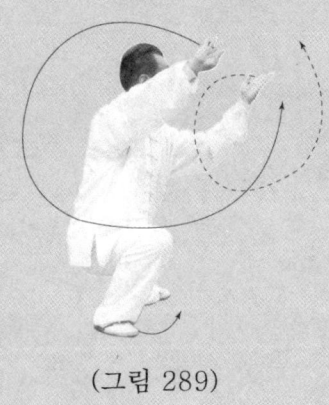

(그림 289)

心)은 오른쪽 전상방(前上方)을 향하고 손가락 끝은 왼(손목은 뒤를 향해 뒤집는다)쪽의 약간 위로 향하게 한다. 눈은 손이 원권(圓圈)을 하나 돌리는 것에 따라 다시 몸의 좌측(左側)을 보며 귀로는 몸 뒤의 동정을 듣는다. (그림 288·289)

【요 점】 이 동작은 연습할 때 속도를 매우 빠르게 한다. 양 손은 우순좌역(右順左逆)으로 왼쪽을 향해 전사(纏絲)하며 하침(下沈)하고 다시 왼쪽으로부터 위를 향하고 오른쪽을 향하여 좌순우역(左順右逆)으로 바꾸어 전개할 때 양발은 동시에 착지한다. 느린 동작으로 연습해도 된다.

동작 2.

몸을 약간 오른쪽으로 돌리다가 왼쪽으로 돌리면서 나선 회전하여 낮추었다가 다시 위로 높인다. 중심(重心)은 먼저 오른쪽에 두었다가 다시 왼쪽에 둔다. 왼다리는 먼저 역전사(逆纏絲)를 하고 나중에 순전사(順纏絲)를 하며 밖으로 돌리고 무릎은 안으로 잠가조이며 발바닥은 실(實)하게 딛는다. 오른 다리는 먼저 순전사(順纏絲)로 밖으로 돌리고 무릎을 안으로 잠가조이며 발바닥을 실(實)하게 디디고 역전사(逆纏絲)로 변하여 안으로 돌리고 발꿈치를 들어 땅에서 떼고서 발끝으로 땅을 쓸면서 리호(里弧)를 그리면서 왼발 안쪽으로 나란히 모은다. 발끝은 오른쪽 바깥을 향하게 하는데 왼발 발끝을 넘어가지 않도록 한다. 동시에 오른손은 먼저 약간 역전사(逆纏絲)를 하고 순전사(順纏絲)로 변하여 하침(下沈)하며 배 앞을 거쳐 위를 향해 선전(旋轉)한다. 손목은 뒤로 뒤집고 장심(掌心)은 좌상방(左上方)으로 향하고 손가락 끝은 우전방(右前方)으로 향하는데 위치는 코앞의 중앙선이 된다. 왼손은 약간 순전사(順纏絲)를 하다가 역전사(逆纏絲)로 바꾸면서 하침(下沈)하여 배 앞을 거쳐 좌상방(左上方)으로 전개한다. 뒤를 뒤집으면서 장심(掌心)은 왼쪽으로 향하고 손가락 끝은 앞에서 약간 오른쪽에 치우치게 향하는데 위치는 왼쪽 귀의 좌측(左側)이다. 눈으로는 좌우를 함께 살피고 귀로는 몸 뒤의 동정을 듣는다. (그림 290)

(그림 290)

【요 점】이 동작은 연습할 때 속도를 비교적 빠르게 한다. 동작은 흠집 없이 완전하게 정비되어 있어야 하고 기(氣)는 의당 고탕(鼓盪) 되어야 하며 시선은 먼저 왼쪽으로 나중에 오른쪽으로 두어 좌우를 살핌이 자유자재(自由自在)하도록 한다. 손과 발이 상합 (相合)하여야 하며 손이 이끌고 발이 따른다.(합슴을 한다)

동작 3.

허리를 주재(主宰)로 삼아 단전(丹田)과 결합하여 움직임을 이끈다. 몸을 신속하게 왼쪽으로 돌리면서 나선 회전하여 낮추며 중심(重心)을 왼쪽에 둔다. 왼다리는 순전사(順纏絲)하며 밖으로 돌리고 무릎을 안으로 잠가 조이며 발바닥을 실(實)하게 디딘다. 오른 다리는 역전사(逆纏絲)하면서 안으로 돌리며 발끝을 치켜세우고 안으로 돌려서 발뒤꿈치 내측으로 착지하고 오른쪽의 약간 앞을 향해 땅에 붙여서 차낸다(등蹬). 동시에 오른손은 코앞의 중앙선으로부터 주먹으로 변하여 손목을 갈고리처럼 구부려 역

(그림 291)

(그림 292)

전사(逆纏絲)로 오른쪽 전상방(前上方)을 향하여 손목이 돌출되게 하여 선전(旋轉)하고 다시 순전사(順纏絲)로 변하여 뒤로 손목을 뒤집는다. 위치는 머리 앞의 약간 위의 중앙선이 된다. 권심(拳心)은 위로 향하며 호구(虎口)는 우후방(右後方)으로 향하고 왼손은 왼쪽 귀의 좌측에서 주먹으로 변하여 역전사(逆纏絲)로 약간 하침(下沈)하며 작은 하호(下弧)를 그리고 순전사(順纏絲)로 변하여 밖으로 뒤집는다. 호구(虎口)는 좌상방(左上方)으로 향하고 권심(拳心)은 우상방(右上方)으로 향하며 높이는 왼쪽 귀와 같게 한다. 눈은 주로 몸의 오른쪽 외측(外側)에 주의력을 집중하고 귀로는 좌후방(左後方)의 동정을 듣는다. (그림 291·292)

【요 점】이 동작은 연습할 때 속도를 특히 빠르게 한다. 오른쪽 주먹을 위로 향하게 하고 오른 다리를 우하방(右下方)을 향해 땅에 붙여 차내는(등蹬) 빠른 동작은 동시에 완성되어야 한다. "위에서는 이끌어 들이고 아래에서는 (공격해)나아가고(상인하진上引下進)" "위에서는 이끌어 들이고 아래로는 가격하는(상인하격上引下擊)" 세(勢)인 대칭경(對稱勁)을 형성하도록 함이며 어깨는 위로 뽑아 올리지 않도록 하여 위로 들뜨는 것을 피하도록 해야 한다.

동작 4.

몸을 오른쪽으로 돌리면서 나선 회전하여 낮추며 중심(重心)을 왼 쪽에 둔다. 왼다리는 역전사(逆纏絲)하며 안으로 돌리고 발바닥을 실(實)하게 딛는다. 오른 다리는 순전사(順纏絲)하면서 밖으로 돌리고 무릎을 안으로 잠가조이며 발바닥을 실(實)하게 딛는다. 동시에 오른 주먹은 역전사(逆纏絲)를 하며 손목을 안으로 갈고리처럼 굽혀 머리의 전상방(前上方) 중앙선으로부터 배 앞까지 내리고 오른쪽을 향하여 오른쪽 복부를 경유하여 오른쪽 밖을 향해 개(開)하는데 위치는 우과(右胯)의 바깥쪽 위이며 안으로 손목을 구부리고 권심(拳心)은 안쪽의 왼쪽에서 약간 앞으로 치우치게 향하며 호구(虎口)는 위쪽의 우상방(右上方)에 치우치도록 향한다. 왼 주먹은 왼쪽 귀의 좌측(左側)으로부터 순전사(順纏絲)로 밖으로 돌리어 안으로 합(合)을 하여 코앞 중앙선에 이르게 한다. 권심(拳心)은 안으로 향하고 호구(虎口)는 좌상방(左上方)으로 향한다. 눈은 먼저 오른쪽을 보고 다시 앞을 보며 귀로는 몸의 좌후방(左後方)의 동정을 듣는다. (그림 293)

(그림 293)

【요 점】이 동작은 연습할 때 속도를 비교적 완만하게 한다. "오른쪽이 무거우면 오른쪽이 허허롭게[201] 하고" 왼쪽 팔꿈치와 오른쪽 무릎이 상합(相合)하도록 하고 양 무릎이 상합(相合)하며 상하상합(上下相合) 하도록 한다.

동작 5.

몸을 왼쪽으로 돌리면서 나선 회전하여 낮추며 중심을 오른쪽에 둔다. 오른 다리는 역전사(逆纏絲)하며 안으로 돌리고 발바닥을 실(實)하게 딛는다. 왼쪽 다리는 순전사(順纏絲)하며 밖으로 돌리고 무릎을 안으로 잠가조이며 발바닥을 실(實)하게 딛는다. 동시에 오른 주먹은 역전사(逆纏絲)를 하며 손목

---

201) 우중즉우허(右重則右虛).

(그림 294)

(그림 295)

을 안으로 갈고리처럼 굽혀 오른쪽의 후상방(後上方)을 향하여 돌리고 순전사(順纏絲)로 변하여 손목을 밖으로 뒤집는다. 다시 앞의 약간 위를 향하여 선전(旋轉)하면서 뒤집어(귀의 우측右側) 안으로 합(合)을 하여 오른쪽 귀의 아래에 이르게 하고 역전사(逆纏絲)로 변하여 손목을 구부리어 앞을 향하여 약간 하침(下沈)하고(상하상합上下相合한다) 가슴 앞으로부터 전상방을 향하여 순전사(順纏絲)로 변하면서 전개하여 낸다. 팔은 반원형을 이루게 굽히고 안으로 손목을 구부린다. 권심(拳心)은 안쪽의 오른쪽에서 아래로 치우치게 향하고 호구(虎口)는 우상방(右上方)으로 향하며 위치는 코앞의 중앙선이 된다. 왼주먹은 코앞의 중앙선으로부터 순전사로 앞을 향하여 하침(下沈)하며 호(弧)를 그리며 배의 전하방(前下方)을 경유하여 약간 위로 선전(旋轉)하는데 위치는 배의 중앙선의 약간 위이다. 호구(虎口)는 전상방(前上方)으로 향하고 권심(拳心)은 안쪽의 위로 향하며 팔은 반원을 이루고 손목은 안으로 구부린다. 눈은 먼저 우후방(右後方)을 보고 다시 앞을 본다. 귀로는 몸 뒤의 동정을 듣는다. (그림 294·295)

【요 점】이 동작은 연습할 때 속도를 비교적 완만하게 한다. 운경(運勁)을 할 때 상하상합(上下相合)하여야 하며 양 주먹은 가슴 앞의 상하일조선(上下一條線)의 중앙선 위에 있도록 하고 양 팔과 팔꿈치는 반원을 이루고 밖으로 향하는 붕경(掤勁)을 잃지 않도록 한다. 양 주먹을 합(合)을 할 때 교경(絞勁)[202]을 함유하고 있어야 한다.

---

202) 태극권 용어로 경별(勁別)의 하나. 목을 조르듯이 비틀어 조여지는 경(勁).

第 40 式 선풍각(旋風脚)

동작설명 :

동작 1.

 몸을 먼저 약간 왼쪽으로 돌리고 다시 오른쪽으로 돌리면서 나선 회전하여 높였다가 다시 약간 낮추며 중심(重心)은 오른쪽 ~ 왼쪽 ~ 오른쪽으로 이동한다. 오른 다리는 먼저 약간 역전사(逆纏絲)하면서 안으로 돌리고 다시 순전사(順纏絲)로 밖으로 돌리고 무릎을 잠가조이며 발바닥을 실(實)하게 딛는다. 왼쪽 다리는 먼저 약간 순전사(順纏絲)하며 밖으로 돌리고 무릎을 잠가조이고 다시 역전사(逆纏絲)하면서 안으로 돌리고 무릎을 안으로 잠가조이며 발바닥을 실(實)하게 딛는다. 동시에 왼쪽 주먹은 복부 앞으로부터 약간 역전사(逆纏絲)를 하면서 왼쪽을 향해 하침(下沈)하며 장(掌)으로 바꾸어 순전사(順纏絲)로 좌상방(左上方)을 향해 뒤집고 다시 우상방(右上方)을 향해 선전하여 코앞의 중앙선에 이르러 정지한다. 팔은 구부리고 추주(墜肘)를 하면서 손목은 밖으로 꺾으며 손가락 끝은 좌전방(左前方)으로 향하고 장심(掌心)은 우상방(右上方)으로 향한다. 오른쪽 주먹은 코의 전하방(前下方)으로부터 약간 순전사(順纏絲)를 하면서 왼쪽을 향해 약간 하침(下沈)을 하며 장(掌)으로 바꾸어 역전사(逆纏絲)를 한다. 복부(腹部) 흉부(胸部)의 좌전방(左前方)으로부터 위로 뒤집어서 눈앞을 경유

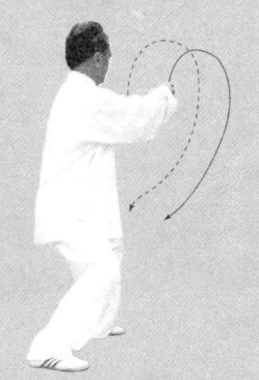

(그림 296)

(그림 297)

하여 우상방(右上方)을 향하여 전개하는데 팔을 구부려 반원형으로 하고 밖으로 손목을 꺾고 장심(掌心)은 우전방(右前方)으로 향하고 손가락 끝은 왼쪽에서 미세하게 위로 치우치게 향하고 높이는 오른쪽 눈과 같다. 눈은 먼저 우전방(右前方)을 보고 다시 왼쪽 팔꿈치의 바깥을 보며 귀로는 몸의 좌후방(左後方)의 동정을 듣는다. (그림 296·297)

【요 점】이 동작은 연습할 때 속도를 비교적 빠르게 한다. 두 주먹은 좌역우순(左逆右順)으로 전사(纏絲)를 하여 왼쪽을 향해 하침(下沈)할 때 운경(運勁)을 하는 노선의 원권(圓圈)은 작아야 하며 긴주(緊湊)하여야 한다. 장(掌)으로 바꿀 때 다시 개전(開展)하는데 긴주(緊湊)와 개전(開展)이 서로 결합되어야 한다. 양손의 간격은 손에서 팔꿈치까지의 넓이로 한다.

동작 2.

몸을 먼저 미세하게 오른쪽으로 돌리고 다시 왼쪽으로 돌리면서 나선 회전하여 낮추다가 다시 높인다. 중심(重心)은 먼저 오른쪽에 두었다가 뒤에 왼쪽에 둔다. 왼 다리는 먼저 역전사(逆纏絲)하며 안으로 돌리고 다시 순전사(順纏絲)를 하며 밖으로 돌리고 무릎을 안으로 잠가조이며 발바닥을 실(實)하게 딛는다. 오른 다리는 먼저 미세하게 순전사(順纏絲)하며 밖으로 돌리고 무릎을 안으로 잠가조이며 발을 실(實)하게 딛는다. 다시 역전사(逆纏絲)를 하며 안으로 돌리며 하침(下沈)하며 들어 올리며 발끝은 약간 안쪽 아래를 향하여 잠가조여서 왼쪽 무릎을 보호한다. 동시에 왼손은 미세하게 우상방(右上方)으로 향해 순전사(順纏絲)를 하다가 다시 역전사(逆纏絲)로 하침(下沈)하여 배 앞을 지나 좌상방(左上方)을 향해 뒤집어 돌리며 개(開)한다. 위치는 왼쪽 귀의 좌측(左側)이며 장심(掌心)은 왼쪽으로 향하고 좌완(坐腕)을 하며 손가락 끝은 앞에서 약간 위로 치우치게 향한다. 오른손은 먼저 역전사를 하며 미세하게 오른쪽으로 올라가다가 다시 하침(下沈)하며 순전사(順纏絲)로 변하여 배 앞을 경유하여 전상방(前上方)을 향해 경(勁)을 이끈다. 위치는 코앞의 중앙선이며 장심(掌心)은 위로 향하고 손가락 끝은 앞으로 향한다. 눈은 좌우를 함께 살피다가 다시 앞을 본다. 귀로는 몸 뒤의 동정을 듣는다. (그림 298)

(그림 298)

【요 점】이 동작은 연습할 때 속도는 경(勁)을 이끌어 들이고 접하면서는 빠르게 해야 하고 하침(下沈)을 할 때는 느리게 해야 한다. 오른손이 오른발을 이끌어서 우로 올릴 때는 빠르게 해야 한다. 왼쪽의 실(實)인 다리는 약간 구부리고 오른쪽 팔꿈치는 오른 무릎과 상합(相合)해야 하고 위로 오른 무릎을 들 때는 배를 거두어들이고(수복收腹) 숨을 들이쉬며(흡기吸氣) 제항(提肛)을 하여야 한다.

동작 3.

몸을 약간 오른쪽으로 돌리면서 나선 회전하여 낮추며 중심(重心)은 왼

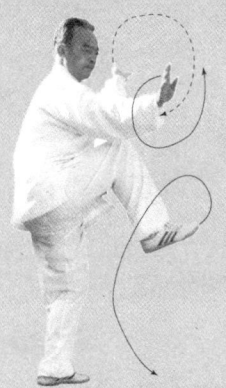

(그림 299)

(그림 300)

쪽 뒤에 둔다. 왼 다리는 역전사(逆纏絲)하며 안으로 돌리고 발바닥은 실(實)하게 딛는다. 오른 다리는 순전사(順纏絲)하며 밖으로 돌리고 발끝을 치켜세워서 발뒤꿈치의 바깥 부분으로 착지하며 발끝은 우전방(右前方)의 바깥을 향해 약 45° 정도 기울인다. 동시에 오른손은 약간 순전사(順纏絲)하며 미세하게 높이어 새끼손가락으로 경(勁)을 이끈다. 장심(掌心)은 위로 향하고 손가락 끝은 앞으로 향하며 위치는 코앞 중앙선에 놓이게 한다. 왼손은 좌측(左側)에서 순전사(順纏絲)로 변하여 왼쪽 전상방(前上方)을 향하고 다시 역전사(逆纏絲)로 변하여 머리의 전상방(前上方)을 경유하여 손목 부위로써 교차하여 오른쪽 손목 위에 합(合)을 한다. 손가락 끝은 우전방(右前方)으로 향한다. 눈은 좌우를 함께 살피다가 다시 앞을 보며 귀는 몸 뒤의 동정을 듣는다. (그림 299 · 300)

【요 점】이 동작은 연습할 때 속도를 비교적 느리게 한다. 양 손을 합(合)을 하는 것과 오른발이 착지하는 것은 동시에 완성해야 한다.

동작 4.

몸을 오른쪽으로 돌리면서 나선 회전하여 낮추며 중심(重心)은 오른쪽 앞으로 이동한다. 오른 다리는 순전사(順纏絲)하며 밖으로 돌리고 발뒤꿈치를 축으로 삼아 발끝을 다시 밖을 향해 약 45°를 돌리며 발바닥을 땅에

---

203) 태극권 보형(步型)의 한 가지. 정면을 향해 한발을 내딛어 무릎을 굽혀 궁보(弓步)를 이루는 형태의 보형(步型).

떨구어 실(實)하게 딛는다. 왼 다리는 역전사(逆纏絲)하면서 안으로 돌리고 발뒤꿈치를 들어 땅에서 떼어서 발끝을 축으로 하여 몸을 선전(旋轉)하는 것에 따라 요보(拗步)²⁰³⁾를 이룬다. 동시에 양 손목은 교차하여 점련(粘連)하면서 선전(旋轉)하는데 양손은 역전사(逆纏絲)로 안으로 돌리며 오른 손목은 뒤로 뒤집고 장심(掌心)은 좌전방(左前方)으로 향하고 손가락 끝은 좌후방(左後方)의 약간 위로 치우친 곳으로 향한다. 왼쪽 손목은 뒤를 향해 뒤집어 장(掌)을 오른팔의 팔꿈치 안쪽에 놓아 오른쪽 바깥으로 향하게 하며 손가락 끝은 우후방(右後方)으로 향하게 한다. 눈은 왼쪽 팔꿈치 바깥을 보며 귀는 몸 뒤의 동정을 듣는다. (그림 301)

(그림 301)

【요 점】이 동작은 연습할 때 속도를 비교적 완만하게 된다. 양 손목을 교차할 때 양 팔은 밖으로 향하는 붕경(掤勁)을 잃지 않도록 하며 양쪽 허벅지 사이는 틈(공간, 간격)을 남겨두어야 하며 당(膧)은 허허롭게 원이 되도록 한다. 동작 전체를 보면 오른쪽 바깥으로 약 90°를 돈 것이다.

동작 5.

몸을 오른쪽으로 돌리면서 나선 회전하여 낮추며 중심(重心)을 오른쪽에 둔다. 추주(墜肘)를 하고 개흉(開胸)을 한다. 오른쪽 무릎을 안으로 잠가조이고 다리는 순전사(順纏絲)로 밖으로 돌리며 발바닥을 실(實)하게 딛는다. 동시에 왼 다리는 역전사(逆纏絲)로 안으로 돌리고 다리는 몸을 돌리

(그림 302)

는 것에 따라 좌측(左側)의 위를 향하여 안으로 합(合)을 하며 찬다. 동시에 양 손은 눈앞으로부터 교차하며 좌우로 나누어 개전(開展)한다. 왼손 손바닥과 손가락으로는 횡으로 왼발 안쪽을 치고 오른손 장심(掌心)은 왼쪽으로 향하며 손가락 끝은 앞을 향한다. 왼손은 어깨보다 조금 높다. 오른손은 어깨보다 약간 낮게 하여 몸의 균형을 유지한다. 눈은 왼손과 왼 발을 보며 귀는 몸 뒤 쪽의 동정을 듣는다. (그림 302)

【요 점】이 동작은 연습할 때 속도를 비교적 빠르게 한다. 좌우의 손을 나누어 벌리는 것과 왼손으로 왼발을 치는 것은(상하상합上下相合하며) 동시에 완성해야 한다.

동작 6.

몸을 미세하게 왼쪽으로 돌리면서 미세하게 낮추었다가(상하상합(上下相合)을 하면서) 다시 우후방(右後方)을 향해 180° 돌리며 나선 회전하여 미세하게 상승하고 중심(重心)은 먼저 오른쪽에 나중에 왼쪽으로 약간 치우쳐간다. 오른 다리는 먼저 약간 역전사(逆纏絲)하다가 다시 순전사(順纏絲)로 바꾸어 밖으로 돌리고 발뒤꿈치를 축으로 삼고 발끝을 약간 위로 치켜들어 땅에서 떼고 우하방(右下方)을 향해 180° 돌리고 발바닥을 땅에 떨구어 다섯 발가락으로 땅을 움켜잡고 용천혈(湧泉穴)을 비운다. 왼 다리는 먼저 약간 순전사(順纏絲)로 밖으로 돌리다가 역전사(逆纏絲)로 바꾸어 위로 들어 안으로 합(合)을 하고 몸 돌림에 따라 우후방(右後方)으로

180° 돌려 오른발 왼 쪽에 횡(橫)으로 일보(一步) 벌려서 땅에 떨구고 발바닥을 실(實)하게 딛는다. 동시에 양손은 먼저 좌우(左右)로 나누어 위쪽으로 향하며 약간 역전사(逆纏絲)를 하며 약간 개(開)하고 쌍순전사(雙順纏絲)로 바꾸어 왼쪽(손)을 위에 오른쪽(손)은 아래에 있게 교차하여 몸을 이끌고 우후방(右後方)으로 돌아 쌍역전사(雙逆纏絲)로 바꾸어 양쪽 손목을 왼쪽은 안에 오른쪽은 전방 바깥에 가게 교차하여 가슴 앞의 약간 위쪽에서 합(合)을 한다. 양쪽 장심(掌心)은 우장(右掌)은 왼쪽으로 향하고 손가락 끝은 좌상방(左上方)으로 향하며 좌장(左掌)은 오른쪽으로 향하고 손가락 끝은 우상방(右上方)으로 향한다. 눈은 좌우를 함께 살피다가 다시 앞을 보며 귀로는 몸 뒤의 동정을 듣는다. (그림 303·304)

【요 점】이 동작은 연습할 때 속도를 먼저 약간 느리게 하다가(상하상합(上下相合)을 할 때) 몸을 돌리며 하침(下沈)할 때는 빠르게 해야 한다. 몸은 좌우로 비뚤어지거나 기울지 말 것이며, 몸을 돌린 후에 양손은 하침(下沈)하고 발이 땅에 떨어질 때 안정되어야 한다.

(그림 303)

(그림 304)

第 41 式 우등각(右蹬脚)

동작설명 :

동작 1.

몸을 약간 오른쪽으로 돌리면서 나선 회전하여 낮추며 중심(重心)을 왼쪽에 둔다. 왼 다리는 역전사(逆纏絲)하며 안으로 돌리고 오른 다리는 순전사(順纏絲)하며 밖으로 돌리고 무릎을 안으로 잠가조이며 양 발을 실(實)하게 딛는다. 동시에 양 손은 가슴 앞으로부터 역전사(逆纏絲)(채경採勁이다.)를 하며 복부 앞까지 하침(下沈)하고 양쪽 무릎 밖을 향해 나누어 벌리고서 약간 순전사(順纏絲)로 바꾼다. 경(勁)은 양손의 중지 지문부위까지 방송(放鬆)하여 보낸다. 양 손의 위치는 (저가低架로 하는 경우) 양쪽 무릎의 바깥쪽 아래에 놓이며, 중가(中架)로 하면 위치가 양쪽 무릎의 바깥 약간 위가 된다. 왼 손바닥은 왼쪽 전하방(前下方)으로 향하고 손가락 끝은 좌전방(左前方)으로 향한다. 오른손 손바닥은 오른쪽 전하방(前下方)으로 향하고 손가락 끝은 우전방(右前方)으로 향한다. 눈은 좌우를 함께 살피고 귀로는 몸 뒤의 동정을 듣는다. (그림 305)

【요 점】이 동작은 연습할 때 속도를 비교적 완만하게 한다. 상하상합(上下相合)해야 하고 기침단전(氣沈丹田)해야 한다.

(그림 305)

동작 2.

몸을 약간 오른 쪽으로 돌리다가 왼쪽으로 돌리면서 약간 낮추었다가 다시 나선 회전하여 높인다. 중심(重心)은 먼저 오른쪽에 두었다가 왼쪽으로 옮긴다. 왼 다리는 먼저 약간 역전사(逆纏絲)하여 안으로 돌리고 다시 순전사(順纏絲)로 변하여 밖으로 돌린다. 무릎을 안으로 잠가조이고 발바닥을 실(實)하게 딛는다. 오른 다리는 먼저 순전사(順纏絲)하며 밖으로 돌리고 무릎을 안으로 잠가조이며 발바닥을 실(實)하게 딛고 다섯 발가락으로 땅을 움켜잡아 용천혈(湧泉穴)을 비워야 한다. 다시 역전사(逆纏絲)로 바꾸어 안으로 돌리고 발뒤꿈치를 들어 땅에서 떼고 발끝으로 땅을 찍고 몸 돌림에 따라 리호(里弧)를 그리며 왼발 내측(內側)으로 향하여 허보(虛步)로 발끝을 땅에 찍고 보(步)를 모은다. 동시에 양손은 먼저 약간 위를 향하여 쌍역전사(雙逆纏絲)를 하고 다시 쌍순전사(雙順纏絲)로 바꾸어 하침(下沈)하였다가 다시 상승하여 안으로 합(合)을 한다(왼쪽(손)은 밖에 있고 오른쪽(손)은 안에 있으며 양 손목은 교차한다). 양 손목은 약간 뒤를 향해 뒤집으며 오른손바닥은 왼쪽으로 향하고 손가락 끝은 전하방(前下方)으로 향한다. 왼손바닥은 우전방(右前方)으로 향하며 손가락 끝은 좌전방(左前方)으로 향한다. 위치는 배 앞 중앙선이 된다. 눈은 오른쪽을 보고 다시 왼쪽을 보다가 다시 오른쪽을 본다. 귀로는 몸 뒤의 동정을 듣는다. (그림 306·307)

【요 점】이 동작은 연습할 때 안정되게 하여야 한다. 합(合)을 하려거든

(그림 306)

(그림 307)

(그림 308)

(그림 309)

먼저 개(開)를 하라(양쪽팔을 가리킨다). 합(合)을 할 때 오른 손과 오른발은 동시에 안으로 합(合)을 하여야 한다. 합(合)하여 모을 때는 경령(輕靈)하여야 한다.

동작 3.

몸을 신속하게 왼쪽으로 돌리면서 나선 회전하여 낮추었다가 다시 약간 높이며 중심(重心)은 왼 쪽에 두고 발바닥은 실(實)하게 딛는다. 동시에 오른 다리는 역전사(逆纏絲)하며 들어 올려 발끝을 치켜세우고 발뒤꿈치로 오른쪽을 향해 횡(橫)으로 차며(등蹬) 발경(發勁)한다. 높이는 오른쪽 어깨와 같게 하고 발끝은 앞쪽에서 약간 위로 치우치게 향한다. 동시에 양손은 주먹으로 변하여 먼저 순전사(順纏絲)로 양쪽 팔꿈치 안쪽에 합(合)을 하고 다시 쌍역전사(雙逆纏絲)로 바꾸어 약간 손목을 위쪽 안으로 갈고리처럼 굽히는데 양팔 팔꿈치는 반원형을 이루어(밖으로 여는(개開) 붕경(掤勁)을 강화하는 것이다) 좌우 양옆으로 나누어 신속하게 역전사(逆纏絲)로 붕(掤)을 해낸다. 권심(拳心)은 아래로 향하고 오른 주먹은 약간 높게 하여 오른쪽 눈과 같은 높이로 한다. 왼쪽 주먹은 약간 낮게 하여 왼쪽 어깨와 같은 높이이다. 눈은 오른발이 차는 방향을 보고 귀는 몸 좌우의 동정에 주의를 기울인다. (그림 308 · 309)

【요 점】이 동작은 연습할 때 속도를 아주 빠르게 한다. 축세(蓄勢)는 마치 활을 당기듯이 하고 함흉탑요(含胸塌腰)를 하며 양팔의 안

쪽은 반원형을 유지하여서 개(開)를 하기 전의 붕경(掤勁)을 강화하여야 한다. 손발은 동시에 공격해 들어가는데 속도를 빠르게 하여야 하고 발경(發勁)은 온전하여 결함이 없어야 한다. 발경(發勁) 후에 오른발을 신속하게 거두어들이며 땅에 떨어뜨리지 않고 상하상합(上下相合)하여야 한다.

第 42 式 해저번화(海底翻花)

동작설명 :

동작 1.

몸을 신속하게 약간 왼쪽으로 돌려 낮추며 중심(重心)을 왼쪽에 둔다. 왼 다리는 순전사(順纏絲)하며 밖으로 돌리고 무릎을 안으로 잠가조이며 발바닥은 실(實)하게 딛고 다섯 발가락은 땅을 움켜잡는다. 오른 다리는 역전사(逆纏絲)하면서 안으로 돌리며 무릎을 합(合)을 하고 발을 들어 올린다. 동시에 오른 주먹은 역전사(逆纏絲)하면서 안으로 돌리며 낮추어 (오른발과 동시에 거둬들인다.) 오른쪽 무릎 내측에 이르게 한다. 권심(拳心)은 안쪽으로 향하고 호구(虎口)는 좌전방(左前方)으로 향한다. 왼쪽 주먹은 역전사(逆纏絲)하며 왼쪽 허벅지 좌전방(左前方)까지 하침(下沈)하며 권심(拳心)은 안쪽을 향하고 호구(虎口)는 우전방(右前方)으로 향하게 한다. 눈은 몸의 우측(右側)을 보며 왼쪽도 함께 살피고 귀는 좌후방(左後方)의 동정에 주의를 기울인다. (그림 310)

【요 점】이 동작은 속도를 아주 빠르게 한다. 오른손과 오른발은 동시에 거둬들여야 하며 상하상합(上下相合)해야 한다.

동작 2.

(그림 310)

몸을 신속하게 오른쪽으로 90° 돌리며 중심(重心)은 왼쪽에 둔다. 왼 다리는 역전사(逆纏絲)하면서 안으로 돌리며 발뒤꿈치를 축으로 발끝을 약간 치켜세워 몸을 따라 오른쪽 안으로 약 90° 돌리고 발끝은 땅에 떨구고 발바닥을 실(實)하게 딛는다. 오른 다리는 순전사(順纏絲)하며 밖으로 돌리고 무릎을 안으로 잠가조여서 위로 당(膛)을 보호하며 발끝을 안으로 합(合)을 하여 아래를 향해 왼쪽 무릎을 보호한다. 동시에 오른 주먹은 역전사(逆纏絲)하면서 안으로 합하고 손목을 안으로 갈고리처럼 굽히고 배 앞과 왼쪽 가슴을 지나 순전사(順纏絲)로 변하여 팔꿈치를 굽히고 손목을 안으로 갈고리처럼 굽혀 코앞을 지나 오른쪽으로 하침(下沈)하여 오른쪽 무릎의 바깥 아래에 이르게 한다. 권심(拳心)은 위로 향하고 호구(虎口)는 우전방(右前方)으로 향한다. 왼쪽 주먹은 역전사(逆纏絲)하며 왼쪽으로 돌리면서 개(開)하고 순전사(順纏絲)로 바꾸어 좌상방(左上方)을 향해 뒤집어 구부리고 추주(墜肘)를 하고 안으로 손목을 갈고리처럼 구부려 왼쪽 귀 좌측(左側)에 합(合)을 하며 약간 역전사(逆纏絲)로 변한다. 권심(拳心)은 오른쪽 내측에서 약간 아래를 향하며 호구(虎口)는 뒤쪽으로 향한다. 눈은 먼저 오른쪽을 보고 왼쪽을 함께 살피고 다시 앞을 본다. 귀로는 몸 뒤의 동정을 듣는다. (그림 311)

(그림 311)

【요 점】 이 동작은 연습할 때 속도를 매우 빠르게 한다. 동작을 신속하게 한 기운(일기一氣)에 완성해야 한다. '동작 2'는 앞의 초식인 우등각(右蹬脚)과 이어서 연습하며 동작을 매우 빠르게 한다. 발경(發勁)은 흠없이 온전하게 해야 하며 상하상합(上下相合)을 해야 한다.

(그림 312)

(그림 313)

第 43 式 엄수굉추(掩手肱錘)

동작설명 :

동작 1.

 몸을 미세하게 왼쪽으로 돌리면서 나선 회전하여 높였다가 다시 오른쪽으로 돌리면서 나선 회전하며 하침(下沈)한다. 왼 다리는 먼저 미세하게 순전사(順纏絲)하며 무릎을 안으로 잠가조이고 다시 역전사(逆纏絲)로 변하여 안으로 돌리며 몸을 따라 아래로 낮추고 발끝을 안으로 합(合)하여 위로 치켜 올리고 좌전방(左前方)으로 향하여 크게 보(步)를 내면서 발꿈치 안쪽으로 착지한다. 오른 다리는 먼저 미세하게 역전사(逆纏絲)하여 안으로 돌리고 무릎을 위로 들고 순전사(順纏絲)하면서 밖으로 돌린다. 발끝을 오른쪽 바깥으로 돌리면서 몸을 따라 하침(下沈)하며 진각(震脚)하고 다섯 발

(그림 314)

(그림 315)

가락은 땅을 움켜잡는다. 중심(重心)은 오른쪽으로 이동하고 실(實)로 변한다. 동시에 오른쪽 주먹은 먼저 약간 순전사(順纏絲)하며 밖으로 개(開)하며 추주(墜肘)한다. 주먹은 위로 향해 뒤집어서 오른쪽 늑골 부위에 이르러 역전사(逆纏絲)로 바꾸고 손목을 갈고리처럼 구부려 안으로 합(合)을 하고 위로 뒤집는다. 다시 가슴의 전상방(前上方)을 지나 좌전방(左前方)을 향해 하침(下沈)하고 밖으로 손목을 구부린다. 주먹은 허허롭게 쥐고 권심(拳心)은 오른쪽으로 향한다. 왼쪽주먹을 장(掌)으로 바꾸어 미세하게 순전사(順纏絲)를 하며 밖으로 개(開)하고서 역전사(逆纏絲)로 변하여 안으로 합(合)을 하고 전상방(前上方)을 경유하여 앞을 향해 약간 하침(下沈)하여 오른쪽 손목 팔에 합(合)을 한다. 약간 안으로 손목을 구부리고 장심(掌心)은 오른쪽 전하방(前下方)으로 향하며 손가락 끝은 오른쪽 전상방(前上方)으로 향한다. 양팔 손목의 교차점은 가슴 앞이다. 눈은 먼저 좌우를 보고 다시 앞을 본다. 귀로는 몸 뒤의 동정을 듣는다. (그림 312・313・314・315)

'동작 2'부터 '동작 5' 까지 수련법과 기격(技擊) 함의는 앞의 엄수굉권

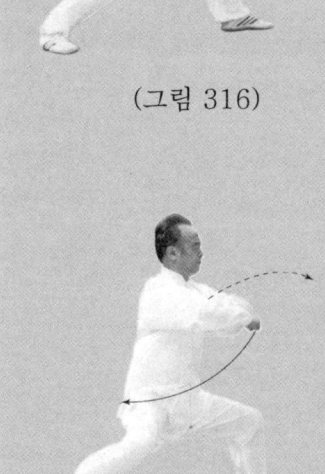

(그림 316)

(그림 317)

(그림 321) (그림 320) (그림 319) (그림 318)

(掩手肱拳)과 같다. (그림 316·317·318·319·320·321)

【요 점】이 동작은 연습할 때 속도를 아주 빠르게 한다. 양 팔을 교차하여 합(合)을 하고 몸을 하침(下沈)하여 진각(震脚)을 하며 숨을 내쉬는 것은 동시에 완성해야 한다. 하침(下沈)할 때 몸은 중정(中正)을 유지하여 비뚤어지거나 기울지 않아야 한다. 양팔 안쪽은 반원형을 유지하여 붕경(掤勁)을 잃지 말도록 한다.

第 44 式 소금타(小擒打)

동작설명 :

동작 1.

 몸을 신속하게 오른쪽으로 돌리면서 나선 회전하여 낮추다가 다시 왼쪽으로 돌리면서 약간 낮추었다가 다시 나선 회전하여 약간 높인다. 중심(重心)은 왼쪽에서 오른쪽으로 다시 왼쪽에 둔다. 동시에 왼다리는 먼저 역전사(逆纏絲)하며 안으로 돌리고 순전사(順纏絲)로 밖으로 돌린다. 발뒤꿈치를 축으로 하여 발끝을 약간 위로 치켜세워 왼쪽 바깥을 향해 약 90° 가까이 돌리고 땅에 떨구어 실(實)하게 딛는다. 오른 다리는 먼저 순전사(順纏絲)로 밖으로 돌리고 무릎을 안으로 잠가조이며 발바닥을 실(實)하게 딛는다. 다시 역전사(逆纏絲)로 발을 들어 땅에서 떼어 약간 안으로 돌리다가 순전사(順纏絲)로 바꾸어 밖으로 돌리며 발끝을 위로 치켜세우고 약간 밖으로 돌린다. 발꿈치 뒤쪽 외측으로 앞을 향해 왼발 앞에 착지한다. 동시에 오른 주먹은 장(掌)으로 변하며 역전사(逆纏絲)를 하며 약간 내리고 손목을 구부려 위로 붕(掤)을 한다. 장심(掌心)은 아래(높이는 오른쪽 눈과 같이 하며 위치는 오른쪽 눈의 우전방右前方이 된다.)로 향한다. 다시 순전사(順纏絲)로 변하며 하침(下沈)하여 가슴 앞을 지나 전방(前方)을 향하여 선전(旋轉)하며 나간다. 장심(掌心)은 위로 향하고 손가락 끝은 앞으로 향하고 높이는 눈과 같게 한다. 왼손은 역전사(逆纏絲)를 하며 안으로 손목을

(그림 322)

(그림 323)

(그림 324)

구부려 하침(下沈)하고(상하상합(上下相合)한다) 장심(掌心)은 안쪽으로 향하고 손가락 끝은 안쪽으로 향한다. 위치는 복부의 좌전방(左前方) 약간 위가 된다. 다시 전상방(前上方)을 향하여 계속 역전사(逆纏絲)를 하며 손목을 구부려 선전(旋轉)하며 안으로 갈고리처럼 걸어 눈 앞을 경유하여 오른쪽 팔꿈치 굽은 곳의 약간 앞에서 합(合)을 한다. 팔은 반원형을 이루고 손가락 끝은 우전방(右前方)으로 향하며 장심(掌心)은 오른쪽 전하방(前下方)으로 향한다. 눈은 좌우를 함께 살피고 다시 앞을 향해 바라본다. 귀로는 몸 뒤의 동정을 듣는다. (그림 322 · 323 · 324 · 325)

【요 점】이 동작은 연습할 때 속도를 빠르게 해야 한다. 동작을 시작할 때 빠르게 해야 하는데 마치 불길에 손가락이 닿은 듯이 허리의 두경(抖勁)을 써서 신속하게 역전사(逆纏絲)로 뽑아 들여야 한다. 오른손은 순전사(順纏絲)로 변하여 하침(下沈)하고 왼손은 역전사(逆纏絲)하며 안으로 손목을 구부려 앞을 향해 미세하게 하침(下沈)한다. 상하상합(上下相合)을 이룰 때에는 약간 느리고 안정되게 해야 하며 앞을 향해 오른발을 내고 양손을 좌역우순(左逆右順)으로 전사(纏絲)하여 교차해 합(合)을 할 때는 빠르게 해야 한다. 보(步)를 내는 것은 허허롭고 영활(靈活)해야 하며 손이 합(合)을 하고 발을 땅에 떨구는 것은 동시에 완성해야 한다.

동작 2.

몸을 오른쪽으로 돌리면서 나선 회전하여 낮추며 중심(重心)을 오른쪽에 둔다. 오른 다리는 순전사(順纏絲)하며 밖으로 돌고 발뒤꿈치를 축으로 하고 발끝을 위로 치켜세워 밖으로 약 90° 가까이 돌리고 발바닥을 실(實)하게 딛는다. 왼다리는 역전사(逆纏絲)하며 안으로 돌리고 발뒤꿈치를 들고 발끝을 축으로 하여 안으로 돌려 허(虛)로 변한다. 동시에 오른손은 역전사(逆纏絲)를 하며(높이는 눈과 같게 한다) 오른쪽으로 돌리는데 손바닥은 우전방(右前方)으로 향하고 팔은 반원형으로 뒤로 손목을 꺾고 손가락 끝은 좌전방(左前方)으로 향한다. 위치는 오른쪽 눈 우전방(右前方)의 약간 위쪽이 된다. 왼손은 오른쪽 팔꿈치 굽은 곳 안쪽에 점련(粘連)하면서 역전사(逆纏絲)를 하며 좌완(坐腕)하여 선전(旋轉)한다. 팔은 반원으로 구부리고 손가락 끝은 후상방(後上方)으로 향하며 장심(掌心)은 오른쪽으로 향한다. 위치는 오른 팔꿈치 안쪽이다. 눈은 먼저 오른손을 보고 다시 왼팔꿈치 바깥쪽을 본다. 귀로는 몸의 우후방(右後方)의 동정을 듣는다. (그림 326)

(그림 325)

(그림 326)

【요 점】이 동작은 연습할 때 속도를 비교적 느리고 안정되게 한다. 오른손을 위로 붕(掤)을 할 때 경(勁)을 이끌어야하며 양팔은 붕(掤)으로 원형을 이루고 양다리는 요보(拗步)로 서며 허벅지 사이는 틈(공간)을 남겨야 하고 당(膛)은 허허롭게 원이어야 한다.

동작 3.

몸을 계속 오른쪽으로 돌리면서 나선 회전하여 낮추며 중심(重心)은 오른쪽 뒤에 둔다. 오른 다리는 순전사(順纏絲)하며 밖으로 돌리고 무릎을 안

(그림 327)

(그림 328)

으로 잠가조이고 발바닥은 실(實)하게 딛는다. 왼다리는 역전사(逆纏絲)를 하며 들어 올려 발끝을 치켜들고(먼저 팔꿈치와 무릎, 양 무릎을 합(合)을 한다) 안으로 돌리면서 좌전방(左前方)으로 보(步)를 크게 내는데 뒤꿈치 안쪽을 땅에 대고 차듯 낸다. 동시에 오른손은 역전사(逆纏絲)로 오른쪽 바깥의 약간 위를 향해 전개하는데 위치는 오른쪽 눈의 우전방(右前方)의 약간 위가 된다. 팔은 반원으로 하고 뒤로 손목을 뒤집고 장심(掌心)은 전상방(前上方)으로 향하며 손가락 끝은 좌전방(左前方)의 위로 향한다. 왼손은 오른쪽 팔꿈치 굽은 곳의 안쪽으로부터 역전사(逆纏絲)를 하며 좌전방(左前方)으로 하침(下沈)하는데 위치는 왼쪽 무릎 안쪽의 아래가 된다. 장심(掌心)은 좌하방(左下方)으로 향하고 손가락 끝은 앞으로 향한다. 눈은 먼저 오른손을 보고 다시 앞을 본다. 귀로는 몸 뒤의 동정을 듣는다. (그림 327 · 328)

【요 점】 이 동작은 연습할 때 비교적 느리게 한다. 오른손 엄지손가락은 위로 붕(掤)을 하는데 경(勁)을 이끌어 놓치지 않도록 한다. 왼발은 좌전방(左前方)을 향하여 보를 크게 내는데 땅에 붙여서 삽질하듯 내는데 경령(輕靈)하게 해야 한다. 몸은 좌우로 비뚤어지거나 기울지 않도록 한다.

동작 4.

몸을 약간 오른쪽으로 돌리면서 나선 회전하여 낮추며 중심(重心)은 오른쪽 뒤에 둔다. 오른 다리는 순전사(順纏絲)하며 밖으로 돌리고 무릎을 안으로 잠가조이고 발바닥을 실(實)하게 딛는다. 왼다리는 약간 역전사(逆纏絲)하며 안으로 돌리고 발뒤꿈치 안쪽의 뒷부분으로 착지하고 발끝을 치켜 세운다. 동시에 왼손은 순전사(順纏絲)하면서 위로 뒤집어 왼쪽 눈의 좌전방(左前方)까지 와서 역전사(逆纏絲)로 바꾸고 추주(墜肘)하면서 손을 안으로 합(合)을 하며 손목은 약간 왼쪽 바깥을 향해 갈고리처럼 구부리며 손가락 끝은 위로 향하고 장심(掌心)은 우전방(右前方)으로 향하며 손가락 끝의 위치는 왼쪽 눈의 좌전방이 된다. 오른손은 오른쪽 후상방(後上方)으로부터 순전사(順纏絲)로 하침(下沈)하여 오른쪽 가슴의 약간 아래쪽 바깥(팔꿈치를 구부리고 좌완坐腕을 하여 상하상합上下相合을 한다)에 이르러 약간 역전사(逆纏絲)로 변한다. 장심은 좌전방(左前方)으로 향하고 손가락 끝은 비스듬하게 전상방(前上方)으로 향하는데 손가락 끝의 높이는 오른쪽 가슴과 같다. 눈은 좌전방(左前方)을 보며 귀로는 몸의 우후방(右後方)의 동정을 듣는다. (그림 329·330·331)

(그림 329)

【요 점】이 동작은 연습할 때 속도를 비교적 빠르게 한다. 상하(上下)·좌우(左右)·대각선 방향이 상합(相合)을 하여야 한다. 오른손은 직접 역전사(逆纏絲)로 오른쪽 가슴 약간 아래쪽 바깥까지 하침(下沈)하여 좌완(坐腕)을 한다.

(그림 330)

동작 5.

몸을 약간 왼쪽으로 돌리면서 나선 회전하여 약간 높이며 중심(重心)은 오른쪽 뒤에서부터 왼쪽 앞으로 이동한다. 왼다리는 순전사(順纏絲)하며

(그림 331)

(그림 332)

밖으로 돌리고 무릎을 안으로 잠가조이고 발뒤꿈치를 축으로 하여 약간 밖으로 돌리고 땅에 떨구고 발바닥을 실(實)하게 딛는다. 오른 다리는 역전사(逆纏絲)하며 안으로 돌리고 땅에 실하게 딛는다. 동시에 왼손은 역전사(逆纏絲)하면서 안으로 돌리며 약간 낮추며 좌전방(左前方)을 향하여 약간 위로 밀어내며 발경(發勁)한다. 장심(掌心)은 좌전방(左前方)으로 향하며 손가락 끝은 우전방(右前方)으로 향하고 높이는 코끝과 같다. 오른손은 역전사(逆纏絲)를 하며 미세하게 하침(下沈)하며 좌전방(左前方)의 약간 위를 향해 밀어내며 발경(發勁)을 한다. 장심(掌心)은 좌전방(左前方)의 약간 아래로 향하며 손가락 끝은 좌전방(左前方)의 위로 향하는데 높이는 가슴 부위와 같다. 눈은 좌전방(左前方)을 바라보며 귀로는 몸 좌후방(左後方)의 동정을 듣는다. (그림 332)

【요 점】이 동작은 연습할 때 속도를 빠르게 한다. 발경(發勁)은 좌전방(左前方)을 향해 하며 반드시 과(胯)의 우후방(右後方)을 방송(放鬆)하여서 신체의 안정을 추구해야 하며 대칭경(對稱勁)을 형성해야 한다. 발경(發勁)을 할 때 탄성(彈性)이 풍부해야 하며 경직되어서는 아니 된다. 양손은 비스듬하게 팔(八)자를 이루도록 하고 좌장(左掌)은 약간 횡(橫)으로 하고 우장(右掌)은 약간 안쪽을 향해 비스듬하게 세운다. 양손의 호구(虎口)는 경(勁)을 합(合)해내야 한다.

第 45 式　포두추산(抱頭推山)

동작설명 :

동작 1.

몸을 신속하게 오른쪽으로 돌리면서 나선 회전으로 높였다가 다시 신속하게 왼쪽으로 돌리면서 나선 회전하여 낮춘다. 중심(重心)은 왼쪽 ~ 오른쪽 ~ 왼쪽으로 이동한다. 왼 다리는 먼저 역전사(逆纏絲)로 안으로 돌고 순전사(順纏絲)로 변하여 밖으로 돌며 무릎을 안으로 잠가조이고 발바닥을 실(實)하게 딛는다. 오른 다리는 먼저 순전사(順纏絲)로 밖으로 돌리며 무릎을 안으로 잠가조이고 다시 역전사(逆纏絲)를 하며 안으로 돌린다. 동시에 양쪽 장(掌)을 주먹으로 바꾸어 허허롭게 쥐고 쌍순전사(雙順纏絲)를 하며 밖으로 작은 호권(弧圈)을 더하여 붕경(掤勁)으로 좌전방(左前方) 및 우후방(右後方)을 향해 나누어 개(開)한다. 왼쪽 주먹의 위치는 왼쪽 어깨의 좌전방(左前方)이 되며 팔은 굽히어 반원형으로 만들고 추주(墜肘)를 하고 안쪽 위로 손목을 갈고리처럼 구부린다. 주먹은 왼쪽 어깨보다 약간 높게 하며 왼쪽 어깨로부터의 거리는 약 35 ~ 40 cm 정도이며, 권심(拳心)은 안쪽의 아래에 치우치게 향하고 호구(虎口)는 좌상방(左上方)으로 치우치게 향한다. 오른 주먹의 위치는 오른쪽 어깨 앞이고 높이는 어깨와 같다. 권심(拳心)은 안쪽의 아래로 치우치게 향하고 팔을 굽히고 추주(墜肘)하여 안쪽 위를 향하여 손목을 구부린다. 호구(虎口)는 우후방(右

(그림 333)

(그림 334)

後方)으로 향한다. 그런 다음 양쪽 주먹은 쌍역전사(雙逆纏絲)를 하며 안으로 돌린다. 오른쪽 주먹은 오른쪽 어깨 앞으로부터 약간 바깥쪽 뒤로 향하고 안을 향해 선전(旋轉)하여 앞을 향해 원권(圓圈)을 한 바퀴 돌리며 가슴 앞을 경유하여 앞을 향해 하침(下沈)한다. 팔은 밖으로 붕(掤)을 하는 반원형이고 손목은 우후방(右後方)의 밖을 향해 갈고리모양을 하는데 위치는 왼쪽 무릎 안쪽 측면의 앞에서 약간 아래가 된다. 권심(拳心)은 우후방(右後方)의 밖으로 향한다. 왼쪽 주먹은 왼쪽 어깨의 좌전방(左前方)에서 안으로 선전(旋轉)하여 약간 좌전방(左前方)의 위로 향하게 하고 다시 중앙선(中央線)을 향해 약간 상호(上弧)를 그리며 움직이고 다시 약간 하침(下沈)하여 오른쪽 팔꿈치의 약간 위쪽에 합(合)을 한다. 팔을 굽히고 좌전방(左前方)의 아래를 향해 추주(墜肘)를 하며 권심(拳心)은 전하방(前下方)으로 향하며 약간 왼쪽 바깥을 향해 손목을 구부린다. 왼 주먹의 높이는 오른쪽 가슴 앞이 된다. 눈은 먼저 좌우를 함께 살피고 다시 왼쪽 전상방(前上方)을 본다. 귀로는 몸 뒤의 동정을 듣는다. (그림 333·334)

【요 점】이 동작은 연습할 때 속도를 아주 빠르게 한다. 신법(身法)을 운용함에는 허리가 주재(主宰)가 되도록 하여서 좌전방(左前方)으로 움직이려면 먼저 우후방(右後方)으로 움직여야 함을 실현해 내야 한다. 즉 "합(合)을 하려거든 먼저 개(開)를 하는[204]" 것이다. 정경(頂勁)은 이끌어 올려야 하며 기(氣)는 의당 고탕

---

204) 욕합선개(欲合先開).

(鼓蕩)하도록 해야 한다.[205] 개전(開展)과 긴주(緊湊)를 결합하고 조화시켜야 한다.

동작 2.

몸을 신속하게 약간 왼쪽으로 약간 돌리면서 낮추었다가 다시 우후방(右後方)을 향해 오른쪽 뒤로 약 180° 돌리며 나선 회전하여 높인다. 중심(重心)은 왼쪽 ~ 오른쪽 ~ 왼쪽으로 이동한다. 왼쪽 다리는 먼저 순전사(順纏絲)로 밖으로 돌리고 무릎을 안으로 잠가조이며 발바닥을 실(實)하게 딛는다. 몸을 따라 역전사(逆纏絲)를 하며 발뒤꿈치를 축으로 삼아 약 90° 가깝게 안으로 돌리고 발바닥으로 착지하며 실(實)로 변한다. 오른 다리는 먼저 역전사(逆纏絲)로 안으로 돌리는데 허(虛)이며 순전사(順纏絲)로 변하여 밖으로 돌린다. 무릎은 안으로 잠가조기고 발바닥을 실(實)하게 디디고 다섯 발가락은 땅을 움켜쥐어 용천혈(湧泉穴)을 허허롭게 하고 실(實)로 변한다(왼발 발끝을 안으로 돌리고 오른발 발바닥을 땅에 실하게 디딘 후). 다리는 계속하여 순전사(順纏絲)로 밖으로 돌며 발뒤꿈치를 들어 발끝으로 땅을 찍고 허(虛)로 변하여 약간 작은 외호(外弧)를 그리며 거두어들인다. 허보(虛步)로 발끝으로 착지하여 왼발의 안쪽에서 약간 앞에 모아놓는다. 동시에 양팔을 교차하여 양쪽 주먹은 역전사(逆纏絲)로 약간 좌하방(左下方)으로 향하여 내려가고(양쪽 손목은 교차하여 점련粘連하여 선전旋轉한

---

205) 정경령기, 기의고탕.(頂勁領起, 氣宜鼓蕩.)

(그림 335)

(그림 336)

다.) 다시 위로 향하여 쌍순전사(雙順纏絲)로 위로 붕(掤)을 하여 가슴 앞을 지나 입술 앞(몸은 손을 따라 돈다)에 이르러 약간 아래로 내려가서 가슴 앞의 약간 위에 이르게 하고, 왼쪽(왼손)은 안에 오른쪽(오른손)은 밖에 있게 하여 점련(粘連)하며 손목을 교차하여 안쪽의 위로 향하게 갈고리처럼 만드는데 교차점은 손목 부위는 가슴 앞에 있도록 하고 양 주먹 권심(拳心)은 안쪽의 약간 아래를 향하도록 하며 양팔은 반원형으로 붕경(掤勁)을 잃지 않도록 하고 양 주먹의 높이는 아래턱과 같게 하는데 아래턱과의 거리는 약 35 cm 정도 된다. 눈은 앞과 뒤를 함께 살피고 귀로는 몸 뒤의 동정을 듣는다. (그림 335 · 336)

【요 점】이 동작은 연습할 때 속도를 매우 빠르게 한다. 운경(運勁)을 하고 신법(身法)을 운용함에는 "오른쪽으로 가려거든 먼저 왼쪽으로 가며, 뒤를 취하려거든 먼저 앞을 취하도록"[206] 하여야 하며 몸을 돌린 후에는 중정(中正)을 유지하여야 하고 배경(背勁)[207]을 놓치지 않도록 한다.

동작 3.

몸을 먼저 오른쪽으로 약간 돌리면서 약간 높이고 다시 왼쪽으로 돌며 나선 회전하여 약간 낮춘다. 중심(重心)은 왼쪽 뒤에 둔다. 왼다리는 먼저 역

---

206) 욕우선좌, 욕후선전.(欲右先左, 欲後先前.)
207) 등 쪽으로 운행되는 경(勁). 즉 독맥(督脈)으로 운행되는 경(勁). 앞을 상대하면서 뒤쪽도 함께 고려해야 하는 경우에 특히 강조된다.

전사(逆纏絲)로 안쪽으로 돌고 다시 순전사(順纏絲)로 밖으로 돌며 무릎을 안으로 잠가조이고 발바닥을 실(實)하게 딛는다. 오른 다리는 먼저 순전사(順纏絲)로 밖으로 돌리고 무릎을 안으로 잠가조이고 발끝으로 착지하여 다시 역전사(逆纏絲)로 안쪽으로 돌아 발끝으로 땅을 찍어 축으로 삼고서 무릎을 안으로 합(合)을 한다. 동시에 양 주먹을 장(掌)으로 바꾸고 양쪽 손목은 여전히 교차하여 점련(粘連)하여 선전(旋轉)하는데 쌍순전사(雙順纏絲)로써 하며 장심(掌心)은 안으로 향하며 손가락 끝은 위로 향하는데 정수리를 약간 넘어 위로 선전(旋轉)(동시에 신법(身法)은 약간 하침(下沈)한다)하고 다시 쌍역전사(雙逆纏絲)로 변하여 이마 앞까지 하침(下沈)하여 우전방(右前方)과 좌후방(左後方)으로 나누어 전개한다. 양 팔은 7~8 할 정도를 펼치며 양 손목은 안으로 구부리고 우장(右掌) 호구(虎口)는 위로 향하고 장심(掌心)은 안쪽 뒤로 향하며 손가락 끝은 왼쪽의 뒤로 치우치게 향하게 하는데 높이는 입과 같게 한다. 좌장(左掌)은 왼쪽 가슴 좌전방(左前方)에 위치하며 장심(掌心)은 왼쪽 가슴으로 향하고 높이는 아래턱과 같게 하는데 아래턱과의 거리는 약 45cm 정도 떨어지게 한다. 이때 신법(身法) 동작은 가슴을 열고 배를 내밀며 송과(鬆胯)하고 우후방(右後方)의 위를 향하여 번둔(翻臀)을 하며 양 무릎은 개중유합(開中有合)[208]이 되어야 하며 오른발 뒤꿈치는 들어서 땅에서 뗀다. 눈은 좌우를 함께 살피고 다시 우전방(右前方)을 바라본다. 귀로는 몸 뒤의 동정을 듣는다. (그림 337·338)

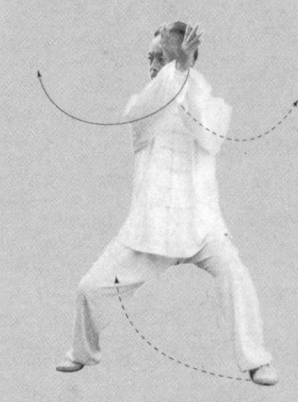

(그림 337)

(그림 338)

---

208) 개(開)한 가운데 합(合)이 있다.

【요 점】이 동작은 연습할 때 속도를 양손을 쌍순전사(雙順纏絲)로 위로 이끌어 올릴 때는 비교적 빠르게 하고 쌍역전사(雙逆纏絲)로 하침(下沈)하여 우전방(右前方)과 좌후방(左後方)으로 나누어 벌릴 때는 약간 느리게 한다. 양손을 쌍순전사(雙順纏絲)로 위로 이끌어 올릴 때 동작은 경령(輕靈)하게 하여야 하며 동시에 몸은 아래로 약간 내려간다. 쌍역전사(雙逆纏絲)로 우전방(右前方)과 좌후방(左後方)으로 나누어 벌릴 때는 약간 느리게 하는데 동작을 서전(舒展)하여 대범하게 하여야 한다. 전신의 붕경(掤勁)을 놓치지 않도록 한다.

동작 4.

몸을 신속하게 왼쪽으로 돌리면서 나선 회전하여 낮추며 중심(重心)은 좌후방(左後方)으로부터 하침(下沈)하여 우전방(右前方)을 향해 이동하여 오른쪽에 쏠리게 한다. 동시에 왼쪽 발바닥 앞부분으로 땅을 찍어 축으로 삼고(혹은 발바닥으로 땅을 찍고 약간 공중으로 뛰어올라 순전사(順纏絲)로 밖으로 약 45° 정도 돌리고 땅으로 떨구어 실(實)로 변한다) 순전사(順纏絲)로 밖으로 약 45°를 돌려 뒤꿈치로 땅에 떨구고서 발바닥을 실(實)하게 딛고 다시 역전사(逆纏絲)로 변하여 안으로 돌아 발바닥을 실(實)하게 딛는다. 오른 다리는 역전사(逆纏絲)로 안으로 돌리고 발끝으로 땅을 찍고 다시 무릎을 들고 안으로 합(合)을 한다. 발끝은 위로 치켜 들어 우전방(右前方)을 향해 크게 일보(一步) 내딛어 발꿈치 안쪽으로 착지하고 순전사(順纏絲)로 바꾸어 무릎을 안으로 잠가조이고 발바닥을 땅에 떨구고 실

(實)하게 딛는다. 동시에 양 팔꿈치를 밖으로 벌리어 위로 받쳐메듯이 하고 양손은 역전사(逆纏絲)로 안으로 돌리어 밖으로 뒤집어 뒤를 향해 손목을 뒤집는다. 양손 손가락 끝을 다시 뒤집어 양쪽 귀 아래 뺨 옆에 이르게 한다. 왼손 장심(掌心)은 우전방(右前方)으로 향하고 오른손 장심(掌心)은 좌후방(左後方)으로 향하게 한 다음 몸을 다시 오른쪽으로 약간 돌리어 나선 회전하며 하침(下沈)한다. 동시에 양손은 역전사(逆纏絲)로 하침(下沈)하여 가슴 앞에 이르게 하고 다시 우전방(右前方)을 향하여 약간 위로 밀어낸다. 오른손은 약간 앞에서 위로 치우치게 하고 장심(掌心)은 우전방(右前方)으로 향하며 손가락 끝은 위에서 왼쪽으로 치우친다. 왼손은 약간 뒤의 좌하방(左下方)으로 치우치게 있고 손가락 끝은 위로 향한다. 양손 손가락 끝은 높이가 아래턱과 같다. 눈은 좌우를 함께 살피고 다시 우전방(右前方)을 바라본다. 귀로는 몸 뒤의 동정을 듣는다. (그림 339·340)

(그림 339)

(그림 340)

【요 점】이 동작은 연습할 때 속도를 비교적 빠르게 한다. 양손을 역전사(逆纏絲)로 안으로 돌리며 밖으로 뒤집어 양 팔꿈치를 밖으로 벌리어 위로 받쳐메듯이 하는 것과 동시에 몸을 왼쪽으로 돌리며 낮추어 대칭경(對稱勁)을 형성해야 한다. 양손을 역전사(逆纏絲)로 우전방(右前方)의 약간 위를 향해 밀 때 송과(鬆胯)하고 왼쪽 엉덩이를 침하(沈下)하여서 우전방(右前方)과 좌후방(左後方)의 대칭경(對稱勁)을 형성하도록 한다. 양손의 간격은 너무 넓지 않게 하며 양손 간격의 중앙선은 아래로 오른 무릎과 마주하여 상하(上下) 좌우(左右) 사선(斜線) 방향이 상합(相合)하도록 추구하여야 한다.

第 46 式 삼환장(三換掌)

동작설명 :

동작 1.

　몸을 오른쪽으로 돌리면서 나선 회전하여 낮추다가 다시 왼쪽으로 돌리면서 나선 회전하여 낮추며 중심(重心)은 먼저 왼쪽 뒤에 두었다가 다시 오른쪽 앞에 둔다. 왼다리는 먼저 역전사(逆纏絲)로 안으로 돌리고 다시 순전사(順纏絲)로 밖으로 돌린다. 무릎을 안으로 잠가조이며 발바닥을 실(實)하게 딛는다. 동시에 양손은 앞에서 쌍순전사(雙順纏絲)로 밖으로 뒤집고 좌전방(左前方)과 우후방(右後方)으로 선전(旋轉)하며 합경(合勁)한다. 왼팔은 약간 구부리며 장심(掌心)은 위로 향하고 손가락 끝은 앞의 약간 왼쪽으로 치우치게 향하며 높이는 코끝과 같게 한다. 오른팔은 구부리고 손목을 뒤로 꺾고 장심(掌心)은 왼쪽의 위로 치우치게 향하고 손가락 끝은 앞의 오른쪽에 치우쳐 향하게 하며 위치는 왼쪽 팔꿈치 굽은 곳의 전상방(前上方)이 되는데 새끼손가락 바깥을 가볍게 왼쪽 팔꿈치 전상방(前上方)에 붙인다. 다음으로 양팔은 쌍역전사(雙逆纏絲)로(먼저 상하상합上下相合을 하고서) 바꾸어 다시 왼손은 약간 하침(下沈)하고 오른손은 우전방(右前方)의 위로 엇갈려 개(開)한다. 왼손바닥은 위의 약간 안쪽으로 치우친 곳으로 향하고 손가락 끝은 앞의 오른쪽에 치우치게 향하는데 위치는 오른 팔꿈치 아래가 된다. 손가락 끝의 위치는 오른쪽 팔꿈치 굽은 곳의 아래쪽 약간 앞에 치우친 곳이다. 오른팔은 반원형으로 하여 손목을 뒤로 뒤집고 장심(掌心)은 우전방(右前方)으로 향하며 손가락 끝은 좌후방(左後方)의 약간 위로 향하는데 중지의 높이가 코끝과 같게 한다. 눈은 앞을 보며 좌우를 함께 살피고 귀로는 몸 뒤의 동정을 듣는다. (그림 341·342·343)

【요 점】이 동작은 연습하는 속도를 조금 빠르게 한다. 몸을 오른쪽으로 돌리며 양손을 순전사(順纏絲)로 하여 왼손이 앞으로 오른손은 뒤로 가도록 돌리면서 합(合)을 할 때 송과(鬆胯)하여야 하며 오른 무릎은 안으로 잠가 조인다. 몸을 왼쪽으로 돌리며 양손을 역전사(逆纏絲)를 하며 개(開)할 때 왼쪽 과(胯)를 방송(放鬆)하고 왼쪽 무릎을 안으로 잠가 조여서 당(膛)과 무릎의 개합(開合)이 형성되도록 한다.

동작 2.

허리를 주재(主宰)로 삼아 몸을 신속하게 먼저 왼쪽으로 돌렸다가 다시 오른쪽으로 돌리면서 나선 회전하여 낮추며 중심(重心)은 먼저 오른쪽 앞에 두었다가 왼쪽 뒤로 옮긴다. 동시에 왼다리는 먼저 순전사(順纏絲)로 밖으로 돌리고 다시 역전사(逆纏絲)로 바꾸어 안으로 돌린다. 무릎을 안으로 잠가조이고 발바닥을 실(實)하게 딛는다. 오른 다리는 먼저 역전사(逆纏絲)로 안으로 돌리고 순전사(順纏絲)로 변하여 밖으로 돌리고 무릎은 안으

(그림 341)

(그림 342)

(그림 343)

(그림 344)

(그림 345)

(그림 346)

로 잠가조이고 발바닥은 실(實)하게 딛는다. 동시에 오른손은 먼저 역전사(逆纏絲)로 오른쪽 전상방(前上方)으로 개(開)하고 순전사(順纏絲)로 바꾸어 하침(下沈)하며 거두어 들여서 왼쪽 팔꿈치 아래에 합(合)을 하여 식지(食指)로 붙인다. 팔은 굽히고 손목은 약간 안으로 갈고리처럼 구부리며 장심(掌心)은 안으로 향하며 손가락 끝은 왼쪽으로 향한다. 왼손은 역전사(逆纏絲)로 안으로 돌고(침견추주沈肩墜肘 한다.) 손목을 약간 갈고리처럼 구부려 안쪽으로 약간 하침(下沈)하여 손목 앞을 지나 좌완(坐腕)을 하며 뒤로 손을 뒤집어(손바닥이 앞을 본다) 앞을 향해 위로 뒤집으며 역전사(逆纏絲)로 변한다. 팔은 붕(掤)을 하는 원을 이루고 장심(掌心)은 우전방(右前方)으로 향하며 손가락 끝은 위의 약간 오른쪽에 치우쳐 향한다. 중지의 높이는 코끝과 같게 한다. 눈은 앞을 보며 좌우를 함께 살피고 귀로는 몸 뒤의 동정을 듣는다. (그림 344・345・346)

【요 점】이 동작은 연습할 때 속도를 아주 빠르게 한다. 가슴・허리・과(胯)・둔부(臀部)의 개합(開合)과 선전(旋轉) 절첩(折疊)을 운화(運化)할 때 "긴요(緊要)한 것들은 전부 가슴과 허리의 운화(運化)에 있다"는 권리(拳理)를 체현해 내야 한다. 양손은 쌍역전사(雙逆纏絲)에서 쌍순전사(雙順纏絲)로 바꾸어 선전(旋轉) 개합(開合)을 할 때 모든 것이 가슴 앞의 절첩(折疊) 변화에 달려있으며 신체가 좌우로 도는 방향 각도는 크지 않다.

동작 3.

허리를 주재(主宰)로 삼고 단전(丹田)과 결합하여 움직임을 이끌며 몸을 신속하게 왼쪽으로 돌리면서 개합(開合) 절첩(折疊)을 하며 나선 회전하며 낮추고 중심(重心)을 오른 쪽 앞에 둔다. 동시에 왼다리는 약간 순전사(順纏絲)로 밖으로 돌리며 무릎을 안으로 잠가조이고 발바닥을 실(實)하게 딛는다. 오른 다리는 역전사(逆纏絲)로 안으로 돌리며 발바닥을 실(實)하게 딛는다. 동시에 왼손은 앞에서 순전사(順纏絲)로 안으로 갈고리처럼 구부리고 손목은 코끝의 앞으로부터 오른쪽 전상방(前上方)을 향하여 약간 위로 뒤집어 돌리어 손목 등을 돌출시킨다. 장심(掌心)은 안의 약간 아래에 치우치게 향하며 손가락 끝은 안의 위로 치우쳐 향하는데 높이는 눈과 같게 한다. 오른손은 왼팔꿈치의 아래에서 역전사(逆纏絲)로 안으로 돌아 전상방(前上方)을 향하여 붕(掤)으로 내며 팔은 반원형이 되고 손목을 뒤로 뒤집고 장심(掌心)은 우전방(右前方)의 위에 치우쳐 향하며 손가락 끝은 좌후방(左後方)으로 향하는데 위치는 왼손의 안쪽 위가 된다. 눈은 앞을 보며 좌우를 함께 살피고 귀로는 몸 뒤의 동정을 듣는다. (그림 347 · 348)

(그림 347)

(그림 348)

【요 점】이 동작은 연습할 때 속도를 아주 빠르게 한다. 양손을 오른쪽 전상방(前上方)으로 뒤집어서 위로 붕(掤)을 할 때 침견(沈肩)하고 송과(鬆胯)하여야 하며 왼쪽 엉덩이를 낮추어서 우상방(右上方)과 좌하방(左下方)의 사선(斜線) 방향의 대칭경(對稱勁)을 형성함으로써 몸이 사면팔방을 지탱하는 중정경(中定勁)을 유지하도록 한다. 동작의 개합(開合) 운동을 할 때 가슴과 허리의 운화(運化)와 개합(開合) 선전(旋轉) 절첩(折疊)하는 경

(勁)을 충분하게 체현(體現)해내야 한다.

삼환장(三換掌)을 연속으로 이어서 수련할 때, 세 개 동작은 허리를 주재(主宰)로 하여 단전(丹田)과 결합하여 움직임을 이끌어야 한다. 첫 번째 동작은 조금 빠르게 하고 두 번째 동작은 빠르게 하며 세 번째 동작은 아주 빠르게 한다. 속도라는 측면에서 약간 빠른 동작에서부터 아주 빠른 동작으로 변화시킨다. 단, 동작은 빠르면서도 어지럽지 않아야 하며 리듬감이 있어야 하며 층차(層次)가 분명해야 한다. 마치 잠자리가 (알을 낳기 위해) 물을 찍을 때에 형성되는 파문이 동심원을 그리며 퍼져나가는 것처럼 한 겹 한 겹이 분명해야 한다.

第 47 式 육봉사폐(六封四閉)

동작은 앞에 나온 육봉사폐(六封四閉)의 '제 4·5·6'의 동작과 같다.
(그림 349·350·351)

(그림 349)

(그림 350)

(그림 351)

第48式 단편(單鞭)

이 초식(招式)은 앞의 단편(單鞭)의 '동작 1·2·3·4·5·6'과 완전히 같다.
(그림 352·353·354·355·356·357·358·359·360·361)

(그림 352)   (그림 353)

(그림 354)   (그림 355)   (그림 356)

제 48 식 단편●

(그림 357)

(그림 358)

(그림 359)

(그림 360)

(그림 361)

第 49 式 전초(前招) · 후초(後招)

동작설명 :

동작 1.

두 개 단락으로 나눈다.

 (1) 허리를 주재(主宰)로 삼아 단전(丹田)과 결합하여 움직임을 이끌고 몸을 신속하게 왼쪽으로 돌리며 약간 높이고 중심(重心)은 왼쪽에 둔다. 눈은 오른쪽을 보고 귀는 좌후방(左後方)의 동정을 듣는다. 왼쪽 무릎을 안으로 잠가 조여 오른쪽 무릎과 합(合)을 이루고 왼쪽 다리는 순전사(順纏絲)로 밖으로 돌리며 발바닥은 실(實)하게 딛는다. 오른쪽 다리는 역전사(逆纏絲)로 안으로 돌리고 발바닥은 실(實)하게 디더서(신법身法은 크게 하고 세勢는 낮게 한다) 발뒤꿈치를 축으로 삼고 발끝을 땅에 붙여서 안으로 갈고리처럼 건다. (경勁은 뒤꿈치의 뒤쪽 바깥에 있다.) 동시에 왼손은 좌측(左側)으로부터 역전사(逆纏絲)로 변하여 좌상방(左上方)의 앞에 치우치게 향하며 경(勁)을 이끄는데 위치는 왼쪽 눈 좌전방(左前方)의 위가 된다. 팔은 7~8 할 정도를 뻗어 펼치고 좌완(坐腕)을 하고 손을 뒤로 뒤집는다. 장심(掌心)은 왼쪽 전상방(前上方)으로 향하고 손가락 끝은 우상방(右上方)에 치우치게 향한다. 우장(右掌)은 우측(右側) 약간 전방(前方)의 구수(鉤手)로부터 순전사(順纏絲)로 변하여 좌상방(左上方)을 향해 이끌어 가

는데 위치는 머리 전상방(前上方)의 중앙선이 된다. 팔은 7~8 할 정도를 뻗어 펼치고 장심(掌心)은 위로 향하며 손가락 끝은 우전방(右前方)으로 향한다. (그림 362)

(그림 362)

(2) 몸을 오른쪽으로 돌리면서 나선 회전하여 낮추었다가 높이며 중심(重心)은 왼쪽에서 오른쪽으로 이동한다. 오른 다리는 순전사(順纏絲)로 밖으로 돌리고 (먼저 상하상합(上下相合)하며 무릎을 안으로 잠가 조인다.) 발뒤꿈치를 축으로 삼아 발끝을 오른쪽으로 약 180° 정도 돌리고 발바닥을 실(實)하게 딛는다. 왼다리는 역전사(逆纏絲)로 안으로 돌리고 (중심은 오른쪽 뒤로 변한다.) 다시 다리를 들어 발끝으로 허보(虛步)로 하여 오른발 내측 옆에 모은다. 동시에 오른손은 역전사(逆纏絲)로 약간 아래로 낮추고 (눈높이와 같게 한다.) 먼저 상하상합(上下相合)하고 계속하여 역전사(逆纏絲)하면서 오른쪽 바깥을 향해 경(勁)을 이끌며 전개한다. 팔은 반원형을 이루고 7~8 할 정도로 펼쳐 뻗고 손목을 뒤로 뒤집으며 장심(掌心)은 앞으로 향하고 손가락 끝은 좌상방(左上方)에 치우치게 향하며 위치는 오른쪽 눈의 우전방(右前方)에 놓인다. 왼손은 순전사(順纏絲)로 좌상방(左上方)으로부터 배 앞 중앙선까지 하침(下沈)하여 팔을 허공에 드리우듯 하며 인진(引進)해 들인다. 장심(掌心)은 우전방(右前方)으로 향하고 손가락 끝은 좌전방(左前方)으로 치우치게 향하고 팔은 7~8 할 정도 펼쳐 뻗어 배 앞 중앙선에 위치하게 한다. 눈은 먼저 오른손을 보고 다시 몸의 좌측(左側)을 본다. 귀로는 몸 뒤쪽의 동정을 듣는다. (그림 363)

(그림 363)

【요 점】이 동작은 연습할 때 '(1) 단락'은 빠르게 한다. '(2) 단락'은 하

침(下沈)하는 것은 약간 느리게 하고 상승(上昇)하는 것은 조금 빠르게 한다. '(1) 단락'에서는 몸을 왼쪽으로 돌리면서 허리가 주(主)가 되게 하여 단전(丹田)으로 움직임을 이끌어서 "위로는 끌어들이고 아래에서는 (공격해)나아가도록" 하여야 한다. 위로 끌어들인다 함은 손을 가리키며 아래로 (공격해)나아간다는 것은 오른 다리를 가리킨다. 경(勁)을 오른 다리의 발꿈치까지 운행하여 위로 뜰 수 없도록 한다. '(2) 단락'에서는 먼저 상하상합(上下相合)을 하고 오른손은 역전사(逆纏絲)로 눈앞에서 경(勁)을 엄지손가락에까지 운행한 후에 몸 전체가 손을 따라 돈다. '(1)'과 '(2)'의 두 단락을 연습하는 중에 느껴 체득하고 표현해내야 할 것은 움직이기 전에 허리(안으로부터 밖으로)로부터 움직임을 이끌어야 하며 움직이기 시작한 후에는 몸 전체가 손을 따라 움직이는 것이다. 이것은 곧 권리(拳理)에서 말하는 "경(勁)은 뒤꿈치로부터 일어나고 다리로 운행되며 허리에서 주재(主宰)하며 기(氣)는 척추와 등에 붙어야 하고 손과 손가락에서 형상화 된다"[209]고 하는 권리(拳理)이다.

동작 2.

몸을 오른쪽으로 돌리면서 나선 회전하여 낮추며 중심(重心)을 오른쪽에 둔다. 눈은 몸 좌측(左側)을 보고 귀로는 몸 우후방(右後方)의 동정을 듣는

---

209) 경기각근, 행어퇴, 주재어요, 기첩척배, 형어수지.(勁起脚根, 行於腿, 主宰於腰, 氣貼脊背, 形於手指.)

다. 오른 다리는 순전사(順纏絲)로 밖으로 돌리고 무릎은 안으로 잠가조이고 발바닥은 실(實)하게 딛는다. 왼다리는 역전사(逆纏絲)하며 안으로 돌리고(왼쪽 무릎은 오른쪽 무릎과 합(合)을 한다) 발끝을 위로 치키어 안으로 돌리고 좌측(左側)을 향해 보(步)를 크게 내딛는데 발꿈치 안쪽 측면으로 착지하며 발끝은 위로 치켜들어 안으로 합(合)을 한다. 동시에 오른손은 역전사(逆纏絲)하며 밖으로 약간 전개하며 위로 가는 붕경(掤勁)을 이끈다. 팔은 반원형이고 손목을 뒤로 뒤집으며 장심(掌心)은 우전방(右前方)의 약간 위로 향하고 손가락 끝은 왼쪽의 약간 위로 향하며 오른쪽 눈의 우전방(右前方)에 위치하도록 한다. 왼손은 순전사(順纏絲)로 오른쪽을 향해 약간 인진(引進)해 들이는데 팔은 7~8 할 펼쳐 뻗는다. 손목은 뒤로 뒤집으며 장심(掌心)은 우전방(右前方)으로 향하며 손가락 끝은 좌전방(左前方)으로 향하여 복부 앞 중앙선에 놓인다. (그림 364)

(그림 364)

【요 점】이 동작은 연습할 때 속도를 조금 빠르게 한다. 개(開)하고자 하면(양 다리를) 먼저 합(合)을 해야 한다(상하 좌우). 위에서 이끌어 들이는 것은 왼손이고 아래에서 나아가는 것은 왼다리이다. 보(步)를 크게 나가는 것은 경령(輕靈)하게 해야 한다.

동작 3.

두 단락으로 나누어진다.

(1) 허리가 주(主)가 되도록 하여 단전(丹田)과 결합하여 움직임을 이끈다. 몸을 신속하게 오른쪽으로 돌리면서 나선 회전하여 낮추며 중심(重心)

을 오른쪽에 둔다. 오른 다리는 순전사(順纏絲)로 밖으로 돌리고 무릎을 안으로 잠가조이고 발바닥을 실(實)하게 딛는다. 왼쪽 다리는 역전사(逆纏絲)로 안으로 돌리며 무릎을 안으로 합(合)을 한다. 동시에 오른손은 역전사(逆纏絲)로 오른쪽 눈앞을 향해 경(勁)을 이끈다. 팔은 반원형이 되고 손목을 뒤로 뒤집으며 장심(掌心)은 우전방(右前方)의 약간 위로 향하고 손가락 끝은 왼쪽으로 향하며 오른쪽 눈의 우전방(右前方) 약 10 cm 되는 곳에 놓이게 한다. 왼손은 순전사(順纏絲)로 우전방(右前方)을 향해 팔을 허공에 걸듯이 하여 이끌어 들이는데 배 앞의 중앙선에 위치하게 하며 뒤로 손목을 뒤집고 장심(掌心)은 우전방(右前方)의 약간 위로 향하고 손가락 끝은 좌전방(左前方)으로 향한다. 눈은 몸의 좌측(左側)을 바라보며 귀로는 몸의 우후방(右後方)의 동정을 듣는다.

(2) 몸을 왼쪽으로 돌리면서 나선 회전하여 낮추었다가 높이며 중심(重心)은 오른쪽으로부터 낮추며 왼쪽 뒤로 이동한다. 왼쪽 다리는 순전사(順纏絲)로 밖으로 돌리며 무릎을 안으로 잠가조이고 발뒤꿈치를 축으로 하여 발끝을 왼쪽을 향해 약 45° 돌리고 발바닥을 실(實)하게 딛는다. 오른 다리는 역전사(逆纏絲)로 안으로 돌리며(중심이 왼쪽 뒤로 이동한다) 오른 다리를 들어서 왼발 앞으로 크게 보(步)를 내는데 허보(虛步)로 하여 발끝으로 땅을 찍는다. 동시에 오른손은 오른쪽 눈의 우전방(右前方)으로부터 먼저 역전사(逆纏絲)로 오른쪽 바깥을 향해 전개(展開)하며 순전사(順纏絲)로 변하여 하침(下沈)하여 배 앞을 경유하여 전상방(前上方)을 향해 펼쳐 뻗는데 팔은 7~8 할 펼쳐 뻗으며 가슴 앞 중앙선에 위치하도록 한다. 장심(掌心)은 왼쪽 전상방(前上方)으로 향하며 손가락 끝은 우전방(右前方)

으로 향한다. 왼손은 먼저 우전방(右前方)으로 향하며 약간 내려가며 순전사(順纏絲)하고 역전사(逆纏絲)로 변하여 오른쪽 가슴 앞을 경유하여 위로 향하여 코끝을 지나 왼쪽 바깥의 약간 위를 향해 전개한다. 팔은 7 ~ 8 할 정도 펼쳐 뻗으며 왼쪽 눈 좌측(左側)의 약간 앞에 위치한다. 장심(掌心)은 좌전방(左前方)으로 향하고 손가락 끝은 우전방(右前方)의 약간 위로 향한다. 눈은 먼저 오른손을 보고 다시 앞을 바라 본다. 귀로는 몸의 좌후방(左後方)의 동정을 듣는다. (그림 365)

(그림 365)

【요 점】이 동작은 연습할 때 속도를 '(1) 단락'은 아주 빠르게 하고 '(2) 단락'에서 하침(下沈)할 때는 조금 느리게 하고 상승(上昇)할 때는 조금 빠르게 한다. 신법(身法)을 연습하고 운용할 때 "왼쪽으로 가려거든 먼저 오른쪽으로 가야하고" "위를 취하려면 먼저 아래를 취하여야 하며" 눈길(시선)은 먼저 왼쪽을 나중에 오른쪽에 두고 다시 앞을 보아서 몸이 도는 방향과 상반(相反)되게 함으로써 좌우를 함께 살피는 것을 실천해야 한다.

동작 4.

몸을 먼저 왼쪽을 향하고 다시 오른쪽을 향해 신속하게 돌리면서 나선 회전하여 낮추며 중심(重心)은 먼저 약간 오른쪽 앞으로 이동하고 다시 왼쪽 뒤로 이동한다. 왼쪽 다리는 먼저 순전사(順纏絲)로 박으로 돌리고 무릎을 안으로 잠가조이고 다시 역전사(逆纏絲)로 안으로 돌린다. 왼쪽 엉덩이는 침하(沈下)하고 발바닥은 실(實)하게 딛는다. 오른발 발끝으로 땅을 찍고 역전사(逆纏絲)로 안으로 돌리다가 순전사(順纏絲)로 바꾸어 밖으로 돌린

(그림 366)

다. 우과(右胯)를 송(鬆)하며 발뒤꿈치를 약간 들고 (발끝은 여전히 땅을 찍고 있다) 오른쪽 무릎을 안으로 잠가 조인다. 동시에 오른손은 가슴 앞으로부터 먼저 순전사(順纏絲)를 하며 왼쪽으로 하침(下沈)하고 다시 역전사(逆纏絲)를 하며 위쪽으로 뒤집어 눈앞 중앙선에 이르러서 발경(發勁)한다. 팔은 반원형이 되고 장심(掌心)은 앞으로 향하고 손가락 끝은 좌상방(左上方)으로 향하는데 눈 앞 중앙선에 위치한다. 왼손은 왼쪽 눈 좌측의 약간 앞에서 먼저 역전사(逆纏絲)를 하며 왼쪽 바깥을 향해 호(弧)를 그리고 순전사(順纏絲)로 변하여 하침(下沈)하여 몸의 좌측(左側) 앞을 지나 배 앞 중앙선에 이르러 발경(發勁)한다. 팔은 7 ~ 8 할 정도 펼쳐 뻗으며 손목은 뒤로 뒤집고 장심(掌心)은 우전방(右前方)의 약간 위로 향하고 손가락 끝은 좌전방(左前方)의 약간 아래로 향한다. 눈은 좌우를 함께 살피고 다시 앞을 본다. 귀로는 몸 뒤를 듣는다. (그림 366)

【요 점】이 동작은 연습할 때 속도를 아주 빠르게 한다. 양 손의 순역전사(順逆纏絲)는 몸 앞에서 동작이 크지 않고 영활(靈活)해야 한다. 발경(發勁)은 탄두성(彈抖性)[210]이 풍부해야 한다. 양손은 오른손이 위에 왼손은 아래에 있도록 하여 몸 앞 중앙선에 있고 위 아래에서 서로 마주하게 된다. 전초(前招) 후초(後招)의 전체 권세(拳勢)는 여유롭고 멋있고 방송(放鬆)되고 영활(靈活)하며 탄두성(彈抖性)이 풍부하도록 수련해내야 한다.

---

210) 태극권의 발경(發勁) 중에서 두경(抖勁)은 매우 특징적이고 실전적이다. 진동하듯 떠는 모습이 두경(抖勁)을 써서 발경(發勁)하는 외형적인 특징인 바, 탄두성(彈抖性)은 탄성(彈性)에 두경(抖勁)의 진동하는 듯한 특성이 결합된 형태의 성질을 말함.

第 50 式 야마분종(野馬分鬃)

동작설명 :

동작 1.

두 단락으로 나누어진다.

(1) 허리를 주재(主宰)로 삼아 단전(丹田)과 결합하여 움직임을 이끈다. 기(氣)를 등에 붙이어[211] 몸을 신속하게 약간 오른쪽으로 향하고 다시 왼쪽으로 향해 나선 회전하여 하침(下沈)한다. 중심(重心)은 왼쪽 ~ 오른쪽 ~ 왼쪽으로 바뀐다. 왼 다리는 먼저 역전사(逆纏絲)로 안으로 돌고 다섯 발가락은 땅을 움켜잡고 (중심重心이 오른발로 옮겨 왔을 때) 다시 순전사(順纏絲)로 밖으로 돌려서 발뒤꿈치를 축으로 삼고 발끝을 땅에 붙여서 신속하게 약간 왼쪽 바깥을 향해 돌린다. 발바닥은 실(實)하게 딛는다. 오른발은 왼발 앞에서 발끝으로 땅을 찍고 다리는 먼저 순전사(順纏絲)로 밖으로 돌고 무릎은 안으로 잠가조이고 뒤꿈치는 약간 위로 들어 발끝으로 땅을 찍어 안으로 합(合)을 한다. 다시 발끝에 힘을 써서 땅을 찍고 다리는 역전사(逆纏絲)로 안으로 돈(왼발 발끝은 밖으로 돈 후에 실實하게 딛는다) 후에 허보(虛步)로 변한다. 동시에 오른손은 눈앞으로부터 신속하게 역전사

---

211) 기첩척배(氣貼脊背).

(그림 367)

(그림 368)

(그림 369)

(逆纏絲)를 하며 우후방(右後方)(눈 앞이 된다)으로 향하고 다시 순전사(順纏絲)로 변하여 앞을 향해 약간 하침(下沈)하는데 위치는 코끝의 앞이 되며 장심(掌心)은 앞으로 향하고 손가락 끝은 우상방(右上方)으로 향한다. 왼손은 배 앞에서 신속하게 약간 순전사(順纏絲)를 하고 다시 역전사(逆纏絲)로 바뀌어 위로 뒤집으며 오른쪽 가슴 앞을 지나 좌상방(左上方)을 향하여 선전(旋轉)하여 왼쪽 눈 좌전방(左前方)까지 도달하게 하는데 거리는 약 30 cm 정도이고 장심(掌心)은 왼쪽 바깥으로 향하며 손가락 끝은 우전방(右前方)의 약간 위로 향한다. 눈은 좌우를 함께 살피고 귀로는 몸 뒤의 동정을 듣는다. 이 동작은 연습할 때 속도를 비교적 완만하게 한다.

(2) 몸을 계속 왼쪽으로 나선 회전으로 돌며 하침(下沈)하고 다시 미세하게 오른쪽으로 돈다. 중심(重心)은 먼저 왼쪽 뒤에 있다가 오른쪽 앞으로 이동한다. 왼 다리는 순전사(順纏絲)로 밖으로 돌리며 무릎을 안으로 잠가 조이고 발바닥은 실(實)하게 딛고 역전사(逆纏絲)로 바꾸어 안으로 돌린다. 동시에 오른 다리는 역전사(逆纏絲)로 안으로 돌리고 무릎을 위로 들어 안으로 합(合)을 하고 발은 들어 땅에서 뗀다. 발끝은 안으로 합(合)을 하고 위로 치켜들어 우전방(右前方)을 향하여 보(步)를 크게 내는데 뒤꿈치 안쪽으로 땅에 붙여서 우전방(右前方)을 향해 삽질하듯이 내어 차츰 실(實)하게 딛고서 순전사(順纏絲)로 바꾸어 밖으로 돌리고 무릎은 안으로 잠가 조인다. 동시에 오른손은 순전사(順纏絲)로 코끝의 앞으로부터 하침(下沈)하여(팔꿈치와 무릎이 상합相合한다) 오른 무릎 앞의 아래에 도달하고 안으로 합(合)하여 배의 전하방(前下方)에 이르고 다시 우전방(右前方)

의 위로 전개해 낸다. 팔은 7－8 할 정도 뻗어 펼치며 장심(掌心)은 위로 향하고 손가락 끝은 우전방(右前方)으로 향하는데 높이는 코끝과 같게 한다. 왼손은 왼쪽 눈의 좌전방(左前方)으로부터 계속 왼쪽 바깥으로 향하고 다시 좌후방(左後方)으로 향하며 역전사(逆纏絲)로부터 순전사(順纏絲)로 변하여 전개(展開)한다. 팔은 약간 구부리고 장심(掌心)은 좌후방(左後方)의 아래로 향하고 손가락 끝은 좌후방(左後方)의 약간 위로 향한다. 경(勁)은 왼손의 중지 지문부위까지 운행한다. 오른손은 약간 높고 왼손은 약간 낮다. 눈은 앞을 보면서 뒤를 살피며 귀로는 몸 뒤의 동정을 듣는다. (그림 367·368·369·370)

(그림 370)

【요 점】이 동작은 연습할 때 '(1) 단락'은 동작을 작게 하고 속도는 아주 빠르게 한다. '(2) 단락'은 동작을 크게 하고 속도는 완만하게 한다. '(1) 단락'은 동작이 섬전(閃戰)[212]하며 두경(抖勁)을 쓰고 긴주(緊湊)되고 신속하게 하여 앞 초식(招式)의 제4동작의 발경(發勁)을 이어받아 "경(勁)은 끊겨도 의(意)는 끊어지지 않는다"[213]는 것을 실현한다. '(2) 단락'은 크게 펼쳐내는 신법(身法)[214]이다. 오른손은 순전사(順纏絲)로 지면(地面)에 가깝게 하침(下沈)하며 왼손은 역전사(逆纏絲)로 왼쪽 바깥 후상방(後上方)으로 전개하여 모양이 마치 야생마가 질주하는 것 같으며 이를 빌어 가슴과

---

212) 태극권 용어. 섬전(閃戰)이란 마치 섬광(閃光)처럼 흔적 없이 빠르게 마치 미끄러지듯이 이동하는 것을 일컫는다. 섬전(閃戰)을 하면 마치 미끄러지듯이 도약 없이 몇 자 거리를 이동하기도 한다.
213) 경단의부단(勁斷意不斷).
214) 대포신법(大鋪身法).

등의 개경(開勁) 합경(合勁)을 연습하는 것이다. 양팔은 앞뒤로 동시에 나누어 벌려 대칭이 된다.

동작 2.

몸을 왼쪽으로 돌리면서 나선 회전하여 낮추며 중심(重心)은 오른쪽 앞에서 왼쪽 뒤로 이동한다. 동시에 왼 다리는 순전사(順纏絲)로 밖으로 돌리고 무릎을 안으로 잠가조이며 발바닥은 실(實)하게 딛는다. 오른 다리는 역전사(逆纏絲)로 안으로 돌리고 발뒤꿈치를 축으로 삼고 발끝을 안쪽으로 갈고리처럼 구부린다. 동시에 오른손은 우전방(右前方)으로부터 순전사(順纏絲)로 머리의 약간 위를 향하여 경(勁)을 이끌며 장심(掌心)은 위로 향하고 손가락 끝은 오른쪽 전상방(前上方)으로 향하게 한다. 왼손은 좌후방(左後方)으로부터 역전사(逆纏絲)로 오른쪽 전하방(前下方)을 향하여 약간 낮추었다가 다시 좌측(左側) 위를 향해 전개하는데 위치는 머리 왼쪽의 전상방(前上方)이 된다. 장심(掌心)은 좌상방(左上方)으로 향하고 손가락 끝은 우전방(右前方)의 약간 위로 향한다. 눈은 우전방(右前方) 우측을 바라보고 귀로는 몸의 좌후방(左後方)의 동정을 듣는다. (그림 371·372)

(그림 371)

(그림 372)

【요 점】이 동작은 연습할 때 속도를 빠르게 한다. "경(勁)은 뒤꿈치에서 발생하고(일어나고) 다리에서 운행되고 허리에서 주재(主宰)하며 기(氣)는 척배(脊背)에 붙이고 손가락에서 형상화된다."[215] 경(勁)을 요척(腰脊)에까지 운행하여 일부는 손까지 상승하고 일부는 뒤꿈치까지 하강하여서 위로는 이끌어 들이고 아래로는

침하(沈下)(다리가 나아가는 것)하는 경(勁)²¹⁶⁾을 형성한다. 그렇지 못하면 위만 있고 아래는 없어서 중정(中定)²¹⁷⁾을 유지할 수 없고 몸이 손쉽게 상대방에게 제압당하게 되며 기(氣)도 쉽게 뜨게 되며 발밑도 (뿌리 없이) 뜨게 된다.

동작 3.

몸을 오른쪽으로 거의 180° 돌리면서 나선 회전하여 낮추었다가 다시 약간 높이며 중심(重心)은 왼쪽 뒤에서 오른쪽으로 옮긴다. 오른 다리는 순전사(順纏絲)로 밖으로 돌리고 발뒤꿈치를 축으로 하여 발끝을 밖으로 180° 가깝게 돌리고 발바닥을 실(實)하게 딛는다. 무릎은 안으로 잠가 조인다. 왼 다리는 역전사(逆纏絲)로 안으로 돌리고 (중심(重心)은 오른쪽 뒤로 이동된다.) 발을 들어 땅에서 떼고 왼쪽 무릎과 왼쪽 팔꿈치가 상합(相合)한다. 동시에 오른손은 머리의 전상방(前上方)으로부터 역전사(逆纏絲)로 눈앞까지 하침(下沈)하여 오른쪽 밖으로 전개한다. 팔은 반원형을 이루고 우

---

215) 앞에서는 "경기각근, 행어퇴, 주재어요, 기첩척배, 형어수지.(勁起脚根, 行於腿, 主宰於腰, 氣貼脊背, 形於手指.)"으로 되어 있는데 여기서는 "형어퇴(形於腿)"로 되어 있다.《염양당본(廉讓堂本)》태극권보(太極拳譜) 중의 "십삼세설략(十三勢說略)"에 보면 "기근재각, 발어퇴, 주재어요, 형어수지.(其根在脚, 發於腿, 主宰於腰, 形於手指. : 그 뿌리는 발에 있고 다리에서 발동되고 허리에서 주재하며 손가락에서 형상화된다.)" "유각이퇴이요, 총수완정일기(由脚而腿而腰, 總須完整一氣 : 발로부터 하여 다리로 허리로 이어져 총체적으로 완전하여 흠이 없는 한 기운이어야 한다.)"라는 구절이 있다. 이 두 구절을 참고하여 "형어퇴(形於腿 : 다리에서 형상화한다.)"보다는 "행어퇴(行於腿 : 다리에 운행된다.)"가 적절하다고 판단되어 행어퇴(行於腿)로 선택하였다.

216) 상인하침지경(上引下沈之勁).

217) 태극권 용어. 몸의 중심이 잘 안정되고 몸이 바른 모습.

(그림 373)

(그림 374)

(그림 375)

장(右掌)은 밖으로 뒤집고 장심(掌心)은 우전방(右前方)으로 향하며 손가락 끝은 왼쪽의 위로 향한다. 왼손은 머리의 좌상방(左上方)으로부터 순전사(順纏絲)로 배 앞까지 하침(下沈)하며 장심(掌心)은 전상방(前上方)으로 향하며 손가락 끝은 앞의 약간 아래로 향하는데 위치는 왼쪽 무릎 앞의 약간 위가 된다. 눈은 먼저 오른손을 보고 다시 왼손을 본다. 귀로는 몸 뒤의 동정을 듣는다. (그림 373 · 374)

동작 4.

몸을 오른쪽으로 돌리면서 나선 회전하여 낮추었다가 다시 약간 왼쪽으로 돈다. 중심(重心)은 오른쪽에서 왼쪽 앞으로 옮긴다. 동시에 왼 다리는 먼저 역전사(逆纏絲)로 안으로 돌리고 발끝을 위로 치켜세워 안으로 합(合)을 하고 발뒤꿈치로 착지하여 삽질하듯 밀어내어 발끝을 땅에 떨구어 실(實)하게 딛고 순전사(順纏絲)로 변하여 밖으로 돌리고 무릎은 안으로 잠가 조인다. 오른다리는 순전사(順纏絲)로 밖으로 돌리고 무릎은 안으로 잠가조여서 역전사(逆纏絲)로 변하여 안으로 돌린다. 동시에 왼손은 배 앞으로부터 위를 향하여 순전사(順纏絲)로 전개하는데 팔은 구부리고 추주(墜肘)를 하며 위치는 좌전방(左前方)이 되고 높이는 코끝과 같게 한다. 장심(掌心)은 위로 향하며 손가락 끝은 좌전방(左前方)으로 향한다. 오른손은 역전사로 오른쪽 바깥의 뒤를 향해 전개하여 순전사(順纏絲)로 변한다. 경(勁)은 중지 지문부위까지 운행하며 장심(掌心)은 우후방(右後方) 아래로 향하며 중지 끝은 우후방(右後方)의 위로 향하는데 왼손이 약간 높다. 눈은 먼저 오른손을 보고 다시 왼손을 본다. 귀로는 몸의 우후방(右後方)의 동정을 듣는다. (그림 375 · 376)

【요 점】몸은 중정(中正)을 유지하여서 좌우로 비뚤어지거나 기울어지면 아니 된다. 양 손은 왼손이 앞에 오른손이 뒤에 놓이고 경(勁)을 나누어 동시에 도달하여서 대칭을 형성하여야 한다.

동작 5.

몸을 왼쪽으로 돌리면서 나선 회전하여 높이며 중심(重心)은 왼쪽 앞에 둔다. 동시에 왼 다리는 순전사(順纏絲)로 밖으로 돌리고 무릎은 안으로 잠가조이고 발바닥을 실(實)하게 딛는다. 오른다리는 역전사(逆纏絲)로 안으로 돌린다. 동시에 왼손은 좌전방(左前方)으로부터 약간 역전사(逆纏絲)로 왼쪽 바깥의 약간 위로 돌리는데 위치는 왼쪽 눈의 좌전방(左前方)이 되며 장심(掌心)은 위쪽의 약간 오른쪽에 치우치게 향하며 손가락 끝은 앞의 오른쪽에 치우치게 향한다. 오른손은 우후방(右後方)으로부터 약간 순전사(順纏絲)로 좌전방(左前方)을 향하여 도는데 위치는 양쪽 눈의 앞이 된다. 장심(掌心)은 전하방(前下方)으로 치우치게 하고 미세하게 오른쪽 바깥의 아래를 향하여 손목을 구부린다. 손가락 끝은 우전방(右前方)의 약간 위로 향한다. 눈은 좌우를 함께 살피고 귀로는 몸 뒤의 동정을 듣는다. (그림 377)

【요 점】이 동작은 다음 초식(동작)으로 이어질 때 속도를 아주 빠르게

(그림 376)

(그림 377)

한다. 동작은 허리를 주재(主宰)로 삼아 단전(丹田)과 결합하여 움직임을 이끈다. 몸을 신속하게 왼쪽으로 돌리면서 양 손은 신속하게 경(勁)을 이끈다. 몸은 중정(中正)의 의(意)를 잃지 않아야 한다.

동작 6.

 허리를 주재(主宰)로 삼아 단전(丹田)과 결합하여 움직임을 이끌고 몸을 신속하게 오른쪽으로 돌리면서 나선 회전하여 약간 높이다가 다시 오른쪽으로 하침(下沈)하고 다시 왼쪽으로 높인다. 동시에 왼다리는 역전사(逆纏絲)로 안으로 돌리고 순전사(順纏絲)로 변하여 밖으로 돌리며 무릎은 안으로 잠가조이고 발바닥은 실(實)하게 딛는다. 오른 다리는 먼저 순전사(順纏絲)로 밖으로 돌리고 무릎을 안으로 잠가조이며 역전사(逆纏絲)로 변하여 안으로 돌린다. 동시에 오른손을 역전사(逆纏絲)로 안으로 돌리어 눈앞으로부터 우후방(右後方)으로 향하고 다시 오른쪽 무릎을 향하여 하침(下沈)하여 오른쪽 바깥 아래에 이르러서 순전사(順纏絲)로 변하여 좌상방(左上方)을 향하여 발경(發勁)한다. 팔은 7~8 할 정도 뻗어 펴고 뒤로 손목을 뒤집고 위치는 오른쪽 무릎의 좌전방(左前方)의 위에 놓이게 한다. 장심(掌心)은 좌전방(左前方)의 위로 향하며 손가락 끝은 우후방(右後方)의 아래로 향한다. 왼손은 눈앞으로부터 순전사(順纏絲)로 우상방(右上方)을 향하여 선전(旋轉)하고 다시 하침(下沈)하여 오른쪽 가슴 앞을 지나 배 앞에 이르러 역전사(逆纏絲)로 변하여 왼쪽을 향하여 발경(發勁)하는데 위치는 왼쪽 무릎 좌전방(左前方)의 위가 된다. 팔은 반원형을 이루고 뒤로 손목을 뒤집고 장심(掌心)은 좌전방(左前方)으로 향하고 손가락 끝은 오른쪽의 약간 위쪽으로 향한다. 중심(重心)은 좌전방(左前方)으로부터 우후방(右後方)으로 치우치게 변하고 다시 좌전방(左前方)에 치우치게 변한다. 눈은 먼저 좌전방(左前方)을 보고 우후방(右後方)을 아울러 고려하고 다시 좌전방(左前方)을 바라본다. 귀로는 몸의 우후방(右後方)의 동정을 듣는다. (그림 378·379)

(그림 378)

【요 점】이 동작은 연습할 때 속도를 아주 빠르게 한다. 입신중정(立身中正)하여서 중정경(中定勁)을 잃지 않도록 하며 발경(發勁)을 함에는 송활탄두(鬆活彈抖)[218]하여서 축발(蓄發)[219] 호흡(呼吸)은 내외(內外)가 결합하여야 하며 발경(發勁)을 하기 전에 축세(蓄勢)를 할 때 좌우(左右) 상하(上下)가 상합해야 한다.

(그림 379)

---

218) 방송(放鬆)하고 영활(靈活)하게 살아있고 탄성(彈性)이 있으며 두경(抖勁)의 떨림이 있는 상태.
219) 축경(蓄勁)과 발경(發勁).

第 51 式 대육봉사폐(大六封四閉)

동작설명 :

동작 1.

(그림 380)

몸을 먼저 왼쪽으로 약간 돌리면서 나선 회전하여 높이다가 다시 오른쪽으로 돌리면서 나선 회전하여 낮추며 중심(重心)은 오른쪽 뒤에 둔다. 왼다리는 순전사(順纏絲)로 밖으로 돌리고 무릎을 안으로 잠가조이고 다시 역전사(逆纏絲)로 안으로 돌리며 발바닥을 실(實)하게 딛는다. 동시에 왼손은 먼저 미세하게 역전사(逆纏絲)하면서 약간 좌상방(左上方)으로 향하고 순전사(順纏絲)로 변하여 밖으로 돌리고 안으로 합(合)을 하여 배 앞 중앙선까지 하침(下沈)하여 양쪽 무릎 앞의 중앙선에 위치하도록 한다. 팔은 7~8 할 정도 뻗어 펴고 손목은 뒤로 뒤집으며 장심(掌心)은 우전방(右前方)으로 향하며 손가락 끝은 좌전방(左前方)에서 미세하게 아래로 향하게 한다. 오른손은 먼저 약간 순전사(順纏絲)를 하며 좌상방(左上方)으로 향하고 역전사(逆纏絲)로 변하여 안으로 돌리며 오른쪽을 향해 하침(下沈)한다. 팔은 7~8 할 정도 뻗어 펴고 오른쪽 무릎의 외측(外側) 약간 아래에 위치하게 하며 좌완(坐腕)을 하며 장심(掌心)은 우후방(右後方)의 아래로 향하고 손가락 끝은 앞으로 향한다. 눈은 몸의 왼쪽 외측(外側)을 보며 귀로는 몸의 우후방(右後方)의 동정을 듣는다. (그림 380)

동작 2.

몸을 신속하게 왼쪽으로 돌리면서 나선 회전하여 높이며 중심(重心)은 오른쪽 뒤에서 왼쪽 앞으로 이동한다. 왼쪽 다리는 순전사(順纏絲)로 밖으로 돌고 무릎을 안으로 잠가조여서 왼발 뒤꿈치를 축으로 삼고 발끝을 밖으로 약 135° 돌리고 착지하여 발바닥을 실(實)하게 디디고 다섯 발가락은 땅을 움켜쥐어 용천혈(湧泉穴)을 허허롭게 한다. 오른 다리는 역전사(逆纏絲)로 안으로 돌고 발바닥을 실(實)하게 딛는다. 동시에 왼손은 양 무릎의 앞으로부터 손목을 갈고리처럼 구부려서 역전사(逆纏絲)로 안으로 돌리고 배 앞을 지나 상승하여 순전사(順纏絲)로 변하여 코끝의 앞에 이르러서 안쪽 뒤로 손목을 구부린다. 장심(掌心)은 안으로 향하고 손가락 끝은 안으로 향한다. 호구(虎口)는 좌상방(左上方)으로 향한다. 오른손은 오른쪽 무릎의 외측(外側)으로부터 순전사(順纏絲)로 밖으로 돌아 우후방(右後方)으로 향하며 다시 상승하여 몸의 우측(右側)을 지나 머리 위에서 역전사(逆纏絲)로 변하여 안으로 돈다. 팔은 7~8 할 정도 뻗어 펴고 손목은 뒤로 뒤집고 장심(掌心)은 좌전방(左前方)으로 향하며 손가락 끝은 왼쪽에서 뒤로 치우치게 향하도록 하여 눈의 중앙선에 위치하도록 한다. 눈은 좌전방(左前方)을 보며 귀로는 몸의 우후방(右後方)의 동정을 듣는다. (그림 381)

(그림 381)

【요 점】이 동작은 연습할 때 매우 빠르게 한다. 동작을 신속하게 하여 양손을 재빨리 좌상방(左上方)으로 뒤집고 양쪽 과(胯)는 방송(放鬆)한다. 좌상우하(左上右下)로 대칭을 이루어 몸의 중정(中

定)을 유지하며 양쪽 무릎은 개중유합(開中有合)이 되도록 한다.

동작 3. 4.

앞의 엄수굉추(掩手肱錘)의 뒤를 잇는 대육봉사폐(大六封四閉) 초식(招式)의 '동작 3·4'와 같다. (그림 382·383·384·385)

(그림 382)

(그림 383)

(그림 384)

(그림 385)

第52式 단편(單鞭)

동작은 모두 앞의 단편(單鞭)과 같다.
(그림 386 · 387 · 388 · 389 · 390 · 391 · 392 · 393 · 394 · 395)

(그림 386)　　　　　　　　(그림 387)

(그림 388)　　　(그림 389)　　　(그림 390)

(그림 391)　　　　　　　(그림 392)

(그림 393)　　　　(그림 394)　　　　(그림 395)

第 53 式 쌍진각(雙震脚)

동작설명 :

동작 1.

몸을 먼저 약간 오른쪽을 향해 돌리면서 나선 회전하여 높이고 다시 왼쪽으로 돌리면서 낮추며 중심(重心)은 먼저 오른쪽에 두었다가 왼쪽으로 이동한다. 동시에 왼쪽 다리는 먼저 역전사(逆纏絲)를 하다 순전사(順纏絲)로 바꾸어 밖으로 돌리고 무릎을 안으로 잠가조이고 발바닥은 실(實)하게 딛는다. 오른쪽 다리는 순전사(順纏絲)하며 무릎을 잠가조이고 역전사(逆纏絲)로 변하여 안으로 돌리고 발바닥을 실(實)하게 딛는다. 동시에 오른손은 오른쪽 앞으로부터 구수(鉤手)를 장(掌)으로 바꾸고 역전사(逆纏絲)로 오른쪽 바깥으로부터 안쪽의 우상방(右上方)을 향해 뒤집는다. 팔은 반원형이고 오른쪽 눈 우전방(右前方)에 위치하도록 한다. 손가락 끝은 왼쪽으로 향하며 장심(掌心)은 우전방(右前方)으로 향하며 다시 순전사(順纏絲)로 변하여 우측(右側)의 앞을 향해 전개하고 하침(下沈)하여 가슴 앞에서 안으로 합(合)을 한다. 팔은 반원형을 이루고 손목을 뒤로 뒤집는다. 위치는 양 무릎 중간선의 앞이 된다. 장심(掌心)은 좌전방(左前方)으로 향하고 손가락 끝은 우전방(右前方)으로 향한다. 왼손은 좌측(左側)의 앞에서 먼저 순전사(順纏絲)로 밖으로 돌리며 장심(掌心)은 위로 향하고 손가락

(그림 396)

(그림 397)

끝은 왼쪽으로 향하고 위치는 왼쪽 눈 좌측(左側)의 전방으로 역전사(逆纏絲)로 변하여 안으로 돌린다. 팔은 반원형을 이루고 장심(掌心)은 좌전방(左前方)의 위로 향하고 뒤로 손목을 뒤집으며 손가락 끝은 우전방(右前方)의 약간 위로 향한다. 눈은 먼저 왼쪽을 보고 다시 오른쪽을 보며 귀로는 몸 뒤의 동정을 듣는다. (그림 396·397)

【요 점】이 동작은 연습할 때 몸을 오른쪽으로 돌리는 동작은 속도를 빠르게 하고 몸을 왼쪽으로 돌리는 것은 약간 느리게 한다. 신법(身法)은 "왼쪽을 취하려면 먼저 오른쪽을 취하고"·"위를 취하려면 먼저 아래를 취하고"·"순전사(順纏絲)를 하려면 먼저 역전사(逆纏絲)를 하고·역전사(逆纏絲)를 하려면 먼저 순전사(順纏絲)를 하라"[220]는 법도를 운용할 것이며 상하상합(上下相合)을 해내야 한다.

동작 2.

몸을 오른쪽으로 돌리면서 나선 회전하여 약간 높았다가 다시 약간 낮춘다. 중심(重心)을 오른쪽으로 치우치게 변한다. 동시에 왼쪽 다리는 역전사(逆纏絲)로 안으로 돌리고 발뒤꿈치를 축으로 삼아 발끝을 안으로 돌린다. 오른쪽 다리는 순전사(順纏絲)로 밖으로 돌리고 무릎을 안으로 조이며 발

---

220) 욕좌선우·욕상선하·욕순선역, 욕역선순.(欲左先右·欲上先下·欲順先逆·欲逆先順.)

바닥을 실(實)하게 딛는다. 동시에 오른손은 배 앞으로부터 역전사(逆纏絲)하며 위로 뒤집어 눈앞에 이르게 하고 우측(右側) 앞을 향해 전개한다. 팔은 7~8 할 정도 뻗어 펴고 손목은 뒤로 뒤집고 오른쪽 눈의 우전방(右前方)에 위치하도록 한다. 장심(掌心)은 우전방(右前方)으로 향하고 손가락 끝은 왼쪽을 향한다. 왼손은 왼쪽 눈의 좌측(左側) 앞으로부터 순전사(順纏絲)로 변하여 왼쪽 바깥을 향해 약간 하침(下沈)하여 뒤집어 돌리고 다시 약간 상승(上昇)한다. 위치는 왼쪽 어깨의 좌측(左側) 약간 앞이 된다. 장심(掌心)은 위로 향하고 손가락 끝은 왼쪽으로 향한다. 눈은 먼저 오른손을 보고 다시 왼손을 본다. 귀로는 몸 뒤의 동정을 듣는다. (그림 398)

(그림 398)

【요 점】이 동작은 연습할 때 속도를 비교적 완만하게 한다. 양 팔은 서로 흡인(吸引)하듯 서로 연결된 듯이 한다. 손은 개(開)하고 양 무릎은 합(合)을 한다. 이것이 "위는(양 손은) 개(開)하고 아래는(양 다리는) 합(合)을 한다"는 것이며 상하상합(上下相合)을 더 하여야 한다.

동작 3.

몸을 오른쪽으로 90° 돌리면서 나선 회전하여 약간 높였다가 다시 아래로 약간 낮춘다. 중심(重心)은 오른쪽에서 왼쪽 뒤로 옮긴다. 동시에 양팔은 위로 선전(旋轉)하고서 다시 아래로 떨어뜨리며 가슴은 먼저 개(開)하고 약간 배를 나오게 하여 함흉탑요(含胸塌腰)가 되게 한다. 왼쪽 다리는

(그림 399)

(그림 400)

(그림 401)

역전사(逆纏絲)하며 안으로 돌리고 발바닥은 실(實)하게 딛는다. 동시에 오른쪽 다리는 순전사(順纏絲)로 밖으로 돌리면서 발뒤꿈치를 들어서 발끝으로 땅을 찍고 좌후방(左後方)을 향하여 땅에 붙여서 거두어들여서 왼발 우측(右側) 앞에 놓이게 한다. 동시에 오른손은 역전사(逆纏絲)로 오른쪽 바깥의 약간 위를 향해 개전(開展)하였다가 약간 낮추고(높이는 오른쪽 어깨와 같게 한다) 순전사(順纏絲)로 변하여 안으로 합(合)을 하여 약간 하침(下沈)하고 다시 약간 상승(上昇)한다. 팔은 팔꿈치를 구부리고 뒤로 손목을 뒤집어 코끝의 앞에 놓이도록 한다. 장심(掌心)은 위의 왼쪽에 치우쳐 향하도록 하고 손가락 끝은 앞의 오른쪽에 치우쳐 향하도록 한다. 왼손은 왼쪽 어깨의 좌측(左側) 앞에서 역전사(逆纏絲)를 하며 위로 뒤집어 머리 좌측(左側)의 약간 위를 지나 앞을 향해 하침(下沈)하여 오른쪽 팔꿈치 굽은 곳 안쪽에 합(合)을 한다. 장심(掌心)은 오른쪽 전하방(前下方)으로 향하고 손가락 끝은 전상방(前上方)으로 향한다. 눈은 앞을 보면서 뒤를 살피고 귀로는 몸 뒤의 동정을 듣는다. (그림 399·400·401)

【요 점】이 동작은 연습할 때 속도를 비교적 빠르게 한다. 위는 개(開)하고 아래는 합(合)을 하고 다시 상하상합(上下相合)을 한다.

동작 4.

몸을 미세하게 오른쪽으로 돌리며 나선 회전하여 높였다가 다시 약간 왼쪽으로 돌리면서 나선 회전하여 낮춘다. 중심(重心)은 왼쪽 뒤에 둔다. 동시에 몸을 약간 낮추면서 왼발 뒤꿈치와 오른발 발끝으로 왼쪽은 역전사(逆纏絲) 오른쪽은 순전사(順纏絲)로 땅을 찬 연후에 양손이 순전사(順纏絲)하는 것을 따라 공중으로 도약하고(오른발이 먼저 올라가고 왼발이 나중에 올라간다) 양손이 역전사(逆纏絲)로 변함에 따라 아래로 채(採)[221]를 한다. 양 다리는 왼쪽은 순전사(順纏絲) 오른쪽은 역전사(逆纏絲)(왼발이 먼저 내려오고 오른발이 나중에 내려온다)로 내려와 진각(震脚)을 한다. 양손이 순전사(順纏絲)로 올라갈 때 오른손은 앞에서 올라가고 높이는 눈과 같으며 왼손은 높이가 코와 같다. 내려온 후에 오른손은 앞에 있고 왼손은 뒤에 있으며 높이는 가슴 앞의 약간 아래가 된다. 장심(掌心)은 전하방(前下方)으로 향하고 손가락 끝은 전상방(前上方)으로 향한다. (그림 402·403·404)

(그림 402)

【요 점】이 동작은 연습할 때 속도를 비교적 빠르게 한다. 몸이 공중으로 뜨고서 양손은 순전사(順纏絲)로 올라가며 경(勁)을 이끌고 숨을 들이쉰다. 양손이 역전사(逆纏絲)로 내려오고 양발로 진각(震脚)을 하고 숨을 내쉬는 것이 동시에 완성되도록 한다. 양발을 동시에 내리며 진각(震脚)하는 것도 가(可)하다.

(그림 403)

(그림 404)

---
221) 태극권 팔문경(八門勁) 가운데 하나.

第 54 式 옥녀천사(玉女穿梭)

동작설명 :

동작 1.

(그림 405)

몸을 왼쪽으로 돌리면서 나선 회전하여 낮추며 중심(重心)은 왼쪽에 둔다. 왼 다리는 순전사(順纏絲)로 밖으로 돌리고 무릎을 안으로 잠가 조인다. 오른 다리는 역전사(逆纏絲)하며 안으로 돌리고 무릎을 들어 안으로 합(合)을 하고 발을 들어 발끝이 약간 왼쪽의 안쪽 아래로 합(合)을 하여 왼쪽 무릎을 보호한다. 동시에 양손은 순전사(順纏絲)하면서 오른손은 앞에, 왼 손은 안쪽의 뒤에 있게 하여 위로 경(勁)을 이끌어 번기(翻起)한다. 오른손은 코앞의 전방 약 50 cm 정도 놓이게 한다. 장심은 위에서 미세하게 왼쪽으로 치우쳐 향하고 손가락 끝은 약간 우전방(右前方)으로 치우치게 향한다. 왼손은 가슴 앞에서 오른쪽 팔꿈치 굽은 곳의 안쪽 위에 놓여 새끼손가락을 팔꿈치 굽은 곳 안쪽의 측상부(側上部)에 가볍게 붙이고 장심(掌心)은 오른쪽으로 향하고 손가락 끝은 앞쪽의 약간 왼편에 치우치게 향한다. 눈은 양손의 앞을 보며 귀로는 몸 뒤의 동정을 듣고 좌우도 아울러 주의를 기울인다. (그림 405)

【요 점】이 동작은 연습할 때 속도를 비교적 빠르게 한다. 양손을 순전사(順纏絲)로 위로 뒤집으며 오른쪽 무릎을 들 때 상하상합(上下

相合)하여야 한다. 그렇지 아니하면 위는 있으되 아래가 없게 되어 뜨고 어지러워져서 발밑에서 뿌리가 뽑혀버리는 병폐를 쉽게 범하게 된다.

동작 2.

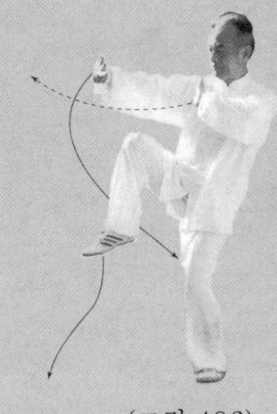

(그림 406)

몸을 신속하게 왼쪽으로 90° 돌리며 약간 높이며 중심(重心)은 여전히 왼쪽에 둔다. 동시에 오른 다리는 역전사(逆纏絲)로 안으로 돌리고 굴슬(屈膝)하여 우전방(右前方)으로 들어올린다. 왼 다리는 순전사(順纏絲)로 밖으로 돌리고 무릎은 안으로 잠가조이며 발바닥은 실(實)하게 딛는다. 동시에 양손은 역전사(逆纏絲)로 경(勁)을 이끌어 열경(挒勁)[222]을 써서 오른쪽은 앞에 왼쪽은 뒤로 하여 좌우로 나누어 개(開)한다. 오른손은 우전방(右前方)에 놓이고 팔은 7~8할 정도 뻗어 펴고 장심(掌心)은 우전방(右前方)으로 향하며 손가락 끝은 앞의 좌상방(左上方)으로 향하며 오른쪽 눈과 같은 높이로 한다. 왼손은 오른쪽 어깨 안쪽의 앞에 놓고 손목을 뒤로 꺾고 팔꿈치를 굽히며 식지(食指)와 중지(中指) 끝이 오른쪽 어깨의 오목한 곳 앞에 붙이고 하고 장심(掌心)은 앞으로 향하고 손가락 끝은 우후방(右後方) 위로 향하게 한다. 눈은 앞을 보며 뒤쪽도 살피며 귀는 몸의 우후방(右後方)의 동정을 듣는다. (그림 406)

---

222) 태극권 팔문경(八門勁) 가운데 하나. 마치 잡아 찢는 듯이 하는 동작 형태로 나타난다.

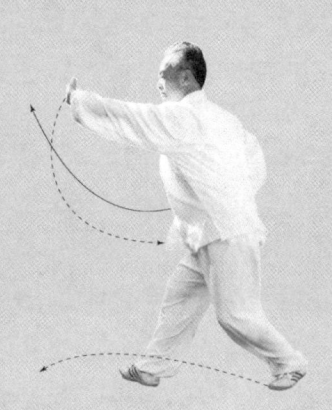

(그림 407)

【요 점】이 동작은 연습할 때 속도를 아주 빠르게 한다. 신법(身法)을 운용함에 있어서 허리를 주재(主宰)로 삼아 열경(挒勁)을 사용하여 쌍개경(雙開勁)을 해내도록 한다.

동작 3.

몸을 신속하게 오른쪽으로 약 180° 가깝게 돌리면서 나선 회전하여 약간 낮추며 중심(重心)은 오른쪽 앞에 둔다. 동시에 왼손은 역전사(逆纏絲)를 하며 좌전방(左前方)으로 향하고 오른손은 순전사(順纏絲)로 우후방(右後方)을 향하여 열경(挒勁)으로 나누어 개(開)한다. 왼팔은 7~8 할 정도 뻗어 펴고 왼쪽 눈 좌측(左側) 앞에 놓는데 장심(掌心)은 좌전방(左前方)으로 향하고 손가락 끝은 우상방(右上方)으로 향하게 한다. 오른손은 오른쪽 가슴 앞에 놓으며 손가락 끝은 앞으로 향하고 새끼손가락을 가볍게 오른쪽 늑골 부위에 붙이는데 장심(掌心)은 안쪽 위로 향한다. 동시에 오른 다리는 순전사(順纏絲)로 밖으로 돌리고 발끝은 위로 치켜올려 밖으로 약 135° 돌리면서 앞으로 크게 일보(一步) 내디디며 발뒤꿈치로 착지하며 실(實)로 변하며 다섯 발가락으로 땅을 움켜쥐며 용천혈(湧泉穴)을 허허롭게 비운다. 왼쪽 다리는 역전사(逆纏絲)로 안으로 돌리고 (중심이 오른쪽 앞으로 변할 때) 발뒤꿈치를 들고 발끝으로 땅을 찍어 축을 삼아 안으로 돌려서 오른다리와 함께 요보(拗步)를 형성한다. 눈은 좌전방(左前方)을 보며 우후방(右後方)을 함께 살피고 귀로는 우후방(右後方)의 동정을 듣는다. (그림 407)

【요 점】이 동작은 연습할 때 속도를 아주 빠르게 한다. 몸은 좌장(左掌)
을 따라 움직이며 양 손은 열경(挒勁)으로 나누어 개(開)하고
오른발도 동시에 앞으로 크게 일보(一步) 내디뎌 발뒤꿈치 외측
으로 착지한다.

동작 4.

몸을 신속하게 계속 오른쪽으로 약 45° 돌리면서 나선 회전하여 높이며 중심(重心)은 먼저 오른쪽에 나중에 왼쪽에 둔다. 동시에 왼손은 역전사(逆纏絲)로 좌전방(左前方)을 향해 밀어내고 장심(掌心)은 앞으로 향하며 손가락 끝은 약간 우상방(右上方)으로 치우친다. 오른손은 순전사(順纏絲)로 오른쪽의 전상방(前上方)을 향해 천장(穿掌)으로 올리며 손가락 끝은 앞으로 향한다. 동시에 오른발은 땅을 차며(등蹬) 몸이 공중으로 솟구치는 것을 따라서 무릎을 굽혀 위로 들면서 순전사(順纏絲)로 밖으로 돌린다. 왼다리는 역전사(逆纏絲)로 안으로 돌리며 무릎을 들고 왼손을 앞으로 밀어내는 것을 따라 좌전방(左前方)을 향해 몸을 선전(旋轉)하며 도약보(跳躍步)로 뛰고 발끝으로 착지한다. 눈은 좌장(左掌)을 바라보고 귀로는 몸 뒤의 동정을 듣는다. (그림 408)

(그림 408)

【요 점】이 동작은 연습할 때 속도를 아주 빠르게 한다. 오른발로 땅을
차서 몸을 허공으로 띄우며 오른쪽으로 돌고 좌장(左掌)을 따라
전진하는데 눈은 앞을 바라보아 고개를 숙여 아래를 보지 말아

(그림 409)

(그림 410)

야 한다.

동작 5.

몸을 계속 신속하게 오른쪽으로 약 180° 돌리면서 나선 회전하여 낮추며 중심(重心)은 왼쪽에서 오른쪽으로 이동한다. 왼쪽 다리는 역전사(逆纏絲)로 안으로 돌리고 발끝을 축으로 삼아 안으로 돈다. 몸을 따라 약 180° 돈 후에 발뒤꿈치를 땅에 떨어뜨리고 발끝을 갈고리처럼 안으로 구부린다. 오른 다리는 들어서 순전사(順纏絲)로 밖으로 돌아 몸을 따라 오른쪽으로 약 180° 돌아서 왼다리와 평행이 되게 하여 발을 땅에 떨어뜨리고 무릎을 안으로 잠가조이고 발바닥을 실(實)하게 딛는다. 동시에 왼손은 역전사(逆纏絲)를 하며 낮추어 좌후방(左後方)을 향하여 돌아 왼쪽 무릎 외측(外側)의 약간 아래까지 오게 하고 장심(掌心)은 좌하방(左下方)으로 향하고 손가락 끝은 앞의 약간 위로 치우치게 향하도록 한다. 오른손은 오른쪽 가슴 앞으로부터 역전사(逆纏絲)로 안으로 돌면서 오른쪽 바깥의 위를 향해 전개하는데 위치는 오른쪽 눈의 우전방(右前方)이 된다. 장심(掌心)은 오른쪽 전상방(前上方)으로 향하고 뒤로 손목을 뒤집으며 손가락 끝은 좌상방으로 향한다. 눈은 먼저 왼손을 본 후에 오른손을 보고 다시 앞을 본다. 귀로는 몸 뒤의 동정을 듣는다. (그림 409 · 410)

【요 점】이 동작은 연습할 때 속도를 아주 빠르게 한다. 몸은 장(掌)이 도는 것을 따르고 왼발 발끝이 착지하고 바로 왼쪽 과(胯)를 송

(鬆)하고 굴슬(屈膝)을 한다. 동시에 왼손을 하침(下沈)하여 상하상합(上下相合)을 형성한다. 몸은 오른손이 밖으로 개(開)하는 것을 따라 오른쪽으로 돌며 오른발이 착지한 후에 바로 당(膽)을 잠가 조인다. 양발 중심은 비워서 안정을 추구한다. 만약 상하(上下)가 합(合)을 이루지 못하면 뛰어오르고 몸을 뒤집고 착지를 할 때 앞으로 숙여지거나 뒤로 젖혀지는 병폐를 쉽게 범하게 된다.

第 55 式 나찰의(懶扎衣)

동작설명 :

동작 1.

(그림 411)

(그림 412)

몸을 왼쪽으로 돌리면서 나선 회전하여 낮추며 중심(重心)은 전부 왼쪽으로 옮긴다. 동시에 왼 다리는 순전사(順纏絲)로 밖으로 돌리고 무릎을 안으로 잠가조이고 발바닥을 실(實)하게 딛는다. 오른 다리는 역전사(逆纏絲)로 안으로 돌리고 발을 들고 발끝을 치켜세워 우측(右側)을 향해 보(步)를 크게 내며 발뒤꿈치 안쪽으로 착지한다. 동시에 오른손은 오른쪽 눈 바깥으로부터 순전사(順纏絲)로 하침(下沈)하여 가슴 앞을 지나 코앞 중앙선을 향해 선전(旋轉)하며 인진(引進)하여 경(勁)을 이끈다. 장심(掌心)은 위로 향하고 손목을 뒤로 뒤집으며 손가락 끝은 앞의 오른쪽에 치우치게 향한다. 팔은 7~8 할 정도 뻗어 편다. 왼손은 왼쪽 무릎 바깥으로부터 왼쪽을 향하여 순전사(順纏絲)로 돌리고 다시 위를 향하여 뒤집어 역전사(逆纏絲)로 변하여 머리 앞 중앙선을 경유하여 하침(下沈)하여 오른쪽 팔꿈치 굽은 곳 위에 합(合)을 한다. 좌완(坐腕)을 하고 장심(掌心)은 오른쪽 앞으로 향하고 손가락 끝은 위로 향하는데 높이는 가슴 앞이 된다. 눈은 오른쪽 팔꿈치 외측(外側)을 보며 귀로는 몸 좌후방(左後方)의 동정을 듣는다. (그림 411·412)

제 55 식 나찰의 ● 373

【요 점】이 동작은 연습할 때 속도를 아주 빠르게 한다. 위쪽에서 합(合)을 하고 아래쪽에서 개(開)를 하는 것은 동시에 완성하여야 하며 오른발은 양손이 위에서 합(合)을 하는 것을 따라 바로 들어올려 오른쪽을 향해 보(步)를 크게 내딛는다. 기타 동작은 앞의 나찰의(懶扎衣)와 같다. (그림 413 · 414 · 415 · 416)

(그림 413)

(그림 414)

(그림 416)

(그림 415)

第56式 육봉사폐(六封四閉)

동작은 모두 앞의 것과 같으므로 설명은 생략한다.
(그림 417 · 418 · 419 · 420 · 421 · 422 · 423 · 424 · 425)

(그림 417)　　　　(그림 418)　　　　(그림 419)

(그림 420)　　　　(그림 421)　　　　(그림 422)

제 56 식 육봉사폐 • 375

(그림 423)　　　　　　　　(그림 424)　　　　　　　　(그림 425)

第 57 式 단편(單鞭)

동작은 모두 앞의 것과 같으므로 설명은 생략한다.
(그림 426 · 427 · 428 · 429 · 430 · 431 · 432 · 433 · 434 · 435)

(그림 426)　　　　　　　　　　(그림 427)

(그림 428)　　　　(그림 429)　　　　(그림 430)

제 57 식 단편

(그림 431)　　　　　　　(그림 432)

(그림 433)　　　(그림 434)　　　(그림 435)

第58式 운수(運手)

동작은 모두 앞의 것과 같으므로 설명은 생략한다.
(그림 436·437·438·439·440·441·442·443·444)

(그림 436)　　　　　(그림 437)　　　　　(그림 438)

(그림 439)　　　　　(그림 440)　　　　　(그림 441)

제 58 식 운수 ● 379

(그림 442)　　　　　　　(그림 443)　　　　　　　(그림 444)

(그림 445)

第 59 式 쌍파련(雙擺蓮)

동작설명 :

동작 1.

 몸을 왼쪽으로 약 45° 돌리면서 나선 회전하여 낮추다가 다시 약간 높인다. 중심(重心)은 오른쪽에서 하침(下沈)하며 왼쪽으로 이동한다. 동시에 왼 다리는 순전사(順纏絲)로 밖으로 돌리고 발뒤꿈치를 축으로 삼아 발끝을 약간 밖으로 돌리고 발바닥을 실(實)하게 디디며 무릎은 안으로 잠가 조인다. 오른 다리는 역전사(逆纏絲)로 안으로 돌며 (중심은 왼쪽 뒤로 옮긴다) 발뒤꿈치를 들고 발끝을 땅에서 떼어 왼발 안쪽 옆으로 옮겨 나란히 놓는데 발끝으로 허보(虛步)로 하여 땅을 찍는다. 동시에 왼손은 역전사(逆纏絲)로 안으로 돌리고 배 앞으로부터 약간 하침(下沈)하여 왼쪽 이마의 외상방(外上方)을 향해 경(勁)을 이끈다. 장심(掌心)은 앞으로 향하고 손가락 끝은 앞으로 향한다. 오른손은 오른쪽 눈 우전방(右前方)으로부터 순전사(順纏絲)로 약간 오른쪽을 향하여 하침(下沈)하여 허공에 팔이 걸리듯이 하여 손목을 뒤집어 안으로 합(合)을 하여 배 앞에 이르게 한다. 장심(掌心)은 왼쪽 전하방(前下方)으로 향하고 손가락 끝은 오른쪽 전하방(前下方)으로 향한다. 눈은 좌우를 함께 살피며 귀로는 몸 뒤의 동정을 듣는다. (그림 445)

【요 점】이 동작은 연습할 때 속도를 비교적 완만하게 한다. 중심(重心)을 이동하며 하호(下弧)를 그리며 움직이고 발을 모을 때 손과 발이 동시에 완성되어야 한다.

동작 2.

몸을 신속하게 오른쪽으로 약 45° 돌리면서 나선 회전하여 약간 낮추며 중심(重心)은 왼쪽에서 오른쪽으로 이동한다. 오른 다리는 순전사(順纏絲)로 밖으로 돌리고 발끝을 축으로 삼아 발뒤꿈치를 약간 안으로 돌리고 착지하여 발바닥을 실(實)하게 딛고 무릎을 안으로 잠가 조인다. 왼쪽 다리는 역전사(逆纏絲)로 안으로 돌리고 발을 들어 좌전방(左前方)으로 크게 일보(一步) 내딛는다. 발끝을 위로 치켜 안으로 합(合)을 하여 발뒤꿈치 안쪽으로 착지한다. 동시에 왼손은 좌전방(左前方)을 향하여 역전사(逆纏絲)로 위로 뒤집고 순전사(順纏絲)로 변하여 코앞 중앙선에 이르게 한다. 손목을 뒤로 뒤집고 팔꿈치를 구부리며 장심(掌心)은 위로 향하고 손가락 끝은 좌전방(左前方)으로 향한다. 오른손은 배 앞 중앙선으로부터 순전사(順纏絲) 위로 선전(旋轉)하여 코앞에 이르러서 역전사(逆纏絲)로 바뀌고 다시 약간 우상방(右上方)을 향하여 전개하며 경(勁)을 이끈다. 위치는 오른쪽 눈 전방(前方)이 되며 팔은 반원형이 되고 뒤로 손목을 뒤집으며 장심(掌心)은 우전방(右前方)의 위로 치우쳐 향하고 손가락 끝은 좌전방(左前方)으로 향한다. 눈은 좌전방(左前方)을 보고 귀로는 몸의 우후방(右後方)의 동정에 주의를 기울인다. (그림 446)

(그림 446)

【요 점】이 동작은 연습할 때 속도를 매우 빠르게 한다. 중심(重心)의 허실(虛實) 변화, 왼발을 크게 내딛는 것 그리고 양손을 우상방(右上方)에서 리(擺)하는 것들을 동시에 완성하도록 한다.

동작 3.

몸을 신속하게 오른쪽으로 약 180° 돌리면서 나선 회전하여 낮추며 중심(重心)은 오른쪽에서 왼쪽으로 이동한다. 왼 다리는 역전사(逆纏絲)로 발뒤꿈치를 축으로 삼아 발끝을 안으로 약 45° 돌리고 발바닥으로 땅에 떨구어 실(實)하게 딛는다. 오른 다리는 순전사(順纏絲)로 밖으로 돌리고 무릎을 안으로 잠가 조인다. 동시에 왼손은 역전사(逆纏絲)로 경(勁)을 이끌며 코앞으로부터 양 무릎 앞의 약간 아래로 하침(下沈)한다. 장심(掌心)은 우하방(右下方)으로 향하고 손가락 끝은 우상방(右上方)으로 향하게 한다. 오른손은 순전사(順纏絲)로 변하여 경(勁)을 이끌며 오른쪽을 향하여 하침(下沈)하여 오른쪽 무릎 바깥의 약간 아래에 놓이게 한다. 장심(掌心)은 우하방(右下方)으로 향하고 손가락 끝은 위쪽의 약간 뒤로 치우치게 향한다. 눈은 양 손 앞을 바라보며 귀는 몸 뒤의 동정에 주의를 기울인다. (그림 447)

(그림 447)

【요 점】이 동작은 연습할 때 속도를 매우 빠르게 한다. 몸을 신속하게 오른쪽으로 선전(旋轉)하면서 하침(下沈)하며 당(膻)은 경(勁)을 합(合)하여야 한다. 손과 발·어깨와 과(胯)·팔꿈치와 무릎

은 상하상합(上下相合)을 이루어야 한다.

동작 4.

몸을 신속하게 오른쪽으로 돌리면서 나선 회전하여 약간 높였다가 다시 약간 낮추고 다시 왼쪽으로 돌리면서 나선 회전하여 높인다. 중심(重心)은 전부 왼발에 둔다. 발로 땅을 차면서(등 蹬) 몸은 왼쪽으로 돌며 상승한다. 왼 다리는 역전사(逆纏絲)로 안으로 돌리고 먼저 무릎을 굽히며 상승하였다가 다시 약간 하침(下沈)하고 순전사(順纏絲)로 변하여 밖으로 돈다. 무릎을 잠가조이고 발바닥을 실(實)하게 디디고 다시 약간 역전사(逆纏絲)로 안으로 돌린다. 오른 다리는 순전사(順纏絲)로 밖으로 돌리고 무릎을 안으로 잠가조이고 먼저 약간 올렸다가 무릎을 굽히며 하침(下沈)하고 발로 땅을 차면서(등 蹬) 역전사(逆纏絲)로 변하여 우하방(右下方)으로부터 좌상방(左上方)(높이는 가슴과 나란하게 한다)을 향하여 안으로 합(合)을 하고 다시 순전사(順纏絲)·역전사(逆纏絲)로 변하며 약간 구부리고 오른쪽 외상방(外上方)을 향해 돌린다(파련擺蓮으로 찬다). 동시에 양 손은 오른쪽 무릎 양 측면의 약간 아래로부터 좌순우역(左順右逆)으로 전사(纏絲)를 하면서 약간 위로 뒤집고 좌역우순(左逆右順)으로 변한 전사(纏絲)를 한다. 오른발을 바깥 위로 돌리며(파련擺蓮) 하침(下沈)을 할 때 양손은 다시 좌상방(左上方)으로 향하여 오른발과 상합(相合)을 하여 횡(橫)으로 오른발 발등의 바깥쪽을 친다. 치고 나서 양손 팔꿈치 손목을 방송(放鬆)한다. 왼

(그림 448)

손은 팔꿈치를 굽혀 가슴 앞에 놓고 장심(掌心)은 왼쪽 바깥의 약간 아래로 향하고 오른손은 오른쪽 무릎의 바깥쪽 위에 놓이는데 장심(掌心)은 우하방(右下方)으로 향하고 손가락 끝은 우하방(右下方)으로 향한다. 오른 무릎을 구부리고 발을 위로 들고 발목을 방송(放鬆)한다. 눈은 좌우를 함께 살피고 다시 손과 발이 합(合)하는 것을 본다. 귀는 몸 뒤의 동정을 듣는다. (그림 448)

【요 점】이 동작은 연습할 때 속도를 아주 빠르게 한다. 가슴과 허리가 상승하였다가 하침(下沈)하고 개합(開合) 절첩(折疊)이 두 번 반복된다. 상하(上下) 좌우(左右)가 상합(相合)하도록 한다. 몸이 좌우로 기울거나 비뚤어지면 아니 된다. 오른발로 파련(擺蓮)을 하고 양손으로 상합(相合)하며 발을 칠 때 손과 팔은 굽어 있어야 하며 곧지 않아야 하며 방송(放鬆)되어 합격(合擊)하여야 한다. 발로써 횡(橫)으로 손을 가격하여야지 손으로 발을 거는 것이 아니다.

第 60 式 질차(跌岔)

동작설명 :

동작 1.

두 가지 수련 방법이 있다.

(1) 몸을 왼쪽으로 약 90°도 돌리면서 나선 회전하여 낮추며 중심(重心)은 왼쪽에서 오른쪽으로 옮긴다. 동시에 오른 다리는 오른쪽 전상방(前上方)으로부터 몸을 따라 역전사(逆纏絲)로 안으로 돌고 발끝은 약간 위로 치켜들어 안으로 합(合)을 하고 하침(下沈)하며 진각(震脚)을 한다. 왼쪽 다리는 순전사(順纏絲)로 밖으로 돌리고 무릎을 안으로 잠가조이며 (오른발을 하침 下沈하며 진각震脚하는 것과 동시에) 발뒤꿈치를 들어 땅에서 떼어 발끝으로 허보(虛步)로 하여 땅을 찍는다. 동시에 오른손은 오른쪽 무릎의 오른쪽 외상방(外上方)으로부터 주먹으로 변하여 순전사(順纏絲)로 하침(下沈)하며 호(弧)를 그리며 몸의 우측(右側)을 지나 가슴 전하방(前下方)에 이르게 한다. 권심(拳心)은 위로 향하고 호구(虎口)는 우전방(右前方)으로 향한다. 왼손은 오른쪽 무릎의 좌상방(左上方)으로부터 주먹으로 변하여 역전사(逆纏絲)로 안으로 돌아 오른쪽 손목 위에서 합(合)을 한다. 권심(拳心)은 아래로 향하고 호구(虎口)는 오른쪽으로 향한다. 양 손목의 교차점은 가슴 앞에서 약간 아래 약 30 cm 정도 되는 곳에 놓인다. 눈은 먼저 우전방(右前方)을 보고 다시 좌전방(左前方)을 본다. 귀는 몸 뒤의 동정을 듣는다.

(2) 몸을 신속하게 왼쪽으로 약 90° 가깝게 돌리면서 나선 회전하여 낮추며 중심(重心)은 왼쪽으로부터 전부 오른쪽 다리로 옮긴다. 오른 다리는 오른쪽 전상방(前上方)으로부터 신속하게 역전사(逆纏絲)를 하며 안으로 돌리면서 하침(下沈)하며 진각(震脚)하고 다섯 발가락으로 땅을 움켜잡고 용천혈(湧泉穴)은 허허롭게 한다. 동시에 왼쪽 다리는 신속하게 순전사(順纏絲)로 밖으로 돌리고 무릎을 안으로 잠가조이며 위로 들어 올리고 발끝을 약간 치켜세우고 발뒤꿈치를 위로 들어 땅에서 뗀다. 동시에 양 손은 주먹으로 변하여 좌역우순(左逆右順)으로 전사(纏絲)하며 신속하게 경(勁)을 이끌어(위의 (1)의 수련법과 같다) 교차하여 가슴 앞 약간 아래에서 합(合)을 한다. 눈은 좌우를 함께 살피고 귀로는 몸 뒤의 동정을 듣는다.

【요 점】이 동작은 연습할 때 두 가지 방법이 있다. '(1)'의 동작은 느리게 변하고 '(2)'의 동작은 신속하게 한다. '(1)'에서 손이 합(合)을 하고 하침(下沈)하며 오른발로 진각(震脚)하고, 왼발 뒤꿈치를 들어 발끝으로 땅을 찍어 허보(虛步)로 변하는 것과 숨을 내쉬는 것이 동시에 완성되어야 하며 좌우(左右) 상하(上下)가 상합(相合)하여야 한다. '(2)'에서 양 손목을 교차하여 하침(下沈)하며 오른발로 진각(震脚)을 하고 왼쪽 무릎을 신속하게 위로 들어 올려 숨을 내쉬는 것을 신속하게 동시에 완성해야 한다. 상하(上下) 좌우(左右)가 상합(相合)하는 것은 더욱 명확해진다.

이상 '(1)'·'(2)'의 두 가지 연습 방법의 차이점은, '(1)'은 난이도가 덜 하며 속도가 비교적 느려서 숙지하고 연습하기가 용이하며, '(2)'는 난이도가 높으며 속도가 빨라서 숙지하고 연습하는 것이 비교적 어렵다. 이밖에도 왼발은 '(1)'에서는 허보(虛步)로 발끝으로 땅을 찍는다. '(2)'의 왼쪽 무릎과 발을 전부 들어올린다. 비록 두 가지 연습방법이기는 하지만 왼발은 모두 허보(虛步)이며 다 상하상합(上下相合)을 해야 하는 점은 공통점이다. 다만 기격(技擊)에서의 운용은 차별이 있다. (그림 449)

동작 2.

몸을 약간 오른쪽으로 돌리면서 나선 회전하여 낮추며 중심(重心)은 오른쪽에 둔다. 동시에 왼쪽 다리는 먼저 역전사(逆纏絲)로 안으로 돌리면서 발끝을 치켜세워 안으로 합(合)을 하고 좌측(左側)의 앞을 향해 발뒤꿈치 안쪽으로 착지하여 차(등 蹬)내고 차츰 순전사(順纏絲)로 변하여 발끝을 위로 향하게 하여 발을 전부 땅에 붙이고 왼쪽 엉덩이 부위를 약간 허공에 걸린듯이 하여 허(虛)로 변한다. 오른 다리는 순전사(順纏絲)로 밖으로 돌리고 무릎을 굽혀 하침(下沈)하면서 안으로 잠가조이고 발바닥은 실(實)하게 디디고 역전사(逆纏絲)로 변하여 안으로 돌린다. 무릎을 구부리고 안으로 합(合)을 하여 하침(下沈)하며 무릎 안쪽으로 착지하고 발 안쪽 측면으로 착지한다. 동시에 왼쪽 주먹은 순전사(順纏絲)로 변하여 하침(下沈)(왼쪽 다리와 동시에)하고 좌측(左側) 앞의 약간 위를 향하여 찌르듯이(돌진하듯이) 하는데 위치는 왼쪽 무릎 앞에서 안쪽 위로 치우친 곳이다. 팔은 약간 구부리고 7~8 할 정도 뻗어 펴며 권심(拳心)은 안쪽 위로 향한다. 오른쪽 주먹은 역전사(逆纏絲)로 변하여 안으로 돌고 안쪽 아래로 약간 손목을 갈고리처럼 구부려서 왼쪽 손목과 점련(粘連)하여 왼쪽 손목 바깥쪽으로부터 측면 후상방(後上方)을 향하여 선전(旋轉)하며 들어올리는데 위치

(그림 449)

(그림 450)

는 오른쪽 눈 우측(右側) 외후방(外後方)의 약간 위쪽이 된다. 팔은 반원형으로 안쪽 아래로 갈고리처럼 손목을 구부리고 주먹은 허허롭게 쥐고 권심(拳心)은 아래의 좌전방(左前方)에 치우치게 향한다. 양쪽 권심(拳心)은 비스듬하게 서로 마주하여 경(勁)을 합(合)한다. 눈은 좌측(左側) 앞을 보고 귀로는 몸의 우후방(右後方)의 동정을 듣는다. (그림 450)

【요 점】이 동작은 연습할 때 속도를 아주 빠르게 하여 공중에서 뛰어내린다. 그래서 이름을 질차(跌岔)라 하는 것이다. 단, 연습을 할 때 숙련된 정도에 따라 차츰 느린데서 빠르게 변할 수도 있고 공중에서부터 빠르게 떨어져 내려서 요구에 부합하게 할 수도 있다. 그러나 노약자가 연습하기에 적합하도록 난이도를 낮게 할 수도 있어서 떨어져 내릴 필요까지는 없으니 능히 하세(下勢)를 할 수 있으면 족하다. 공중으로부터 빠르게 하침(下沈)하며 질차(跌岔)할 때 몸은 좌우로 기울어지거나 비뚤어져서는 아니 되며 경(勁)은 왼쪽 주먹과 왼발 발꿈치에 있고 발끝은 위로 향하는데 좌측을 향해 비뚤어지고 기울면 아니 된다. 왼쪽 엉덩이 부위는 약간 허공에 걸친 듯이 하여 허(虛)로 변한다. 이 동작을 능히 빠른 속도로 떨어져 내리면서(질하跌下) 좌측(左側) 앞으로 찌르듯이 돌진해 나가서 차듯이(등蹬) 가격하는 것이 표준이다.

第 61 式 좌우금계독립(左右金鷄獨立)

동작설명 :

동작 1.

몸을 약간 왼쪽으로 돌리면서 나선 회전하여 높이며 중심(重心)은 오른쪽 뒤로부터 전부 왼발에 옮긴다. 동시에 왼쪽 다리는 순전사(順纏絲)로 밖으로 돌리고 발뒤꿈치를 축으로 하고 발끝을 왼쪽 바깥을 향해 약 45° 돌리고 발바닥을 실(實)하게 딛는다. 오른 다리는 역전사(逆纏絲)로 안으로 돌고 (왼발이 실實로 변한 후에) 오른발을 위로 들어 당(膛)을 보호하고 발끝을 안쪽 아래로 향하게 하여 왼쪽 무릎을 보호한다. 동시에 왼쪽 주먹은 왼쪽 무릎의 전상방(前上方)으로부터 경(勁)을 이끌고 권심(拳心)이 안쪽을 향하게 하여 좌측(左側)의 전상방(前上方)을 향하여 찌르듯이 올리어 아래턱까지 이르게 한다. 오른쪽 주먹은 오른쪽 후상방(後上方)으로부터 순전사(順纏絲)로 뒤쪽 측면을 향하여 하침(下沈)하여 몸의 측면 뒤를 경유하여 배 앞에 이르고 권심(拳心)은 안으로 향하고(오른 다리와 함께 위로 향한다) 역전사(逆纏絲)로 변하여 중앙선으로부터 앞 왼쪽으로 향하여 권심(拳心)이 안쪽 위로 하여 아래턱까지 찌르듯이 올린다. 양 주먹이 장(掌)으로 변하여 역전사(逆纏絲)로 각각 코앞과 가슴 앞에서 내려와 좌우 양손이 우상방(右上方)과 좌하방(左下方)으로 나누어 열(挒)·채(採)

(그림 451)

(그림 452)

(그림 453)

를 한다. 오른손은 머리의 오른쪽 전상방(前上方)에 놓이며 팔은 7~8 할 정도 뻗어 펴고 장심(掌心)은 오른쪽 전상방(前上方)으로 향하고 손가락 끝은 왼쪽으로 향한다. 왼손은 왼쪽 허벅지 옆의 약간 앞에 놓이며 팔은 7~8 할 정도 뻗어 펴며 장심(掌心)은 아래로 향하며 손가락 끝은 앞으로 향한다. 눈은 먼저 좌장(左掌)을 보고 다시 우장(右掌)을 보며 다시 우상방(右上方)을 보며 좌하(左下)를 살핀 후에 앞을 본다. 귀로는 몸 뒤의 동정을 듣는다. (그림 451 · 452 · 453 · 454)

【요 점】이 동작은 연습할 때 속도를 비교적 빠르게 한다. 앞 초식(招式)인 질차(跌岔)로 땅에 앉아 좌측(左側) 위를 향하여 찌르듯이 일어날 때 오른쪽 엉덩이 부위는 질차(跌岔)의 땅에 앉은 자세로부터 퉁기듯이 일어나서 좌측(左側) 앞에 있는 발의 발꿈치와 오른발 발바닥 안쪽 측면으로 착지하여 탄력을 빌어 좌우 주먹을 따라 좌상방(左上方)을 향해 찌르듯이(돌진하듯이) 일어난다. 왼발은 실(實)하게 디디고 오른쪽 다리·무릎·발은 오른팔과 주먹이 상충(上衝)하는 것을 따라 위를 향해 무릎을 들어서 상하상수(上下相隨)를 한다. 상충(上衝)[223]하여 받쳐 올릴 때 배를 들이밀고 숨을 들이쉬고 제항(提肛)을 한다.

동작 2.

---

223) 위로 찌르듯이 돌진하듯이 올라가는 모습.

몸을 미세하게 오른쪽으로 돌리면서 미세하게 낮추었다가(축세蓄勢하여 위로 도약하려고) 다시 약간 왼쪽으로 돌리면서(실實인 왼발이 땅을 차는 (등蹬) 반작용을 이용한다) 나선 회전하여 상승하여 뛰어올라 몸을 허공으로 띄워 왼발을 땅에서 떼고 다시 몸을 약간 오른쪽으로 돌리며 나선 회전하여 낮추고 중심(重心)은 왼발에 둔다. 동시에 왼 다리는 먼저 미세하게 역전사(逆纏絲)로 안으로 돌리고 다시 약간 순전사(順纏絲)로 밖으로 돌린다. 지상의 반작용력을 이용하여 발로 땅을 차고(등蹬) 몸을 따라 허공으로 띄워 도약하고 다시 약간 역전사(逆纏絲)로 변하여 송과(鬆胯)하고 굴슬(屈膝)하여 하침(下沈)하며 진각(震脚)을 한다. 용천혈(湧泉穴)은 허허롭게 한다. 동시에 오른쪽 다리·무릎은 먼저 미세하게 순전사(順纏絲)로 밖으로 돌리고 다시 오른손을 따라 역전사(逆纏絲)를 하며 위로 무릎을 들어 올리고 약간 순전사(順纏絲)로 변하여 송과(鬆胯) 굴슬(屈膝)을 하며 하침(下沈)하며 진각(震脚)을 한다. 동시에 오른쪽 위에 있는 손(오른손)으로 경(勁)을 이끌어 먼저 미세하게 순전사(順纏絲)하며 약간 낮추었다가 역전사(逆纏絲)로 변하며 오른쪽 약간 전상방(前上方)을 향해 받쳐 올리고 다시 순전사(順纏絲)로 변하여 오른쪽 어깨를 거쳐 오른쪽 허벅지 우전방(右前方) 외측(外側)까지 내리고 약간 역전사(逆纏絲)로 변하여 아래로 누른다(하안下按). 장심(掌心)은 아래로 향하고 손가락 끝은 앞의 약간 왼쪽으로 치우치게 향한다. 왼손은 먼저 미세하게 순전사(順纏絲)를 하며 방송(放鬆)하고 역전사(逆纏絲)로 변하여 왼쪽 바깥 아래를 향하여(오른손과 사선(斜線)의 개경(開勁)을 형성한다) 약간 전개하며 미세하게 순전사(順

(그림 454, 정면)

纏絲)로 변한다. 약간 아래를 향하여 송(鬆)을 하고 다시 역전사(逆纏絲)로 변하여 아래로 하침(下沈)하며 누른다(안按). 위치는 왼쪽 허벅지 가까운 옆의 좌전방(左前方) 외측(外側)의 위에 놓이며 장심(掌心)은 아래로 향하고 손가락 끝은 앞의 약간 오른쪽에 치우치게 향한다. 눈은 먼저 우상방(右上方)을 보고 좌하방(左下方)을 함께 살피고 다시 앞을 바라본다. 귀는 몸 뒤의 동정을 듣는다. (그림 455)

(그림 455)

【요 점】이 동작은 연습할 때 속도를 비교적 빠르게 한다. 몸을 낮출 때 왼발이 먼저이고 오른발이 나중에 진각(震脚)을 한다. 양손으로 하침(下沈)하고 숨을 내쉬고 진각(震脚)하는 것들은 동시에 한 기운(일기一氣)으로 완성해야 한다.

동작 3.

몸은 빠른 속도로 허리가 주재(主宰)가 되도록 하여 단전(丹田)과 결합하여 움직임을 이끌며 왼쪽을 향해 약 45° 선전(旋轉)하며 나선 회전하여 하침(下沈)한다. 중심(重心)은 왼쪽에 있다. 왼쪽 다리는 순전사(順纏絲)로 밖으로 돌리고 무릎을 잠가조이고 오른 다리는 역전사(逆纏絲)로 안으로 돌리어 발뒤꿈치로 착지하여 발끝을 위로 치켜세워 안으로 합(合)을 하여 우측(右側)을 향해 땅에 붙여서 삽질하듯 낸다. 동시에 왼손은 먼저 순전사(順纏絲)를 하며 오른쪽 가슴 전상방(前上方)을 향하여 뒤집고 역전사(逆纏絲)로 변하여 코앞 중앙선을 경유하여 좌측(左側) 앞을 향하여 약간 상호(上弧)를 그리며 전개하여 왼쪽 눈 좌전방(左前方)에 놓이게 한다. 뒤로 손목을 뒤집으며 장심(掌心)은 좌전방(左前方)으로 향하고 손가락 끝은 우전방(右前方)의 위로 향한다. 오른손은 먼저 역전사(逆纏絲)를 하며 우측(右側) 앞 바깥쪽을 향하여 개(開)하여 오른쪽 어깨 우전방(右前方)의 약간 아래까지 이르렀을 때 순전사(順纏絲)로 변하여 약간 상호(上弧)를 그리고 안으로 합(合)을 하여 코앞 중앙선까지 이르도록 한다. 팔을 구부려 팔꿈치가 허공에 걸린 듯이 하고 뒤로 손목을 뒤집으며 장심(掌心)은 위의 약간 왼쪽에 치우치게 향하며 손가락 끝은 우전방(右前方)의 위로 향한다. 눈은 먼저 손을 보고 바로 몸의 우측(右側)을 본다. 귀로는 몸 뒤의 동정을 듣는다. (그림 456)

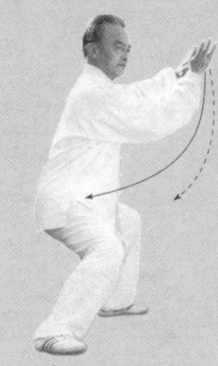

(그림 456)

【요 점】이 동작은 연습할 때 속도를 아주 빠르게 한다. 위에서 끌어들이고 아래에서는 나아가는(손으로는 끌어 들이고 발은 나아가는) 것[224]이 동시에 완성되어야 한다.

동작 4.

몸을 오른쪽으로 약 45° 돌리면서 나선 회전하여 낮추고 다시 약간 높이며 중심(重心)은 왼쪽에서 오른쪽으로 이동한다. 오른 다리는 순전사(順纏絲)로 밖으로 돌리고 발뒤꿈치를 축으로 하여 발끝을 오른쪽 바깥으로 약 60° 돌리고 발바닥을 실(實)하게 딛고 다섯 발가락으로 땅을 움켜잡아 용

---

224) 상인하진(上引下進) (수인수인, 각진脚進).

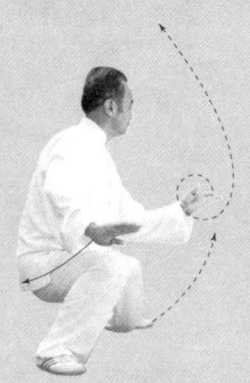

(그림 457)

천혈(湧泉穴)을 허허롭게 한다. 왼 다리는 역전사(逆纏絲)로 안으로 돌리고 차츰 허(虛)로 변한다. 발뒤꿈치는 들어 땅에서 떼고 발끝은 땅을 쓸며 리호(里弧)를 그리며 허보(虛步)로 발끝을 오른발의 안쪽 옆에 모은다. 동시에 오른손은 역전사(逆纏絲)를 하며 코앞으로부터 하침(下沈)하여 가슴과 배를 지나 양 무릎의 앞 우측(右側) 바깥으로 내려 누른다(하안下按). 위치는 오른쪽 무릎 우측(右側) 바깥이며 장심(掌心)은 오른쪽 바깥 아래로 향하고 손가락 끝은 앞에서 약간 위로 치우치게 향한다. 왼손은 순전사로 약간 왼쪽 바깥을 향해 개(開)하여 하침(下沈)하는데 왼쪽 무릎을 거쳐 배 앞에서 위로 받치는데 위치는 가슴의 앞이 된다. 장심(掌心)은 위에서 미세하게 오른쪽으로 치우치고 손가락 끝은 앞으로 향한다. 손목 부위의 거리는 약 25 cm 정도 떨어져 있다. 눈은 먼저 오른손을 보고 다시 왼손을 보며 귀는 몸 뒤의 동정에 주의를 기울인다. (그림 457)

【요 점】이 동작은 연습할 때 속도를 조금 느리게 한다. 입신중정(立身中正)하고, 중심을 이동하는데 하호(下弧)를 그리며 움직이도록 하며 위가 흔들거려서는 아니 된다.

동작 5.

몸을 약간 오른쪽으로 돌리다가 다시 나선 회전하여 높이며 중심(重心)은 전부 오른 다리에 놓는다. 동시에 오른 다리는 순전사(順纏絲)로 밖으로 돌리고 약간 무릎을 굽히고 안으로 잠가 조인다. 왼 다리는 역전사(逆纏絲)

로 안으로 돌리고 왼쪽 무릎은 왼손을 따라 위로 들어 올린다. 발끝은 오른쪽 안의 아래로 향하여 오른쪽 무릎을 보호한다. 동시에 왼손은 가슴 앞으로부터 역전사(逆纏絲)로 돌리면서 위를 향해 아래턱에 이르러 (왼쪽 무릎도 따른다) 좌측(左側) 전상방(前上方)을 향하여 받쳐 올린다. 위치는 머리 좌측(左側)의 전상방(前上方)이며 장심(掌心)은 위로 향하고 손가락 끝은 오른쪽으로 향한다. 오른손은 역전사(逆纏絲)를 하며 내려 눌러서(하안 下按) 오른쪽 허벅지 우측(右側)의 약간 전방에 놓이게 한다. 장심(掌心)은 아래로 향하고 손가락 끝은 앞으로 향한다. 눈은 먼저 왼손을 보고 오른손을 함께 살피고서 다시 전하방(前下方)을 바라본다. 귀로는 몸 뒤의 동정을 듣는다. (그림 458)

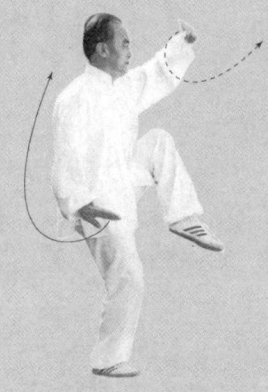

(그림 458)

第 62 式 도권굉(倒捲肱)

금계독립(金鷄獨立)에 이어서 제이도권굉(第二倒捲肱)을 한다. 양손은 먼저 쌍역전사(雙逆纏絲)(왼손을 앞에 오른손을 뒤에 두며 비스듬한 방향)를 하며 전개하고 다시 쌍순전사(雙順纏絲)로 변하고 쌍역전사(雙逆纏絲)를 하여 합(合)을 한 연후에 다시 아래로 왼발을 내려(철수시켜) 제일도권굉(第一倒捲肱)의 '동작 2·3·4·5·6·7'을 하여 마친다. 동작과 요령은 완전히 같다.
(그림 459·460·461·462·463·464·465·466·467)

(그림 459)　　　　　(그림 460)　　　　　(그림 461)

제 62 식 도권굉 397

(그림 462)

(그림 463)

(그림 464)

(그림 465)

(그림 466)

(그림 467)

第 63 式 퇴보압주(退步壓肘)

(그림 468 · 469 · 470 · 471 · 472)

(그림 468)

(그림 469)

(그림 470)

(그림 471)

(그림 472)

第 64 式 중반(中盤)

(그림 473 · 474 · 475 · 476 · 477 · 478 · 479 · 480 · 481 · 482 · 483)

(그림 473)   (그림 474)   (그림 475)

(그림 476)   (그림 477)   (그림 478)

(그림 479)

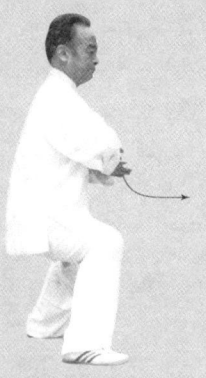
(그림 480)

(그림 481)

(그림 482)

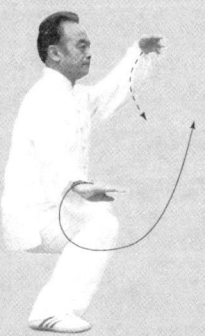
(그림 483)

第 65 式 백학량시(白鶴亮翅)

(그림 484 · 485 · 486 · 487)

(그림 484)

(그림 485)

(그림 486)

(그림 487)

第 66 式 사행(斜行)

(그림 488 · 489 · 490 · 491 · 492 · 493 · 494 · 495)

(그림 488)　　(그림 489)　　(그림 490)　　(그림 491)

(그림 492)　　(그림 493)　　(그림 494)　　(그림 495)

第 67 式 섬통배(閃通背)

(그림 496 · 497 · 498 · 499 · 500 · 501 · 502 · 503 · 504 · 505 · 506 · 507 · 508 · 509)

(그림 496)　　　(그림 497)　　　(그림 498)

(그림 499)　　　(그림 500)　　　(그림 501)　　　(그림 502)

(그림 503)   (그림 504)   (그림 505)

(그림 506)   (그림 507)   (그림 508)   (그림 509)

第 68 式 엄수굉추(掩手肱錘)

(그림 510 · 511 · 512 · 513 · 514 · 515 · 516 · 517 · 518)

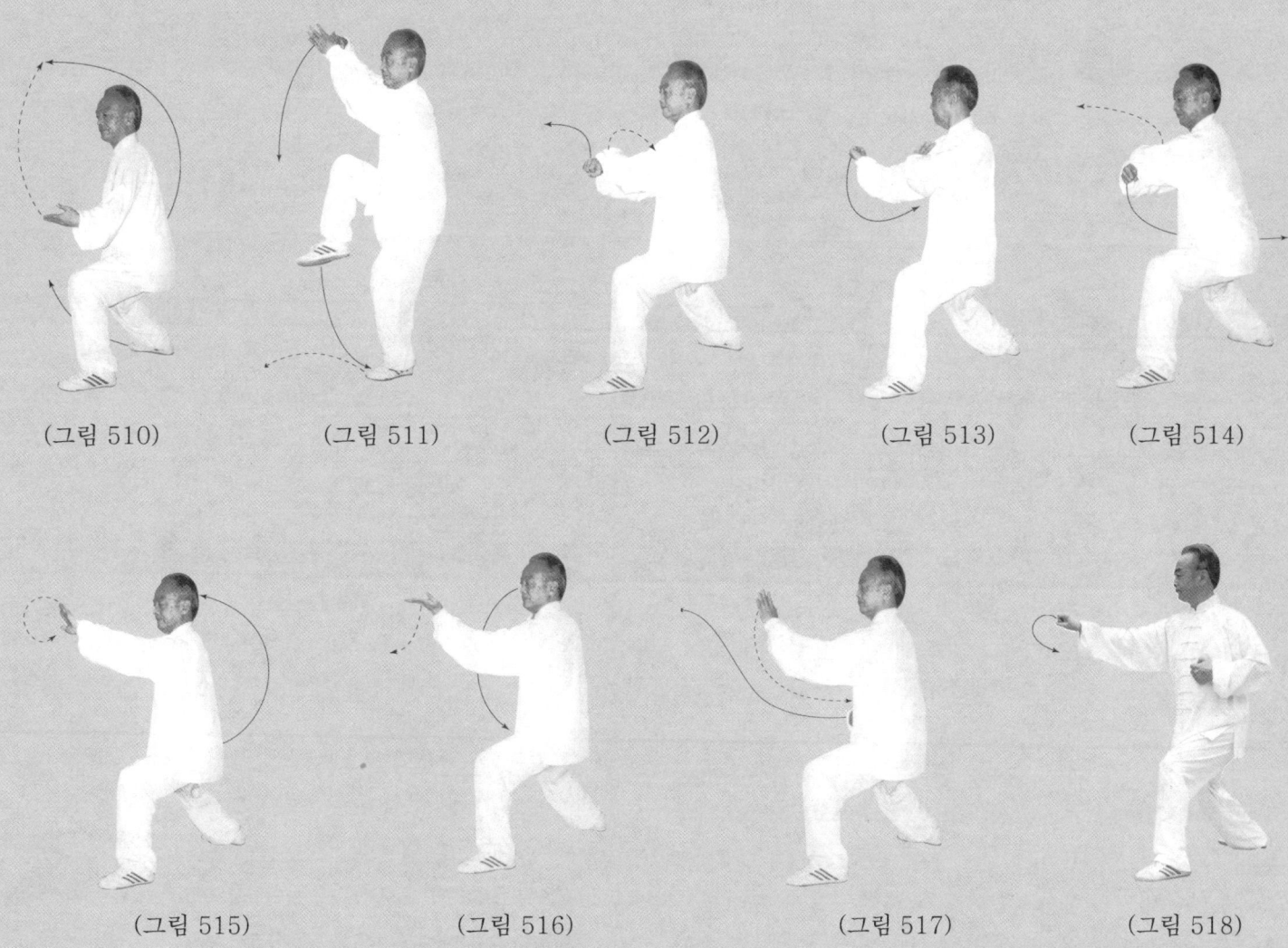

(그림 510)　　(그림 511)　　(그림 512)　　(그림 513)　　(그림 514)

(그림 515)　　(그림 516)　　(그림 517)　　(그림 518)

第 69 式 육봉사폐(六封四閉)

(그림 519 · 520 · 521 · 522 · 523 · 524 · 525)

(그림 519)　　　(그림 520)　　　(그림 521)

(그림 522)　　(그림 523)　　(그림 524)　　(그림 525)

第 70 式 단편(單鞭)

(그림 526 · 527 · 528 · 529 · 530 · 531 · 532 · 534)

(그림 526)　(그림 527)　(그림 528)　(그림 529)　(그림 530)

(그림 531)　(그림 532)　(그림 533)　(그림 534)

第 71 式 운수(運手)

(그림 535·536·537·538·539·540·541·542·543·544·545)

(그림 535)　　　　　　　　(그림 536)

(그림 537)　　　(그림 538)　　　(그림 539)

제 71 식 운수 409

(그림 540)　　　　　(그림 541)　　　　　(그림 542)

(그림 543)　　　　　(그림 544)　　　　　(그림 545)

第 72 式 고탐마(高探馬)

이상 '제 62 식'부터 '제 72 식'까지는 앞의 '제 22 식'부터 '제 32 식'까지와 같다.
(그림 546·547·548·549·550·551)

(그림 546)　　　　　(그림 547)　　　　　(그림 548)

(그림 549)　　　　　(그림 550)　　　　　(그림 551)

第 73 式 십자단파련(十字單擺蓮)

동작설명 :

동작 1.

(그림 552)

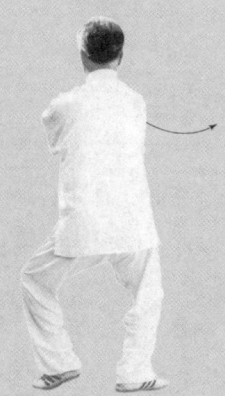

(그림 553)

　몸을 약간 오른쪽으로 돌렸다가 다시 왼쪽으로 약 45° 돌리며 나선 회전하여 낮춘다. 중심(重心)은 오른쪽에 둔다. 동시에 오른 다리는 무릎을 굽혀 역전사(逆纏絲)로 안으로 돌리고 발바닥은 실(實)하게 딛는다. 왼 다리는 발끝으로 땅을 찍어 축으로 삼아 순전사(順纏絲)로 밖으로 돌리고 무릎은 밖으로 개(開)하고 원당(圓膛)이 되게 한다. 동시에 오른손은 우측(右側) 앞으로부터 순전사(順纏絲)로 안으로 합(合)을 하여 하침(下沈)하고 다시 우전방(右前方)의 위를 향하여 돌고 장심(掌心)은 위로 향하며 손가락 끝은 우전방(右前方)으로 향하게 하여 코끝의 우전방(右前方) 약 60cm 정도 되는 곳에 놓이게 한다. 왼손은 배 앞으로부터 역전사(逆纏絲)로 팔꿈치를 굽히고 위로 뒤집어 호(弧)를 그리며 오른쪽 팔꿈치 굽은 곳 안쪽에 합(合)을 하며 약간 왼쪽 바깥 아래를 향하여 손목을 갈고리처럼 구부리고 장심(掌心)은 아래로 향하게 하며 손가락 끝은 좌전방(左前方)의 아래로 향한다. 눈은 오른 팔꿈치 외측(外側)을 보고 귀로는 좌후방(左後方)의 동정을 듣는다. (그림 552 · 553)

　【요 점】 이 동작은 연습할 때 속도를 비교적 빠르게 한다. 동작은 허리에

(그림 554)

서 주재(主宰)하며 손은 합(合)을 하고 팔꿈치는 개(開)하도록 하고 상하상합(上下相合)을 하며 무릎은 개(開)하고 당(膻)은 원이 되게 하여야 한다.

동작 2.

몸을 오른쪽으로 약 90° 돌리면서 나선 회전하여 약간 낮추며 중심(重心)은 오른쪽 - 왼쪽 - 오른쪽으로 옮긴다. 동시에 오른 다리는 발뒤꿈치를 축으로 삼아 발바닥 발끝을 약간 미세하게 치켜들고 몸을 따라 순전사(順纏絲)를 하며 오른쪽으로 약 90° 돌고 실(實)하게 딛는다. 왼 다리는 발끝을 축으로 삼아 역전사(逆纏絲)로 몸을 따라 안으로 돌린다. 동시에 오른손은 역전사(逆纏絲)로 변하여 경(勁)을 이끌고(높이는 눈과 같게 한다) 오른쪽 약간 위를 향하여 호(弧)를 그리며 선전(旋轉)한다. 위치는 오른쪽 눈 우전방(右前方)이 되며 팔은 반원형이 되고 장심(掌心)은 우전방(右前方)에서 미세하게 위로 치우치게 향하며 뒤로 손목을 뒤집고 손가락 끝은 좌상방(左上方)으로 향한다. 왼손 손가락 끝은 오른쪽 팔꿈치 굽은 곳 안쪽에 붙여서 역전사(逆纏絲)를 하며 좌완(坐腕)·침주(沈肘)를 하며 안으로 돌린다. 장심(掌心)은 오른쪽으로 향하고 손가락 끝은 우후방(右後方) 위로 치우치게 한다. 눈은 오른손을 보고 다시 좌측(左側)의 전하방(前下方)을 보고 귀로는 몸의 우후방(右後方)의 동정을 듣는다. (그림 554)

【요 점】이 동작은 연습할 때 비교적 완만하게 하고 안정되게 한다. 몸은 오른쪽으로 돌고 오른팔은 약간 우상방(右上方)을 향하여 경

(勁)을 이끌며 호(弧)를 그릴 때 동시에 왼팔 팔꿈치는 하침(下沈)하고 좌완(坐腕)을 한다. 팔꿈치 끝은 약간 왼쪽 바깥을 향해 하침(下沈)하며 호(弧)를 그림으로써 양팔이 서로 흡인하고 서로 (하나로) 묶인 듯한 개합대칭경(開合對稱勁)을 형성함으로써 신체의 평형을 안정시킨다.

동작 3.

 몸을 오른쪽으로 약간 돌리면서 나선 회전하여 높였다가 다시 낮추며 중심(重心)을 오른쪽에 둔다. 오른 다리는 순전사(順纏絲)로 밖으로 돌리고 무릎을 안으로 잠가 조인다. 동시에 왼다리는 역전사(逆纏絲)로 들고 발끝을 치켜세워 안으로 돌리며(먼저 무릎은 합습을 하고 발은 개開한다.) 좌전방(左前方)을 향하여 보(步)를 크게 내딛어 발꿈치 안쪽 옆으로 착지하여 삽질하듯 낸다. 발끝은 위로 치켜들어 안으로 합(合)을 한다. 동시에 오른손은 역전사(逆纏絲)로 위로 붕(掤)을 하며 경(勁)을 이끈다. 팔은 7~8할 뻗어 펴고 뒤로 손목을 뒤집으며 장심(掌心)은 우전방(右前方)의 약간 위로 향하고 손가락 끝은 왼쪽으로 향하며 오른쪽 눈의 우전방(右前方)에 놓인다. 왼손은 오른쪽 팔꿈치 굽은 곳 안쪽으로부터 역전사(逆纏絲)로 안으로 돌면서(먼저 팔꿈치와 무릎이 상합相合한다) 좌전방(左前方)의 아래를 향하여 전개한다. 장심(掌心)은 좌하방(左下方)으로 향하며 손가락 끝은 우전방(右前方)으로 향한다. 눈은 좌측(左側)의 전하방(前下方)을 보며 귀로는 몸의 우후방(右後方)의 동정을 듣는다.

(그림 555)

(그림 556)

【요 점】이 동작은 연습할 때 속도를 비교적 완만하게 한다. 오른손으로 위로 붕(掤)을 하여 경(勁)을 이끌어 놓치지 말아야 하며 먼저 상하상합(上下相合)을 하고나서 개(開)하여야 한다. 보(步)를 크게 낼 때 발을 땅에 떨어뜨리는 것은 경령(輕靈)하고 허령(虛靈)하게 하여 "심연(深淵)을 앞에 둔 듯하고 살얼음을 밟는 듯한" 허령경(虛靈勁)을 충분하게 표현해내야 한다. (그림 555・556)

동작 4.

몸을 약간 오른쪽으로 돌리면서 나선 회전하여 낮추었다가 다시 왼쪽으로 약 45° 돌리며 나선 회전하여 약간 높이고 다시 오른쪽으로 약 90° 돌리면서 나선 회전하여 낮춘다. 중심(重心)은 '오른쪽 - 왼쪽 - 오른쪽 - 왼쪽'으로 변한다. 동시에 왼쪽 다리는 먼저 약간 역전사(逆纏絲)로 안으로 돌리고 순전사(順纏絲)로 변하여 밖으로 돌리고 무릎을 안으로 잠가조이고 역전사(逆纏絲)로 변하여 안으로 돌리며 발꿈치를 축으로 하고 발바닥으로 땅을 쓸면서 안으로 갈고리처럼 걸며 선전(旋轉)한다. 오른 다리는 먼저 순전사(順纏絲)로 밖으로 돌리고 무릎을 안으로 잠가조이고 역전사(逆纏絲)로 변하여 안으로 돌리고 다시 순전사(順纏絲)로 변하여 밖으로 돌리면서 무릎을 안으로 잠가조이며 다섯 발가락으로 땅을 움켜쥐고 발끝은 안으로 잠가 조인다. 동시에 왼손은 왼쪽 무릎의 전하방(前下方)으로부터 좌전방(左前方)을 향하여 역전사(逆纏絲)를 하며 하침(下沈)하며 경(勁)을 이끌며 다시 좌전방(左前方)의 약간 외상방(外上方)을 향해 돌고 팔은 7~8할 정도 뻗어 펴서 왼쪽 어깨와 나란하게 하고(위치는 좌전방(左前方)이다) 순전사(順纏絲)로 변하여 오른쪽으로 올라가 정수리의 전상방(前上方) 중앙선을 약간 넘어가서 역전사(逆纏絲)로 변하여 오른쪽을 향하여 하침(下沈)하여 오른쪽 무릎 우전방(右前方)의 약간 위에 이르게 한다. 장심(掌心)은 우하방(右下方)으로 향하고 손가락 끝은 오른쪽에서 위로 치우치게 향한다. 오른손은 먼저 역전사(逆纏絲)로 오른쪽 바깥의 약간 위를 향하여 호(弧)를 그리고 순전사(順纏絲)로 변하여 오른쪽을 향해 하침(下沈)하여 배 앞을 경유하여 왼쪽을 향해 역전사(逆纏絲)를 하며 좌완(坐腕)을 하여 교차하여 왼쪽 겨드랑이 아래에 합(合)을 한다. 손가락을 가볍게 겨드랑이 아래 늑골 부위에 붙이고 장심(掌心)은 좌후방(左後方)의 아래로 향하고 손가락 끝은 좌후방(左後方)의 위로 치우친다. 눈은 좌우를 함께 살피고 귀로는 몸 뒤의 동정을 듣는다. (그림 557)

(그림 557)

【요 점】이 동작은 연습할 때 먼저 약간 느리고 안정되게 한다. 오른쪽으로 돌며 양팔이 교차하여 합(合)을 하고 왼발 발끝이 안으로 돌 때 경령(輕靈)하고 신속하여야 한다. 좌우가 교차하고 상하상합(上下相合)하여야 한다. 왼발 발끝이 안으로 갈고리처럼 걸 때 허리로써 주재(主宰)를 삼아야 하고 가슴과 허리로는 절첩(折疊) 개합(開合)을 운화(運化)[225]하여야 하며 어깨는 치켜 올리지 말도록 한다.

---

225) 운행하고 조화 변화시키다.

(그림 558)

동작 5.

몸을 왼쪽으로 약 45° 돌리면서 나선 회전하여 높였다가 다시 약간 오른쪽으로 돌리며 중심(重心)을 왼쪽에 둔다. 먼저 숨을 들이쉰 다음에 내쉰다. 동시에 침견(沈肩)을 하고 약간 추주(墜肘)를 하고 약간 개흉(開胸)을 하고 배를 내밀면서 좌상방(左上方)으로 선전(旋轉)하며 송과(鬆胯)를 하며 왼쪽 무릎을 약간 구부린다. 동시에 왼쪽 다리는 먼저 순전사(順纏絲)로 밖으로 돌리고 무릎은 안으로 잠가조이고 약간 역전사(逆纏絲)로 변하여 안으로 돌린다. 오른 다리는 먼저 역전사(逆纏絲)로 안으로 돌리고 약간 굴슬(屈膝)을 하며 좌전방(左前方)의 위를 향하여 안으로 합(合)을 하며 들어 올리고 다시 오른쪽의 약간 바깥을 향하여 순전사(順纏絲)를 하며 발을 돌린다(파련擺蓮). 동시에 오른손 손등은 왼쪽 겨드랑이 아래에서 먼저 약간 순전사(順纏絲)를 하고 역전사(逆纏絲)로 변하여 점련(粘連)하며 선전(旋轉)한다. 왼손은 역전사(逆纏絲)로 우전방(右前方)의 아래로부터 좌상방(左上方)을 향하여 오른발 발등 바깥을 맞이해 가서 때린다. 눈은 좌전방(左前方)을 보다가 다시 우전방(右前方)을 바라보며 귀로는 몸 뒤의 동정을 듣는다. (그림 558)

【요 점】이 동작은 연습할 때 속도를 비교적 빠르게 한다. 동작은 허리에서 주재(主宰)하며 오른 다리는 먼저 안으로 합(合)을 하고 다시 밖으로 돌린다(파련擺蓮). 왼손은 오른발과 사선(斜線)으로 상합(相合)한다. 몸은 바르게 하여 기울어지거나 비뚤어지지 않도록 한다.

동작 6.

몸을 오른쪽으로 약 90° 돌리면서 나선 회전하여 미세하게 높이며 중심(重心)은 전부 왼쪽 다리에 놓는다. 왼 다리는 역전사(逆纏絲)를 하며 발뒤꿈치를 축으로 삼아 발끝을 약간 치켜들고 몸을 따라 안으로 돌리고 발바닥을 땅에 떨구어 실(實)하게 딛는다. 오른 다리는 굴슬(屈膝)을 하여 위로 들고 안으로 합(合)을 하여 순전사(順纏絲)로 밖으로 돌리며 발끝은 안쪽 아래를 향하여 잠가 조인다. 동시에 좌장(左掌)은 주먹으로 변하여 가슴 앞 중앙선으로부터 하침(下沈)하여 왼쪽 바깥을 향하여 개(開)하고 순전사(順纏絲)로 변하여 몸 좌측(左側)의 약간 전방(前方)을 경유하여 팔꿈치를 구부리고 위로 뒤집어 약간 역전사(逆纏絲)로 변한다. 권심(拳心)은 왼쪽 귀로 향하고 높이는 눈과 같게 한다. 우장(右掌)은 왼쪽 겨드랑이 아래에서 주먹으로 변하여 왼쪽 겨드랑이로부터 왼쪽 가슴 아래를 경유하여 위로 향하여 코앞 중앙선에 이르고 다시 오른쪽 바깥 아래를 향하여 뒤집으며 침하(沈下)한다. 위치는 오른쪽 무릎의 오른쪽 바깥의 약간 아래에 놓인다. 약간 안쪽 위로 손목을 갈고리처럼 구부리고 권심(拳心)은 위쪽의 안에 치우치게 향한다. 눈은 좌우를 함께 살피고 다시 앞을 바라본다. 귀로는 몸 좌후방의 동정을 듣는다. (그림 559·560)

(그림 559)

(그림 560)

【요 점】이 동작은 연습할 때 속도를 비교적 빠르게 한다. 몸을 오른쪽으로 돌릴 때 몸은 바르게 하고 오른쪽 무릎을 위로 들어 오른쪽 팔꿈치와 상합(相合)을 한다. 경력(勁力)은 해저번화(海底翻花)과 같다.

第 74 式 지당추(指膛捶)

동작설명 :

동작 1.

(그림 561)

 몸을 오른쪽으로 약 90° 돌리면서 나선 회전하여 신속하게 낮추며 중심(重心)은 왼쪽 – 오른쪽 – 왼쪽으로 변화한다. 오른 다리는 굴슬(屈膝)하여 발끝을 위로 치켜들고 순전사(順纏絲)로 밖으로 돌리고 먼저 하침(下沈)하여 진각(震脚)한다. 왼다리는 굴슬(屈膝)하여 발끝을 위로 치켜들고 역전사(逆纏絲)로 안으로 돌리고 다시 몸을 따라 오른쪽으로 돌고 좌전방(左前方)으로 향하여 하침(下沈)하여 진각(震脚)을 하고 실(實)하게 딛는다. 동시에 오른 주먹은 약간 역전사(逆纏絲)로 안으로 돌리어 위로 손목을 갈고리처럼 구부리고 우후방(右後方) 바깥으로 하침(下沈)하고 다시 약간 위를 향하여 경(勁)을 이끌어서 오른쪽 무릎의 오른쪽 외측(外側) 위에 놓이게 한다. 팔은 7~8할 정도 뻗어 펴며 권심(拳心)은 왼쪽의 내측 위로 향하게 한다. 왼쪽 주먹은 경(勁)을 이끌며 순전사(順纏絲)를 하며 밖으로 돌리며 (원래 왼쪽 귀와 높이가 같으며 변하지 않음) 팔꿈치를 구부려 안쪽 위로 손목을 갈고리로 구부린다. 팔은 반원형으로 하고 왼쪽 눈 좌전방(左前方)에 놓이며 권심(拳心)은 안쪽 아래에 치우치게 향한다. 눈은 좌전방(左前方)을 바라보고 귀로는 몸의 우후방(右後方)의 동정

을 듣는다. (그림 561)

【요 점】이 동작은 연습할 때 세 가지 방법으로 나눌 수 있다.

첫 번째는 위에서 기술한 것처럼 몸을 오른쪽으로 돌리면서 신속하게 낮춘다. 오른쪽이 먼저이고 왼쪽이 나중이다. 쌍진각(震脚)을 하는 연습방법이다. 두 번째는 몸을 오른쪽으로 돌리면서 하침(沈)하여 먼저 오른발 한쪽을 진각(震脚)하고 다시 좌전방(左前方)을 향하여 왼발을 크게 내딛는다. 세 번째는 양발을 모두 가볍게 땅에 떨구고 진각(震脚)을 하지 않는다. 동작의 속도가 비교적 완만하여 노약자가 연습하기에 적합하다. 세 가지 연습 방법은 비록 형세에서 쾌만(快慢) 강유(剛柔)의 차이가 있지만 허실(虛實)의 변화는 여전히 같다.

동작 2.

몸을 먼저 약간 왼쪽으로 돌리면서 나선 회전하여 높이고 다시 오른쪽으로 약 90° 돌리면서 나선 회전으로 낮추고 다시 왼쪽으로 약 90° 돌리면서 나선 회전으로 높인다. 중심(重心)은 왼쪽 – 오른쪽 – 왼쪽으로 변화한다. 동시에 왼다리는 먼저 순전사(順纏絲)로 밖으로 돌리고 무릎을 안으로 잠가조이고 다시 역전사(逆纏絲)로 안으로 돌리고 다시 순전사(順纏絲)로 변하여 밖으로 돌리며 무릎을 안으로 잠가 조인다. 오른 다리는 먼저 역전사(逆纏絲)로 안으로 돌리고 다시 순전사(順纏絲)로 밖으로 돌리고 무릎을

(그림 562)

(그림 563)

(그림 564)

안으로 잠가조이고 다시 역전사(逆纏絲)로 변하여 안으로 돌리며 발바닥을 실(實)하게 딛는다. 동시에 왼쪽 주먹은 왼쪽 눈 좌측(左側)으로부터 역전사(逆纏絲)로 변하며 주먹을 허허롭게 쥐고 안으로 돌리면서 좌전방(左前方)의 위로 뒤집어서(높이는 정수리와 같다) 순전사(順纏絲)로 변하여 밖으로 돌리고 약간 왼쪽 바깥을 향하여 손목을 뒤집어 선전(旋轉)하며 안으로 합(合)을 하고 하침(下沈)하여 양쪽 무릎 중간선에 이르게 한다. 권심(拳心)은 우상방(右上方)으로 향하고 호구(虎口)는 좌상방(左上方)으로 향하게 하고 역전사(逆纏絲)로 변하여 안으로 손목을 갈고리처럼 구부린다. 권심(拳心)은 안쪽 아래로 향하는데 위치는 왼쪽 눈 좌전방(左前方)에 놓이며 높이는 눈과 같다. 오른쪽 주먹은 오른쪽 무릎 바깥쪽의 약간 위에서 순전사(順纏絲)로 밖으로 돌고 약간 오른쪽 바깥을 향하여 손목을 뒤집어 왼쪽을 향해 발경(發勁)을 하고 양쪽 무릎 중간선에 이른다. 역전사(逆纏絲)를 하며 안쪽으로 돌고 오른쪽 무릎 오른쪽 바깥을 향하여 약간 하침(下沈)한다. 다시 약간 우후방(右後方) 위를 향하여 경(勁)을 이끌고 다시 순전사(順纏絲)로 변하여 우측(右側)으로부터 위로 뒤집어 머리 오른쪽을 경유하여 머리 앞 중앙선의 약간 위에 이른다. 권심(拳心)은 왼쪽으로 향하고 호구(虎口)는 우후방(右後方)의 위로 향한다. 왼쪽 주먹과 '왼쪽은 약간 전하방(前下方)에 있고 오른쪽은 약간 후상방(後上方)에 있는' 평행(平行)을 형성하며 양 쪽 주먹의 거리는 약 20 cm 정도이다. 눈은 먼저 왼쪽 주먹을 보며 오른쪽을 아울러 살피고 다시 좌측(左側) 앞의 약간 아래를 보고 다시 좌전방(左前方)의 위를 바라본다. 귀로는 몸 우후방(右後方)의 동정

을 듣는다. (그림 562 · 563 · 564 · 565)

【요 점】이 동작은 연습할 때 몸을 먼저 왼쪽으로 돌려 경(勁)을 이끌어 받으면서는 비교적 빠르게 하고 몸을 오른쪽으로 돌리며 나선 회전으로 하침(下沈)할 때는 속도를 느리게 하고 안정되게 한다. 몸을 다시 왼쪽을 향해 나선 회전으로 상승시킬 때 속도는 매우 빠르게 한다. 동작을 하고 운경(運勁)을 할 때 허리에서 주재(主宰)를 하며, 두 차례에 걸쳐 몸이 왼쪽으로 돌아 나선 회전으로 상승(上昇)하여 가슴과 허리로 절첩(折疊) 개합(開合)을 운화(運化)해야 한다. 주먹은 좌전방(左前方)을 향하여 위로 뒤집고 가슴 허리 배는 왼쪽으로 돌면서 하침(下沈)한다. 송과(鬆胯) 침둔(沈臀)을 하여 좌상우하(左上右下)로 사선(斜線)으로 대칭을 형성함으로써 운경(運勁)을 하여 사면팔방을 모두 지탱(支撑)[226]할 수 있도록 추구한다.

(그림 565)

동작 3.

몸을 왼쪽으로 약 45° 돌리면서 나선 회전으로 약간 높이고 다시 오른쪽으로 약 45° 돌리며 나선 회전으로 낮추고 다시 계속해서 왼쪽으로 약 45°

---

226) 지탱팔면(支撑八面). 팔면을 지탱하다. 팔면(八面)은 사면팔방, 즉 자신의 주위 전체의 모든 방위를 말하며, 지탱(支撑)은 버티고 지탱한다기 보다는 사면팔방을 모두 살피고 적응하여 어떤 방향으로부터 혹은 어떤 방향을 향해서도 대응할 수 있고 반응할 수 있음을 표현하는 말.

(그림 566)

(그림 567)

(그림 568)

돌리면서 아주 약간 나선 회전으로 높인다. 동시에 왼다리는 먼저 역전사(逆纏絲)로 안으로 돌리고 다시 순전사(順纏絲)로 밖으로 돌리고 무릎을 안으로 잠가 조인다. 오른 다리는 먼저 순전사(順纏絲)로 밖으로 돌리고 무릎은 안으로 잠가조이고 다시 역전사(逆纏絲)로 안으로 돌린다. 발바닥은 실(實)하게 딛는다. 동시에 양 주먹은 역전사(逆纏絲)로 안으로 돌리고 약간 위로 올려서 머리의 전상방(前上方)에 놓는다. 양 주먹의 권심(拳心)은 앞의 약간 위로 향한다. 다시 쌍순전사(雙順纏絲)로 변하여 하침(下沈)하여 가슴 앞을 지나 배 앞에 이른다. 오른쪽 주먹은 왼쪽 팔꿈치 구부러진 곳에 합(合)을 하고 팔은 반원형을 이루며 안쪽 위로 손목을 갈고리처럼 구부리고 주먹은 허허롭게 쥐며 권심(拳心)은 위로 향하고 호구(虎口)는 전상방(前上方)으로 향한다. 왼팔은 7~8할 정도 뻗어 펴고 약간 안쪽 위로 손목을 갈고리처럼 구부려 주먹을 허허롭게 쥐고 권심(拳心)은 우후방(右後方)의 위로 향하게 하고 호구(虎口)는 좌전방(左前方)의 위로 향하게 한다. 위치는 양쪽 무릎 중간선의 앞쪽 약간 아래가 된다. 양 주먹은 역전사(逆纏絲)로 변하여 안으로 돌리고 왼쪽 주먹은 위쪽의 안으로 돌리고 거두어들여 왼쪽 늑골 부위로 합(合)을 하며, 권심(拳心)은 늑골 부위에 붙이고 호구(虎口)는 위로 향한다. 동시에 오른 주먹은 왼쪽 팔꿈치 안쪽 옆에 붙이고 먼저 점련(粘連)하여 안으로 돌리고 팔꿈치 굽은 곳의 안쪽 아래로부터 우하방(右下方)을 향하여 가격해낸다. 위치는 양쪽 무릎 중간선으로 몸의 우측(右側)에 놓인다. 권심(拳心)은 아래로 향하고 위치는 양쪽 무릎 아래에 놓인다. 중심은 왼쪽 – 오른쪽 – 왼쪽으로 변한다. 눈은 먼저 양쪽 주먹을 보고 다시 우측(右側)의 전하방(前下方)을 본다. 귀로는 몸 뒤의 동정을 듣는다. (그림 566·567·568·569)

【요 점】이 동작은 연습할 때 몸을 오른쪽으로 돌리며 양 주먹을 역전사(逆纏絲)할 때 동작을 비교적 빠르게 하며, 쌍순전사(雙順纏絲)로 몸이 왼쪽으로 돌며 하침(下沈)할 때는 안정되고 조금 느리게 한다. 쌍역전사(雙逆纏絲)로 양 주먹을 왼쪽으로 올라가 늑골 부위에 붙이고 오른쪽 주먹이 당(膛) 부위를 가리킬 때는 약간 빠르게 한다. 동작하고 운경(運勁)하는 것은 허리가 주재(主宰)가 되며 운경(運勁)하는 것은 부드러움 가운데 강(剛)함이 깃들어야 하며[227] 지당추(指膛錘)는 경(勁)을 함축만 하여 발경(發勁)을 해서는 아니 된다.

(그림 569, 정면)

---

227) 유중우강(柔中寓剛).

第 75 式 백원헌과(白猿獻果)

동작설명 :

동작 1.

허리를 주재(主宰)로 삼아 단전(丹田)과 결합하여 전신을 이끌어 움직이며 신속하게 오른쪽으로 약 45° 돌리면서 나선 회전으로 높이며 중심(重心)은 약간 왼쪽에 기울였다가 다시 오른쪽에 옮긴다. 왼쪽 다리는 역전사(逆纏絲)로 안으로 돌리고 오른 다리는 순전사(順纏絲)로 밖으로 돌리고 무릎을 안으로 잠가조이고 발바닥을 실(實)하게 딛는다. 동시에 왼쪽 주먹은 왼쪽 옆구리(늑골 부위)에 붙여서 점련(粘連)하며 역전사(逆纏絲)를 하면서 손목을 갈고리처럼 구부려 돌린다. 호구(虎口)는 안쪽 위로 향하게 한다. 오른 주먹은 지당(指膛)을 한 곳으로부터 역전사(逆纏絲)로 안으로 돌리고 위를 향하여 들어 아래로 손목을 갈고리처럼 구부리는데 높이는 가슴 앞이며 권심(拳心)은 우후방(右後方)으로 향하고 호구(虎口)는 왼쪽 안으로 향하고 가슴 앞 약 30 cm 되는 곳에 놓는다. 눈은 좌우를 함께 살피고 귀로는 몸 뒤의 동정을 듣는다. (그림 570)

(그림 570)

【요 점】이 동작은 연습할 때 속도를 아주 빠르게 한다. 동작을 하고 운경(運勁)을 함에는 허리가 주(主)가 되며 가슴과 허리는 절첩(折疊) 개합(開合)을 하여야 하며 몸은 약간 하침(下沈)하고 주먹은

역전사(逆纏絲)를 하며 위로 들며 상하상합(上下相合)을 한다.

동작 2.

몸을 비교적 신속하게 왼쪽으로 약 90° 돌리면서 나선 회전으로 낮추고 다시 나선 회전으로 높인다. 중심(重心)은 오른쪽에서 왼쪽으로 이동한다. 동시에 왼 다리는 순전사(順纏絲)로 밖으로 돌고 발뒤꿈치를 축으로 하고 발끝을 위로 치켜들어 밖으로 약 90° 돌리고 착지하여 발바닥을 실(實)하게 딛는다. 오른 다리는 역전사(逆纏絲)로 안으로 돌리고 위를 향해 무릎을 들고 발끝은 약간 아래로 드리운다. 동시에 왼쪽 주먹은 옆구리(늑골부위)에 붙여서 순전사(順纏絲)로 돌려 권심(拳心)이 위로 향하게 한다. 오른 주먹은 가슴 앞으로부터 순전사(順纏絲)로 양 무릎 중앙선 앞까지 하침(下沈)하고 나선 회전으로 우전방(右前方)을 향하여 위로 찔러간다. 팔은 반원형이 되고 약간 안으로 손목을 갈고리처럼 구부리고 권심(拳心)은 안쪽 약간 아래로 향하고 오른쪽 눈 우측(右側) 앞 약 35 cm 정도 되는 곳에 놓는다. 눈은 좌우를 함께 살피고 귀는 몸 좌후방(左後方)의 동정에 주의를 기울인다. (그림 571·572)

(그림 571)

(그림 572)

【요 점】이 동작은 연습할 때 '동작 1'에 비하여 조금 느리다. 실(實)인 왼쪽 다리는 곧게 펴지 말고 약간 굽히며 오른 무릎과 발은 오른쪽 주먹을 따라 동시에 위로 든다. 무릎을 들 때 배를 거두어들이고(집어넣고) 숨을 들이쉬고 제항(提肛)을 하고 송과(鬆胯)를 해야 한다.

第76式 육봉사폐(六封四閉)

앞의 육봉사폐(六封四閉)와 같으나 다만 동작이 작다. 그래서 "소육봉사폐(小六封四閉)"라고도 칭한다. 동작의 특징은, 양 주먹은 가슴 앞에서 합(合)을 하고 쌍역전사(雙逆纏絲)를 하며 장(掌)으로 변하여 밀어낸다. 기타 동작과 기격(技擊) 함의는 앞에서와 같다. (그림 573·574)

(그림 573)

(그림 574)

第 77 式 단편(單鞭)

앞의 단편(單鞭)과 동작은 서로 같다.
(그림 575 · 576 · 577 · 578 · 579 · 580 · 581 · 582 · 583 · 584)

(그림 575)　　　　　　　　　(그림 576)

(그림 577)　　　　(그림 578)　　　　(그림 579)

(그림 580)

(그림 581)

(그림 582)

(그림 583)

(그림 584)

第 78 式 작지룡(雀地龍)〈일명 포지금(鋪地錦)〉

동작설명 :

동작 1.

몸을 먼저 약간 왼쪽으로 다시 오른쪽으로 나선 회전을 하며 높였다가 다시 왼쪽으로 약 45° 돌리면서 나선 회전으로 낮춘다. 중심은 왼쪽 - 오른쪽 - 왼쪽으로 변화한다. 동시에 왼 다리는 먼저 역전사(逆纏絲)로 안으로 돌리고 순전사(順纏絲)로 변하여 밖으로 돌린다. 무릎을 안으로 잠가조이고 발바닥을 실(實)하게 딛는다. 동시에 오른 다리는 먼저 순전사(順纏絲)로 밖으로 돌리고 무릎을 안으로 잠가조이고 역전사(逆纏絲)로 변하여 안으로 돌리고 발바닥을 실(實)하게 딛는다. 동시에 오른쪽 구수(鉤手)는 역전사(逆纏絲)를 하며 약간 방송(放鬆)하고 우상방(右上方)을 향하여 돌리고 다시 오른쪽 바깥으로 개(開)하고 순전사(順纏絲)로 변하여 우측(右側) 앞을 향하여 하침(下沈)하고 배 앞을 지나 위로 합(合)을 한다. 팔은 반원형으로 하고 권심(拳心)은 위의 약간 안으로 치우쳐 향하고 호구(虎口)는 우전방(右前方)으로 향하도록 하여 심구(心口) 앞 45 cm 정도 되는 곳에 놓는다. 왼손은 약간 왼쪽 앞을 향하여 순전사(順纏絲)로 밖으로 돌리고 주먹으로 바꾸어 허허롭게 쥔다. 다시 역전사(逆纏絲)로 안으로 합(合)을 하고 코앞을 지나 하침(下沈)하여 오른팔 하박부 안쪽 위의 조금 위 우전방

(그림 585)

(그림 586)

(그림 587)

(右前方)에서 교차하여 합(合)을 한다. 권심(拳心)은 아래로 향한다. 눈은 좌우를 함께 살피고 귀로는 몸 뒤의 동정을 듣는다. (그림 585 · 586 · 587)

【요 점】이 동작은 연습할 때 속도를 처음은 빠르게 하고 뒤에는 느리게 한다. 몸을 먼저 오른쪽으로 돌리고 경(勁)을 받을 때는 비교적 빠르게 하고, 몸을 왼쪽으로 돌리며 하침(下沈)하고 양 손목을 교차하여 합(合)을 할 때는 약간 느리게 한다. 상승하면서는 숨을 들이쉬고 하침(下沈)하면서 숨을 내쉰다. 동작을 하고 운경(運勁)을 하면서 경침(輕沈)이 겸비되어야 하고 쾌만상간(快慢相間)[228]하여야 한다.

동작 2.

몸을 오른쪽으로 약 15° 돌리면서 나선 회전으로 낮추며 중심(重心)을 오른쪽에 둔다. 왼쪽 다리는 역전사(逆纏絲)하며 안으로 합(合)을 하고 발뒤꿈치를 축으로 삼아 발끝을 몸 돌림을 따라 안으로 갈고리처럼 건다. 오른발은 순전사(順纏絲)로 밖으로 돌리고 무릎을 안으로 잠가조이며 발바닥을 실(實)하게 딛는다. 동시에 오른 주먹은 역전사(逆纏絲)로 안으로 돌리면서 주먹을 허허롭게 쥐고 안쪽 아래로 손목을 갈고리처럼 구부려 뒤

---

228) 태극권 용어. 경침겸비(輕沈兼備)는 경령(輕靈)함과 중침(重沈)이 겸비됨을 말하고 쾌만상간(快慢相間)은 빠르고 느린 것이 적절하게 조화됨을 말한다.

를 향해 상승한다. 권심(拳心)은 아래의 약간 안쪽으로 향하게 하여 오른쪽 눈 우측(右側) 앞에 놓는다. 왼쪽 주먹은 오른팔 하박부의 위로부터 배 앞을 거쳐 하침(下沈)하고 당(월당) 앞을 지나 왼쪽 무릎 안쪽 옆에 이른다. 권심(拳心)은 위쪽 약간 안에 치우치게 향하고 호구는 좌전방(左前方)의 위로 향한다. 양쪽 주먹의 권심(拳心)은 비스듬하게 마주하고 경(勁)을 합(合)하며 '개(開)한 가운데 합(合)이 깃들게'[229] 한다. 눈은 먼저 약간 오른쪽 주먹을 보고 다시 왼쪽 주먹의 앞을 본다. 귀는 몸 뒤의 동정을 듣는다. (그림 588)

(그림 588)

【요 점】이 동작은 연습할 때 속도를 비교적 완만하게 한다. 크면서 낮은 신법(身法)에서는 왼발 발끝은 위로 치키고 종아리는 땅에 붙인다. 중간 높이의 신법(身法)에서는 왼발 발끝을 안으로 갈고리처럼 구부리고 종아리를 땅에 붙이지 않는다.

---

229) 개중우합(開中寓合).

第 79 式 상보칠성(上步七星)

동작설명 :

동작 1.

(그림 589)

(그림 590)

몸을 왼쪽으로 약 15° 돌리면서 먼저 약간 낮추었다가 다시 나선 회전으로 상승한다. 중심(重心)은 오른쪽 뒤로부터 왼발로 옮긴다. 왼쪽 다리는 순전사(順纏絲)로 밖으로 돌리고 발뒤꿈치를 축으로 삼아 왼쪽 밖을 향해 약 90° 돌리고 착지한다. 무릎은 안으로 잠가조이며 발바닥을 실(實)하게 딛는다. 오른 다리는 역전사(逆纏絲)로 안으로 돌리며 (왼발을 실(實)하게 디딘 후에) 들어서 몸이 돌아가는 것을 따라 왼발 앞으로 보(步)를 내어 허보(虛步)로 하여 발끝으로 땅을 찍는다. 동시에 왼쪽 주먹은 먼저 약간 순전사(順纏絲)를 하다가 역전사(逆纏絲)로 변하여 먼저 약간 하침(下沈)하고 다시 좌전방(左前方)의 위를 향해 찌른다(충衝). 팔은 반원형으로 하여 약간 안쪽을 향해 손목을 꺾고 권심(拳心)은 안쪽 아래로 향하며 코앞에서 약 25 cm 정도 떨어진 곳에 놓는다. 오른 주먹은 우측(右側) 위로부터 순전사(順纏絲)로 변하여 우후방(右後方)을 향하여 개(開)하며 하침(下沈)하고 몸 우측(右側)을 지나 왼쪽 손목 앞의 바깥을 향해 교차하며 위로 찔러올린다(상충上衝). 팔은 반원형이고 약간 안쪽을 향하여 손목을 갈고리처럼 구부리며 권심(拳心)은 안쪽 아래로 향한다. 눈은 먼저 왼쪽 주먹을 보고 다시 오른쪽 주먹

과 오른쪽 보(步)를 본다. 귀는 몸 뒤의 동정을 듣는다. (그림 589·590)

【요 점】이 동작은 연습할 때 속도를 비교적 느리게 한다. 몸을 왼쪽으로 돌리고 양 주먹을 선후하여 교체하듯 상충(上衝)할 때 몸은 바르게 하여서 좌우로 기울어지거나 비뚤어지면 아니 된다. 실(實)인 왼다리는 약간 굴슬(屈膝)한다.

동작 2.

몸을 신속히 왼쪽으로 미세하게 돌리고 다시 미세하게 오른쪽으로 돌리면서 나선 회전으로 낮춘다. 중심(重心)은 왼쪽 뒤에 둔다. 왼쪽 다리는 먼저 미세하게 순전사(順纏絲)를 하고 무릎을 안으로 잠가조이며 발끝을 안으로 합(合)을 하고 허보(虛步)로 땅을 찍는다. 동시에 양 주먹은 장(掌)으로 바꾸고 점련(粘連)하여 우상좌하(右上左下)로 약간 아래로 손목을 갈고리처럼 구부리고 위로 붕(掤)을 하고 다시 계속 점련(粘連)하여 쌍역전사(雙逆纏絲)로 선전(旋轉)하여 좌전우후(左前右後)로 양 손목을 약간 교차하여 합(合)을 하고 좌완(坐腕)을 하여 앞을 향해 발경(發勁)한다. 양 손목의 교차점은 코앞에 있고 양쪽 장심(掌心)은 앞으로 향하고 손가락 끝은 앞쪽 측면 우각(隅角)의 전상방(前上方)으로 향한다. 눈은 전방을 보고 귀로는 몸 뒤의 동정을 듣는다. (그림 591·592·593)

【요 점】이 동작은 연습할 때 속도를 비교적 빠르게 한다. 몸을 먼저 미세하게 왼쪽으로 돌리고 양 주먹을 장(掌)으로 바꾸어 역전사

(그림 591)

(그림 592)

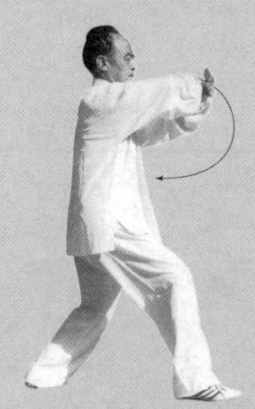
(그림 593)

(逆纏絲)을 하며 위로 붕(掤)을 할 때 가슴 허리 배 과(胯) 엉덩이 등 부위는 절첩(折疊)하고 선전(旋轉)하고 개합(開合)하여야 하며 동시에 하침(下沈)한다. 양쪽 장(掌)이 역전사(逆纏絲)를 하며 위로 붕(掤)을 하는 경(勁)과는 방향이 상반된다. 이것은 '위를 만나면 반드시 아래가 있다'는 것으로 마주 당기고 길게 뽑는 권리(拳理)의 체현(體現)이다.

第 80 式 퇴보과호(退步跨虎)

동작설명 :

동작 1.

　몸을 먼저 미세하게 왼쪽으로 돌리면서 나선 회전으로 높이고 다시 미세하게 오른쪽으로 돌리며 낮춘다. (동작을 하고 운경(運勁)을 함에 이 첫 단락은 조금 느리게 하고 상하상합(上下相合)을 한 후에 다시 신속하게 계속 오른쪽으로 약 90° 돌아 나선 회전으로 낮춘다.) 중심(重心)은 왼쪽 - 오른쪽 - 왼쪽 뒤에서 미세하게 오른쪽으로 치우친 곳으로 변화한다. 즉 두 차례에 걸친 가슴 허리의 절첩경(折疊勁)이다. 동시에 왼쪽 다리는 먼저 미세하게 순전사(順纏絲)로 밖으로 돌리고 무릎을 안으로 잠가조이고서 다시 역전사(逆纏絲)로 변하여 안으로 돌리고 다시 발뒤꿈치를 축으로 하고 발바닥으로 땅을 쓸며 발끝을 안으로 약 90° 돌린 후 발바닥을 실(實)하게 딛는다. 동시에 오른 다리는 먼저 미세하게 역전사(逆纏絲)로 안으로 돌리고 발끝을 땅에 찍고 다시 순전사(順纏絲)로 변하여 밖으로 돌리고 무릎을 안으로 잠가조이고(상하상합上下相合을 하고) 계속하여 순전사(順纏絲)로 밖으로 돌리는데 발끝으로 땅을 쓸며 몸을 따라 돌아 우후방(右後方)을 향하여 발끝으로 땅을 쓸며 신속하게 일보(一步)를 크게 물러나 발바닥을 실(實)하게 딛는다. 오른발을 실(實)하게 디딘 후에 왼발 발끝은 몸을 따라

(그림 594)

(그림 595)

(그림 596)

안으로 돌아 양 발이 평행하게 한 줄기 선(線) 위에 있게 된다. 동시에 양 손목을 교차하여 점련(粘連)하여 양팔을 먼저 약간 전상방(前上方)을 향하여 쌍순전사(雙順纏絲)를 하며 위로 들고(아래를 취하려고 먼저 위로 가는 의미) 약간 쌍역전사(雙逆纏絲)로 바뀌어 앞을 향해 내리고 다시 쌍역전사(雙逆纏絲)로 바꾸어 안으로 돌리며 배 앞으로부터 점련(粘連)하여 선전(旋轉)하며 위로 가슴 앞까지 들고(왼 손목은 안쪽 위에서 아래로 손목을 갈고리처럼 구부리고 오른 손목은 우전방右前方의 바깥 약간 아래에서 안쪽 아래를 향하여 갈고리처럼 손목을 구부린다.) 다시 점련(粘連)하여 선전(旋轉)하면서 쌍순전사(雙順纏絲)로 바꾸어(안쪽으로부터 바깥쪽 위를 향해 돈다.) 양 손목을 밖으로 돌출시키고 양손 장심(掌心)은 안쪽으로 향하게(왼쪽 손목은 밖에 있고 오른쪽 손목은 안쪽에 있다.) 하고 쌍역전사(雙逆纏絲)로 바꾸어 약간 하침(下沈)한다. 양손 장심(掌心)은 양쪽 옆 바깥의 비스듬한 아래쪽으로 향하고 양손 손가락 끝은 양쪽 옆 비스듬한 위쪽으로 향한다. 경(勁)은 양손 중지의 지문부위까지 운행한다. 양 손목의 교차점은 가슴 앞의 약간 위가 된다. 눈은 먼저 앞을 보고 다시 몸의 우후방(右後方)을 보며 다시 전방(前方)을 본다. 귀로는 몸 뒤의 동정을 듣는다. (그림 594·595·596)

【요 점】이 동작은 연습할 때 속도를 처음에는 약간 느리게 하고 안정되게 하며 나중에 몸이 뒤로 물러날 때 동작은 비교적 빠르게 한다. 어깨 가슴 허리 배 과(胯) 엉덩이 무릎 등 부위는 운동을 할 때 개합(開合)을 하고 운화(運化)하며 절첩(折疊)을 하고 기

(氣)가 척배(脊背)를 관통하도록 하여 두 번을 반복한다. 동작을 하는 가운데 충분하게 권론(拳論)에서 말하는 "긴요한 것은 전부 허리사이 가슴 가운데서 운화(運化)하는 것"이란 함의를 체현(體現)해 내야 한다. 주의해야 할 것은, 송과(鬆胯)를 한 후 둔부(臀部)를 위로 뒤집는 것[230]은 송과(鬆胯)하여 수둔(收臀)[231]하는 것과는 변증(辨證)하는 관계란 것이다. 이밖에, 운동을 할 때 양 손목은 시종 교차하여 점련(粘連)하며 선전(旋轉)하여 떨어지지 말아야 한다.

동작 2.

몸을 미세하게 왼쪽으로 돌리면서 나선 회전으로 낮추며 중심(重心)은 약간 오른쪽에 둔다. 왼쪽 다리는 순전사(順纏絲)로 밖으로 돌리고 무릎을 안으로 잠가조이고 오른 다리는 약간 역전사(逆纏絲)로 안으로 돌린다. 동시에 양 손은 가슴 전상방(前上方)으로부터 쌍역전사(雙逆纏絲)로 하침

---

230) 즉 번둔(翻臀). 엉덩이를 뒤집다.
231) 번둔(翻臀)·수둔(收臀)·렴둔(斂臀)은 엉덩이(혹은 꼬리뼈<미려(尾閭)>)와 관련한 태극권의 중요 요결 가운데 하나이다. 대중적인 보급을 위해 태극권을 보다 쉽게 바꾸는 과정 중에 전사운동(纏絲運動)을 거의 하지 않게 된 경우에는 번둔(翻臀)의 필요성이 없다고 할 수 있다. 즉 엉덩이를 거두어들이는 수둔(收臀)·렴둔(斂臀)만 해도 충분하지만 전면적인 전사운동(纏絲運動)을 하는 진가태극권(陳家太極拳)의 경우에는 번둔(翻臀)의 개념이 필요하다. 전사(纏絲)라는 독특한 나선 회전운동을 하는 과정 중에 자연스럽게 발생하는 현상의 하나이기 때문이다. 언뜻 보면 엉덩이를 빼는 것 같아 번둔(翻臀)이라 부르지만 엉덩이를 뒤로 쭉 빼는 것과는 다르다. 정상적인 전사운동(纏絲運動)의 일환이며 미려(尾閭) 즉 꼬리뼈를 움직이는 방법의 하나이다. 수둔(收臀)과 번둔(翻臀)은 동전의 앞면과 뒷면의 관계와 같다고 할 수 있다.

(下沈)하여 양쪽 옆을 향해 나누어 벌리고 약간 쌍순전사(雙順纏絲)로 변하여 양쪽 무릎의 약간 바깥쪽 아래(높은 자세에서는 양쪽 허벅지 위쪽)까지 나누어 내린다. 장심(掌心)은 좌우의 바깥쪽 전하방(前下方)으로 나뉘어 향하며 손가락 끝은 좌우의 전방으로 나뉘어 향한다. 눈은 앞을 바라보며 양손을 함께 살피고 귀로는 몸 뒤의 동정을 듣는다. (그림 597)

【요 점】이 동작은 연습할 때 속도를 안정되게 한다. 몸은 바르게 하고 가라앉히며 양 손은 역전사(逆纏絲)에서 순전사(順纏絲)로 바꾸어 하침(下沈)하며 나누어 벌릴 때 방송(放鬆)하여 경직되지 않도록 할 것이며 붕경(掤勁)을 잃지 말고 개(開)한 가운데 합(合)이 깃들어야 한다.

(그림 597)

동작 3.

몸을 먼저 약간 왼쪽으로 돌리면서 나선 회전으로 낮추고 다시 오른쪽으로 돌리면서 높이고 다시 약간 낮춘다. 중심(重心)은 오른쪽에 둔다. 동시에 오른 다리는 먼저 약간 역전사(逆纏絲)로 안으로 돌리다가 다시 순전사(順纏絲)로 밖으로 돌리고 무릎을 안으로 잠가조이며 발바닥을 실(實)하게 딛는다. 왼쪽 발뒤꿈치를 들어 땅에서 떼어 발끝으로 땅을 쓸면서 역전사(逆纏絲)를 하며 안쪽 뒤로 호선(弧線)를 그리어 오른발 내측 옆에 합(合)을 하는데 발끝은 약간 좌전방(左前方)의 바깥으로 향하되 오른발 발끝을 넘지 않도록 한다. 동시에 양손은 약간 역전사(逆纏絲)를 하며 양 옆의 밖을 향해 나누어 벌리고 쌍순전사(雙順纏絲)로 변하여 밖으로 뒤집고 몸의 양 옆으로부터 전상방(前上方)을 향하여 합(合)을 하며 내린다. 왼손은 배 앞에 합(合)을 하여 내리고 장심(掌心)은 우전방(右前方)으로 치우치며 뒤로 손목을 뒤집고 손가락 끝은 좌전방(左前方)으로 향한다. 오른손은 코끝의 앞에 합(合)을 하여 내리고 팔을 굽혀 반원이 되게 하며 장심(掌心)은 왼쪽의 앞으로 향하고 손가락 끝은 전상방(前上方)에서 우전방(右前方)으로 치우쳐 향한다. 눈은 좌우를 함께 살피고 귀는 몸 뒤의 동정을 듣는다. (그림 598)

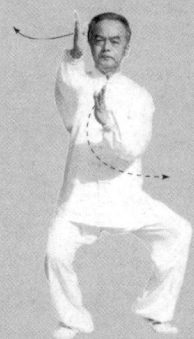

(그림 598)

【요 점】이 동작은 연습할 때 속도를 비교적 느리게 한다. 가슴 허리 배 과(胯) 엉덩이 무릎 등 부위는 운동할 때 개합(開合) 절첩(折疊) 선전운화(旋轉運化)를 하여서 "개중우합(開中寓合)"을 해내야 하며, 양손이 양 옆을 향해 역전사(逆纏絲)로 나뉘어 벌릴 때 하체의 전당(前膛)은 합경(合勁)하고 회음혈(會陰穴)은 허 허롭게 비운다. "합중유개(合中有開)"하고 양손은 양 옆으로부터 전상방(前上方) 약간 아래를 향하여 내리며 합(合)을 한다. 단, 하체의 왼다리가 합(合)을 한 후에 양 무릎은 개(開)하여야 하고 당(膛)은 원을 이루어야 한다.

第 81 式 전신쌍파련(轉身雙擺蓮)

동작설명 :

동작 1.

몸을 약간 왼쪽으로 약 15° 돌리며 중심(重心)을 오른쪽에 둔다. 동시에 오른 다리는 역전사(逆纏絲)로 안으로 돌리고 발바닥을 실(實)하게 딛는다. 왼쪽 다리는 약간 순전사(順纏絲)로 밖으로 돌리고 발끝으로 땅을 찍는다. 동시에 양 손은 우상좌하(右上左下)로 하여 가슴과 배 앞 중앙선에서 쌍역전사(雙逆纏絲)로 약간 안으로 합(合)을 하여 약간 낮추었다가 우측(右側) 전상방(前上方)과 왼쪽 허벅지와 무릎의 위로 나누어 벌린다. 왼손 장심(掌心)은 전하방(前下方)으로 향하고 손가락 끝은 앞으로 향한다. 우장(右掌)은 오른쪽 눈 우전방(右前方)에 있고 손가락 끝은 좌상방(左上方)으로 향하고 장심(掌心)은 우전방(右前方)으로 향한다. 눈은 좌우를 함께 살피고 귀는 몸 뒤의 동정을 듣는다. (그림 599)

【요 점】이 동작은 연습할 때 속도를 처음에는 느리게(합(合)을 하여 내릴 때) 하고 나누어 개(開)할 때는 약간 빠르게 한다. 입신중정(立身中正)하여 기울어지지 않도록 하고 양 어깨는 송침(鬆沈)하여야 하며 경(勁)은 엄지손가락 지복(指腹)에 까지 운행한다.

(그림 599)

동작 2.

몸을 신속하게 오른쪽 뒤로 약 180° 돌리면서 나선 회전으로 높이고 다시 약간 낮추며 중심(重心)은 오른쪽에 둔다. 동시에 오른 다리는 발뒤꿈치를 축으로 삼아 발끝을 약간 치켜들고 순전사(順纏絲)를 하며 몸을 따라 우후방(右後方)으로 약 180° 돌리고 발끝을 땅에 떨구고 무릎을 안으로 잠가조이고 발바닥을 실(實)하게 딛는다. 왼쪽 다리는 역전사(逆纏絲)로 안으로 돌리고 발끝을 위로 치켜들고 안으로 합(合)을 하고 다시 몸을 따라 우후방(右後方)으로 들어서 안으로 합(合)을 하여 다리를 돌려 차서(파擺)[232] 약 180°를 돌린 연후에 발꿈치 안쪽 옆으로 착지하여 발끝을 위로 치켜들어 안으로 합(合)을 하여 오른발 좌전방(左前方)에 놓는다. 동시에 오른손은 역전사(逆纏絲)를 하며 엄지손가락으로 경(勁)을 이끌어 우후방(右後方)의 약간 위를 향하여 선전(旋轉)한다. 위치는 오른쪽 눈 우전방(右前方)의 약간 위가 된다. 장심(掌心)은 우전방(右前方)의 약간 위로 치우치게 향하고 손가락 끝은 왼쪽의 약간 앞에 치우치게 향한다. 왼손은 왼쪽 허벅지 위로부터 순전사(順纏絲)로 변하여 새끼손가락으로 경(勁)을 이끌어 좌후방(左後方)의 위를 향하여 안으로 합(合)을 하고 (왼다리를 이끌어 움직이며) 선전(旋轉)하여 양쪽 눈 중간선에 놓이도록 한다. 장심(掌

---

232) 파각(擺脚) 혹은 파련(擺蓮)은 같은 발차기에 속한다. 오른발을 기준으로 설명하자면, 왼발을 축으로 서서 오른발을 좌상방(左上方)으로 들어올려 좌상방(左上方)에서 우상방(右上方)으로 평행으로 돌려차고 우상방(右上方)에서 원래의 위치로 돌아오는 형태로 차는 발차기. 즉 안에서 밖을 향해 돌려차는 발차기로 "밖돌려차기"라고 할 수 있다. 선풍각(旋風脚)은 반대의 경우가 되어 밖에서 안을 향해 돌려찬다. 그래서 "안돌려차기"라고 부를 수 있다.

(그림 600)

(그림 601)

(그림 602)

心)은 우상방(右上方)으로 향하고 뒤로 손목을 뒤집는다. 손가락 끝은 좌전방(左前方)의 위로 치우친다. 눈은 먼저 오른손을 보고 다시 왼손을 보고 다시 왼쪽 팔꿈치 외측(外側)을 본다. 귀는 몸 뒤의 동정을 듣는다.
(그림 600・601・602)

【요 점】이 동작은 연습할 때 속도를 빠르게 해야 한다. 몸을 우후방(右後方)으로 돌릴 때 몸을 바르게 하여 기울어지거나 비뚤어지지 않게 한다. 양손의 간격은 어깨 넓이를 초과하지 않도록 한다. 왼손은 순전사(順纏絲)로 경(勁)을 이끌어 안쪽 위로 합(合)을 하고 선전(旋轉)을 할 때 왼다리를 이끌어 움직여야 한다. 왼다리가 안으로 합(合)을 할 때 돌려차기 시작하는데, (1) 손과 발이 상합(相合)하고 (2) 왼다리가 안으로 합(合)을 하여서 돌려서 차는 작용을 하게끔 충분히 체현(體現)하여야 한다. 몸이 우후방(右後方)으로 돌 때 자세가 낮을수록 폼이 커진다.

동작 3.

몸을 신속하게 오른쪽으로 약 180° 돌리면서 나선 회전으로 낮추며 중심(重心)을 왼쪽에 둔다. 동시에 왼쪽 다리는 발뒤꿈치를 축으로 삼아 발끝을 치켜들어 안으로 합(合)을 하고 발바닥을 실(實)하게 딛는다. 오른다리는 순전사(順纏絲)로 밖으로 돌리고 무릎을 안으로 잠가 조인다. (혹은 발끝을 치켜들어 안으로 합(合)을 한다.) 동시에 왼손은 양쪽 눈앞으로부터 역전사(逆纏絲)로 변하여 안으로 합(合)을 하여 양쪽 무릎 중앙선(권세(拳勢)가 비교적 낮다) 약간 아래까지 내린다. 장심(掌心)은 아래로 향하고 손가락 끝은 오른쪽으로 향한다. 오른손은 오른쪽 눈 우전방(右前方) 약간 위로부터 오른쪽을 향해 순전사(順纏絲)를 하며 경(勁)을 이끌며 오른쪽 무릎의 외측(外側)까지 내린다. 장심(掌心)은 우전방(右前方)의 아래로 향하고 손가락 끝은 우전방(右前方)의 약간 위로 향한다. 눈은 좌우를 함께 살피고 다시 왼쪽 팔꿈치 외측을 바라본다. 귀는 몸 뒤의 동정을 듣는다. (그림 603)

【요 점】 이 동작은 연습할 때 속도를 매우 빠르게 한다. 몸은 손을 따라 돌고 양손이 오른쪽으로 하침(下沈)하고 중심(重心)은 왼쪽으로 치우치며 왼쪽 엉덩이를 송침(鬆沈)하고 돌출시켜서 양손이 대칭을 이루게 하여서 신체의 평형을 안정시키도록 한다.

(그림 603)

동작 4.

몸을 먼저 왼쪽으로 돌리면서 약간 나선 회전으로 높이고 다시 오른쪽으로 돌리면서 나선회전으로 낮추고 다시 왼쪽으로 돌리면서 나선 회전하여 높인다. 중심(重心)은 왼쪽 – 오른쪽 – 왼쪽으로 변한다. 동시에 왼쪽 다리는 먼저 순전사(順纏絲)를 하며 밖으로 돌리고 무릎을 안으로 잠가조이면서 역전사(逆纏絲)로 변하여 안으로 돌리고 다시 순전사(順纏絲)로 밖으로 돌리고 무릎을 돌리며 안으로 잠가 조인다. 오른 다리는 먼저 역전사(逆纏絲)로 안으로 돌리고 다시 순전사(順纏絲)로 변하여 밖으로 돌리며 다시 역전사(逆纏絲)로 안으로 돌리어 좌상방(左上方)을 향하여 무릎을 굽히고 안으로 합(合)을 하여 들어올린다. 그런 다음 오른발은 순전사(順纏絲)를 하며 좌상방(左上方)으로부터 가슴 앞을 경유하여 오른쪽 바깥 위를 향하

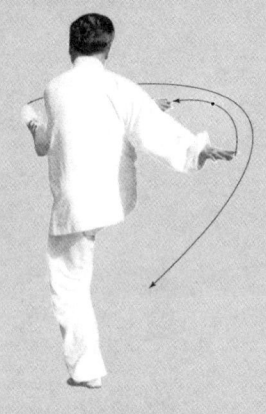

(그림 604)

여 돌려 차서(파擺) 양손과 상합(相合)하여 때린다. 파각(擺脚)을 한 후에 무릎을 위로 들어 안으로 합(合)을 하고 발을 아래로 늘어뜨려 방송(放鬆)하여 허공에 걸려있게 한다. 동시에 양 손은 좌순우역(左順右逆)으로 전사(纏絲)하여 먼저 우상방(右上方)을 향하여 돌고 눈앞을 거쳐 좌역우순(左逆右順)으로 전사(纏絲)하여 몸의 우측(右側)으로 내리고 (오른 다리는 역전사(逆纏絲)로 안으로 합(合)을 하고 좌상방(左上方)으로 들어올리고 오른쪽을 향해 돌려 찰 때) 다시 좌역우순(左逆右順)으로 전사(纏絲)하여 좌상방(左上方)을 향해 합(合)을 하며 오른발 발등의 바깥쪽을 때린다. 때린 후에 양팔 팔꿈치를 약간 굽혀 내린다. 왼손은 오른쪽 무릎 안쪽의 상측(上側) 왼쪽 가슴 앞에 놓이며 손목은 방송(放鬆)하고 장심(掌心)은 좌전방(左前方)으로 향하고 손가락 끝은 왼쪽으로 향한다. 오른손은 오른쪽 무릎 외측(外側)에 놓이며 손목을 방송(放鬆)하고 장심(掌心)은 좌전방(左前方)으로 향하며 손가락 끝은 오른쪽 약간 아래로 향한다. 눈은 좌우를 함께 살피고 다시 좌전방(左前方)을 바라본다. 귀는 몸 뒤의 동정을 듣는다. (그림 604)

【요 점】이 동작은 연습할 때 속도를 빠르게 해야 한다. 신기(神氣)는 고탕(鼓盪)하여야 한다. 실(實)인 왼쪽 무릎은 약간 구부리고 오른발을 밖으로 돌려 찰 때 양팔은 약간 구부리고 손목은 방송(放鬆)하며 양손으로 오른발을 때릴 때 힘을 빼야 한다. 팔을 곧게 뻗지 말아야 한다. 그렇지 않으면 신체의 중정(中正)과 평형에 영향을 받게 된다.

第82式 당두포(當頭炮)

동작설명 :

동작 1.

몸을 먼저 약간 오른쪽으로 약 15° 돌리며 약간 높이고 다시 왼쪽으로 약 60° 돌리면서 나선 회전으로 낮춘다. 중심(重心)은 전부 왼쪽 다리에 놓는다. 왼쪽 무릎을 굽히고 약간 좌전방(左前方)을 향해 오른쪽 무릎을 위로 드는 것과 동시에 왼다리는 먼저 역전사(逆纏絲)로 안으로 합(合)을 하고 다시 순전사(順纏絲)로 밖으로 돌리고 무릎을 잠가조이며 발바닥을 실(實)하게 딛는다. 오른 다리는 먼저 순전사(順纏絲)로 밖으로 돌리고 무릎과 발을 안으로 합(合)을 하고 좌전방(左前方)을 향하여 위로 들고 다시 역전사(逆纏絲)로 안으로 돌리고 우후방(右後方)을 향하여 하침(下沈)하면서 채경(採勁) 열경(挒勁)으로 비스듬히 내려 차(등蹬)내어 뒤꿈치 안쪽으로 착지하고 발끝을 안으로 합경(合勁)하여 역전사(逆纏絲)로 엄지발가락에 이르게 하고 안으로 합(合)을 하여 밖으로 뒤집어서 뒤꿈치 바깥쪽에 이르게 한다. 동시에 왼손은 가슴 앞으로부터 순전사(順纏絲)로 밖으로 돌리고 주먹으로 바꾸어 허허롭게 쥐고 오른쪽 무릎의 바깥 위에서 합(合)을 하며 권심(拳心)은 위로 향한다. 그런 다음에 다시 신속하게 계속 순전사(順纏絲)를 하며 오른쪽 옆구리(늑골 부위)와 오른쪽 가슴을 지나 좌전방(左前

(그림 605)

(그림 606)

方)의 위로 뒤집어 낸다. 팔을 약간 구부려서 7~8할 정도 뻗어 펴고 권심(拳心)은 우상방(右上方)으로 향하며 호구(虎口)는 좌전방(左前方)의 위로 치우치게 하여 코앞의 중앙선에 놓이게 한다. 오른손은 오른쪽 무릎 외측(外側)의 약간 아래로부터 역전사(逆纏絲)로 안으로 돌고 주먹으로 변하여 허허롭게 쥐고 약간 내린다. 권심(拳心)은 아래의 약간 우후방(右後方)에 치우치게 향하며 호구(虎口)는 약간 좌후방(左後方)의 위로 치우치게 하여 왼쪽 주먹의 우측(右側) 위에 놓이게 한다. 양쪽 권심(拳心)은 서로 마주하여 어깨 넓이 정도의 거리를 둔다. 눈은 먼저 좌전방(左前方)을 보고 좌우를 함께 살피고 다시 좌전방(左前方)을 본다. 귀는 몸의 우후방(右後方)의 동정을 듣는다. (그림 605·606)

【요 점】이 동작은 연습할 때 속도를 처음에는 약간 느리고 안정되게 하며 양 주먹을 동시에 좌전방(左前方)의 위쪽으로 뒤집는 것과 오른발을 우후방(右後方)을 향해 비스듬하게 아래로 차낼 때는 빠르게 해야 한다. 동작을 하고 운경(運勁)을 하면서 쾌만상간(快慢相間)하여야 하며 안정된 가운데 빠름을 추구하고 강유상제(剛柔相濟)하여야 한다. 양손이 주먹으로 변하여 좌순우역(左順右逆)으로 전사(纏絲)하여 약간 내리는 것과 오른쪽 다리와 무릎이 안으로 합(合)을 하며 위로 들어 축세(蓄勢)를 할 때 상하(上下) 좌우(左右) 내외(內外)가 일제히 합경(合勁)하여야 한다. 이밖에 양 주먹이 몸의 우측(右側) 약간 아래로 내려가서 좌전방(左前方)을 향해 위로 뒤집을 때 양 주먹 사이의 거리는

어깨와 같은 넓이를 유지하여야 하고 주먹이 좌상방(左上方)을 향하여 뒤집는 것과 오른발이 우후방(右後方)의 아래를 향해 차 내는 것은 동시에 완성되어야 한다. 양손은 우전방(右前方)으로 상호(上弧)를 그려 움직이고 오른발은 우후방(右後方)으로 하호(下弧)를 그려 움직여서 단전(丹田)을 축으로 하는 나선 회전 운동의 '마주 잡아당겨 길게 늘이는 경(勁)'[233]을 형성한다.

동작 2.

몸을 먼저 약간 왼쪽으로 돌리며 약간 높이고 다시 오른쪽으로 약 60° 돌리면서 나선 회전으로 낮춘다. 중심(重心)은 먼저 왼쪽 앞에 두었다가 뒤에 약간 오른쪽 뒤로 이동한다. 동시에 왼쪽 다리는 먼저 순전사(順纏絲)로 밖으로 돌리고 무릎을 안으로 잠가조인 후 다시 역전사(逆纏絲)로 안으로 돌리고 발바닥을 실(實)하게 딛는다. 오른 다리는 먼저 역전사(逆纏絲)로 안으로 돌리고 다시 순전사(順纏絲)로 밖으로 돌리고 무릎을 안으로 잠가조이며 발바닥을 실(實)하게 딛는다. 동시에 왼쪽 주먹은 먼저 역전사(逆纏絲)로 안쪽으로 내려 손목을 갈고리처럼 꺾어 먼저 약간 올리고 다시 순전사(順纏絲)로 내려서 양쪽 무릎 중앙선 앞에서 합(合)을 한다. 배와의 거리는 약 45cm 정도이며 권심(拳心)은 우후방(右後方)의 위로 치우치고 호구(虎口)는 좌전방(左前方)의 위로 치우친다. 오른 주먹은 허허롭게 쥐고 먼

---

233) 대랍발장경(對拉拔長勁).

(그림 607)

(그림 608)

저 역전사(逆纏絲)로 안으로 갈고리처럼 손목을 꺾고 약간 좌전방(左前方)의 위를 향하여 개(開)하고 다시 순전사(順纏絲)로 변하여 내려서 당(膅) 앞의 오른쪽 약 20cm 되는 곳에서 합(合)을 하고서 약간 안쪽 위로 손목을 갈고리처럼 구부린다. 권심(拳心)은 왼쪽 안의 위쪽으로 향하고 호구(虎口)는 우전방(右前方)의 위로 치우친다. 눈은 먼저 양 주먹을 보고 다시 좌전방(左前方)의 아래를 바라본다. 귀는 몸 우후방(右後方)의 동정을 듣는다. (그림 607·608)

【요 점】이 동작은 연습할 때 양 손목이 역전사(逆纏絲)로 절첩(折疊)을 하고 먼저 좌전방(左前方)의 약간 위를 향해 올라갈 때 비교적 빠르게 하고 쌍순전사(雙順纏絲)로 아래로 내려가며 합(合)을 할 때는 비교적 느리게 한다. 양 손목이 역전사(逆纏絲)로 절첩(折疊)을 하며 약간 올라갈 때 동작하고 운경(運勁)하는 것이 허리가 주재(主宰)가 되도록 한다. "긴요한 점은 전부 가슴과 허리의 운화(運化)에 있다"는 신법(身法)에 주의하여 연습하자.

동작 3.

몸을 먼저 오른쪽으로 약 15° 돌리며 약간 낮추고 다시 왼쪽으로 약 60° 돌리면서 나선 회전으로 높인다. 중심(重心)은 먼저 오른쪽 뒤에 두었다가 다시 왼쪽 앞으로 이동한다. 동시에 왼쪽 다리는 먼저 역전사(逆纏絲)로 안으로 돌리고 다시 순전사(順纏絲)로 밖으로 돌리고 무릎을 안으로 잠가조이며 발바닥을 실(實)하게 딛는다. 오른 다리는 먼저 순전사하며 밖으로 돌리고 무릎을 안으로 잠가조이고 다시 역전사(逆纏絲)로 안으로 돌리어 발바닥을 실(實)하게 딛는다. 동시에 왼쪽 주먹은 먼저 약간 순전사(順纏絲)를 하고 다시 역전사(逆纏絲)로 안으로 갈고리처럼 손목을 꺾고서 당(膛) 앞으로부터 전상방(前上方)을 향해 붕(掤)을 한다. 팔은 반원형으로 하여 붕경(掤勁)을 잃지 않도록 하고 약간 안으로 손목을 구부리며 권심(拳心)은 안으로 향하게 하고 호구(虎口)는 위로 향하게 하여 왼쪽 주먹의 뒤에 왼쪽 주먹보다 약간 낮은 곳에 놓이게 한다. 눈은 두 주먹을 바라보고 다시 두 주먹의 앞을 바라본다. 귀는 몸 우후방(右後方)의 동정을 듣는다. (그림 609 · 610 · 611)

(그림 609)

【요 점】 이 동작은 연습할 때 양 손목을 안으로 구부려 약간 내리고 절첩(折疊)을 할 때는 빠르게 해야 한다. 양쪽 주먹을 좌전방(左前方)의 위로 붕(掤)을 할 때는 약간 느리고 안정되게 해야 한다. 동작을 하고 운경(運勁)을 하면서 허리가 주재(主宰)가 되도록 하여 단전(丹田)과 결합하여 움직임을 이끌어서 가슴과 허리로서 운화(運化)를 하고 절첩(折疊) 개합(開合)을 하여야 한다. 양쪽 주먹은 경(勁)을 이끌어 좌전방(左前方)의 위를 향하여 붕(掤)을 할 때 경(勁)은 부드럽고 함축되도록 하여 숨어서 드러나지 않도록 해야 한다. 경(勁)은 그 안에 비축되어 있다.

(그림 610)

(그림 611)

(그림 612)

(그림 613)

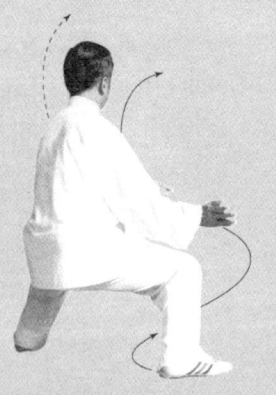

(그림 614)

第 83 式 금강도대(金剛搗碓)

동작설명 :

동작 1.

 몸을 먼저 약간 왼쪽으로 약 15° 돌리면서 약간 높이고 다시 오른쪽으로 약 60° 돌리면서 나선 회전으로 낮추고 다시 왼쪽으로 약 45° 돌리면서 나선 회전으로 약간 낮추었다가 다시 높인다. 중심(重心)은 먼저 왼쪽 앞으로 낮추었다가 오른쪽 뒤로 옮긴 후 다시 왼쪽 앞으로 이동한다. 동시에 왼쪽 다리는 먼저 약간 순전사(順纏絲)로 밖으로 돌리고 무릎을 안으로 잠가조이며 발바닥을 실(實)하게 딛는다. 다시 역전사(逆纏絲)로 안으로 돌리고 발뒤꿈치를 축으로 (큰 신법身法으로) 삼아 발끝으로 땅을 쓸며 안으로 갈고리로 만들고 다시 순전사(順纏絲)로 밖으로 돌린다. 뒤꿈치가 축이 되어 발바닥으로 땅을 쓸고 발끝이 밖을 향해 돌아 비스듬하게 왼쪽 바깥을 향해 약 30° 기울이고 발바닥은 실(實)하게 딛는다. 오른 다리는 먼저 역전사(逆纏絲)로 안으로 돌리고 다시 순전사(順纏絲)로 안으로 돌리어 무릎을 안으로 잠가조이고 다시 역전사(逆纏絲)로 안으로 돌린다. (왼발을 실實하게 디딘 후에) 다시 뒤꿈치를 들어 발끝으로 땅을 쓸며 왼발의 우전방(右前方)을 향해 보(步)를 내어 허보(虛步)로 하여 발끝으로 땅을 찍는다. 동시에 왼 주먹은 약간 역전사(逆纏絲)를 하며 약간 전상방(前上方)을 향해 경

(勁)을 이어받아 장(掌)으로 변하여 순전사(順纏絲)로 바깥쪽 뒤의 위에서 리(攦)(높이는 코끝과 같게 하여 코끝의 앞에 놓는다.)를 하고 다시 역전사(逆纏絲)로 변하여 안으로 돌려서 배 앞까지 내린다. (장심(掌心)은 아래로 향한다.) 다시 전상방(前上方)을 향하여 (팔을 굽혀 반원형으로 하고 높이는 가슴과 같게 한다.) 붕(掤)을 해낸 연후에 다시 순전사(順纏絲)를 한다. 중지 끝이 전상방(前上方)으로 향하고(높이는 눈과 같게 한다.) 장심(掌心)은 오른쪽을 향하게 하여 두경(抖勁)으로 가격하듯 하고 역전사(逆纏絲)로 변하여 팔꿈치를 구부리어 안으로 돌려서 내리어 오른쪽 팔꿈치 굽은 곳 위에 합(合)을 한다. 장심(掌心)은 아래로 향하고 손가락 끝은 앞으로 향하여 가볍게 오른쪽 팔꿈치 굽은 곳 위에 합(合)을 한다. 오른쪽 주먹은 가슴 앞으로부터 약간 아래 안쪽으로 손목을 구부려 꺾어 전상방(前上方)을 향하여 약간 순전사(順纏絲)를 하고 경(勁)을 이어받아 장(掌)으로 바꾼다. 역전사(逆纏絲)로 우측(右側) 외상방(外上方)을 향하여 경(勁)을 이끌고(높이는 눈과 같다.) 순전사(順纏絲)로 변하여 몸의 오른쪽으로부터 내려가 팔을 구부려서 오른쪽 무릎의 우측(右側) 위에 이르게 하고서 다시 계속 순전사(順纏絲)를 하며(오른발을 이끌고 간다) 전상방(前上方)을 향하여 삽질하듯 낸다. (팔과 팔꿈치는 약간 구부리고 하침(下沈)하는 것과 왼손은 상합(相合)하여 올라간다.) 장심(掌心)은 위쪽의 앞에 치우치게 향하며 손가락 끝은 전하방(前下方)으로 치우쳐간다. 높이는 가슴과 같게 한다. 눈은 앞을 보면서 오른쪽을 함께 살피고 다시 앞을 바라본다. 귀는 몸 뒤의 동정을 듣는다. (그림 612 · 613 · 614 · 615)

(그림 615)

(그림 616)

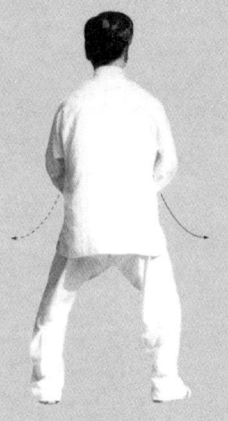

(그림 617)

【요 점】이 동작은 앞의 금강도대(金剛搗碓) 초식 중의 '동작 3'의 일부와 '동작 4·5' 두 동작을 포함한다. 연습를 할 때, 양손으로 경(勁)을 이어받는 것은 빠르게 해야 하고 리(攦)를 하여 내리고 다시 전상방(前上方)을 향하며 흉부(胸部)는 붕(掤)을 할 때 안정되어야 한다(약간 느리게 한다). 왼손을 순전사(順纏絲)를 하며 전상방(前上方)을 향해 두경(抖勁)을 쓰듯 떨쳐낼 때 빠르게 해야 한다. 왼손이 오른 팔꿈치와 상합(相合)할 때는 약간 느리게 한다. 동작을 하고 운경(運勁)을 하면서 허리로써 주재(主宰)를 삼아 단전(丹田)과 결합하여 움직임을 이끌며 양손으로 경(勁)을 이끌도록 한다. 몸은 손을 따라 돌고 어깨는 흔들거리지 않도록 한다.

동작 2.

앞의 금강도대(金剛搗碓)의 '동작 6'과 연습 방법이 완전히 같다.
(그림 616·617)

수세(收勢)

동작설명 :

몸을 천천히 일으키며 양 무릎을 살짝 굽히고 양 손은 방송(放鬆)하며 역전사(逆纏絲)를 하며 안으로 돌린다. 배 앞으로부터 좌우 양쪽 옆으로 나뉘어져 자연스럽게 아래로 드리운다. 장심(掌心)은 모두 허벅지 쪽으로 향하며 동시에 기침단전(氣沈丹田)을 하여 예비세(豫備勢)의 자세를 회복한다. (그림 618 · 619)

【요 점】수련을 마친 후에 응당 호흡이 자연스러우며 기(氣)가 전신에 고루 퍼졌음을 느껴야 한다. 등으로 땀이 흘렀으되 숨이 가쁘지 아니하고 전신이 편안하며 정신이 충만하고 즐거워야 한다. 만약 숨이 가쁜 현상이 생겼다면 즉시 권론(拳論)에 의거하여 운경(運勁)을 할 때 편안하게 방송되어 합리적이었는지 아닌지 호흡과 동작의 배합이 자연스럽게 조화되었는지 아닌지를 검사하여야 한다.

(그림 618)

(그림 619)

附錄

- 陳長興正宗拳架真傳
- 序文

진장흥(陳長興) 정종(正宗)
권가(拳架) 진전(眞傳)

일대종사(一代宗師) 진조규(陳照奎) 노사의 위대한 공헌

一. 진리(眞理)를 추구하여 근원을 탐색하신 명실상부한 일대종사(一代宗師).

고증된 믿을만한 자료에 의하면 중국의 태극권은 명말청초(明末淸初)에 하남성(河南省) 온현(溫縣) 진가구(陳家溝) 사람인 진왕정(陳王廷, 1600~1680) 공이 창안한 것이다. 진왕정 공은 문무를 겸비하였다. 명(明)나라의 명장인 척계광(戚繼光 : 1528~1587)의 군사 전문서적인《기효신서(紀效新書)》중의《권경(拳經)》과 민간 권술의 정화(精華)를 참고하고, 도가(道家)의《황정경(黃庭經)》등의 양생 전문서적들을 연구하고, 또 중국의 전통철학인《역경(易經)》의 태극음양(太極陰陽) 학설을 권리(拳理)의 근거로 하여, 독특한 특색을 갖춘 태극권을 창안하였다.

그 권가(拳架)는《권경(拳經)》32식 중에서 29개의 권식(拳式)을 흡수하고, 민간에서 유행하는 약간의 권식(拳式)을 흡수하였다. 내공(內功)에서는 또 도가(道家)의《황정경(黃庭經)》중의 단공(丹功)의 정화(精華)[234]를 취하였다. 권리(拳理)는 곳곳에서 음양상제(陰陽相濟)하고, 음양(陰

---

234) 황정(黃庭)은 단전(丹田)의 다른 이름이기도 하다.

陽)이 서로 끌어안으며, 서로 뿌리가 되고, 평형을 이루는 등의 철리(哲理)가 내함(內含)되어 있다. 그리고 운동 과정의 곳곳에서 음양(陰陽) 변화의 나선(螺線) 형식(즉 전사纏絲)을 강조한다. 그래서 이 권(拳)을 철학 명사인 "태극(太極)"으로 이름한 것이다.

권(拳)은 무술이다. 태극권은 전통 철리(哲理)로써 이끌어지는 무술이다. 이 안에는 도가(道家)의 토납법(土納法)과 도인술(導引術)과 단전(丹田)으로 움직임을 이끄는 것 등 양생(養生)의 진결(眞訣)이 내포되어 있다. 따라서 태극권은 양생(養生) 호신(護身) 수성(修性)이 하나로 녹아 있는 고급의 공법(功法)이다.

진가태극권은 현재에 이르기까지 이미 300여년의 역사가 있다. 진씨(陳氏) 적전(嫡傳)으로 14대(代), 진왕정(陳王廷)[235] 공으로부터 6대인 진장흥(陳長興:1771~1853) 공에 이르러 비로소 권가(拳架)가 두투(頭套)와 이투(二套)의 두 개의 투로(套路)로 정형화되었다. 이것이 바로 현재의 전통 대가(大架) 태극권의 제일로(第一路)와 제이로(第二路 : 포추炮捶)이다. 또한 진장흥(陳長興) 공으로부터 비로소 외성(外姓)에게 전수되기 시작하여 양가(楊家) 무가(武家) 손가(孫家) 오가(吳家) 등의 유파(流派)가 생겨났다.

20세기에 이르러, 진장흥(陳長興) 공의 증손인 진씨(陳氏)의 17대(代), 태극권의 제9대 종사(宗師)인 진발과(陳發科 : 1887~1957) 공이 1928년에 진가구(陳家溝)를 떠나 북경(北京)에 정착하여 권(拳)을 가르치기 시작하였다. 진발과 공은 1957년에 서거할 때까지 30년간 북경(北

---

235) 진씨(陳氏)의 제9대이며 태극권 제1대이다.

京)에서 줄곧 가전(家傳)의 노가(老架) 대가(大架) 저가(低架) 전통권 일로(一路 83식)와 이로(二路 71식)를 전수하였다. 또 북경(北京) 무술계로부터 정종태극대사(正宗太極大師)로 존경을 받았으며, "태극일인(太極一人)"이라 적힌 금방패를 증정받았다.

그 아드님인 진조규(陳照奎 : 1928~1981) 노사는 줄곧 부친의 신변에 머물면서, 일곱 살 때부터 부친을 따라 20년을 하루같이 태극권을 배우고 수련하였다. 매일 10~20번씩 부친의 엄격한 요구에 따라 집안에서 가전(家傳)의 저가(低架) 태극권을 수련하였다. 저가(低架)의 태극권은 비록 수련하기는 어렵지만 공부는 쉽게 드러난다. 노사는 권을 수련함에 각고의 노력을 하였을 뿐 아니라, 학력이 비교적 높고(지성중학志成中學 졸업) 이해능력이 뛰어났기에, 권가(拳架) 권리(拳理) 권법(拳法)을 전면적이고 튼실하게 계승을 하는 한편, 권보(拳譜)에 대한 대대적인 정리 작업을 하였다. 그래서 모두가 진발과(陳發科) 진조규(陳照奎) 부자를 20세기의 명실상부한 진가태극권의 종사(宗師)로 공인하는 것이다.

진발과(陳發科) 진조규(陳照奎) 두 분 종사는 1928년 진가구를 떠난 이래, 30년을 줄곧 북경(北京)에 머물면서 권(拳)을 전수하였고, 고향에서는 진발과(陳發科) 공의 조카인 진조비(陳照丕) 선생이 퇴직한 후에 돌아가서 이 권법을 가르쳤다. 삼촌과 조카가 한 사람은 북경(北京)에서 한 사람은 남경(南京)에서 활동하여, 30년을 함께 있지 않았기에 권가(拳架)에 얼마간의 변화가 생기는 것은 피할 수 없었다. 그래서 진조비(陳照丕) 선생이 1972년에 타계(他界)한 후, 진조규(陳照奎) 노사가 고향에 돌아와서 수련하는 정종(正宗) 권가(拳架)를 진가구(陳家溝) 사람들은 자신들이 수련하던 권가(拳架)와 구분하기 위하여 진발과(陳發科) 진조규(陳照奎) 노사가 전수하는 권가(拳架)를 "신가(新架)"라고 칭하였다.

진조규(陳照奎) 노사는 살아계실 적에 이런 말을 매우 싫어하셨다. 그분은 1979년 석가장(石家莊)에서 "이런 분류는 틀린 것이다. 내 다섯째 형 진조비(陳照丕)도 당시에 내 부친께 권을 배웠지 않는가! 모두가 진장흥(陳長興) 공께서 전해 주신 권가(拳架)란 말이야!"라고 말씀하신 적이 있다. 1980년에 진조규(陳照奎) 노사가 초작(焦作)에 계실 때 또 이렇게 말씀하셨다. "어떻게 내 부친께서 전수하신 것을 신가(新架)라고 부를 수 있단 말인가! 우리가 수련하는 것이야말로 우리 집안에 전해 내려오는 진정한 전통 권가(拳架)이다."[236]

상해(上海)의 진씨태극권협회(陳氏太極拳協會) 회장인 만문덕(萬文德) 사형이 1981년에 진가구(陳家溝)를 방문하였을 때, 진가구태극권학교(陳家溝太極拳學校)의 교무장(教務長)인 노권사(老拳師) 진백선(陳伯先) 선생께서는 "무슨 노가(老架) 신가(新架)란 말이야. 소위 신가(新架)라고 하는 것이 바로 노가(老架)이다."라고 말했다 한다. 1998년에 내가 서안(西安)에 가서 진립청(陳立淸) 누님(당시 80세)을 만났을 때 이 문제를 언급하였다. "당대에 진가구(陳家溝) 태극권은 대가(大架) 소가(小架)의 구분만 있을 뿐이다. 대가(大架)는 내 셋째 할아버지 진발과(陳發科)가 전한 것인데, 어떤 자가 또 대가(大架)를 노가(老架)와 신가(新架)로 나누었단 말이냐?"고 하였다. 또《진식태극권정의(陳式太極拳精義)》에 기재된 것을 보면, 1965년에 진조규(陳照奎) 노사가 고향에 돌아와 권을 가르칠 때, 촌중(村中)의 일부 젊은이들이 "어떻게 모양이 다 다르지?"하고 의론이 분분하였는데, 촌중의 왕언(王彦) 진조비(陳照丕) 진극충(陳克忠) 진무삼(陳茂

---

236) 정진재(程進才)가 지은《억진조규대사생평(憶陳照奎大師生平)》이란 글에 보인다. 글 제목의 뜻은 "진조규 대사의 일생을 회고하다"이다. 저자 원주(原注)임.

森) 등 네 분의 덕망 있는 노권사(老拳師)들은 서로 눈길을 주고받으며 고개를 끄덕이며 칭찬하였다. 마지막에 진무삼(陳茂森) 선생은 "이것이야말로 우리 진가(陳家)에 전해 내려오는 가장 귀중한 것이다."라고 하였다.

이밖에도 어떤 사람들은 진발과(陳發科) 노사가 "쌍추장(雙推掌) 삼환장(三換掌) 중반(中盤)" 등의 초식을 새로이 집어넣었기 때문에 신가(新架)라고 주장하기도 하나, 이것도 근거 없는 말이다. 진발과(陳發科) 노사의 청년시절 친구인 주서천(朱瑞川) 선생이(당시 두 사람은 항상 함께 수련하였다고 함.) 후일 사천성(四川省) 성도(成都) 일대에서 전수한 권가(拳架)와 진발과(陳發科) 노사가 만년에 북경에서 전수한 권가(拳架)가 서로 완전하게 같았다고 한다. 또 왕서안(王西安) 선생의 저서인 《진식태극권노가(陳式太極拳老架)》의 부록인 〈진가구태극권노권보(陳家溝太極拳老拳譜)〉에 소개된 권식(拳式)의 명칭 중에도 "쌍추장(雙推掌) 삼환장(三換掌) 중반(中盤)" 등의 명칭이 있다. 진장흥(陳長興) 공의 제자인 양로선(楊露禪) 선생이 전한 권가(拳架) 중의 "사비식(斜飛式)"은 곧 진발과(陳發科) 공이 전한 권가(拳架) 중의 "중반(中盤)"의 마지막 자세이다. 어찌 진발과(陳發科) 공이 만년에 새로 추가한 것이라고 말할 수 있겠는가?

사실 진조비(陳照丕) 선생이 전한 권가(拳架)와 진발과(陳發科) 공이 북경(北京)에서 전한 권가(拳架)는, 그 투로(套路)의 구성이 서로 같은 것이다. 다만 삼촌과 조카 두 사람이 30년간 같이 있지 않았기 때문에 권가(拳架)의 세세한 부분에서 변화가 발생하여, 복잡하고 간단한 차이와 정밀하고 거친 차이들이 생겼다. 나는 진조비(陳照丕) 진조규(陳照奎) 두 분이 전한 태극권은 모두 진장흥(陳長興) 공으로부터 전승된 대가(大架)이며 노가(老架)로서, 전통적인 정종(正宗) 권가(拳架)라고 생각한다. 마땅히 같은 것은 많이 찾고 다른 것은 적게 추구해야 할 것이며, 장점을 취하고 단점은 보완하도록 하고, 모두 단결하고 합작하여 공동으로 (수준을) 향상시켜야 할 것이다. 진가구(陳家溝)의 주천재(朱天才) 선생이 비교적 객관적인 말을 한 적이 있다. "진조규(陳照奎) 선생이 전한 권가(拳架)는 동작이 비교적 세밀하고, 수법이 훨씬 많으며, 발경(發勁)이 더욱 맹렬하며, 기격(技擊)의 방법이 더욱 확연하여 기술적으로 훨씬 전면적"[237]이라고 한 것이다.

그래서 1958년에 인민체육출판사에서 당호(唐豪) 고류형(顧留馨) 이검화(李劍華) 진조규(陳照奎) 선생들에게 위탁하여《진식태극권(陳式太極拳)》을 편찬할 때, 진발과(陳發科) 진조규(陳照奎) 부자가 전한 투로(套路)를 표준으로 삼아 정종(正宗)의 전통권(傳統拳)으로 널리 알리게 된 것이다. 1963년에 최종적으로 심가정(沈家楨) 고류형(顧留馨) 두 사람의 편저(編著)로 하고, 진조규(陳照奎) 노사가 시연(示演)한 것으로 하여 이 책을 출판하였다. 이로써 진장흥(陳長興)이 전한 투로(套路, 일로一路와 이로二路)가 처음으로 문자로 된 권보(拳譜)를 갖게 되었다. 그러므로 진조규(陳照奎) 노사가 전한 일로(一路, 83式)와 이로(二路, 71式)가 전통의 진가태극권(陳家太極拳)의 정종(正宗) 권보(拳譜)인 것이다. 이는 의심할 여지가 없는 사실이다.

만약 대가(大架) 진가태극권의 발전을 네 단계로 나눈다면, 진왕정(陳王廷) 공은 태극권의 창시자이고, 진장흥(陳長興) 공은 태극권을 두투(頭套)와 이투(二套)를 정리한 사람이자 외부인에게 이 권을 처음 전수한 일대 종사(宗師)라 할 수 있다. 또 진발과(陳發科) 공은 진가구 밖으로 나가서 가전(家傳)의 정종(正宗) 권가(拳架)를 북경(北京) 일대에 전파한 일대 종사(宗師)이며, 진조규(陳照奎) 노사는 가전의 정종 권가를 중국 전역과 세계에 전파한 일대 종사라 할 수 있다.

---

237) 《武魂》1990년 第5期.

二. 문무(文武)를 겸비하고, 교범적인 권가로 진실한 비결을 전승하다.

작가 여추우(余秋雨) 선생은 "당신의 전문분야에서의 성취가 아무리 대단하여도, 최종적으로 당신의 지위와 존엄(尊嚴)을 결정짓는 것은 당신의 문화적 소양"이라고 하였다. 태극권 역대 종사들의 공헌을 관찰해보면 이 말이 매우 정확함을 알 수 있다. 태극권에 담긴 문화적 함의는 매우 풍부하여서 사람들이 "문화권(文化拳)"이라고 부른다. 그래서 진가(陳家)에서 역대 이래로 공헌이 특히 큰 인물은 모두 문화적 소양(素養)이 매우 높았다.

예를 들어 태극권의 창시자인 진왕정(陳王廷) 공은 문무를 겸전하여 문화적 보물인 태극권을 창안하였다.[238] 태극권의 제6대 전인인 진장흥(陳長興) 공 역시 문무를 겸전하였기에 체계적으로 태극권보(太極拳譜)를 정리하여 두투(頭套)와 이투(二套)로 귀납하였으며, 《태극권십대요론(太極拳十大要論)》《용무요언(用武要言)》 등의 권리(拳理)에 관한 논저를 남겼다. 태극권의 제8대 전인인 진흠(陳鑫) 공은 문화적 소양이 매우 높은 분으로 《진씨태극권도설(陳氏太極拳圖說)》을 남겼는데, 태극권의 권리(拳理)와 권법(拳法)을 체계적으로 규명하여 논술한 매우 소중한 저작이다.

진가태극권(陳家太極拳)은 제11대 종사(宗師), 진조규(陳照奎) 노사 또한 문무를 겸전하고 문화적 소양이 매우 깊은 전인(傳人)이었다. 무공(武功)의 기초가 좋을 뿐 아니라, 교육수준도 매우 높아서 책을 많이 읽고[239] 서법(書法)에 조예가 깊었다. 노사는 1977년부터 1979년까지 2년 동

---

238) 《석가장진씨태극권학교교간(石家莊陳氏太極拳學校校刊)》〈태극문적(太極文摘)〉, 범광(范光) 선생의 글을 참조할 것.
239) 무술 서적과 현대과학 및 인체역학 등 분야의 서적을 모두 포함한다.

안 내게 친히 기격함의(技擊含義)에 관한 서신교육 자료와 문제에 대한 해답 등이 담긴 편지를 보내주셨다. 이 귀중한 서신들과 북경(北京) 정주(鄭州) 석가장(石家莊)에서 수업 중에 권을 해석한 상세한 기록들은 가히 진조규(陳照奎) 종사(宗師)가 세상에 남긴 전통 진가태극권의 체용(體用)이 겸비된 가장 귀중한 권보(拳譜)라 하겠다.

진조규 노사는 권리(拳理) 권법(拳法)을 투철하게 강론하셨을 뿐만 아니라, 매우 정교하고 세밀한 권보(拳譜)를 남기셨으며, 교학(敎學)에서도 매우 독특하고 효율이 매우 높은 방법들을 많이 남기셨다. 내가 초등학교에서 대학까지 수많은 선생님들은 만났었지만, 교학(敎學) 방법에서 나를 가장 탄복하게 한 분은 진조규(陳照奎) 노사이셨다. 그분은 권리(拳理) 권법(拳法)을 매우 잘 계승하시고, 문화적 수양(修養)이 매우 높으셔서, 권을 가르치고 강론을 하시는 수준이 매우 높았다. 그분은 특히 이론과 실천이 서로 결합하고, 단체 교습과 개인교습을 서로 결합하는 것을 매우 중시하셨다. 본인이 반복해서 시범을 보여주시고, 학생들에게 엄격하게 서로 결합되도록 할 것을 요구하곤 하셨다. 예를 들어 정주(鄭州)에서 권을 가르치실 적에, 매일 저녁 7시에서 10시까지 3시간 동안 하나의 초식을 가르치셨는데, 한 개의 초식을 6~7개의 동작으로 분해하셨다.

매번 수업을 할 때마다, 첫 시간에는 당신이 직접 시범을 보이시며 동작의 요령과 음양(陰陽)의 철리(哲理)까지 상세하게 설명하셔서, 마치 학교의 수업시간에 선생님이 강의를 하시는 것 같았다. 먼저 학생들이 움직이지 말고 전념하여 듣고 보도록 하였고 필기를 허용하셨다. 그것은 학생들이 먼저 전체적인 인상과 개괄적이고 이성적인 인식을 갖도록 하기 위함이었다.

둘째 시간에는 여섯 명의 학생을 이끌고 한 동작 한 동작씩 분절동작으로 가르치셨다. 이번에는 학생들이 따라 하게 하였고, 수련을 이끌면서 한편으로는 해설을 병행하는 매우 힘든 과정이었다.

셋째 시간에는 개별지도를 하셨다. 한 사람 한 사람에게 한 동작 한 동작씩 지도를 하셨다. 만약 한 동작에서 요구 수준에 이르지 못하면 통과하지 못하고, 몇 십번이라도 반복하여 연습을 해야 했다.

노사는 매 초식을 매우 상세하게 분해하셨고, 매 초식의 각개 동작마다 8~9개 방면으로 나누어 해설을 하셨다. 예를 들면, 나찰의(懶扎衣)를 6개의 분해동작으로 나누고, 매 동작마다 또 8~9개 방면의 자세 요구 및 동작의 요령을 제시하셨다. 이 동작에서 흉요(胸腰)의 선전(旋轉)방향과 각도, 중심(重心)의 좌우 변환, 다리 무릎과 팔의 순역(順逆) 전사법, 보형(步型)과 수형(手型)의 요구, 그리고 눈은 어디를 보며, 귀는 어느 쪽에 주의를 기울이며, 호흡(呼吸)은 어찌하는지, 그리고 매 동작의 내경(內勁) 등을 어떻게 해야 하는지 등에 관해 매우 정밀하고 상세하였다.

동시에 당신이 말한 것을 학생들이 반드시 해낼 것을 요구하셨다. 만약 학생이 요구수준을 해내지 못하면 몇 번이라도 몸소 시범을 보여주셨다. 그래서 겨울에도 사람들은 모두 가을 옷을 입고 수련하였고, 어떤 사람은 조끼만 입고 수련하기도 하였다. 가을 옷은 금방 땀으로 흠뻑 젖어들었으며, 우리가 흘리는 땀의 양은 곧 선생님께서 흘리는 땀의 양이기도 하였다. 선생님께서 권을 가르치시는 것은 곧 수준 높은 예술이었다. 예를 하나 들어보면, 한번은 북경(北京)의 선생님 댁에서 내게 경침겸비(輕沈兼備) 허실개합(虛實開合) 쾌만상간(快慢相間)과 나선경(螺旋勁)의 관계를 강의하실 때에 직접 시범을 보이시며 이렇게 설명하셨다.

"개(開)는 단순히 벌려 여는 것을 말하는 것이 아니라, 나선회전운동을 하는 가운데에서의 개(開)를 말하는 것으로, 즉 엄수굉추(掩手肱捶)의 첫 번째 동작이 그것이다. 쾌(快)란 직선으로 왕복 운동하는 빠름이 아니라, 나선회전 운동을 하는 가운데에서의 빠름(쾌快)을 말하는 것이니, 연주포(連珠炮)의 권법(拳法)이 그 예가 된다. 침(沈) 역시 나선회전 운동을 하는 중의 침(沈 : 에너지를 내림)을 말하는 것으로, 나찰의(懶扎衣)의 마지막 동작이 그 예가 될 것이다.······"

설명과 시범을 함께 하시며 두세 마디 말로 요점을 설명해 주시니 인상이 무척 깊었다. 이런 교학(敎學)의 효과에 선생님이 강의해주신 기록을 더하면, 이 권법을 스스로 수련하는데 오차가 생길 수 없다. 그래서 옛사람들이 "스승이 엄하면 도(道)가 존중된다(師嚴而道尊)"고 한 것이다.

진조규(陳照奎) 노사의 심후하고 충실한 무술 공부(功夫)와 높은 교육수준은 태극권의 완벽한 계승을 가능하게 하였다. 또 과학적인 해석과 성실한 교육으로 후인(後人)들에게 완벽한 정종(正宗)의 권가(拳架)를 전수해 주셨다.

三. 권(拳)을 풀어헤쳐 경(勁)을 강론하시어, 본질을 밝히시고 정수(精髓)를 전수하시다.

태극권의 본질은 무술(武術)이며, 무술의 정수(精髓)는 동경(懂勁)에 있다. 권론(拳論)에서도 "권법(拳法)의 묘(妙)함은 경(勁)을 운용함에 있다"고 하였고, 왕종악(王宗岳)도 "동경(懂勁)을 한 후에 비로소 점차 신명(神明)의 단계로 들어선다."고 말하였다. 동경(懂勁)은 이 권법(拳法)을 정통(精通)하는 관건(關鍵)인 것이다. 정확한 외형(外形)과 정밀한 내경(內勁)을 융회관통

(融會貫通)하여 완벽하게 통일시킨 후에야 비로소 높은 경지에 오를 수 있다.

그런데 "권(拳)을 풀어헤쳐 경(勁)을 강론하는 탁권강경(拆拳講勁)"은 또 권사(拳師)들이 가벼이 외부에 전하지 않는 "비전의 비급(秘笈)"이기도 하다. 또 자기 스스로도 매 동작마다 안에 함유된 각종 경점(勁點)과 경로(勁路) 및 경력(勁力)의 구조에 정통하지 못하여 탁권강경(拆拳講勁)을 할 수 없는 선생도 있다.

"스승을 존경하는 것은 배움의 근본"이다. 10년의 문화대혁명(文化大革命) 동란(動亂) 중에, 나는 은사(恩師) 진조규(陳照奎) 노사와 환난을 함께 한 기연(機緣)과 사도(師徒) 간의 깊은 정의(情誼)에 힘입어, 개별적으로 "탁권강경(拆拳講勁)"의 비전(秘傳)을 전수받는 행운을 누렸다. 1974년~1975년 두 해의 겨울에 나는 정주(鄭州)에서 몇 명의 사형제들과 함께 은사로부터 일로(一路)와 이로(二路)의 심화교육을 받았다. 1974년 겨울의 두 달에는 제일로(第一路)를, 1975년 겨울의 두 달에는 제이로(第二路)를 강론을 받은 것이다. 그리고 1977년 1979년 1980년 3년간 봄에 은사께서 석가장(石家莊)의 내 집에 묵으시면서, 또 매 초식 매 동작마다의 경점(勁點)과 경도(勁道)[240]에 대해 진일보한 강론을 해 주셨다.

다섯 차례의 "탁권강경(拆拳講勁)"을 거친 후, 나는 이 권법(拳法)에 대해 문득 크게 깨달음을 얻었다. 원래 진씨 가문에서 이 권법을 창안할 때, 매 권식들은 적과 나 쌍방의 실전(實戰)으로부터 귀결해낸 것이고, 화경(化勁)과 발경(發勁)이 합일하는 전략전술 및 그 수법과 기교인 것이다.

---

240) 경점(勁點)이 소재하는 곳과 경점(勁點)의 변화 및 경로(勁路)의 흐름과 경력(勁力)의 구조 등을 포함한다.

매 권식(拳式) 매 동작이 실전적인 총결산을 근거로 한 것이지, 임의로 편집한 것이 아니다. 따라서 마음속에 홀연히 "묘(妙)하구나! 묘(妙)해!"라고 느껴지는 그때에 이르러서야, 이 권술(拳術)의 진체(眞諦)와 정수를 인식하고 느낄 수 있었다.

  권을 할 때마다 나는 항상 "적은 어느 쪽에 있는가? 손과 발은 어떤 수법을 써오는가? 무슨 경(勁)을 써서 나의 어디를 공격해 오는가? 나는 어떤 수법(手法) 보법(步法) 신법(身法) 안법(眼法)으로 대응을 할 것인가? 매 권식(拳式) 매 동작을 연습하는 중에 세세하게 경점(勁點)이 손가락 끝 장근(掌根) 손등 호구(虎口) 등 어느 부위에 있는가? 혹은 팔꿈치로 경(勁)을 쓰거나 어깨로 고(靠)를 하거나 과(胯)로 치는가?" 등등을 체험으로 느낄 수 있게 되었다. 또 보(步)를 내디딜 때, "삽각(揷脚)인가? 투보(套步)인가? 등각(蹬脚) 척각(踢脚) 파각(擺脚)을 하는가? 발끝을 조여 들이는가?" 등등을 생각하고, 동시에 "시선과 호흡 그리고 흉요(胸腰)의 선전(旋轉) 개합(開合) 등등을 어떻게 배합할 것인가?" 등도 모두 생각하게 되었다. 또 운경(運勁)을 하는 기교에서는, "동작이 이끌어 들여 화경을 하는 인화경(引化勁)인가? 아니면 나아가 가격하는 것인가? 혹은 위로는 끌어들이고 아래로는 나아가는 상인하진(上引下進)인가? 아래로는 끌어들이고 위로는 나아가는 하인상진(下引上進)인가? 먼저 주고 나중에 받을지, 아니면 먼저 받고 나중에 주는 절첩경(折疊勁)인가?" 등등 매 동작 중의 경력(勁力)의 구조를 생각하게 되었다.

  예를 들면, 은사께서 금강도대(金剛搗碓)를 강해(講解)하실 때는, 25개나 되는 경(勁)을 분해해설하셨다. 또 야마분종(野馬分鬃) 정식(定式)을 강의하실 때, 왼손이 먼저 전하방(前下方)으로 찔러 들어가서(삽挿), 다시 위를 향해 받쳐 올리듯(도挑)하고, 다시 왼쪽 바깥을 향하여 열(挒)한다. 동시에 오른쪽 가슴을 개(開)하여 흉고(胸靠)를 하면서, 오른손을 아래로 밟듯(채踩)하며, 우하방(右下方)으로 열경(挒勁)을 쓴다. 좌궁등보(左弓蹬步)로 서는데 왼발은 지탱하는 힘점이고, 오른발은 힘을 쓰는 힘점이 되며, 단전은 중추가 된다. 오른발을 뒤로 차는(등蹬) 반작용력이 어떻게 왼손의 삽(挿) 도(挑) 열(挒)을 하는 작용력과 마디마디 꿰어져 관통(절절관관節節貫串)하는지 등등의 일련의 경력(勁力)의 변화에 대하여 아주 상세하고 투철하게 강론하셨다.

이때부터 나는 은사께서 강론해주신 동작의 규범과 요령에 내재(內在)하는 하나하나의 경도(勁道)를 완전하게 결합하고 통일시킬 수 있었다. 권을 할 때, 이것들을 가지고 끊임없이 진지하게 체득을 해나가면 정말로 맛이 진하여 재미가 무궁무진하다. 다시 추수와 공력훈련 그리고 낱개 초식 훈련과 결합을 하면 공부가 비상하게 진보할 수 있다. 이로부터 나는 "권법의 오묘함은 운경(運勁)에 있음"을 비로소 알게 되었다. 아울러 "탁권강경(拆拳講勁)"이야말로 이 권법을 철저하게 깨우치는 관건임을 알게 되었다. 또한 은사께서 문무겸비(文武兼備)하시며 이법(理法)에 정통하신 일대종사(一代宗師)이시며 일대명사(一代明師)이심을 알게 되었다.

四. 가전(家傳)의 저가(低架)는 세상을 구원하는 이 시대의 법보(法寶)이다.

진조규(陳照奎) 노사께서 우리에게 전수해 주신 것은 가전(家傳)의 저가(低架) 태극권이다. 몇십 년 동안 스스로 수련을 하고 전수를 하는 과정 중에, 이 저가(低架) 태극권의 독특한 건강효과의 혜택을 크게 보았으며, 학생들의 폭넓은 찬사와 지지를 받았다. 옛말에도 "신선이 건강의 비방(秘方)을 남겼는데, 당(膛)을 열고 과(胯)를 낮추는 것이 가장 좋다"고 하였다. 또 형의권(形意拳)의 권론서(拳論書)인 《지룡경(地龍經)》과 양반후(楊班侯) 등 저명한 권사(拳師)들도 젊은 시절에 탁자 아래에서 권을 수련하는 저가(低架)를 제창한 전설이 있다. 또 대만에서 출판된 양가태극권의 옛 권보(拳譜)에도 "세 개의 직선"[241]을 제창하는 수련법이 있었다. 이 모두가 내게 진씨(陳氏)의 저가(低架) 태극권의 정종성(正宗性)과 그 연공(練功)과 건강에 대한 귀중한 가치를 인식하게 해주는 사례들이다.

권을 저가(低架)로 하되 전신 곳곳을 나선운동을 하는 전사경(纏絲勁)과 결합하고, 단전이 움직임을 이끌도록 하면서 마디마디를 꿰어 관통하여(절절관관節節貫串) 전신을 하나의 통일되고 조화된 정체(整體) 동작으로 결합하고, 강유상제(剛柔相濟)와 복식호흡 등등의 특수하고 과학적인 훈련방법과 결합하게 되면, 그 내용이 충실해지고, 그 외형이 아름다워지며, 또한 건강효과가 매우 뛰어나게 된다.

내 학생 중에는 헤아릴 수도 없을 정도로 건강효과를 거둔 이가 많다. 혈압과 혈중지질이 크게 강하(降下)되었고, 비만도 약을 먹을 필요가 없이 정상화 되었다. 성기능이 쇠퇴된 사람도 건강을 회복하였으며, 하지의 정맥류가 심한 사람도 정상적으로 걸을 수 있게 되었다. 메니에르증후군 부정맥(不整脈) 심장병 혈관종 주혈흡충병 후유증 등의 환자로부터 온 얼굴에 주근깨가 가득한 환자에 이르기까지 증상이 회복되었다.(이상 모두 실례가 있다.)

주해(珠海) 시에 사는 이금수(李金水)는 이렇게 말한다. "과거에 나는 다른 파의 태극권을 다년간 하였다. 권을 할 때는 다리가 아프지 않았으나 계단을 오를 때면 다리가 아팠다. 그런데 진조규

---

241) 상체에서 상하(上下)로 한 가닥의 직선, 하퇴부에서 수직으로 선 한 가닥의 직선, 대퇴부는 지면과 평행이 되는 한 줄기의 직선, 이렇게 세 줄기의 직선을 말한다.(저자 원주임)

노사의 저가(低架) 태극권을 배운 후에는, 권을 할 때는 다리가 조금 아프지만 계단을 올라갈 때는 오히려 다리가 아프지 않다."

위에 기술한 실제 상황을 보면 진조규(陳照奎) 노사 진전(眞傳)의 저가태극권(低架太極拳)은 세상을 구원하는 법보(法寶)이자 이 시대의 진품(珍品)이라 일컬을 만하다. 왜 "시대의 진품(珍品)"이라고 하는가? 과학기술이 고도로 발달한 새 시대의 수요에 아주 잘 맞아떨어지기 때문이다. 현대는 생활 리듬이 빨라지고 두뇌활동량도 부단히 증가하여 육체적 정신적으로 긴장되고 스트레스가 많아진 반면에, 하체의 운동량은 갈수록 적어지고 있다. 일은 앉아서 컴퓨터로 처리하고, 나갈 때는 자동차를 타고, 계단 대신 엘리베이터를 타며, 산에 가서도 케이블카를 타는 등의 예를 간단히 보아도 사람들에게 심신의 균형을 잡고, 상하체의 균형을 이룰 수 있고, 하체의 운동량을 증대할 수 있는 종합적인 체육운동이 절실하게 필요하다. 그래서 이 저가태극권(低架太極拳)이야말로 몸을 건강하게 하는 "시대의 진품(珍品)"이라고 말하는 것이다.

말레이시아 학생인 안영의(顔永義)는 권을 수련한 후에 "돈을 많이 주면 고급의 침대를 살 수 있겠지만, 아무리 많은 돈을 주더라도 편안한 잠을 살 수는 없다. 옛날에는 불면증 때문에 어찌할 도리가 없었는데, 저가태극권(低架太極拳)을 수련하고서는 편안하게 잘 수 있게 되었다"고 신이 나서 말하였다. 진조규(陳照奎) 노사께서 전수해주신 이 저가태극권(低架太極拳)이 현대인에게 아주 귀중한 재산임을 알 수 있다. 갈수록 많은 사람들이 인생에서 가장 큰 재산은 바로 건강임을 인식하고 있기 때문에!

이 낮은 자세의 권가(拳架)는 낮은 자세만 강조하는 것이 아니라, 매우 우수한 단련의 특징과 독특한 공효(功效)를 갖고 있다. 이를 열거하면 다음과 같다.

(1) 음양상제(陰陽相濟)의 변증법이 충만하게 살아있다.

　권의 수련은 동작의 조화와 균형을 추구할 뿐만 아니라, 처처곳곳에서 자연스러움과 방송(放鬆), 대칭과 조화를 구현하는 것이다. 따라서 능히 화경(化勁)하여 풀어낼 수 있게 하고, 능히 관용(寬容)할 수 있게 하여 세상살이의 처세와 수심양성(修心養性)에 특수한 효과와 작용을 한다. 예를 들어 상주(常州)의 서생(徐生), 산서(山西)의 주무정(周戊丁) 같은 많은 학생들은 태극권 수련을 통하여 성격이 눈에 띄게 좋아져서 가정과 사회의 호평을 받았다.

(2) 호신(護身)과 임기응변(臨機應變)의 능력을 강화시켜준다.

　저가태극권(低架太極拳)은 무술의 본질을 체현(體現)하고 있어서, 곳곳에서 강유상제(剛柔相濟) 화타합일(化打合一) 송활탄두(鬆活彈抖) 쾌만상간(快慢相間) 영활다변(靈活多變)하는 기격(技擊)의 단련을 추구하고 있다. 그러므로 저가태극권은 일정수준의 호신술로서의 가치만 있는 것이 아니고, 당신이 상상할 수 없는 임기응변의 능력을 강화시켜 준다. 연태(煙台)의 고건국(高建國), 광서(廣西)의 나욱강(羅旭强), 광주(廣州)의 담계혜(譚啓惠) 등이 불의에 맞선 것이나, 본인이 2000년의 교통사고에서 보여준 응변 능력 등등이 이 권술의 호신 응변 능력을 잘 설명해 주고 있다.

(3) 가장 우수한 유산소 운동이다.

　모두 알다시피 당대에 세계에서 유행되는 가장 좋은 운동방식은 유산소 운동이다. 어쩌면 아주 교묘한 우연이겠지만 태극권의 창시자가 선견지명(先見之明)이 있었던 것도 같다. 우리가 수련하는 이 권법의 그 수련 요령은 유산소 운동의 요구와 거의 완전하게 일치한다. 유산소 운동이 아래의 여섯 가지 특징을 가지고 있음은 우리 모두 아는 바이다.

① 강도(强度)가 비교적 낮으면서, 특히 지구력을 강화한다.
② 대근육군(大筋肉群)과 대관절(大關節)의 운동참여가 뚜렷하다.
③ 지속 시간이 비교적 길다.(최소 14~15분)
④ 리듬감이 있다.
⑤ 중단되지 않는다.
⑥ 운동 중 숨을 헐떡이지 않는다.

여러분이 보시다시피 진조규(陳照奎) 노사가 전수한 이 권술 투로(특히 일로一路 83식)는 완벽하게 위의 6개 항목의 요구에 부합된다. 낮은 자세로 하면 대퇴와 소퇴 요과(腰胯) 등의 대근육군(大筋肉群) 및 대관절의 운동량을 크게 증가시키게 된다. 일로권(一路拳)을 하는 데는 일반적으로 14~15분 정도 소요되며, 허실(虛實)의 변환과 빠름과 느림이 조화되어 있어서 지구력 훈련도 강화된다. 강(剛)과 유(柔)가 어우러져 리듬감이 있고, 면면히 끊어지지 않고 마디마디 꿰어져 관통하며(절절관관節節貫串) 중단함이 없고, 또 땀을 흘리되 숨을 헐떡이지는 않는다. 진실로 명실상부한 가장 훌륭한 유산소 운동이라 할 수 있다.

진조규(陳照奎) 노사가 남긴 일생의 공헌은 우리들에게 진장흥(陳長興) 공이 정리하여 전승한 이 세상을 구원하는 법보(法寶)이자 이 시대의 진품(珍品)인 정종(正宗) 진가태극권을 남김없이 전해준 것이라 하겠다. 애석하게도 나의 스승님은 너무나 일찍 세상을 떠나셨지만, 짧은 일생에도 불구하고 세상에 길이 남을 경전(經典)을 남겨주셨다. 당신은 파란만장한 일생으로 세상 사람들에게 행복으로 가는 큰 길을 그려주셨다. 당신은 찬란한 일생으로 세상에 세상을 구원하는 법보

(從軍) 이기 시대의 징표였다. 징집등 강제적인 징용태만이 입대응사(一代應 師)로 주장되어 반기고있음이 없는 듯이었다.

따라야만 피고프림이 없는 뜻이있다.

론론, 많은 사람들이 이 전쟁을 배후는 것이 나라 아렇다고도 한다. 그러나 공중 이어용수 술 다수 진지한 종은 분리기도 한다. 예사람이 이르기를 "막은 일응 생에 있어, 지켜 징이 종을 수 있다. 이야말한 종을 것이라", 그 이야용을 지게 여긴다. 면어 탐여 이것을 "인생의 뭔만우"으로 생각하고, 얼리 정환으로 양성에 이용하여 마치 수행이나 다는 항공들과 마 치지도 경상여식 정직 등이 될 것이다. 하지만 전(轆)가로든 이용할 수 있는 것이다. "용정이 세계 양들을 이아지로 가지런히 좋는다. 항상히 나이 이용등을 다 사내용이 맞고 있는 것이 바로 이야말로 하겠다.

양직네 이 시대를 사는 우리는 왕건 정을 고민하여야 한다. 우리 사는 이 비를 막는 것은 무엇이며, 명 흘리는 것을 고려하여야 한다. 일 전쟁에 의문공의 지지하고 그 숭의 각공에게 이 집중을 외치지만, 마음이 없음 중 기지 길 것이며, 인간 정상함이 (士氣軍代)에 의 해병형(陳海軍代)에 그사가 승리에게 전공하지 이 집을 총기 위해 정칭 것이며, 지금 봇 음등 돌고 있지도 나는 질문도.

2005년 1월 25일

통도계사 마을 (畵室)에서 갖가 쓰다.

사공(司空) 242)

녹사(錄事)와 함께 중이 읽어나가고 마충(馬充)사령이 《진지대원수진영도해(鎭指大元帥陣營圖解)》의 진법과—진도(陣圖)와—진명과(陣名科)—진발과(陣發科) 등을 진도(陣圖)로 진설해가는 진동이고, 대가(大駕), 내가(內駕), 사가(祀駕) 대취타 제1로 83점과 제2로 〈중추〉 기점이 종(鐘)이 힘입이 울리면 대취타들이 예정에 따른 호응 길이 공유하고 연주가되는데, 매우 치르러 많고 진다. 동시에 매우 많은 스가거리를 가지고 있다. 이 길이도 종합적으로 진법에 예의성이 이 중요한 공절대병영(文化大兵營)이 총합시기에 마충(馬充)이 사는 장소 이전이 과정도 가진 것이다. 공절대병영 이곳 정부 (文化大兵營)이 마충(馬充), 마하(馬夏) 등 중 세계 매우 동부에 스가거리를 가고 있다. 또 1977년, 1979년 이었고, 1975년에도 마충이 태부 訓南)으로 가게 배정으며, 또 1977년, 1979년 1980년에도 마충등이 정상으로 다시 배치되어 있었다. 그 후 마충과 사회 또한 그에 대한 이야기는 없지만, 비록 정점 있어야나고 수정하기는 지금 최고 할 사 없는 원문형식들이 있다. 그 원률이나 거같은 정도 그 시설이 이루어진 것이다. 주는 사공은 패(牌)를 내린 것이다. 사령이이 조금도 통으로 조점이 매우 명성이이다. 종에 그가 얼마나 태를 적장 성능 등록 배열에 사용이 있이 지계하였다. 그는 자성이 매우 심성이 있이 이야기도는 것은 그 배열에 있는 진법의 기지되어 있다.

242) 마충(馬充) 즈시이 좀이난 《진지대원수진영도해(鎭指大元帥陣營圖解)》에 진법 있는 진동 사공(司空) 스스이 사공임.

이나 가르치는 것, 모두 다 기록하였다. 오늘날 사형이 태극권을 배울 때 기록한 일차 자료와 자신이 수련하고 가르치면서 얻은 깨달음을 결합하여 책으로 정리 출판하려고 한다. 이로서 진씨(陳氏) 정통의 태극권을 완전하게 보존하여 전할 수 있게 되었고, 또한 세상 사람들에게 의심할 바 없는 중요한 공헌을 하게 되었다.

나는 어릴 적부터 부친에게서 진식태극권을 배웠고, 또 부친을 따라 상해, 남경, 정주, 진가구(陳家溝)·석가장(石家莊)·초작(焦作) 등지를 전전하면서, 이 무예의 박대정심(博大精深)함을 깊이 느꼈었다. 진실로 중국 전통 무술 중의 정품(精品)이요, 우수 전통문화 중의 진귀한 보물이다. 따라서 이 시대의 사람은 이것을 정성을 다해 계승하고, 전심으로 연구하고 또 열정적으로 전파하여 인류의 행복에 보탬이 되어야 한다.

이 《진식태극권 체용도해》의 출판은 전통 진식태극권을 널리 알리기 위한 마홍(馬虹) 사형의 노력이 거둔 큰 경사 중 하나다. 부친의 영혼이 하늘에 있다면 큰 기쁨과 위안을 느끼실 것으로 확신한다. 이 책의 재판에 임하여, 작으나마 머리말로써 사형이 이 권보(拳譜)를 출판하는데 기울인 공헌에 감사드린다. 동시에 부친의 영전에 삼가 사모의 정을 표한다.

진유(陳瑜)[243]

2001년 9월 9일 북경에서

---

243) 진유(陳瑜)는 진가구(陳家溝) 17대(代)인 진발과(陳發科)의 작은 아들 진조규(陳照奎)의 아들로 진가구(陳家溝) 19대(代)가 되며, 마홍(馬虹) 노사의 사제(師弟)가 된다. 현재 북경(北京) 등지에서 태극권을 전수하고 있다.

진씨태극권체용도해 제일로 팔십삼식

친전 : 진조규
편저 : 마 홍
번역 : 신상돈
　　　박종구
　　　김종덕

초판 1쇄 발행 : 2005년 6월

펴낸이 : 박종구
펴낸곳 : 도서출판 밝은빛,
편집 : 이돈민 (팀디자인 02-3216-4636),
전화 : 02-534-9505
팩스 : 02-534-9583
주소 : 서울시 서초구 방배4동 814-7 보우 B/D 402호

ISBN 89-954302-5-7 04690
ISBN 89-954302-4-9 (세트)

• 저자와의 협의하에 인지는 생략합니다.